白说论语

白子超·著

上海文艺出版社

序：读不尽的《论语》

徐世平

1982年，一个闷热的夏天。

上海九江路41号，原美国花旗银行大楼，昏暗的《新民晚报》四楼编辑部，一个大盆子，搁着一大块冰，两个电风扇，吱吱歪歪地吹着。这是我第一次走进新闻编辑部。那个时候，《新民晚报》秉承赵超构社长的办报理念，采编是分离的，而且约定俗成，编辑比记者高半级。体育部领导让我送稿子到编辑部去，关照送给"吴大人"。这个吴大人，叫吴崇文，《新民晚报》的老报人，当时已年近七十了，很厉害的角色。吴大人正对门坐着，闷头在忙，大口抽烟，圈圈点点。吴大人呶一下嘴，示意我把稿子给他对面的一个人。旁边的"梁大人"（编辑部主任梁维栋先生）插话："给他徒弟吧。"

这时，我才注意到他对面坐着一个矮个子男人，也抽烟，长箭牌，一口不太整齐的牙齿，却说着一口标准的普通话，还略带点京片子。"我叫白子超，就叫我老白吧。"当年的《新民晚报》编辑部，都是以老带新，徒弟辈中，唯独这个白子超，竟然以"老白"自居。奇怪的是，赵超构社长、束纫秋总编辑居然也以"老白"相称，他们可是差着辈份呢？我恭敬地将稿子递上，老白拿起一支红笔，开始编辑文章，他有一个习惯，几乎每个标点，都会认真地重新描一下。改过的地方，清清楚楚，一手漂亮的硬笔字，整整齐齐。吴大人改稿用毛笔，老白则用硬笔，师徒俩风格迥异。吴大人，干了几年，就退居二线了，从此，我的文章，几乎都归老白编，一编就是十几年，我们也就编成了朋友。我印象中,老白是个特别厉害的编辑,功力深厚,被他扔掉的稿件,多了去了。唯独,他从来没有枪毙过我的稿子。

老白是北京人,1944年生。老白从小学习成绩优异,毕业于著名的北京四中。老白打小的兴趣,一直是美术和文史哲。不过,高考的时候,大姐和大哥都强烈希望他改报工科或医科。临时换方向,成绩自然就不理想,老白考入一所虽属一类却不受重视的工科大学。未能跨入理想的文科大学,曾经是老白多年的遗憾。他从河北到湖南、再到上海。进入《新民晚报》前的最后一份工作,是上海某局下属机构的职工。不过,是金子总会发光的。1981年,老白凭借扎实的文科功底,以优异的成绩考入正准备复刊的《新民晚报》,从此开始他的报人生涯。老白其实不喜欢体育,却阴错阳差地当了十几年的体育编辑,曾任《新民晚报》体育编辑、《新民体育报》副主编,大概1998年前后,才转任文新报业集团新闻研究所副所长。前后十几年间,他写了不少的小说、诗歌、散文、文艺评论、杂文、新闻业务文章,有几十万字之多。印象深刻的是,他当年还经常给《人民日报》海外版"望海楼随笔"写文章,视角独到,文笔老辣,令我顿生敬意。

我听说,老白虚龄六十时,开始思考"六十而耳顺"的人生大问题。他选择了读书,重读《论语》,开始研究先秦史、先秦思想史、诸子百家学说。当时,国学之风日盛,孔子和《论语》是关注的焦点。有些人在央视说《论语》,一时成为大众偶像。不过,在老白看来,他们讲的论语,不太像论语,拿论语说事,却有点过于世俗和实用主义。对此,众多学者也是无奈的,国情的特点、时代的烙印,又有什么办法?

中国的传统文化思想,影响中国几千年。然而,"五四"的时候,许多东西都被生生割断了。当时《论语》作为封建文化的标志而被批判否定,儒家文化受到"前所未有"的冲击。以至于我们这一代人,骂过孔子,批过《论语》,却不知道,孔子说过什么,《论语》又有什么内涵。这确实是可悲的。孔子和《论语》的价值重新发现,还是近些年的事情。一个价值观念日趋多元的新型社会,太需要民族精神和传统文化的重新反思了。这也是社会发展进程中不可或缺的重要环节。民族文化的精粹,是一种历史的深厚积淀,自有顽强的生命力。

《论语》不是一本童蒙读物。按专家学者的说法,《论语》是要学一辈子的。给人启蒙的读物,那是《三字经》《千字文》《弟子规》之类,随便讲讲,也没有什么。但《论语》不同,它讲的是深奥的学问,必须要有"敬畏感"。《论语》是什么?它是儒家经典之一。《论语》成书于战国初期,秦始皇"焚书坑儒"致使大量成书佚散。西汉时期,仅有口头传授及从孔子旧宅夹壁中所得之本,即《鲁论语》20篇、《齐论语》22篇、《古论语》21篇。西汉末年,张禹精治《论语》,根据《鲁论语》,参照《齐论语》,另成一论,称为《张侯论》。东汉末年,郑玄以《张侯论》为依据,参考《齐论语》《古论语》,作《论语注》,即为今本《论语》。《论语》由孔子的弟子及其再传弟子编撰而成。它以语录体和对话文体为主,记录了孔子及其弟子言行,集中体现了孔子的政治主张、伦理思想、道德观念及教育原则等。《论语》通行本20篇,简洁精练,含义深刻,许多言论如:"温故而知新""见贤思齐""不耻下问""三人行必有我师""诲人不倦""后生可畏""过犹不及""不在其位不谋其政""和而不同""知者不惑、仁者不忧、勇者不惧""君子成人之美""己所不欲勿施于人"等,至今仍被世人视为至理名言。

我年过四十,才去读了《论语》。许多地方,至今似懂非懂。《论语》之深邃,可见一斑。关于《论语》的书,也读了不少,比如,南怀瑾老先生的《论语别裁》,我就是经常带在身边的。坐飞机的时候,常常拿出来读。我曾写过一篇文章,叫《空中论语》,写读《论语》的心境。南老先生有一个观点，我是非常认同的：孔门弟子编辑的《论语》，无疑是一个完整的逻辑体系，篇章之间，自有其内在联系，简单化或者说片面理解，是极容易将《论语》读死的，"郢书燕说"的例子，也是不少的。

不过，潜心研究孔子和《论语》，耐住寂寞、甘愿清贫、毕生追求、叫人肃然起敬的学者，还是不少的。老白就是其中之一。老白读的《论语》，写的文章，据其自谦，仅仅是读《论语》的体会，大都是兴之所至，以"后学身份"谨慎治学而已。中国文化，博大精深，形象地说，宛若一棵参天大树，根深叶茂，后来之人，即使是大家名家，也仅仅是添一两根枝丫而已，更多的人，至多也是就添一片树叶。用老白说法，能添一片树叶，也非常不简单了。他今天所做的事情，就是想添一片树叶，能不能添上，不好说。老白说《论语》，有系统、有想法、有见解、有功力。他抱着谦虚的态度，钻研、领悟孔子教诲，并融会到自己的生命体验之中，这是确实的"为己之学"。老白向先圣学习，与孔子对话，最终寻求的是自己的精神归宿。

2004年，老白在《新民晚报》副刊开设专栏，读论语，说心得，执笔为文，一发而不可收。老白说《论语》，是温和的、亲切的。他反复琢磨，尽可能接近孔子的心境、心意，进而明白孔子话语的内涵和深意，也对许多章节做出了与前人不同的解释，让人耳目一新、深受启发。例如，《卫灵公篇》"民之于仁也，甚于水火"一章，学界几乎一致认为是"勉人为仁"。老白仔细辨析后觉得，这一章是孔子的社会批判，说的是民众普遍缺仁，离仁很远。再如，《阳货篇》"古者民有三疾"一章，学者们解说大多不顺不通，老白对相关词语含义及逻辑关系进行梳理，得到了令人信服的说明。类似的例子不一而足。当然，也有一些新解还是可以讨论的，也应该讨论。

因为是报纸专栏，老白的文章大多在一千二百字上下。不长的篇幅，在客观上限制了东拉西扯，也避免了"心灵鸡汤式"的说教。从文章中可以看出，老白在主观上是极认真、极严谨的，他紧紧扣住原文，注重说明其本意，即便有所发挥，也十分慎重。许多篇章堪称精读的佳作。它们对重点字、句有较深入或特别的分析，又征引了古今权威学者的意见，给读者提供了宝贵的参考材料。他钻得进去，又跳得出来，能够从总体上把握各章节之大义。文章段落清晰、文字简洁，富有吸引人阅读的节奏感，从头至尾的"气"正且顺。从风格上说，老白说《论语》，在众多同类著作中别具特色。我以为，初读《论语》者、熟悉《论语》者、研究《论语》者，均可从中得到不同的启发和借鉴。

老白读《论语》的文章，是我强烈建议结集出版的。老白向来以读书为乐，读《论语》，则是他退休生活的重要精神消遣之一。他说了，读《论语》、写文章，就是一种精神享受，从来没有想过要出书。但是，我觉得，这些书稿，倘若他一人自娱自乐，为免有点可惜了。《论语》是前人留下的精神财富，《论语》的研究，浩若烟海，老白的研究，则是闪光的水花。浩大皆由点滴而成，很有道理。老白做编辑的时候，性子直、脾气急，他有个口头禅："不说白不说，说了也白说"。在商定书名的时候，我建议他用《白说论语》这个书名。以他的治学态度和人生领悟，他写的论语心得，肯定是不会"白说"的。

我听说，老白写完说《论语》，现在又开始说《孟子》了。他每天上午醒来，午后开始写作，晚餐二两白酒或一罐啤酒，看电视读文章至深夜，心情舒畅且生活充实。说《孟子》的文章，每两周一篇，开始在《新民晚报》连载，反响也很好。若干年之后，我们大概可以看到另一本书了，我们约定，就叫《白说孟子》。有这两本书相伴，老白一生足矣。

"七十而从心所欲不逾矩"。加油！老白。

子罕篇	二六九
先进篇	三一一
颜渊篇	三三七
子路篇	三六七
宪问篇	四〇一
卫灵公篇	四五一
季氏篇	五〇三
阳货篇	五二九
微子篇	五八七
子张篇	六〇五
后记	六一七

目录

序：读不尽的《论语》　一

学而篇　一

为政篇　二一

八佾篇　七三

里仁篇　一〇七

公冶长篇　一四七

雍也篇　一七一

述而篇　二〇一

泰伯篇　二三九

学而篇

"学而时习之"

子曰:"学而时习之,不亦说乎?有朋自远方来,不亦乐乎?人不知而不愠,不亦君子乎?"

这是全书开篇第一章,历来有很多说解文字。

学——现代学者有认作动词学习的,有认作名词学问、学说的。古时没有现代语法,不作明确区分。汉代有学者训为"觉","学之为言,觉也,以觉悟所未知也"。宋代有学者训为"效","后觉者必效先觉之所为"。今天看来,觉、效都属于动词。清代训诂学昌盛,辨析得更加仔细,有学者说"学有虚字,有实字",前者即今之动词,后者即今之名词;同时认为此章之学应是实字,"学者,道术之总称"。愚以为,学既是名词学问,包括知识、思想、道德等,又是动词学习,包括求知、悟道、修身等;根据此章语意,当作学习较为妥当。

时——状语,可作多种解释,在此以时时、随时、时常为正解。

习——《说文》:"习,数飞也。"段玉裁注:"月令:鹰乃学习。"这是引《礼记·月令》"季夏之月……鹰乃学习"。习的本义是鸟类反复多次练飞,引申为练习、实习、温习、复习等,其实践义始终未变。

说——同悦,内心油然而生的欣喜。乐,勃发的快乐。古代有学者注"说深而乐浅""说在心,乐主发散在外"。

朋——东汉学者注"同门曰朋,同志曰友"。

愠——由怨生怒,指内心情绪,尚未发作。

孔子这段话的大意是:求知、悟道、修身,能够随时随地去做,温习、练习、实习,在实践中不断领悟,不是很令人欣喜吗?有志同道合的朋友从远方前来,相互探讨、切磋学问的真谛和学习的心得,不是很叫人高兴吗?即便别人不理解自己,或相互之间学问不同,自己也没有一点儿埋怨和恼怒的情绪,这不正是道德有成的君子吗?

无论从内容看,还是从三个排比的反诘句式看,说的都是一个主题,而且一层深过一层,表明了一位学人应有的生命状况,特别是心态和境界。三句反诘,虽然意思是肯定的,但语气却平和、亲切,似乎在与人探讨、协商,让听者、读者如沐春风。《论语》辑录者将此章置于全书之首,确有深意在。后世学者认为此章乃全书之纲,是可以成立的。

不少学者还认为,此章是孔子自叙求学、教学、论学的经验和体会,呈现出对生命历程的独到体悟,而非泛泛通论。或许如此。不过,孔子的自叙,一般都有通论的意义和价值。

近年来有学者认为,作为全书总纲,以上的解释是不对的。他们解"学"为"学说",解"时"为"时代",解"习"为"采用",于是全章意思为:如果我的学说被时代(或社会)所采用,那不就太值得高兴了吗?(退一步说,如果时代没采用)可是很多赞成我的学说的人从远方而来(和我一同讨论问题),不也很快乐吗?(再退一步说,不但社会没采用,而且人们也不理解我的学说)我也不恼怒,不也是位有道德修养的君子吗?

这种看法有一定市场。但愚以为,他们对问题的出发点即"学而时习之"抱有先入之见,解释得过于牵强。"我的学说",孔子似应说"吾道"或"吾学";"时代""社会",孔子似应说"天下";"采用",孔子似应说"容"或"纳";全句"吾道为天下容",这才顺当。而"学而时习之"怎么读也读不出"我的学说被时代采用"的意思来。

"仁之本"

　　有子曰："其为人也孝弟，而好犯上者，鲜矣；不好犯上，而好作乱者，未之有也。君子务本，本立而道生。孝弟也者，其为仁之本与！"

　　有子——名若，字子有，鲁国人，少孔子三十三岁。"状似孔子"（《史记·仲尼弟子列传》），为孔子晚年著名学生。《论语》记载有子言论仅四章，但对理解孔子思想都很重要，特别是"礼之用，和为贵"（《学而篇》），至今常被引用。子游曾称赞："有子之言似夫子也。"（《礼记·檀弓上》）

　　一个人做人孝敬父母、尊重兄长，却好冒犯上级，这种情况极少；不好冒犯上级，却好作乱造反的，从来没有。君子为人处世从根本处着力，根本确立了，"道"（思想体系）就会在心里扎根。孝敬父母，尊重兄长，这两种品德就是"仁"的根本啊！

　　有子明确提出"孝弟"是"仁"的根本，是"道"的土壤。这是对孔子思想很好的总结，完全可以代表孔子观点。"仁"的含义十分丰富，但说"爱人"（《颜渊篇》）是其核心则无疑问。而"爱人"首要的就是"亲亲"（《中庸》"仁者，人也；亲亲为大"），爱自己的亲人。爱亲人，主要是父母爱儿女，即慈；儿女爱父母，即孝；弟弟尊重兄长，即弟。孔子未强调上对下的慈爱，所以有子也就只强调下对上的孝爱，自然还有弟。

"孝弟"为什么是"仁之本"？孔子未深谈，有子所论亦很简单。反倒是后来的孟子找到了一个探讨的切入点。"人之所以异于禽兽者几希"（《离娄下》），人和禽兽不同的地方只有一点点。"不得乎亲，不可以为人"（《离娄上》），不能得到父母的赞许和欢心，不配做人。"杨氏为我，是无君也；墨氏兼爱，是无父也。无父无君，是禽兽也"（《滕文公下》），杨朱主张一切为己，就是目无君主；墨翟主张天下同仁，不分亲疏，就是目无父母。无父无君，就是禽兽了。

尽管孟子言辞激烈，如此抨击墨子也不妥当，但他说人与禽兽不同之处，就是爱父母、尊敬父母、顺从父母，能得到父母的赞许和欢心，基本上还是对的。愚以为，相关的观点可以得到现代学者理论的证明。动物学家、人类学家、伦理学家研究后得出结论，慈爱为人类和许多动物所共有，而孝爱只为人类所独有。也就是说，孝爱是人之所以为人的最根本、最突出标志。这正是早期儒家再三强调孝爱的首要原因。

现代学者区分人与动物，不止一个标准，如大脑容量和智商高低、思维能力强弱、使用和制造工具水平等。但这些标准都是相对标准。研究证明，黑猩猩的智商相当于三四岁幼儿，具有最初级的思维能力，会使用最简单的工具。因而，人性与动物性有部分重合。而幼爱长的孝，则是人彻底摆脱动物性的表现。必须承认，早期儒家对人性的观察与思考，已非常深刻。

"亲亲为大"

《中庸》载:"子曰:'仁者,人也;亲亲为大。'"

此语未入《论语》,但学者均承认是孔子思想。此语十分重要,且与拙文内容相关,故特作解说。

亲亲——前一个亲是动词,爱、亲近义;后一个亲是名词,亲人、亲属。准确翻译孔子的话并不简单,所见多有差异。一例:"所谓仁,就是人与人之间相互亲爱,而以爱自己的亲属最为主要。"二例:"仁,就是人自身具有爱人之心,亲爱亲人是最大的仁。"此译似乎优于前者。愚学也浅,试着重译:"仁,是人之所以为人的特质;爱亲人是第一位的,最重要的。"读者朋友可自行选择。

细辨"亲亲",相当复杂。人在家族中的身份是多重的,一身兼任几种角色,为父、为子、为兄、为弟、为堂亲、为表亲等。其中,直系亲属的家庭关系最为紧要。这种家庭内的"亲亲"主要有三个方面:父母爱儿女,儿女爱父母,兄弟姐妹之间相爱,即慈、孝、弟。

鉴于拙文内容之侧重,这里只说孝。爱父母,尊敬父母,顺从父母,是儿女首要的"亲亲";如果做不到,那就无需再谈其他"亲亲",更不用再谈广泛得多的仁了。不"亲亲"的儿女,没有仁,也就不是人(家庭和社会需要的人)。

前文已述,孝是人区别禽兽的突出标志,因而是"仁之本",亦即"人之本"的根本原因。而孔子再三强调孝的根本原因,也在于此。是否还有其他原因?愚以为,起码有两个方面。

其一,孝不易做到,所以强调。孔子说"色难"(《为政篇》),实际就是在说"孝难"。为什么难,拙文在谈"色难"时已涉及一些。其实,更难在一些规律性的因素。学者研究后认为,从进化论角度看,孝爱与人类的基因延续没有直接关系,因而相对于慈爱,它要脆弱得多。在一定的时机和场合,它很容易垮掉。此类理论问题,点到为止。

孝不仅仅是情感,同时又是经过理性思考的观念和思想。用学者的话说,孝在本质上是对父子之间权利与义务关系的反映。有学者认为,孝的观念不是自有人类社会就有的,它的产生有以下前提条件:私有财产出现,一夫一妻制使父子关系确实可靠,子女继承其先父财产的权利确定。孝与子女的利益直接相关,自然就得到了强化,但同时也埋伏了种种危机。特别是"立嫡""立长"继统世袭制的建立,使政治权力掺入,孝因此得到进一步升华;不过,隐藏的危机却也进一步扩大。

其二,现实中涌现大量不孝不弟之人、之事,所以强调。孔子生活的春秋后期,朝廷混乱,社会动荡,战争频仍,天下大乱。用孟子的话说,"世衰道微,邪说暴行有作,臣弑其君者有之,子弑其父者有之"(《滕文公下》)。孔子痛心疾首,忧心忡忡,不得不大声呼吁,全力倡导。

"信则人任焉"

子曰:"道千乘之国,敬事而信,节用而爱人,使民以时。"

道——同导。千乘——一千辆兵车。天子万乘,诸侯千乘,千乘之国在春秋初期为大国,至孔子时亦是较大之国,而大国已有兵车数千乘。

领导、治理一个拥有千辆兵车的国家,要严肃慎重地处理各项事务,不欺诈,讲诚信;要减省、节约费用,爱护人民;征用民力要考虑到农时,不影响生产。

这是孔子提出的治国方法,有五项具体内容。朱熹注曰:"敬事而信者,敬其事而信于民也……上不敬则下慢,不信则下疑,下慢而疑,事不立矣。敬事而信,以身先之也。"对统治者来说,首先要做的就是"敬事而信"。人们亦可理解,诚信问题是整个国家的问题,而首先是统治者的问题。

"子曰:'……上好礼,则民莫敢不敬。上好义,则民莫敢不服。上好信,则民莫敢不用情。……'"(《子路篇》)上位者(领导者)重视礼法、规矩,民众就不敢不严肃认真,对上表示尊敬;上位者重视正义、公平,民众就不得不服从;上位者重视诚信,民众就不会不用真心、实情以对上。这是孔子回答樊迟请教学稼、学圃之后的总结性话语,说明上位者只需重视并推行礼、义、信,不必亲自为稼、为圃。

"子张问仁于孔子。孔子曰:'能行五者于天下,为仁矣。'请问之。曰：'恭、宽、信、敏、惠。恭则不侮，宽则得众，信则人任焉，敏则有功，惠则足以使人。'"（《阳货篇》）从孔子语意看，说的当是统治者之仁政。庄重、严肃，就不会被侮慢；宽容、厚道，就能得到民众亲近；不欺、守信，就会受到人们的信任；勤勉、敏捷，就有效率，有所成就；施加恩惠，就有资本（完全可以）使用别人。

任，信任，交予责任。宋代邢昺疏曰："信则人任焉，言而有信则人所委任也。"另一解为依仗。朱熹注曰："任，依仗也。"任，是信的对象的反馈，是信的一种结果。领导者诚信，下面的人以及民众就会依靠领导者，把自己的希望寄托给领导者。

有学者认为此章颇多可疑处。其一，《论语》记孔子答国君问才称"孔子"，答弟子问均尊称"子"，因此答子张问称"孔子""孔子曰"显然不妥。其二，子张问仁，而孔子之语与回答其他问仁不同。其三，文体语句与其他各章亦有别。有学者认为，此章可能是编者采自他书，未加仔细审正。

孔子讲"信"，有许多是针对统治者说的，因为统治者握有权力，直接决定着国家命运、社会风气及人民生计。所以这种"信"也就不同于一般人的"信"，而成为一种政治品质和政治道德，会产生巨大的社会效应，乃至体现出整个国家的面貌。

当今社会呼唤诚信，同样需要自上而下，各级领导人"以身先之"。各级领导人诚信，是社会诚信的前提和关键。

"入则孝"

子曰:"弟子入则孝,出则弟,谨而信,泛爱众,而亲仁。行有余力,则以学文。"

孔子认为,为人子为人弟的年轻人做人首重德行,主要是孝、弟、谨、信、泛爱、亲仁六个方面;然后,有余力再去读书。今之教育,恰恰与此相反。

本文不作泛谈,仅取"入则孝"作些梳理。入、出,指进出家门。"入则孝"是说在家就要尽孝道。孔子一再强调"孝",仅就《论语》的十余章文字来看(其他典籍,如《孝经》,相关记载很多),孝道是怎样的呢?现略作说明。

其一,"父母在,不远游。游必有方。"(《里仁篇》)父母健在,要在家服侍父母,不可长时间离家;如果不得不出远门,也要有明确的目的,让父母心中有数,不担忧。

其二,"父母之年,不可不知也。一则以喜,一则以惧。"(《里仁篇》)内心深爱父母,牢记父母的年纪和生日,一方面为父母高寿、颐养天年而欣喜,一方面因父母高寿、体力渐衰而担心。

其三,"今之孝者,是谓能养。至于犬马,皆能有养。不敬,何以别乎?"(《为政篇》)不仅爱父母,而且深深地尊敬父母。

其四,"生,事之以礼。""无违。""色难。"(《为政篇》)服侍父母,要谨记儿女的职责,时时、处处遵守礼的规范和仪式,尽力做到始终和颜悦色。

其五,"父在观其志。"(《学而篇》)"父母唯其疾之忧。"(《为政篇》)树立正确的志向,并努力践行之;各方面都做得很好,除了生病以外没有什么事可让父母担心;就是生病,也要尽量避免,注意保养、锻炼自己身体。

其六,"事父母,几谏。见志不从,又敬不违,劳而不怨。"(《里仁篇》)父母有不对的地方,要背着外人悄悄地规劝;父母不听,仍然恭恭敬敬,不违礼,不埋怨;适当时机再行规劝。

其七,"死,葬之以礼,祭之以礼。"(《为政篇》)"夫三年之丧,天下之通丧也。""夫君子之居丧,食旨不甘,闻乐不乐,居处不安,故不为也。"(《阳货篇》)"父没观其行。三年无改于父之道。"(《学而篇》)父母去世,要按礼安葬、祭祀;要服丧三年,其间不吃美味,不听音乐,要住搭在父母墓旁的"忧宅",起码是改变以往舒适的居住方式;为人做事,不改变父亲生前所奉行的原则。

孔子孝道的基本精神是"爱"父母和"敬"父母,绝对正确,永远正确!而且,许多具体主张至今也还适用。如"父母唯其疾之忧""父母之年,不可不知""色难""几谏"等。但是,孝道的外在表现,今人没必要也不应该全盘照抄古人。如"不远游",就应视具体情况而定。如"三年之丧",就应抛弃。比较复杂的是"礼"。在繁琐的古礼规定下,子女的个性发展受到很大压制。今之礼已大不同,批判什么,继承什么,需费一番工夫。

"泛爱众"

《乡党篇》有一段很有意思的记载,"厩焚,子退朝,曰:'伤人乎?'不问马。"那时的马夫一般都是家奴,可以被赠送、买卖、打骂乃至杀戮,身价还不如一匹马,而孔子问人不问马,显示出他的人道精神。难怪许多人对此章文字津津乐道。

孔子的确是一位具有博爱情怀的思想家。孔子的思想以仁为核心,而他向弟子樊迟解释什么是仁时,就只用了"爱人"(《颜渊篇》)两个字。孔子反复强调君子要提高道德修养,目的不仅是洁身自好,更重要的是"修己以安人""修己以安百姓"(《宪问篇》)。"子曰:'弟子入则孝,出则弟,谨而信,泛爱众,而亲仁。行有余力,则以学文。'"(《学而篇》)孔子教导弟子们的内容之一就是"泛爱众"。读者朋友须注意"众"字。春秋时期是有等级的阶级社会,三大阶级分别是贵族、平民、奴隶,众包括所有等级,奴隶亦在其中。

与此密切关联而被学者们经常引用的,是《雍也篇》的一章文字:"子贡曰:'如有博施于民而能济众,何如?可谓仁乎?'子曰:'何事于仁,必也圣乎?尧舜其犹病诸!……'"民,此处似指士农工商等平民,众则如上所述,含义更广。施民济众,不是有德但无位无权的仁者所能做到的,必须是有德又有位有权的圣人方可完成,尧舜亦感其力不足,或说也难以做到。施民济众是子贡提出的设想,而孔子把它看作是世间难以达到的最高成就。

鉴于此,所以孔子政治思想中有一项非常重要的内容,就是"爱人"。"道千乘之国,敬事而信,节用而爱人,使民以时。"(《学而篇》)短短一句话,讲了有位有权的国君和执政者必须注意和做到的几个方面的问题,其中"爱人"不仅是国君和执政者的政治品质,而且应是他们的政治措施,要尽可能去施民济众。

关于君与民的关系,孔子有更精彩的论述。据《荀子·哀公》载,鲁哀公向孔子请教治国之道,孔子讲了许多,其中有两句名言:"且丘闻之:君者,舟也;庶人者,水也。水则载舟,水则覆舟,君以此思危,则危将焉而不至矣!"此语后被一代英主唐太宗视为座右铭,难能可贵。

载舟覆舟之论是否确由孔子所发,笔者无力考证,但孔子已初具民本思想,且认为民心所向是立国基础,则无疑。《颜渊篇》载:"子贡问政。子曰:'足食,足兵,民信之矣。'子贡曰:'必不得已而去,于斯三者何先?'曰:'去兵。'子贡曰:'必不得已而去,于斯二者何先?'曰:'去食。自古皆有死,民无信不立。'"孔子告诉子贡,对一个国家或这个国家的执政者来说,最重要的就是三件事:粮食充足,军备充分,民众拥护、信任政府。三者之中,根本的根本是民信。哪怕贫穷,哪怕弱小,只要民信,便可立国。民信不会自然而来,上不爱下,下不信上,"宽则得众"(《阳货篇》),执政者爱护民众,民众才会拥护、信任政府。

爱民须具体落实。孔子主要讲了以下几点:其一,"养民也惠"(《公冶长篇》),要给民众以实惠,包括救济贫困,如今之为人民谋得实际利益;其二,"使民也义"(《公冶长篇》),"使民以时"(《学而篇》),利用、役使民众要合乎道义,用今天的话说就是以正义、公平、合理为原则,另外要合时,在适当的时候恰如其分地让民众出力,绝不可无节制地劳民;其三,"教民"(《子路篇》),对民众要先"富之",让他们解决温饱问题乃至富裕起来,然后"教之",教化他们,让他们有道德、有文化、有技能,包括打仗之前对他们进行较长时间的军事训练,"以不教民战,是谓弃之"(《子路篇》)。

"和为贵"

> 有子曰:"礼之用,和为贵。先王之道,斯为美。小大由之,有所不行。知和而和,不以礼节之,亦不可行也。"

此章断句有分歧,结果语意理解上有所不同。本文比较之后,作如上标点。

和——指人际关系之和睦,以及国家、社会之和谐。斯——此,这,指上文"礼之用,和为贵"。由——从。

《尔雅·释诂》曰:"知,匹也。"清代文字训诂学家朱骏声《说文通训定声》曰:"匹者,先分而后合,故双曰匹,只亦曰匹。"《公羊传·僖公三十三年》曰:"匹马只轮无反者。"匹马即一马。所以,"知"取单独义。"知和而和"就是孤立地、一味地强调和,为了和而和。

礼的运用、施行,以达到和谐为可贵。古代有德君主的治理办法,好就好在这里。大事小事都遵从这一原则,但有变通的时候。单单一味强调和谐,为了和谐而和谐,不用礼来节制,那也是不行的。

孔子死后,子贡、子游、子张等人曾"相与共立(有子)为师"(《史记·仲尼弟子列传》)。不难看出,有子对孔子思想理解很深刻,阐述很精到。因此,说"礼之用,和为贵"总结或代表了孔子思想,是没有问题的。这与孔子自己说的"君子和而不同"(《子路篇》),以及关于"政和"的大段论述(《左传·昭公二十年》),一脉相承。

本来,如《礼记·哀公问》所载:"丘闻之,民之所由生,礼为大。非礼,无以节事天地之神也;非礼,无以辨君臣、上下、长幼之位也;非礼,无以别男女、父子、兄弟之亲,婚姻疏数之交也。"礼强调"节""辨""别",正名分,定等级,分亲疏。这几方面,既是礼的内容,又可以说是制礼的出发点和用礼的原则、结果。不过,这只是单独强调礼时的说法,只是孔子礼学思想的一部分。

孔子是仁、礼统一论者,他一再强调礼的本质在于人的内心,在于仁,具体说是"敬"以及与"敬"相关联的情感。只有在仁的心理和道德基础上正名分、定等级、分亲疏,才是孔子心目中的礼。脱离了仁的礼,无论是作为治国纲领、政治秩序,还是作为社会规范、生活准则,都只能是专制统治的工具和手段,无"和"可言。而脱离了礼的仁,无所依附,难以实践,最终只能是一种美好的空想,所以孔子才说"克己复礼为仁"(《颜渊篇》)。

"礼之用,和为贵",应该说办事之前就有"和"的愿望和规划,办事过程中又有"和"的基本原则,同时"以礼节之",用已定的制度、法规、准则、礼节加以配合、调节、均衡、制裁,最终达到"和"的目的。所以,礼的最高出发点、最高原则、最高目的都是"和"。至于礼本身的"节""辨""别",则是在"和"统率之下的具体功能。

某些学者论礼之文,只着眼于礼自身的"节""辨""别",而不谈"礼之用,和为贵",失之偏颇。更有批孔者将仁、礼割裂,只拿孔子坚持周礼说事。殊不知,"吾从周"(《八佾篇》)并非全盘守旧,而是在继承传统的基础上有所损益,其中最重要的是从根本上改造和提升了礼的指导思想。周公制礼作乐,固然有使王朝有序、稳固的预设,但远未达到孔子仁、礼相统一的博大和深刻。

"好学"

　　子曰:"君子食无求饱,居无求安,敏于事而慎于言,就有道而正焉,可谓好学也已。"

　　此章除"就有道而正焉"无难解处。就——归、趋、从,如就学、就教、迁就、俯就。有道——为"有道者"之省略,指悟道而有德之人。正——正己之身,自然包括纠正错误、弥补不足等。此外,"饱"不宜具体解作吃饱喝足,而应虚指满足。

　　孔子说:"君子不追求饮食的满足,不追求居所的安逸,做事勤勉而说话谨慎,追随悟道而有德之人,以正己身,这可以说是好学了。"

　　诚然,此章专讲"好学"。好学所指,并非仅限于常人所说的知识,更包含人生道理。此章即主要从道德层面阐述好学。依孔子所言,好学者有三方面特点:一是不为吃住等物质生活所累,更不以奢华生活为目标;二是多做少说,注重实践,踏踏实实;三是以悟道而有德之人为榜样,为老师,纠正自己的种种偏差。

　　出于内心的需要而去学习,在学习中获得快乐,因快乐而愈发愿意学习,这是必然的良性循环,故而称"好学"。好学是一种态度、一种选择。好学之重要,可从孔子以下一段话中知其一二:"好仁不好学,其蔽也愚。好知不好学,其蔽也荡。好信不好学,其蔽也贼。好直不好学,其蔽也绞。好勇不好学,其蔽也乱。好刚不好学,其蔽也狂。"(《阳货篇》)任何人,哪怕是喜好仁、智、信、直、勇、刚这些优良品质的人,只要不好学,就必然产生这样那样的偏差和问题,甚至走向反面。好学之途径,分别是读、听、看、问、思,并将所得随时落实到言行之中——实践是好学的最后步骤,根本步骤,必不可少。好学需贯穿终生,所以是人生之根本性的内容。

孔子是谦虚的,也是自信的,评价自己实事求是、恰如其分。他说:"十室之邑,必有忠信如丘者焉,不如丘之好学也。"(《公冶长篇》)一个只有十户人家的小村子,也一定会有如我孔丘一样的忠信之人,但没有人会像我孔丘这样好学。在孔子心目中,除了自己,没有几个人是好学的,颜渊是例外。"有颜回者好学,不迁怒,不贰过。"(《雍也篇》)孔子甚至认为,颜渊死后,众多弟子中"未闻好学者也"(同上)。

孔子对弟子要求极严,常常是恨铁不成钢。但以愚之见,孔门弟子大多应该算是好学的,例如子夏。子夏为孔门"文学"科弟子,小孔子四十四岁,虽然年轻,但对古代文献阅读既广,研究亦深,有自己见解。这一点,《八佾篇》就有透露。孔子死后,子夏回故乡魏国,在西河讲学,当时许多名士都是他的门生。子夏名气太大,以至于西河百姓把他比作孔子。后来,孟子的学生公孙丑说子夏、子游、子张三人"皆有圣人之一体"(《孟子·公孙丑上》)。古代学者认为,传播六经之功,非子夏莫属。关于好学,子夏有言:"日知其所亡,月无忘其所能,可谓好学也已矣。"(《子张篇》)每天都知道一些所没有的,每月都不忘记所掌握的,这可说是好学了。子夏所言,必是他切身体会,绝非空泛论说。不过,子夏大概主要侧重知识层面,与孔子有所不同。"好学"之内容,本来就是知识、能力、智慧、道德等多方面的。

"富而好礼"

子贡曰:"贫而无谄,富而无骄,何如?"子曰:"可也。未若贫而乐,富而好礼者也。"

子贡——姓端木名赐,卫国人。孔子明确评价子贡有两次:一是以"瑚琏"喻之,瑚琏是宗庙里盛黍稷的竹器,饰玉,较华美珍贵,即是说子贡为有用之材,且不俗;二是说子贡通达。子贡善问,《论语》所载以他和孔子的对话最多。子贡"货殖",做生意,学者、商人兼于一身,先贫后富,而又努力自守,故有上述之问。

谄——谄媚。贫者多求,易卑屈于人。骄——骄傲。富者有恃,易轻慢于人。子贡自以为贫时不卑屈,富了不轻慢,做得不错了,想听听老师的意见。孔子肯定了他,但一句"可也",语气并非充分称许,尚含有不满足之意;接着指出更高的目标。这里,我们看到了学问无止境,一步高似一步,一层深似一层。学问的内涵主要是人格道德之修养、安身立命之进境,现代人理解的知识倒在其次。子贡的修养水准在孔子看来,最多中上而已。

十分明显,穷人有三种境界:谄,无谄,乐。富人亦有三种境界:骄,无骄,好礼。世人两极分化,原因诸多,然穷人只骂老天不公,富人单说自己命好,而少有自省者,尤其未能摆脱金钱编织的罗网,陷于其中,难以自拔。

贫而乐者,从来很少。要说典型,当属颜回。孔子说:"贤哉回也！一箪食,一瓢饮,在陋巷。人不堪其忧,回也不改其乐。贤哉回也！"一叹再叹,赞赏之至。今人有同样不凡者。笔者一友人名裕光,高中学历,工人,家贫,然十余年来通览孔孟,钻研老庄,探索佛学,"待退休"后更是夜以继日,既不著书立说,又少与人交流,全为解己之惑,修身养性,真可谓安贫乐道之人。

富而好礼,亦有楷模。战国"四君子"大概算得上了,特别是魏公子无忌,即信陵君。司马迁说:"能以富贵下贫贱,贤能诎于不肖,唯信陵君为能之。"香港巾帼富贾张永珍,近十年来捐款过亿,用于内地教育、扶贫、救灾,又以四千余万港元从海外购得雍正官窑蝠桃橄榄瓶,将赠上海博物馆,尤其难能的是她一向低调,若非媒体报道这次捐赠消息,人们尚不知张永珍其人。

所举几位之贫富已经退化为生活舞台的背景,主戏则是超越功利的更璀璨夺目的内容。从人生哲学角度看,他们已由形而下过渡到形而上,高出众人一大截。

子贡虽不能像颜回那样"闻一以知十",却也是"闻一以知二"的杰出人物,所以老师的答话使他悟到:"诗云:'如切如磋,如琢如磨。'其斯之谓与?"难怪孔子又表扬他:"赐也,始可与言诗已矣！告诸往而知来者。"当今所谓"儒商"可有他们祖师爷子贡的一半风采? 难说。至于大批致富后附庸风雅的生意人、企业家,尤不足道也。

為政篇

"为政以德"

许多人认为孔子是政治家,同时又都指出他是失败的政治家。愚以为不宜笼统地称孔子为政治家,而应确切地说他是政治思想家。因为,除了当官的那几年,孔子都在权力中心以外,只是发议论、提建议、立学说,对实际的政局影响不大。

那么,孔子有哪些具体的政治思想呢?

《为政篇》第一章载:

> 子曰:"为政以德,譬如北辰居其所而众星共之。"

这是孔子政治思想的总纲。为政——从事政治统治,引申为治理国家。德——道德,德行。北辰——北极星。共——同拱,环绕之意。

因孔子有北辰之喻,所以汉魏经学家、宋明理学家多以无为而治解,离孔子本意甚远。这一误解至清代才得以改观。为政以德,非无为也,乃有为也。

一些现代学者认为,这是省略句,未写主语"国君"。全句译作:国君用德行来治理国家,好像北极星稳定在它那个位置上,而群星环绕着它。此解不能算错,但也绝不能算好,因为原句更可能是无主句,包含着更丰富的内容。"为政"的人不仅是国君,而且是卿、大夫等一系列掌权者;"北辰"喻指以国君为首的整个政权体系,似更妥当。《子路篇》载:"叶公问政。子曰:'近者悦,远者来。'"叶公为楚国大夫,当时驻守在负函(今河南信阳),孔子周游列国时见过他,告诉他治理地方就是要使本地的人生活快乐,并使其他地方的人来归依。这是"北辰"泛指执政者的最好例子。

为政以德——用"德"作为治理国家的纲领、路线和方法,可简称"德治"。这一思想自周公即开始萌芽,至春秋则被有识之士广为阐述。郑国政治家子产说得最绝对:"德,国之基也。"(《左传·襄公二十四年》)孔子继承并发展了"德治"思想,他的贡献是给"德"注入了新的内容。

"德"在西周已经有了道德的含义,但它还在"礼"的框架之内而未获超越。也就是说,那时的"德"更多是在实践层面遵循氏族的规范和准则。春秋以降,人文精神和理性精神大为张扬,特别是孔子的"仁"的学说,大大超越了"礼",要求外在的社会规范和准则升华为人的内在情感和自觉需求,进而升华为追求人生意义的崇高精神境界,这时的"德"才有了完整的道德的意义。

"德治"包含国君及卿、大夫由个人到国家、由私德到公德的整个过程。"能行五者(注:恭、宽、信、敏、惠)于天下,为仁矣"(《阳货篇》),如此即为后来孟子说的"仁政"。清代刘宝楠《论语正义》引李允升的话:"为政以德,则本仁以育万物,本义以正万民,本中和以制礼乐。"此解大体贴切。所以,"为政以德"的现代解释,离不开博爱、正义、公平、和谐这些词汇。

然而,春秋时期各国面临的核心问题,一是权力、二是利益。在激烈的争权夺利的斗争中,"为政以德"只能是一种理想主义的号召,基本上无法实行,尤其不能普遍实行。李泽厚先生则认为,古代"德治"思想是"泛道德主义","一方面它使中国没有独立的社会、政治的法规体系;另一方面它也使中国无独立的宗教心理的追求意识",利弊参半。

历史证明,马克思主义理论家也早已阐述,任何道德体系均可剥分出两大部分,即阶级的、历史的范畴和人类的、永恒的范畴。孔子的道德体系亦不例外。因而,我们还是应该批判地继承"为政以德"的思想,吸取于今有用的精华内容。

"猛以济宽"

《左传·昭公二十年》记载了一段史实：郑国上卿子产病重，临终时告诫接班人子大叔，执政要宽猛相济，软硬两手并用。子大叔上任后只宽不猛，结果"多盗"，聚集在芦苇丛生的沼泽地。（"盗"，一般训作窃贼和以强力干坏事的人，此处显然更是犯上的暴动者、起义者。）子大叔悔恨交加，派兵镇压，将沼泽地的"盗"全部杀死。

孔子对此有一大段评论："政宽则民慢，慢则纠之以猛；猛则民残，残则施之以宽。宽以济猛，猛以济宽，政是以和。"以下引用《诗经》的句子，进一步说明"施之以宽""纠之以猛""平之以和""和之至"。

可以看出，孔子虽然主张"为政以德"，但思想还是相当辩证的：一味施德，宽松无边，民众就会"慢"，即傲慢、不恭、放肆，进而无法无天，为所欲为，造成国家混乱；因此要纠偏，施之以"猛"，即颁令施刑，严厉惩罚"慢"之民，保持政权的稳固和社会的安定。孔子是为当时的执政者进言，且不可能有阶级斗争思想，所以他的"纠之以猛"在今天只能作为一种抽象的原则来借鉴。

为政要德刑并举，宽猛相济，但二者的功能是不同的。春秋时期许多有识之士都懂得这一点，如楚国大夫申叔时就说"德以施惠，刑以正邪"（《左传·成公十六年》）。孔子看得更远，想得更深，明确阐述了二者的不同效果。比宽猛相济内涵更丰富的是《为政篇》的这段话：

子曰:"道之以政,齐之以刑,民免而无耻;道之以德,齐之以礼,有耻且格。"

大意是:用政令来管理、领导,用刑罚来整治、规范,民众求免于刑罚而可能不去犯罪,但没有羞耻之心;用道德来教化、引导,用礼仪来规范、要求,民众就会懂得什么是羞耻,并且自觉地向上看齐,同时改正过错。显而易见,在孔子心目中德与刑二者地位并非等同——德为主,刑为辅;德为重,刑为轻。

孔子不反对"齐之以刑""纠之以猛",但是主张一定要公平、合理、得当,绝不能偏斜,尤其不可过度,否则民众将会惶惶然不知所措,"刑罚不中,则民无所错手足"(《子路篇》),错同措。

写到这里,要引用《礼记·檀弓下》记载的一则始而令人吃惊继而发人深省的故事。孔子从泰山旁经过,见一妇人在坟前哭得非常伤心,便叫子路上前去问。妇人说,先前公公被老虎咬死,后来丈夫又被老虎咬死,现在儿子也死在虎口里。孔子说,你们为何不离开这里?妇人说,这里没有暴政。于是,孔子对随行的弟子说,你们要记住:"苛政猛于虎也!"

苛政必猛,"猛则民残"。这个"残"字触目惊心。民众因执政者的暴虐而普遍遭到惨重的祸害,度日如年,苦不堪言,其中自然包括身残、命丧。猛虎伤人只是零星事件而已,不及苛政之万一。孔子反对苛政的立场,关心民众的情怀,于此昭然。

应该说,"刑"只是"法"的一部分,而孔子还没有"法制"和"法治"思想,甚至还公开反对晋国铸刑鼎、法公之于众的进步措施。在这方面,郑国的子产、晋国的范宣子等一批政治家都走在了孔子的前头。这一派政治家都是实际的执政者,更加现实。

"思无邪"

子曰:"《诗》三百,一言以蔽之,曰:'思无邪。'"

此章为孔子论诗之语。司马迁说:"古者诗三千余篇,及至孔子,去其重,取可施于礼义……三百五篇孔子皆弦歌之……"(《史记·孔子世家》)但孔子是否删诗,历来说法不一,至今难以定论。可以肯定的是,孔子非常熟悉古诗,时常引用,并以它们为教材。孔子说《诗》三百,是就整数而言之,实际是三百零五篇。

思无邪——出自《诗·鲁颂·駉》。駉,音 jiōng,意思是马肥壮。该诗为咏马诗,共分四章,每章倒数第二句分别是"思无疆""思无期""思无斁""思无邪"。思——语助词,无具体意义。邪——译诗者一般认为同斜,无邪即不歪斜。但是,有学者以"其虚其邪"(《诗·邶风·北风》)"志无虚邪"(《管子·弟子职》)为例,认为邪同徐,又证虚、徐二字同义,徐即虚,无邪即无虚。

愚以为,《尔雅·释训》曰:"其虚其徐,威仪容止也。"就是从容温雅的样子,说的是仪表举止威严恭谨。因此,诗中"思无邪"译成"不做作""不矫情"是妥当的。

孔子借用"思无邪",以咏马的词句概括三百零五篇古诗。可以想见,在孔子的头脑里,原来的意象已经转化。那么,孔子要表达什么意思呢?

东汉包咸说:"思无邪,归于正也。"不释思字。郑玄则有所不同:"思遵伯禽之法,专心无复邪意也。"宋代朱熹又有新的发挥:

"凡诗之言善者,可以感发人之善心;恶者,可以惩创人之逸志,其用归于使人得其性情之正而已。"直至今日,很多学者都把语助词思解作名词思想或动词思虑,把无邪解作纯正或无邪意。如把"思无邪"译成"思想纯正"(《论语译注》),"没有邪恶思想"(《论语译说》),"不可有不正的非分之想"(《论语我读》),"心无邪意"(《古汉语大词典》)……此类解释影响极大。

然而,古今不少学者提出质疑:《诗》有许多所谓的"淫诗""怨诗",与西周和春秋时期的礼仪并不相合,这不与"思想纯正"的评价相矛盾吗?这种质疑十分有力。也就是说,孔子不可能对《诗》作出"思想纯正"的总评。

这部分学者以近代郑浩先生为代表,他在上世纪二十年代即作出结论:"夫子盖言于《诗》三百篇,无论孝子忠臣、怨男愁女,皆出于至情流溢,直写衷曲,毫无伪托虚徐之意,即所谓'诗言志'者,此三百篇之所同也。故曰一言以蔽之。"也就是说,孔子认为三百零五篇古诗都是作者真情实感的自然流露。此说得到钱穆先生的完全认同:"诗人性情,千古如照,故学于诗而可以兴观群怨。此说似较前说为得。""虽曰引诗多断章取义,然亦不当大违原义。故知后说为允。"李泽厚先生则干脆将"思无邪"译成"不虚假"。

愚以为,郑浩、钱穆、李泽厚诸先生的意见更有说服力,应该更符合孔子本意。

"齐之以礼"

子曰:"道之以政,齐之以刑,民免而无耻。道之以德,齐之以礼,有耻且格。"

拙文曾论及此章,近谈"礼之用"(《学而篇》),需对此章加以详解。应该说,此章内容是对"为政以德"(《为政篇》)、"为国以礼"(《先进篇》)的进一步说明。

道——同后起的导字,领导、指导、引导。政——与下文德字相对,指政治手段,包括政策、政令等。齐——动词,整治、约束。免——避免、逃避。耻——羞耻。格——纠正。

用政策、政令等政治手段领导民众,用刑罚整治、约束民众,民众会因为畏惧而不闹事、不犯罪,避免刑罚,但无所感化,没有羞耻之心。用道德教化民众,用礼制规范、约束民众,民众会有羞耻之心,而且能自觉纠正无德和无礼的行为。

《礼记·缁衣》载:子曰:"夫民教之以德,齐之以礼,则民有格心。教之以政,齐之以刑,则民有遁心。"

十多年前出土郭店战国竹简,其《缁衣》载:子曰:"长民者,教之以德,齐之以礼,则民有劝心;教之以政,齐之以刑,则民有免心。"(李零《郭店楚简校读记》)

三章字句稍异,但内容相同。"长民者"之长,音掌,抚养义;长民者即领导民众的人。"格心"意为自觉纠正错误之心,或说向善之心;另一解,格为来、至,格心即归附之心。"劝心"之劝,勉也,劝心即勤勉努力之心;又一解如《康熙字典》所云"又悦从也",高兴地顺从、服从。"格心""劝心"义相近。而"遁心"与"免心"义近,意为逃避、苟免之心,即主动避免刑罚之心。

可以断定,导民或教民以德、礼,而非政、刑,是孔子的一贯思想,多次说过,影响甚广。这一思想,《论语》的一些章节及其他许多材料均可旁证。

在孔子思想中,天下或国家君主如何领导包括贵族、庶民、奴隶在内的广大民众,是个大问题,其主张的核心是道德教化。这种道德教化不是空洞的倡导,而是具体落实为尊礼、守礼、行礼。礼,既包括传统而又适用的礼俗,又包括新制定的礼制、礼仪,还包括自觉的礼节、礼貌。德与礼的关系,就是拙文所述仁与礼的关系。

孔子的话还使我们看到另一对关系,即德治与法治的关系。德治的根本目的在于提高民众的道德水准,自觉向善,具有知耻之心,视、听、言、动均不违礼,有了过错能够主动纠正。显然,孔子的主张不仅是美好的,而且是正确的。但是,纯粹的德治在古今中外的历史上从未有过,故只能是一种理想主义。

相反,法治却曾在战国中后期和秦朝大行其道。秦国百姓不敢违禁、犯法,并不是因为自觉地知耻,而是出于恐惧,害怕酷刑和杀头。法治之下的民众之心到底如何?"天下苦秦久矣。"(《史记·陈涉世家》)看看秦末到处起义的燎原之火,即可明白。

《大戴礼》载,孔子答卫将军文子曰:"以礼齐民,譬之于御则辔也;以刑齐民,譬之于御则鞭也。"一个用缰绳牵引,一个用皮鞭驱赶,明确反映儒法两家政治主张与手段的不同。

其实,孔子是主张"道之以德,齐之以礼"为主,"道之以政,齐之以刑"为辅的。也就是说,孔子的德治思想并不排斥法治,但法治不能作为主导,而只能是补充德治之不足。这个意思在拙文阐述孔子政治理想、治国思想时不止一次提到。春秋末期,道德沦丧,周礼崩坏,孔子特别强调德、礼罢了。

"知天命"

《尧曰篇》载孔子语"不知命,无以为君子也",《为政篇》载孔子晚年总结"五十而知天命",知命或知天命,是孔子认识论和道德论的极高境界,是孔子形而上思想的重要内容之一。

历代注家对此阐释极多,各有道理,不过读后仍有不满足之感。愚以为分几个层次逐步说明,这一重要命题方可清晰起来。

其一,需要懂得何为命或天命。天地之间的客观存在及其变化、发展的自然法则与规律,即是天命之主旨。它不受人的意识支配,对人来说是外在的必然。宏观地看,国家、族群、家庭、个人的命运都是其组成部分,都在其大势的裹挟之下。

其二,需要懂得何为知。知分为两个阶段。通过学习获得关于天命的知识和道理,这是"认知"或"获得知"阶段。知识和道理化成知者的精神和智慧,知者与天命融为一体,并在实践中体现天命,这是"证知"或"推行知"阶段。人与天的联系和沟通,在认知阶段还只是表层的,而在证知阶段则是实质性的。

其三,需要"畏天命"。这是知的应有之义。拙文有专述,此不赘言。

其四,知的主体是人,所以知天命的目的其实是知人命,并且要落实到知己命。天地赋予人大致相似却又不尽相同的资质和潜能,每个人都应该了解这一点,进而明白"天生我材必有用"的道理,清楚自己所处的地位和所担负的职责,做出合适的选择,有所为有所不为,在所为处不懈努力。人对命运的主观能动作用,根本在此。知己不易,向来少有真正知己之人,而孔子可以作为表率。

孔子五十五岁率领弟子周游列国,六十八岁返鲁。这前后十四年是孔子"知天命"之后又达到"耳顺"的时期,其精神境界已非常人可比。孔子过宋,宋司马桓魋欲害孔子,孔子曰:"天生德于予,桓魋其如予何?"(《述而篇》)孔子在匡蒲遇险被拘,曰:"文王既没,文不在兹乎!天之将丧斯文也,后死者不得与于斯文也。天之未丧斯文也,匡人其如予何?"(《子罕篇》)孔子无所畏惧,无比坚定,缘于他深信自己替天行道的使命。孔子自认为心与天通,所言所行既是对天命的坚持,又是对己命的把握。

其五,命运不仅是必然,而且是无数难以预测的偶然。因此,需要直面人生之偶然,尽可能抓住各种机遇。否则,仍谈不上知天命,而只是宿命。愚以为孔子讲的"君子而时中"(《中庸》)和"可与共学,未可与适道。可与适道,未可与立。可与立,未可与权"(《子罕篇》),可以体现这方面的思想。"时中"是指中庸随时间等条件变化而变化,不可僵死。"权"是称物之锤即秤砣,权衡而知轻重,不可固执。总之,审时度势,快速应变,灵活机动,包括对原有选择的补充、修正或放弃,都是日常把握与创造自己命运所必须的。这是人的主观能动作用的经常性体现。当然,这些都是在"立""不惑"基础上的行为,是在"吾道一以贯之"建立之后的行为,否则必是投机取巧的小人。

综上所述,才是知天命的全部含义。人们不难得出结论,做到知天命绝非易事,非有极丰富的生活经验、极深厚的思想积累、极高超的道德修养不可。孔子称自己五十岁知天命,实际仍有未知之处或未做到之处,我辈岂能早耶?

"耳顺"

> 子曰:"吾十有五而志于学,三十而立,四十而不惑,五十而知天命,六十而耳顺,七十而从心所欲不逾矩。"

这是夫子自道,更是现身说法。实际上,孔子阐述的是道德修养之阶段、境界提高之进程。这段话成了中国人的人生哲学箴言,连绵达两千多年,肯定还会持续下去。

二十年前,十年前,我曾分别以"不惑"、"知天命"为题写过两三篇小文,而今岁次甲申,年届花甲,自然又该写"耳顺"了。何为耳顺?最简单的字面义似乎是什么话都听得进去,包括逆己之见、反己之言乃至骂己之声,并且不再感到刺耳。然而十分明显,其含义绝不会如此单纯,尽管这样已经极难做到。五十已知天命,再过十年,精神境界到达一个更高层次,而能听逆耳之言绝不足以表述这种境界的高深。

历代注释《论语》者不断,少说也有数百家。看过其中几种,觉得对耳顺的理解不尽相同。注者所处时代不同,经历、身份、学识、悟性不一,见解自然会有差别。

东汉经学家郑玄注为"耳闻其言,而知其微旨",这差不多是最早的解释,具有一定的权威性。可是,听人说话,能懂得隐含在言辞之内或言辞之外而未露的深意,所谓"听话听声,锣鼓听音",是许多聪明人都可以做到的,不一定非到六十岁不可,所以孔子的本意肯定不尽如此。

宋代理学家朱熹注曰:"声入心通,无所违逆,知之之至,不思而得也。"耳通心,耳顺即心顺,即心通,通到无所违逆,通到不思而得,确是高水平、高境界。不过,此注言简意赅,未及耳顺字面义,一般人理解起来难以通彻。他在另一个地方说"至于圣人,则顺理而已,复何为哉",倒可以作为补充。宋明理学家解释《论语》,仅从义理着眼,而忽视孔子的经历与实践,不能充分体察孔子平实话语中的蕴藉与意味,因而有意无意中或拔高或曲解了孔子。朱注耳顺的后半句,就不一定是孔子的思想。

另一类以清代学者焦循为代表:"耳顺,即舜之察迩言,所谓善与人同,乐取人以为善也。顺者,不违也。舍己从人,故言入于耳,隐其恶,扬其善,无所违也。学者自是其学,闻他人之言,多违于耳,圣人之道,一以贯之,故耳顺也。"焦循以远古时代舜帝的实例解释耳顺,具体是具体了,可惜基本上还在耳顺字面义打转,未入精髓。他最后指出耳顺基于圣人之道,才抓住了纲,但由于并未深刻理解,所以只好大而化之,一笔带过。总体看来,焦循的水平还赶不上几百年前的朱熹。

思之索之,琢之磨之,觉得古人的理解均言之成理,但都不全面,不圆通,而且除朱熹外都还不够深入。对此,自然不会令人满意。

一日偶进书店,见有三联新书《论语新解》,不由心喜,因为钱穆先生是非常值得尊重的学者。此书为一九五二年钱穆先生五十七岁时动笔,一九六三年定稿,一九八七年再版时于文字上略有修改。

钱穆先生对耳顺的理解,是笔者见到的注释中较好的一种。先生体察得入微,阐述得明确:"耳顺者,一切听入于耳,不复感其于我有不顺,于道有不顺。当知外界一切相反相异,违逆不顺,亦莫不各有其所以然。能明得此一切所以然,则不仅明于己,亦复明于人。不仅明其何以而为是,亦复明其何由而为非。一反一正,一彼一我,皆由天。斯无往而不见有天命,所以说耳顺。"其感、其知、其明,一层深似一层,直达上天。钱穆先生认为,"而立""不惑"还只是形而下的层次,而"知天命""耳顺"已是形而上了。钱穆先生笔下的天与孔子说的天同义,但他们均未解说。孔子重点只谈"天下",集中在世间的人与事上面。据笔者肤浅理解:天,至高无上,超越一切,主宰一切,可为人所知,不可为人所尽知,它既是世界的本源,又是终极真理;而"天命"则是客观的规律性和外在的必然性。人与天的关系,是人生哲学最根本的问题。

由此联想到冯友兰先生晚年时讲到的耳顺。先生一九八九年在题为《对于孔子所讲的仁的进一步理解和体会》的文章中说:"'六十而耳顺'就是顺天命,也就是'事天'。"这个说法点到了问题的实质,但过于笼统。笔者以为,顺天命就是"天人合一",精神已经升华到与天地相融合,对于"天下"的人和事都能透过其表象,看到通于天道(在孔子那里即是仁道)的本质,同时审时度势,随时随地修正自己,而替天立言立行的宗旨一以贯之,毫不动摇。顺天命与人们常说的宿命有两点根本的区别:其一是前者早已知天命,是个彻底的明白人,而后者则糊里糊涂,对一切均不知其所以然;其二是前者自觉、主动、积极地迎合与遵循,且尽己之力,有所作为,而后者则盲目、被动、消极地等待与屈服,且无能为力,无所作为。类似于得道之士礼佛与文盲老妪拜佛之差别。

至此,笔者自以为对耳顺已经大体上"解悟",即大体上弄清了道理,只待进一步"证悟",即待进一步的实际体验了。

不过,笔者还在琢磨一个问题,即孔子为什么用"耳顺"一词而不选择其他说法。有一位很博学的学者,他的书这几年在内地出得很多,其中有两册是解释《论语》的。这位学者就不明白这一问题,他说"六十而耳顺"不好懂,怀疑这句话有脱字,解释得也很肤浅。

其实,这种猜测并无根据,枉费心机,还是老老实实领会原文为妥。

依笔者拙见,古人早就意识到感知和了解事物、社会、自然,要靠眼、耳、鼻、舌、身等感官,其中以耳目最为紧要,然后汇聚于心。孔子知天命以后,心底愈发澄明,耳闻目睹身外一切,不再有不解,知其皆由天,而自己亦是天的组成部分,天命就是己命,或者说己命就是天命。六十岁那年,孔子在宋国,宋司马桓魋欲杀之,孔子说"天生德于予,桓魋其如予何",自信极深,无所畏惧。表达这种个人与天的关系,或者主观与客观的关系,孔子以他一贯的语气和文风用了平实的"耳顺"。这只是一种代表性的说法,用"眼明"亦无不可。只不过眼观近而狭,耳闻远且广,景入眼内是一个相对静态过程,而声入耳中是一个相对动态过程,一般说来后者对心的触动更强烈些。俗语"耳听为虚,眼见为实",其生理、心理机制笔者一下子也说不清,但它反映出人对自己的眼睛更相信;反过来说,"耳顺"比"眼明"更难做到。其实,知天命以后所有感官渐渐皆顺,皆明、皆纯、皆净,归结起来可说是"心顺"。

孔子用"耳顺",我以为还暗合他的实际经历与遭遇。孔子六十岁前后十余年正是他与弟子们在各国颠沛的时期,屡遭白眼,频受嘲讽,数遇责骂。孔子适陈途中,被匡人围困五日;孔子由曹至宋,险被宋司马杀掉;孔子适郑,被郑人奚落;孔子在陈、蔡之间,被两国人围困绝粮;孔子适楚,被楚狂人贬为"何德之衰";孔子由楚返蔡,被隐士斥为"四体不勤,五谷不分"……孔子在各国飘泊十三四年,看到的太多了,听到的太多了,除在卫国的日子稍好外,其他多是冷遇。然而,孔子一以贯之,肩负上天赋予的大任,以超然的态度面对一切挫折和困苦,并且深悟那并非个人的不幸,乃是礼崩乐坏的社会之必然。所以,孔子晚年时总结六十年龄段的道德修养和精神境界,以"耳顺"表述,是很自然的事。

"父母唯其疾之忧"

孟武伯问孝。子曰:"父母唯其疾之忧。"

前一章孟懿子(姓仲孙,名何忌;懿,死后谥号)问孝,此章孟武伯(名彘;武,死后谥号)问孝,这是父子俩,先后为鲁国大夫。孟氏为鲁国三桓之一,何忌的父亲孟僖子遗命何忌跟孔子学礼,故何忌乃孔子早年学生。受祖、父两代影响,仲孙彘亦尊重孔子。

此章孔子答语是省略句,完整地说应是"孝子,父母唯其疾之忧"。其,代指孝子。其次,先秦古汉语常把宾语移到动词前面,中间插入虚词"是""之"等。按现代人说法,此句是"父母唯忧其疾"。少数学者理解为孟武伯忧父母之疾,不对,语法上讲不通。

孔子的意思是说,一个人各方面都做得很好,很出色,那么除了生病,就没有什么事可使父母担心了,这就是孝。通观孔子所讲的孝,可知此种孝乃是高层次的孝。

如果从另一方面看,从父母角度说,透露出的则是慈爱,即父母对子女方方面面都十分牵挂。整部《论语》,几乎没有正面说到慈爱,只有一处提到"慈",还是谈为政问题时顺便带到,"……孝慈,则忠"(《为政篇》)。慈,爱也,父母之爱子也,长爱幼也。

慈爱的意思,在《论语》里都是隐约表现出来的。如"父为子隐"(《子路篇》)。究其根源,就是父亲爱儿子,所以才袒护、隐匿儿子的短处乃至错误。如"父父"(《颜渊篇》),父亲要像父亲,或者父亲要尽父道。何为父道?起码有三层意思:一、抚养、爱护儿子;

二、引导、教育儿子;三、自己立得直,行得正,为儿子做出榜样。如"子生三年,然后免于父母之怀"(《阳货篇》),体现的就是父母对幼儿的疼爱,联系孔子质疑宰我的话,"有三年之爱于其父母乎",这一点就更清楚了。

孔子不大讲慈爱,为何?学者们很少提及,这里试作说明。父母爱儿女,出自本性,自然天成。这种原发的情感没有利害,不计后果,是不成问题的问题,没有理由的理由。所以,慈爱是不言而喻的。看看动物天然地疼爱、保护自己的幼崽,这个话题便十分简单了。用学者的理论术语说,慈爱的出现是人类本然的"生存格局"。这种格局是客观存在的,其实古人也早已认识到了,那就是所谓"天道"的一种表现。《中庸》曰:君臣、父子、夫妇、兄弟、朋友,"五者,天下之达道也。"达道,普遍的和共同的必经之路。

慈爱,不言而喻,何必多言!这便是孔子不强调慈爱的原因,就这么简单。相反,孔子大谈特谈儿子应该如何爱父母,这种反方向的爱可称为"孝爱"。这又是为何?后面文章会有阐述。

讲慈爱,不能不涉及父母的一些思想观念,如"养儿防老""传宗接代""光宗耀祖"等。这些思想观念显然已有功利因素,已有目标预设。在此,只能说这些思想观念是理智思考的产物和社会习俗的影响,是亲子关系的伴生现象,而不是父母的原发情感。相比之下,不少父母数十年如一日,关照、保护、疼爱严重残疾、难以自理的儿女,更能体现什么是根本的慈爱。

"不敬,何以别乎"

> 子游问孝。子曰:"今之孝者,是谓能养。至于犬马,皆能有养;不敬,何以别乎?"

子游,名言偃,小孔子四十五岁,非常博学,诗书礼乐文章无不通晓,列孔门四科中的"文学"科(《先进篇》)。子游是孔子的一位重要弟子,《里仁篇》《雍也篇》《阳货篇》《子张篇》有多章文字记载他的言行,可参阅。

孔子答语是说,现在的所谓孝,是说能赡养父母就行了;可是,狗和马都被养着,如果对父母不恭敬,那么赡养父母和饲养狗、马又怎么区别开来呢?

孔子拿赡养父母和饲养犬马并提,显得十分突兀、辛辣,目的显然在于让子游以及旁听者惊醒。可以想见,子游等人一定会受到强烈震动,将"孝"中的"敬"深深印在心里。

孟子对孔子的话了如指掌,在谈到上位者与下位者交往时说:"食而弗爱,豕交之也。爱而不敬,兽畜之也。"(《孟子·尽心上》)大意是说,诸侯、大夫仅仅供给士人食物而并不爱惜他们,就等于像对待猪一样对待士人;即便爱惜但并不敬重他们,还是像养宠物一样养着士人。

孟子强调上下交往中的"敬",同时指出了"爱"并不等同于"敬"。"恭敬之心,礼也。"(《孟子·告子上》)"仁者爱人,有礼者敬人。"(《孟子·离娄下》)今之养宠物者,对猫、狗都十分疼爱,但没有谁对猫、狗恭敬。所以,孟子的话并不难理解。

《说文解字》曰:"敬,肃也。""肃,持事振敬也……战战兢兢也。"《释名》曰:"敬,警也,恒自肃警也。"《玉篇》曰:"敬,恭也,慎也。"所以,尊敬、恭敬、敬重,已不仅仅是一种由内心原发的情感,同时又是经过头脑思考的观念和思想。可以说,"敬"是"爱"的理性化提升。在这种观念和思想里,包括了对"天命""礼""大人""贤"的承认,也包括了对自己的约束、严肃、警惕、谨慎,甚至战战兢兢。

还可以作另一种比较。对健全的人来说,幼儿、少年、青年、壮年都爱父母;不过人们都会看出,对父母的爱随着年龄增长愈发成熟,愈发理智。其间的差别主要就在于"敬"。幼儿不懂得何为"敬",少年稍懂一点,青年懂得多一些。独立后走上社会的成年人,特别是组成自己小家庭的人,才会比较完全地懂得对父母的"敬"是必不可少的。

此章内容值得今之为儿女者深长思之。以愚之见,世间除一些不孝之子,尚有不少对父母爱而不敬的子女——内心还是爱的,外在表现却是不敬。

"色难"

  子夏问孝。子曰:"色难。有事,弟子服其劳;有酒食,先生馔,曾是以为孝乎?"

  子夏,名卜商,小孔子四十四岁,非常博学,诗书礼乐文章无不通晓,列孔门四科中的"文学"科(《先进篇》)。子夏的言行在《论语》里记载有二十余章,是孔门弟子中占篇幅最多者之一。

  由于文句简略,学者们解释此章常有分歧。对后半部分,杨伯峻、钱穆两位先生看法相近,这里选取后者译文:"若遇有事,由年幼的操劳,有了酒食,先让年老的吃,这就是孝了吗?"而古棣先生则有所不同:"如果只是像学生侍奉老师那样,有事要做,学生效劳,美酒佳肴,让老师吃喝,这样对待父母难道就是孝吗?"古棣先生显然不同意将"弟子"训为"子女"或"年幼的","先生"训为"父兄"或"年老的"。同时,他又认为这是省略句,用现代汉语补充,在发问句之前应加"这样对待父母"。二者孰优孰劣,读者可自行判断。若问鄙人意见,愚以为后者可能更接近孔子的意思。

  此章核心在"色难"。色,指脸色,此处特指儿女对父母恭敬的脸色。难,是说始终保持恭敬脸色很难。具体难在哪里?愚以为主要有两方面:其一,父母说话、办事不会永远正确,不会永远符合子女心意,遇到这种情况子女还保持和颜悦色,很难;其二,喜怒哀乐,人之常情,子女自己情绪不佳时仍对父母和颜悦色,很难。

  和颜悦色,是子女对父母恭敬之心的外在表现,由衷而发,自然而然。但是,如前文所述,"敬"同时已是经过头脑思考的观念,所以"敬"并不排除善意的掩饰和隐瞒。例如,克制挫折带来的烦恼,压抑失恋造成的痛苦等。在父母面前,装作什么都没有发生,一切顺利,不让二老为自己担忧。经常如此表现,确非易事。

然而,孔子的本意还可深掘。因为,孔子说过"事父母几谏"(《里仁篇》),"父有争子,不陷无礼"(《孔子家语·三恕》)。永远恭敬,不等于一味顺从,"谏""争"可能也是孝行,关键是要合时、合地、合理、合度。

"喜怒哀乐之未发,谓之中;发而皆中节,谓之和。"(《中庸》)儿女心中的喜怒哀乐在父母面前可以表现出来,但要达到"和"的效果,就必须"中节"。即选择合适的时间、合适的场合,用有分寸的、有技巧的语言行动表达出适于表达的情绪和意见,让父母比较容易理解和接受。父母即使一时不理解、不接受,但由于子女"中节",也不至于伤心、发怒。倘若子女能如此,那便是对"中庸"有相当深的领悟了。不过,孔子明确提醒"中庸不可能也"(《中庸》),即不容易做到,或者说,永远的、绝对的中庸做不到。子女喜怒哀乐发而"皆"中节,又是很难的。

孔子说话向来言简意赅,意味深长。本文理解"色难",已超出学者们的一般教诲,贴切与否,请读者正之。

"人焉廋哉"

子曰:"视其所以,观其所由,察其所安,人焉廋哉?人焉廋哉?"

先看几段关于前三句的译文。"考查一个人所结交的朋友;观察他为达到一定目的所采用的方式方法;了解他的心情,安于什么,不安于什么。"(《论语译注》)"看他所做的事情,仔细看他所以做好事或坏事的原因,反复审察他所喜欢的是什么。"(《论语译说》)"要观察他因何去做这一事,再观察他如何般去做,再观察他做此事时心情如何,安与不安。"(《论语新解》)"看他的所作所为,观察他的由来始末,了解他的心情寄托。"(《论语今读》)

可以看出,几位著名前辈学者的解释不尽相同,其中颇有需要讨论之处。

根据语意,以、由、安均为动词。以作动词,义同做、为、行、用。但是,以的词性很杂,又是介词、连词、指示代词、语助词等,而作介词、连词时则有凭借、因为之义。在古代,是没有这种语法概念的。如果单作动词解,孔子为什么不直接说更清楚的"视其所为"或"视其所行"呢?此处值得玩味。杨伯峻先生训以为"与","所与"指所结交的朋友,则误。

由——由来、经过,还有"从"义,依从、遵循。

安——安定,学者们解成心安,值得商榷。愚以为,此安应是"止"义,停止、终结。

所——结构助词,与以、由、安组成词组,指代"其"的动作、行为。在本章中,所以表示起始的行为,暗含"为什么"的意思;所由表示行为的过程,暗含"如何做"的意思;所安表示行为的结果,暗含"做得怎么样"的意思。所以、所由、所安,从始至终是一个完整的过程,三部分环环相接。有的前辈学者实际上把三句话割裂了。

钱穆先生说:"视、观、察,此三字有浅深之次序。视从一节看,观从大体看,察从细微处看。"愚以为,视、观、察有浅深之别固然不错,但应强调目与心通,三者不仅是眼看,尤其要心想,都是由事及人,由表及里,而察比视、观更全面,更透彻。

因此,拙文将这三句话的意思写成:先看一个人着手做什么,为什么那样做;再看他是怎么做的,遵循什么方法,经由什么途径;最后看他怎样结束,结果如何,达到了什么目的,从而了解他的心思所在。

廋——音sōu,隐藏,掩盖,伪装。通过上述视、观、察,一个人的品质怎么能隐藏得了呢?重复"人焉廋哉",强调断言的坚决。

此章是孔子教授弟子们观人之法。观人要有一个完整的过程,由事以窥意,由迹以观心,不可凭空臆想,也不可简单就事论事。

观人的目的在于知人,而孔子反反复复谈论知人之重要。《颜渊篇》载,樊迟"问知",孔子回答的就是"知人"。孔子还说:"不患人之不己知,患不知人也。"(《学而篇》)不要担心别人不了解自己,怕的是自己不了解别人。了解人,与上述视、观、察相关联的就是"知言"。"不知言,无以知人也。"(《尧曰篇》)知言,除了分析内容之外,看说话人的态度、表情也十分重要,因为态度、表情很能说明问题,所谓"察言而观色"(《颜渊篇》)。综合"知言"和"视""观""察",就是"听其言而观其行"(《公冶长篇》)。

"温故而知新"

子曰:"温故而知新,可以为师矣。"

温故知新,自古以来就有两方面解释。其一,温习已学知识,获得新的理解和体会;有学者认为"新"亦应包括外在的新知,其为旧知的深化或拓展,如此方能新旧合一、内外合一。其二,鉴古知今,即吸取历史经验,正确认识现在。

孔子之教,一向注重培养弟子由此及彼的思维能力,以及融汇古今的通悟水平。例如,"举一隅不以三隅反,则不复也。"(《述而篇》)弟子不能举一反三,孔子不会硬性灌输,不会再教更难的新东西,而是让弟子自己思考。举一反三就是温故知新的一种表现,"一"即"故","三"即"新"。颜渊"闻一以知十"(《公冶长篇》),是高水准的温故知新。对生命的存在与意义,颜渊有深刻的理解,有丰富的联想,由表及里,由此及彼,书所未载,师所未传,皆能有所先知。只不过他表述不多,更无夸夸其谈,"如愚"(《为政篇》)而已。至于子贡"告诸往而知来者"(《学而篇》),孔子本人"好古,敏以求之者也"(《述而篇》),都是思想认识上的由彼及此。所求者、所知者何?对"古"的全面深入了解,对"今"的借鉴作用。而"来者",更是未来的发展。

杨树达先生在《论语疏证》中对此章有一大段按语,颇可惠及诸人,抄录如下:"记问博习,强识之事也;温故知新,通悟之事也。孔子之教,以通悟为上,强识次之。故温故知新可以为师,记问博习无与于师道也。所谓温故而知新者，先温故而后知新也。优游涵泳于故业之中，新知忽涌现焉，此非义袭而取、揠苗助长者之所为，而其新出乎故，故为可信也。不温故而欲知新者，其病也妄；温故而不能知新者，其病也庸：皆非孔子所许也。"

温故知新，是一种认识客观世界以及认识自己的能力。这种能力与先天因素有关，如智商。但是，更与后天学习与锻炼有关，如尊重历史与传统而又好学的人，如懂得形式逻辑和辩证逻辑的人等，在"知新"上就会超出常人一截。

温故知新，又是一种人生智慧。这种智慧主要是在不断的温故知新实践中磨砺出来的。"知新"当然不只是了解未知知识，了解未知世界，更是对其本质的领悟；同时也是对人生意义与价值的新体会、新发现。每一点"新"，都使精神境界得以升华。孔子"三十而立，四十而不惑，五十而知天命，六十而耳顺，七十而从心所欲不逾矩"（《为政篇》），每十年左右有一个新的飞跃，终于达到与天合一。

能够温故知新，就可以做老师了。"可以为师矣"，不是自我感觉良好，而是客观上具备了做老师的条件。这种老师，会基于自己的有益经验，开发学生内在潜力，进行启发式、联想式、通悟式教学，而不是让学生死记硬背现成的书本知识。显而易见，孔子在向弟子们传授正确的"师道"，希望他们继承自己的事业，传播周代灿烂文化，以教化天下。

孔子所说之"师"，亦指做人的表率、模范，如"三人行，必有我师焉"（《述而篇》）。不管是谁，不管是何职业，只要能温故知新，学问、事业就不会差，就有其可称道之处，就值得人们学习。从这个意义上说，孔子是在普遍倡导温故知新。谁做到了，就有了底气，成为一个较为健全的人，自然具备了赢得别人尊重和仿效的"资本"。

"君子不器"

子曰:"君子不器。"

器,《论语》中孔子五次讲到。除"君子不器"外,还有《八佾篇》"管仲之器小哉",此器是指器识、器量、器度;还有《公冶长篇》说子贡"女器也",此器是指器具,具体是指瑚琏,宗庙中竹制玉饰的盛放黍稷的器皿;还有《子路篇》"及其使人也,器之",此器是指器使,量才使用之意;还有《卫灵公篇》"工欲善其事,必先利其器",此器亦指器具。

如何理解"君子不器"?学者一般译成类似"君子不要像器具一样"的句子,译成"君子不是器物""君子不做器物"似乎亦可。但是,这种字面翻译并没有说明什么问题。于是,引申推理,说君子不要像器具一样只有一种固定的用途,进而说君子要博学多识,成为通才。

认真学习、仔细琢磨之后,愚以为"君子不器"即便含有提倡通才的意思,那也不是主要的。《易·系辞上》曰:"是故形而上者谓之道,形而下者谓之器。化而裁之谓之变,推而行之谓之通。举而错之天下之民,谓之事业。"器与道相对,可简单理解为一个是有形的具体的物,一个是无形的抽象的理(朱熹语)。这是中国古代思想的两个基本概念。《礼记·学记》有言:"大德不官,大道不器,大信不约,大时不齐。"大意是具有大德行的人不拘于一官之任,精通大道理的人不偏于一器之用,讲求大信用的人无须订立盟约,把握大时机的人不求一切都整齐划一。"察于此四者,可以有志于学矣。"懂得这四个方面的道理,就可以明确学习的志向、方向了。不管《系辞》是否为孔子所作或部分为孔子所作,说"君子不器"是上述两段引言的蓝本,都是可以成立的。因此,"君子不器"的实质是在强调与器相对的道,其内涵就是孔子正面说的"士志于道"(《里仁篇》)、"君子谋道不谋食"(《卫灵公篇》)、"朝闻道,夕死可矣"(《里仁篇》)。"不器"和"谋道"是一个意思,两种说法。

　　道、德、器应是有机的关系,全在是否能"化而裁之""推而行之",使其见诸"事业"。子贡固然被喻为瑚琏之器,毕竟是美器、庙堂之器,他的"用"体现了孔子的道与德。愚以为,无论何器,均有其价值;对于人来说,财多少无所谓,位高低无所谓,重要的是一颗心以及由心出发的言行,是否有道,是否有德。

"子贡问君子"

子贡问君子。子曰:"先行,其言而后从之。"

此章句读,向有分歧,本文采纳今之主流意见。曾有古人理解"其言而后从之"为:君子之言令后人准而从之,从而法之。这是粗陋的望文生义,今人已摒除不用。句意其实是"而后其言从之"。后——时间副词。其——代指君子。从之——言说跟随行动而发。故,此章意译为——子贡问君子是怎么样的。孔子说:"君子先去做,然后再根据做了的去说。"

此章阐述君子先行而后言,言由行而生。品德修养要解决诸多问题,根本问题之一就是行与言的关系。先言后行,儒家修养所忌。言而不行,更为人所耻。孔子倡导行动是首要的,看法、观点、体会均需"从之",从实践中来。

关于行与言,《论语》尚有"古者言之不出,耻躬之不逮也",古代人言语不轻易出口,是怕自己做不到,而说了做不到是羞耻的(《里仁篇》);"君子耻其言而过其行",君子以说的超过做的为羞耻(《宪问篇》);"君子欲讷于言,而敏于行",君子要说话谨慎,做事勤快(《里仁篇》)……其义一贯。

《礼记·缁衣》亦载孔子语:"言从而行之,则言不可饰也;行从而言之,则行不可饰也。故君子寡言而行以成其信,则民不得大其美而小其恶。"说了跟着就做,说的话就不能掩饰;做了跟着就说,做的事就不能掩饰。因此君子少说话而以行动成就自己的信用,那么民众就不可能夸大自己的优点而掩饰自己的毛病。这段话说明两点：其一，"寡言而行"有利于信用的建立、威望的提高；其二，为民众做出表率，民众便会实事求是。

拙文曾释《颜渊篇》司马牛问仁，说孔子"仁者，其言也讱"是有的放矢，因为司马牛"多言而躁"（《史记·仲尼弟子列传》）。这是正确的。但是，读了上引诸章文字，深感仁者言讱实在是蕴含了无比深厚的内容。讱，音认，顿也，与讷义近，出言难貌。不唯司马牛当如此也。

孔子诸多话语中，实含先行后言、多行少言、行而不言几种具体情况，皆是君子准则，需择机而定。一般人则与此相反，而其中说得多做得少、只说不做尤显人品不佳。

孔子从品德角度立意，而实际上反映出他的世界观之一隅，具体说是认识论。孔子明确认为"行"是第一位的，"言"是第二位的。人们在行动即实践中感知客观事物，在心中形成认识，然后总结成思想观点，再后才是表达看法和意见。言，不仅指言语，亦包括著作。这是两千五百年前的朴素唯物主义，难能可贵。

孔子说过"生而知之"，但他主要强调的是"学而知之""困而学之"（《季氏篇》）。而"学"，根本的是"躬行"（《述而篇》），再辅之以"文"。从古至今惯有的言行不一、大言炎炎，皆与孔子主张背道而驰。而有识者强调实干兴邦、空谈误国，则是对孔子思想的现代化运用。

"君子周而不比"

子曰:"君子周而不比,小人比而不周。"

周——本义为琢玉。其字形演变、含义扩展比较复杂。起码自商末周初起,其周围、环绕、完备、遍及、接济以及至、最、密等义便被陆续采用。如《书·泰誓》"虽有周亲,不如仁人",周亲即至亲。如《诗·小雅·鹿鸣》"人之好我,示我周行",周行即大路,最好的路径。《说文》仅取一义,"周,密也",段玉裁亦就密、疏相对而作注解,并说"按忠信为周,谓忠信之人无不周密者"。

其实,密又具体为分为紧密、周密、亲密、隐秘等义。如《左传·襄公二十七年》载:"二十七年春,胥梁带使诸丧邑者具车徒以受地,必周。"胥梁带,晋国大夫。他让丧失城邑的各个诸侯备好兵马来收回自己的土地,行动必须隐秘。

此章孔子所说之周,显然是周密、亲密之义,表示君子的待人之道,或说是与他人关系的准则。周以仁的情感为基础,"爱人"(《颜渊篇》),又有理性的升华,亦即它是有原则的,思虑周全的,遍及众人的。

比——甲骨文是二人并列之形,一人紧跟一人,与从字方向相反。"比,密也。二人为从,反从为比"(《说文》),本义是亲密。不过,其义有两个层面。其一是正当的亲密,如《里仁篇》"义之与比"(此比已经引申,一般译作靠近、依附乃至服从)。其二是不正当的亲密,即勾结、沆瀣一气,如《左传·昭公六年》所载:宋国华亥"乃与寺人柳比,从为之徵",即华亥与叫作柳的宫廷近侍相勾结,并为其作伪证。

因此,翻译孔子的话似可如下:"君子有原则地亲和众人,而不会与他人相勾结;小人与他人相勾结,而不会有原则地亲和众人。"

与"周而不比"意思相近的一句话,是"群而不党"(《卫灵公篇》)。群,合群,团结众人。党,结党,拉帮结伙。不过,前人说比与党亦有差异。"比人少而党多。比为两相依附,如邻人之亲密。党则有党首,有党羽,援引固结,蔓延远而气势盛。此比字对周说,正于其狭小处见不能普遍,犹未至于党之盛也。"(《论语集释》)此说可供参考。

君子与人交往,出于公心,思虑周全,好恶爱憎以道义为原则,尽量团结众人。小人与人交往,出于私心,胸怀褊狭,好恶爱憎以利益为根本,必然狼狈为奸。

"周而不比""群而不党"是孔子的重要思想观点,于今适用,且可扩展至国家层面的外交。

"学而不思则罔"

子曰:"学而不思则罔,思而不学则殆。"

罔——迷惘。殆——疑惑。这两句话的意思是:听讲、读书而不深入思考,只会茫然无所得;一味思考而不听讲、读书,就会无所依据从而悬疑不决。

也有学者将罔作欺骗解,将殆作危险解,于是原文的意思稍有不同:光学习而不思考,那么难免被某些虚假、错误的内容所欺骗和蒙蔽;光思考而不学习,那么难免被个人之见引入危险歧途。此解似乎亦通。

颜回是孔子众弟子中最好学的,屡受孔子称赞。而且,颜回学而思,领悟孔子教导很快很深,"闻一以知十"(《公冶长篇》),同时身体力行,以致于孔子对子贡说"吾与女弗如也"(《公冶长篇》)。女同汝,第二人称。但是,由于颜回对孔子无限崇拜,他的学与思是在"仰之弥高,钻之弥坚……既竭吾才,如有所立卓尔。虽欲从之,末由也已"(《子罕篇》)的范围之内,所以他未能发挥孔子的思想,甚至对孔子的教导从不质问。正如后来孟子所概括:"观于海者难为水,游于圣人之门者难为言。"(《孟子·尽心上》)

于是,孔子又说:"回也非助我者也,于吾言无所不说。"(《先进篇》)说,同悦,欣喜而服从。孔子固然深喜颜回,但毕竟有那么一点遗憾,认为颜回不能提出问题以助益自己。今人看来,在发挥主观创造性方面,颜回的确有所欠缺。

考察孔子一生,不仅好学,而且勤思。应该说,他在青年、中年时期对一些问题还没有想明白,直到他五十多岁反复读《易》,思想获得新的飞跃,才弄清楚过去面临的难题。据《卫灵公篇》载:"子曰:'吾尝终日不食,终夜不寝,以思,无益,不如学也。'"愚以为这是孔子晚年所言,是学《易》之后的醒悟,是对前半生某些时段的回顾和反省,进而总结为"思而不学则殆",以告诫弟子们。

总之,学与思结合,二者不可偏废,是孔子的切身体会,并被孔子最先提倡,给后人指明了学习的基本途径和方法。学,是求乎外,目的在于知物;思,是求乎内,目的在于明理。二者是生命进程中相辅相成的事,如果偏执,就会劳而无功,最终还是糊里糊涂。

关于学中之思,全书多有涉及。《述而篇》举一反三,《公冶长篇》"回也闻一以知十,赐也闻一以知二",《为政篇》"温故而知新",都是头脑思考的结果。

学习,不仅是听讲、读书,还要在实践中做,身体力行。在这一过程中,同样少不了思考。孔子感叹"吾未见能见其过而内自讼者也"(《公冶长篇》),教导弟子"见贤思齐焉,见不贤而内自省也"(《里仁篇》),说的都是这个意思。省、讼是思考的两个具体类别。省,省察、反省;内自省,内心反省自己一切言行。讼,责备、归罪;内自讼,在心里责备自己。齐,相等;思齐,(向贤人)看齐。之所以见不贤亦思,是要以不贤为鉴戒,警惕自己勿蹈其辙。

用心思,动脑筋,以高标准严格要求自己,是时时处处都要做的。《季氏篇》载:"孔子曰:'君子有九思:视思明,听思聪,色思温,貌思恭,言思忠,事思敬,疑思问,忿思难,见得思义。'"限于篇幅,不再详解。其实,生活中需要深入细致思考的不止九个方面,还有许多,如食思饥、衣思寒、娱思节、祭思诚、丧思哀等。

"攻乎异端,斯害也已"

子曰:"攻乎异端,斯害也已。"

此语看似简单,可不只一位大学者都在这里栽了跟斗。先将几种白话译文抄录如下:其一,《论语译注》:"批判那些不正确的言论,祸害就可以消灭了。"其二,《论语译说》:"钻研异端学说,那就是灾祸啊!"其三,《论语新解》:"专向反对的一端用力,那就有害了。"相互比较,可见差别之大。三句译文,只有最后一句才是正确的。

攻,有攻击、抨击义,亦有加工、治疗义,还有专心从事或研究义。"攻乎异端"应是后面一义,如今人说"攻外语""攻博士",即致力于外语的学习、博士学位的进修。异端,解释为"不正确的言论""异端学说",都是望文生义,纯属误解。凡事皆有上下、左右、前后、正反、表里、好坏……两端,而任何一端对另一端来说都是不同的,相异的。所以,孔子此语的准确意思是:致力于一端(专向事物的某一端发展),那就有害了。

深究"攻乎异端,斯害也已",不能不看到两端之间的"中",也就必然扩展到人们常说的中庸之道。中庸之道是孔子形而上思想中的主要内容,极难论说。这里,仅将个人体会稍作梳理。

从方法论角度切入,中庸之道比较容易被人理解。庸,即"用";中庸即用中、执中,与之相对立的是偏执、片面、走极端。《礼记·中庸》记载孔子这样的话:"执其两端,用其中于民"。简称执两用中。执两用中是孔子分析和处理问题的基本思想方法。执两用中与今人说的"一分为二"而后"合二为一"比较接近,不过,在这个对立统一原则上,孔子更强调统一,上世纪八十年代以前国人更强调对立。"执其两端,用其中于民"和"攻乎异端,斯害也已"两句话是一个意思,一句是从正面说教,一句是从反面警示。

相传《中庸》为孔子的孙子子思所作。子思对祖父的思想理解相当深刻,并多有发挥。他说:"喜怒哀乐之未发,谓之中;发而皆中节,谓之和。中也者,天下之大本也;和也者,天下之达道也。致中和,天地位焉,万物育焉。"

子思以人的情感为具体事例,说事物里面那种固有的平静状态叫作"中"。当内在显现为外在,且又适当其时,恰如其分,不早不晚,不多不少,不轻不重,形成一种新的平衡、协调、稳妥的状态,就是"和"。和由中而来,是中的延伸,是动态的中。在子思看来,中和是天下万事万物的本质特征、最高原则和理想状态。这段话再清楚不过地表明了子思和孔子的世界观。换句话说,"中""和"是孔子世界观的核心内容。自然,这种世界观带有明显的理想色彩。

庸,另一义为"普通""寻常"。也就是说,形而上的"中"存在于形而下的各种事物和日常生活之内。"道也者,不可须臾离也"。任何一个人,衣食住行,言谈举止,实际上都隐含一种原则。孔子、子思以及后世儒家一再告诫,人要以"中"为道德标准。因此,中庸之道又是人们修身养性的圭臬,需身体力行。

一代伟人毛泽东曾经说过,从孔子到孙中山的仁人志士,我们都要很好研究,批判地继承他们的思想遗产;并且指出,孔子的中庸是一大发明。然而,数十年来对中庸之道盲目批判有余,而研究继承不足——偏了。

"不知为不知"

子曰:"由,诲女知之乎?知之为知之,不知为不知,是知也。"

由——子路名仲由。女——同汝,第二人称。知——古今不少学者认为第一个知字为"志",记住之义,可采信。中间四个知字为知道、知晓。最后一个知字同"智"。

孔子说:"仲由,我教给你的记住了吧?知道就是知道,不知道就是不知道,这种态度才是明智的。"

首先,孔子所言完全是有的放矢,针对子路的毛病而发。子路果敢、爽直,眼里不揉沙子,但有时鲁莽、粗野,自以为是,发表一些在孔子看来是无知的见解。如《子路篇》所载,子路妄议卫国政事,认为老师迂阔,质疑"正名"说。孔子当然不高兴,严肃批评子路"野哉",并告诉他"君子于其所不知,盖阙如也",君子对自己所不知道的事情,大抵是缺而不言。

其次,孔子的话具有普遍的指导意义,告诫人们不要不懂装懂,而是应该端正人生态度,认识到个人存在的有限性,有所知的同时亦有所不知,以实事求是为出发点逐步达到智慧的高度。基于此,钱穆先生、李泽厚先生把孔子的话译成:"你知道你所知,又能同时知道你所不知,才算是知。"这个意思较为深奥,虽然蕴含在孔子语中,但却不是孔子直接表达的意思。显而易见,子路未必能明白其中深意,所以孔子只说浅显的意思:不要不懂装懂。

杨振宁教授在清华大学时代论坛上发表演讲,认为国内教育者与求学者长久以来秉持"知之为知之,不知为不知,是知也"的理念,这个理念下形成的教育哲学与教育体制,束缚了年轻人吸收新知识、新方法的手脚,让他们在做学问的路上不能走得更远。愚以为,杨振宁教授孤立地、机械地理解孔子的话,即便仅仅针对子路,"让学生把了解的东西务必弄得清清楚楚,不了解的东西不必理睬,更不必发表看法",也是不准确的。从普遍意义上说,杨振宁教授更是误读、曲解了孔子。

如果仔细通读了《论语》,深入领会了孔子思想,那么就会知道"不知为不知""君子于其所不知,盖阙如也"是求知的阶段性的立足点。站在这个立足点上,解决"无知"的问题,此立足点有如向上的无限台阶,一步接一步,总是由部分的无知达到这个部分的知,永无止境。客观地看人的一生,其所不知远远大于其所知。《为政篇》中紧接孔子教导子路的话,就是孔子教导子张的"多闻""多见",至于《季氏篇》的"疑思问"、《公冶长篇》的"不耻下问",以及读书、思考的教诲,举不胜举。《论语》很多内容都是弟子们由不知而问,孔子则谆谆教诲。孔子只是反对不知却妄加议论,妄下断语,对不知或一知半解而虚心探讨问题,孔子总是大加赞赏,如《八佾篇》所载子夏与老师论《诗》并发表"礼后乎"之见。

作为一小段谈话,孔子只是告诫子路要端正人生态度,并没有说有了正确的态度之后再要怎么做。杨振宁教授却把"不知为不知"说成止步于不知,不再求知,不再前进,离孔子的意思何其远也!

"言寡尤,行寡悔"

子张学干禄。子曰:"多闻阙疑,慎言其余,则寡尤;多见阙殆,慎行其余,则寡悔。言寡尤,行寡悔,禄在其中矣。"

干禄——按现代语法为动宾词组,干是求取,禄是俸禄,代指官职,组合起来就是求取官职。阙——空缺,亏损。阙疑,有疑而暂置不论,不作主观判断。殆——疑惑。阙殆——与阙疑互文见义。寡——少。尤——过错。

子张要学求取官职的方法。孔子说:"多听,有疑问的地方先放在一边,不要说,可信的部分说起来也要谨慎,这样就能减少说话出错。多看,有疑问的地方先悬置起来,不要做;确实的事情做起来也要小心,这样就能减少事后懊悔。说话很少出错,做事很少懊悔,得到官职的机会就来了。"

孔子说的层次清晰,步骤分明。首先是"多闻""多见",其次是"阙疑""阙殆",其三是"慎言其余""慎行其余"。如此这般,言与行就会少出错,而一贯"言寡尤""行寡悔",则显示出有修养,有智慧,有见地,有才干。这样的人,具备了上佳的主观条件,不仅是"干禄",干任何事情都不在话下。

"干禄"本不简单、容易,其实尚需机遇、环境等客观因素的配合。但是,就像谈论其他问题一样,孔子再次只讲个人的努力,不讲外界的条件。一切首先取决于自身,自身的素质、修养、学习、能力、准备等,这是孔子思想中非常重要的内容,值得人们深长思之。

深入学习《论语》,需对"禄在其中矣"作更多的阐述。先说子张其人。子张姓颛孙,名师,陈国人,小孔子四十八岁。子张很可能是在孔子周游列国路过陈国时拜的师,其时刚刚二十岁出头。他入孔门虽晚,但学业出众,《论语》有近二十章记他向孔子问学,有三章记他自己的言论。子张年轻,志大,意广,才高,有些偏激,"师也过""师也辟"(《先进篇》)。子游则说他"为难能也,然而未仁",而曾子说他"难与并为仁矣"(《子张篇》),内在修养尚缺。他跟随孔子几年,在老师逝世后回陈国讲学,终身未仕。其后学形成"子张之儒",为儒家八派之一。世上曾流传"子夏、子游、子张皆有圣人之一体"(《孟子·公孙丑上》),可见其学有所成。综合子张情况,愚以为子张"学干禄",是在年轻人好奇心、求知欲的驱使下,从知识层面上了解人生。即便他有过走上仕途的念头,也并未矢志不移地去追求。从始至终,子张都是一个"文士"。

有子张"干禄"之问,才有孔子"禄在其中"之答。孔子的意思很清楚,即便是"干禄",根本还是做人,"言寡尤,行寡悔",在复杂的社会中立得正,走得稳。孔子不反对弟子去当官,当得好还会赞赏,如《阳货篇》"子之武城"肯定子游。但是,孔门不是政府干部学校,孔子从未要求弟子必须从政。"修己以安人""修己以安百姓"(《宪问篇》)是君子的人生目标,此目标之实现并非仅从政一途。事实上,孔子最希望弟子们做的,是继承和传播西周文化。因此,子夏说的"学而优则仕"(《子张篇》)并不能准确而又全面地反映孔子思想。

"举直错诸枉"

> 哀公问曰:"何为则民服?"孔子对曰:"举直错诸枉,则民服。举枉错诸直,则民不服。"

错——同措,在此为加置其上义。枉——与直相对,邪曲义。十分明显,此章所谈亦是为政之道。国君要举用正直的人,把他们放置在邪曲的人之上,这样民众就会在心里和行动上服从于执政者。贪官污吏和其他邪曲小人掌权,民众自然敌视,乃至对抗,即便迫于高压而沉默,其心也是不服的。

孔子在其他场合也谈过这一看法。《颜渊篇》载,樊迟"问知",孔子答"知人",樊迟不明白,孔子又说"举直错诸枉,能使枉者直"。樊迟还是不懂,但没说什么就退下去了,见到子夏把刚才的情况说了一遍,并问子夏"举直错诸枉,能使枉者直"是什么意思。子夏告诉樊迟,这话涵义非常丰富。然后举例说,舜掌管了天下,从众人中选用皋陶(传说为东夷族首领,以贤名世),那些不仁的人便都远去了;汤掌管了天下,从众人中选用伊尹(相传原为汤妻有莘氏的陪嫁奴隶,正直能干),那些不仁的人也都远去了。子夏不愧为孔子的文学(历史文献)科高足,一下子就抓住了问题的根本,即最高统治者必须选拔高尚正直的人来从政。孔子对樊迟所讲比对哀公所讲多了一层意思,就是选拔了正直的人,以正导邪,以正压邪,能使一部分邪曲的人规矩起来。

国君举贤而用之，一般是大夫级别，而大夫以下众多中下级从政者，也不能是无德无才之人。《子路篇》载："仲弓为季氏宰，问政。子曰：'先有司，赦小过，举贤才。'曰：'焉知贤才而举之？'子曰：'举尔所知，尔所不知，人其舍诸？'"仲弓做了季桓子的家臣总管，向老师求教领导工作如何进行，孔子讲了三点：首先设官分职，各有所司（"先有司"学者解释有异，此取其一）；宽恕他们小的过错；提拔优秀的人才。仲弓问怎么识别谁是贤才而提拔起来，孔子说提拔你所了解的，你所不知道的，别人（可能知道）能舍去而不举荐吗？可见，选拔优秀的中下级从政者同样是非常重要的事。

一代伟人毛泽东说过，政治路线确定之后，干部就是决定的因素；他还说过，领导者的任务主要是两条，一是出主意，二是选干部。诚哉斯言！政治的关键问题是官员问题，两千五百年前孔子就懂得相关的道理。

春秋时期，公、侯、卿、大夫大多还是世袭的，即所谓世官制。这一制度到孔子时虽已动摇，但仍未彻底打破。孔子反对建立在血统关系上的世官制，并且很瞧不起当时的众多从政者。这从《子路篇》子贡与孔子关于"士"的问答中可以看出来。子贡问当今从政者怎么样，孔子说："噫！斗筲之人，何足算也！"斗容十升，筲容五升，斗筲之人即器小之人。何足算，不足算数，犹如不值一提。

孔子主张"举直错诸枉""举贤才"，实际上是提出了官员举荐制，这无疑具有了不起的进步意义。不过，孔子头脑里有一条底线，即国君是世袭的，不能僭越。这是孔子的巨大的局限性，不可不察。

"人而无信,不知其可"

子曰:"人而无信,不知其可也。大车无輗,小车无軏,其何以行之哉?"

大车——拉货的牛车。小车——作战和乘人的马车。大车两辕,小车单辕,为套牛马,车辕要与前面一横木连接,而輗(ní)、軏(yuè)就是用作连接的类似销子的零件。此零件虽小,却不可缺,否则车无法被牛马拉着前行。

信——多义,但其核心意义也是用得最多的意义就是诚实、信用。孔子以輗軏喻信,是说诚实、信用乃人的关键性品质和道德,在社会生活中起着关键性的作用。可以说,没有诚信,人世间的一切都无法正常运转。"人而无信,不知其可",作为人,却没有诚信,不知道他怎么可以。后半句意译为"不知道他能干什么""不知道他怎么活在世上",或许更符合现代人的表述习惯。

此章是泛论,《卫灵公篇》一章文字则更加具体,而意思基本相同。"子曰:'言忠信,行笃敬,虽蛮貊之邦行矣。言不忠信,行不笃敬,虽州里行乎哉?'"笃,厚实、厚道义。蛮貊(mò),蛮在南,貊在北,皆当时少数民族。与之对应,东有夷,西有狄。蛮貊之邦可行,指遍天下皆可行。州里,五家为邻,五邻为里;五百家为党,五党为州。孔子的意思是说:说话由衷,诚实,又讲信用,行为恭敬、严肃,又很谨慎,纵使到蛮貊之邦也行得通;否则,即便在本乡本土也是行不通的。

信作为人的一种品质和道德,一直受到重视。郭店竹简许多文章中有一篇《六德》,"何谓六德?圣智也,仁义也,忠信也。"这是战国时期的儒家观点。《孙子本传·计篇》亦有"将者,智、信、仁、勇、严也"的表述,曹操注曰"将宜五德备也"。这是兵家的主张。法家、道家乃至纵横家,无不重信,起码是口头上重视。

到了汉代,信被提到空前的高度。从董仲舒开始,信被列为五种基本道德法则之一。《天人三策》说:"夫仁、谊(义)、礼、知(智)、信,五常之道,王者所当修饬也。"一些学者由这种"五常"或"五行"敷衍开来,推出种种五德之说,如说玉有仁智义礼信五德,如说鸡有文武勇仁信五德,如说蝉有文清廉俭信五德。其实,这些都不过是以物喻人,提倡人要有良好的德行。值得注意的是,几种五德不完全一样,但都有信。

从此,信成为衡量人品和道德的一把十分突出的标尺。

汉代人不如孔子的地方,是他们仅从道德角度孤立地谈信,而孔子却同时强调了信的社会功能。这种功能就是联结人际关系的纽带作用。人在社会之中,总要与形形色色的他人发生各种各样的关系,宏观地看,诚信就是无形的大网。以诚信为纽带编织的大网基本完整,那个社会自然也就基本健康。

当今舆论大声疾呼诚信,说明诚信的严重缺失。创建崭新的现代诚信系统,关系到制度、法律、领导、教育等诸多方面,非一朝一夕可以完成。当然,常人并非无能为力,起码有两点可以做到,一是自己诚信,二是力所能及地教导、影响他人。

"夏礼吾能言之"

子张问:"十世可知也?"子曰:"殷因于夏礼,所损益可知也。周因于殷礼,所损益可知也。其或继周者,虽百世可知也。"

《八佾篇》又载,"子曰:'夏礼吾能言之,杞不足征也。殷礼吾能言之,宋不足征也。文献不足故也。足,则吾能征之矣。'"

孔子答子张问,提纲挈领地说明了夏、商、周三代之"礼"的沿革,以及"礼"的可能发展趋势。孔子的论断,被历代史家奉为评述三代历史的圭臬。

愚以为,从孔子的话中可以看出两个问题。其一,孔子分析历史,具有发展眼光,后代总是前代的延续,在继承的基础上有舍弃有创新。其二,孔子看待历史,主要考察礼制、文化等,即今人所谓的"上层建筑",其基本态度是尊重事实,从实际出发。当然,在《春秋》和其他许多有关材料中,孔子叙述、评判历史加入了主观的道德原则,显露出他特有的"道德史观"色彩(这一点对《左传》影响极大)。"道德史观"不在本文解读之列,点到为止。

殷礼沿袭夏礼,周礼沿袭殷礼,"所损益可知也",并且"能言"。不过,孔子所知、所言之夏礼,在杞国(周武王封夏王族后裔于杞)却得不到足够的证验;孔子所知、所言之殷礼,在宋国(周武王封殷王族后裔于宋)也得不到足够的证验。为什么?因为历史遗留的文字资料不足。还有一点孔子没有明说,那就是到了春秋末期,杞人和宋人对自己祖宗的"礼"所知也已经不多。必须注意,孔子说的是"不足",而不是"不能"(对杞人、宋人之证而言),或"亡佚"(对文献而言)。也就是说,杞人还知道部分夏礼,宋人还知道部分殷礼,而且世上还有关于夏礼、殷礼的部分文献。

从孔子语中可知,他所"能言"的夏礼、殷礼内容,超过杞人、宋人所知和存留文献所载。那么,孔子的广识从何而来?或者说,孔子为什么"知"别人所不知,"能言"别人所不能言?以下简述之。

广识来源于博学。"孔子为儿嬉戏,常陈俎豆,设礼容。"(《史记·孔子世家》)从小就对礼仪活动抱有浓厚兴趣。"吾十有五而志于学"(《为政篇》),其中重要内容就是学习周礼。"今孔丘年少好礼,其达者欤?"(《史记·孔子世家》)青年孔子好礼、懂礼,已名声在外。"三十而立"(《为政篇》),孔子三十岁立于礼,并收徒讲学,所传授知识相当大一部分就是周礼。

《左传·昭公二年》载,晋国的韩宣子在鲁国"观书"之后,有"周礼尽在鲁矣"之叹。好学的孔子一定会千方百计阅读各种文献。特别是他中年入仕,曾任大司寇,更有条件接触鲁国朝廷典籍。至于他周游列国十四年,可以想见必会注意浏览所能看到的各国保存的文献,如杞国之《夏时》、宋国之《坤乾》(《礼记·礼运》)。

孔子的博学,除了多读,便是勤问。人们尽知孔子"适周问礼,盖见老子云"(《史记·孔子世家》),以及"入太庙,每事问"(《八佾篇》),其实还有许多。《左传·昭公十七年》载:秋天,郯子(郯国是鲁国东南一个附庸小国,地处今山东郯城。郯子是郯国国君)朝见鲁国,昭公宴请。鲁国大夫叔孙昭子问:少皞氏用鸟名作为官名,是什么缘故?郯子回答说:他是我的祖先,我知道。从前黄帝氏用云纪事,所以设置各部门长官都用云字命名;炎帝氏用火纪事,所以设置各部门长官都用火字命名;共工氏用水纪事,所以设置各部门长官都用水字命名;太皞氏用龙纪事,所以设置各部门长官都用龙来命名。我的高祖少皞挚即位的时候,凤鸟正好来到,所以就从鸟开始纪事,设置各部门长官都用鸟来命名……"仲尼闻之,见于郯子而学之,既而告人曰:'吾闻之,天子失官,学在四夷,犹信。'"是年,孔子二十七岁。

"周人尊礼尚施"

《礼记·表记》载,"子曰:'夏道尊命,事鬼敬神而远之,近人而忠焉,先禄而后威,先赏而后罚,亲而不尊。其民之敝,蠢而愚,乔而野,朴而不文。'"

"殷人尊神,率民以事神,先鬼而后礼,先罚而后赏,尊而不亲。其民之敝,荡而不静,胜而无耻。"

"周人尊礼尚施,事鬼敬神而远之,近人而忠焉,其赏罚用爵列,亲而不尊。其民之敝,利而巧,文而不惭,贼而蔽。"

"子曰:'夏道未渎辞,不求备,不大望于民,民未厌其亲。殷人未渎礼,而求备于民。周人强民,未渎神,而赏、爵、刑罚穷矣。'"

为清楚计,本文将原文分成四段。以此作为前文的补充,可使读者朋友更多地了解孔子如何看待夏、商、周三代历史,特别是"礼"的演化。

孔子说:"夏代治国尊崇上天之命,敬奉鬼神却不当作国策,讲究人情而待人忠厚,先给俸禄而后施威严,重奖赏而轻刑罚;这样的统治使人感觉亲切,但缺少威严。夏代民众有其弊病,就是愚蠢少知,骄狂粗野,质朴而无文化修养。"

"商代的人尊崇神明,带领民众一起侍奉神明,首先是祭鬼(祖先之魂灵及万物之精怪)而后才讲礼仪,重刑罚而轻奖赏;这样的统治有威严,但使人不易亲近。商代民众有其弊病,就是放荡而不安分,争胜免罚而无羞耻之心。"

"周代的人尊崇礼制又好施恩惠,祭鬼敬神但不作为政教内容,讲究人情而待人忠厚,用爵位等级的升降进行赏罚;这样的统治使人感到亲切,但缺少威严。周代的民众有其弊病,就是贪利而取巧,重文饰而不知惭愧,伤害他人而不明事理。"

孔子说:"夏代政令文辞简单,征税较轻,对民众要求不多,民众还有尊君亲上之心。商代的人礼制、礼仪不充分,并且对民众征收赋税力求穷尽。周代推行对民众的教化,不繁乱敬神,同时奖赏、爵禄、刑罚等手段十分完备。"

孔子对三代的区分,应该说首先是文化的区分。"尊命""尊神""尊礼"的发展,学者们看作是巫觋文化(觋音习,男曰觋,女曰巫)、祭祀文化、礼乐文化的演进(陈来《古代宗教与伦理》)。三种文化密切相连,但人文自觉在逐步提升,也就是人的理性一代比一代更高。夏与周同为"事鬼敬神而远之""近人而忠焉""亲而不尊","并不是不同民族文化特性在同一发展水平上的偶然相同,夏道的远神近人是神灵观念尚未发达之故,周人的远神近人则是经过对殷人的理性否定而呈现的对夏的更高一级的肯定"(同上)。这大概就是否定之否定。

其次,是政治的区分,孔子主要通过"不求备""求备"以及赏罚不同说明施政的宽严。夏道贵赏,"不求备,不大望于民",说明刑罚在统治中所占比重较轻,进而可以说明夏代施政甚宽。还未完全脱离原始社会。殷人贵罚,"求备于民",表明商代施政甚严,可以证实商代奴隶制的严酷。周人"尊礼尚施""强民""赏、爵、刑罚穷矣",说明施政宽严有度,进而说明宗法等级制的建立,以及分封制的完备。

再次,可以说是社会学意义上的区分,主要是三代民风的差异。夏民愚野质朴,反映了民智未开的蒙昧时代状况。殷民放荡,不守本分,求胜而无耻,表示殷商仍未彻底脱离野蛮时代。周人贪利取巧,虚伪而不知羞惭,甚至算计、伤害他人,基础是生产水平大幅提高,尤其是商业开始发达,以及文化提上日程,周代民风显示出文明时代的一些负面特点。

孔子的话自然只是一家之言,今人认识夏、商、周三代不可能仅限于此,但孔子所论足以成为非常重要的凭据和启示。

八佾篇

"三家者以《雍》彻"

三家者以《雍》彻。子曰:"'相维辟公,天子穆穆',奚取于三家之堂?"

三家——孟孙氏、叔孙氏、季孙氏三家,即鲁国三桓。《雍》——《诗经·周颂》中的一篇,为武王祭文王的乐章。彻——同撤,撤除,拿掉。"相维辟公,天子穆穆"——《雍》中的两句,大意是:助祭的是诸侯王公,周王端庄、严肃地主祭。奚,疑问副词,为何,怎样。取,选取,采用。三家之堂——按钱穆先生说,三家出鲁桓公后,在季孙氏家立桓公庙,遇祭,三家同此一庙。

孟孙氏、叔孙氏、季孙氏三家祭祀祖先,撤掉祭品时唱着《雍》的诗篇。孔子说:"相维辟公,天子穆穆"这样的词句,怎能在三家祭祖的庙堂上采用呢?

《雍》只有在天子祭祖时才能唱,身为卿大夫级别的三家根本就不配唱,唱了就是违礼、僭越。孔子之意在此。

三家中季孙氏权势最大,违礼尤多,僭越更甚。请看以下两章:

季氏旅于泰山。子谓冉有曰:"'女弗能救与?'对曰:'不能。'子曰:'呜呼!曾谓泰山不如林放乎?'"

旅——古代祭山之称。冉有——随孔子周游列国前已为季氏做事,之后返国为季氏宰。救——阻止。曾——情态副词,竟,乃,犹如难道。林放——鲁国人,有人说是孔子弟子,曾向孔子问"礼之本",受到孔子赏识。

季氏祭祀泰山。孔子对冉有说:"你不能阻止他吗?"冉有回答:"阻止不了。"孔子说:"唉呀!难道说泰山之神还不如林放知礼吗?"

按照周礼,天子才能祭祀天下的名山大川,诸侯只可祭祀自己邦国的山川。因此,卿大夫级别的季氏根本没资格祭祀泰山。孔子最后一句的诘问,是明知故问、正话反问,意思是泰山之神自然比林放更知礼,不会接受季氏的违礼之祭。孔子反对季氏祭祀泰山,维护西周礼制,明明白白。

孔子谓季氏:"八佾舞于庭,是可忍也,孰不可忍也!"

谓——说,引申为评论。佾——乐舞行列,一行八人叫一佾,八佾即八行六十四人。是——此,指"八佾舞于庭"。忍——本文取他人容忍之义。孰,表疑问的代词,哪个,什么。

孔子评论季氏说:"季氏用八行六十四人的舞蹈队在大厅表演,如果这事可以容忍,那还有什么不可容忍的!"

周礼规定,天子八佾,诸侯六佾,大夫四佾。季氏本该用三十二人的舞蹈队,但他竟敢享用天子规制,是严重的违礼、僭越行为,是对天子、国君的公然藐视,其野心已膨胀到极点。孔子非常愤慨,严厉地斥责了季氏。

总而言之,"三家者以《雍》彻""季氏旅于泰山""八佾舞于庭"是以季氏为首的鲁国三桓违礼的一小部分内容。本来,西周以降,整个王朝分天子礼、诸侯礼、卿大夫礼、士礼四个等级,以及通礼,共五种礼,而对卿大夫的一系列规定,是整个礼制、礼法的重要组成部分,承上启下,绝非小事。孔子说"为国以礼"(《先进篇》),作为治国最低纲领,要求方方面面的礼都要加以落实,而卿大夫及其他官吏遵礼、守礼是最关键的一环。几代三桓为所欲为,鲁国早就是君主架空,国已不国。

应该看到,三桓非礼、违礼、抗礼,缘于他们对政治权力和物质利益的追求,缘于他们自私邪恶的不仁之心。孔子揭露、批判三桓,维护礼制、礼法,一方面可以说是维护鲁君、周天子之权威,维护国家、王朝之秩序,但另一方面更是深恶三桓之为人,从而维护人之仁心,维护社会之人道。

"礼之本"

> 林放问礼之本。子曰:"大哉问! 礼,与其奢也,宁俭;丧,与其易也,宁戚。"

林放——鲁国人,汉代有人说他是孔子学生,但《史记》《孔子家语》等典籍均未见记载。

礼之本——据孔子答语反证,视作礼的"本意"或"本质"较妥。亦有学者说是礼的"本源",本文不取。

大哉问——孔子赞叹之语。多数学者认为是说问题意义重大,个别学者认为是说问题涵盖广大,而非意义重大。愚以为,二者皆可包括。

奢——奢华,铺张。俭——节俭,简单。(若与后一句"宁戚"相对,用"宁敬"似比用"宁俭"更好。孔子论礼,说情感"敬"者多,说形式"俭"者少。而且如此一改,两句话就完全一致了,说与其注重形式,不如重视情感。此乃妄议,供一笑而已。)戚——同慽,哀痛,悲伤。

易——较难解,多有争论。主流意见训易为治,修治、治办,指丧礼中一切仪式治办周全,无一遗漏。不过,另有重要一解。《尔雅·释诂》曰:"弛,易也。"东晋郭璞注曰:"易,相延易。"清代郝懿行疏曰:"弛为施之假借,易亦移之假借也……注'相延易',亦即延移。"而段玉裁注《说文·移》曰"古假移为侈",注《说文·侈》曰"三礼皆假移为侈"。所以,易可假为侈;侈,奢侈,浪费;丧之易,指丧礼奢侈、浪费，即隆重厚葬。上述两解虽不同，但并无根本冲突。作为补充说明，《礼记·檀弓上》所载"子路曰：'吾闻诸夫子：丧礼，与其哀不足而礼有余也，不若礼不足而哀有余也……'"，相当重要。相比之下，《古汉语大词典》释此章之易为"简率，轻慢"，显然不妥。

林放问礼的本质是什么，孔子回答说："真是个重大问题啊！就一般的礼仪来说，与其奢华，宁可节俭；就丧礼来说，与其场面铺张，宁可内心哀伤。"

孔子答语是两句偏正复句，用的是"与其……宁（或宁可、孰若、不若、不如）……"的比较式。两相比较，有所舍，有所取。舍的是偏句"与其……"，取的是正句"宁……"。这种句式带有启发性，提出两种选择，但明确表示要后者。这比简单的直接说教更有意味，内涵丰富得多。

这里，有一个问题需要辨明。正句内容的好或者对，是绝对的吗？不是！只有在与偏句的不好或者不对比较之后，正句才显出相对的好或者对。"与其有聚敛之臣，宁有盗臣。"（《礼记·大学》）国家有盗窃之臣并不好，但比有聚敛财富之臣要好一些，危害少一些。"与其害于民，宁我独死。"（《左传·定公十三年》）我一个人去死有前提条件和目标预设，那就是避免民众之害；否则，我何需去死？

由此看来，"俭"怎么就是礼之本，"戚"怎么就是丧礼之本，还需要琢磨。孔子不仅重视礼的内容，而且重视礼的形式，他是内容与形式统一论者。所以，一般礼仪不是越节俭越好，丧礼也不是根本不操办、一味悲哀才对。古代许多学者清楚地看到这一点，认为礼之本在于"奢"与"俭"、"易"与"戚"之间的"中"，也就是实在的内容与必要的形式相统一。不过，执中、合度，是很难的，没有普适的量化标准,要因人、因事、因时、因地制宜。拙文多次阐述的中庸之道,是孔子思想体系中最高的指导原则,同样统率着礼之本的问题。若后学者思维简单化、机械化,则不可能深入理解孔子。

那么,到底何为礼之本?可否有一个确切说法?本文试作总结:礼的本质在于真挚的情感,以及这种情感要有合适的表达。

"君子无所争"

子曰:"君子无所争。必也射乎!揖让而升,下而饮,其争也君子。"

孔子说:"君子对什么都不争。如果说有所争,那一定是射箭比赛吧!双方互相作揖,谦让,然后登场;射完箭走下来饮酒。这种争是君子之争。"

射箭,是西周官学的教育内容之一,也是孔子倡导的"六艺"之一,是贵族子弟以及武士、文人必学的技能。据《仪礼》《礼记》等书记载,正式且成规模的射箭比赛分四种:一是大射,全国性的比赛;二是宾射,贵族之间朝见聘会时举行;三是燕射,贵族间的娱乐;四是乡射,民间的比赛。所有这些射箭比赛,都有严格、繁琐的礼仪规定。

"射者,仁之道也。射求正诸己,己正而后发,发而不中则不怨胜己者,反求诸己而已矣。"(《礼记·射义》)确实,在孔子看来,射箭是要分胜负的,是一种"争",但君子参加比赛,重视过程超过重视结果。这种"争",与其说是展现射艺,不如说是展现礼仪和品格。

君子无争,是孔子的一贯思想。"君子矜而不争,群而不党。"(《卫灵公篇》)君子矜持、自重而与人无争,合群而不结党。

然而,"凡有血气者,皆有争心。"(《晏子春秋·内篇杂下》)"争",不仅是动物的本能,也是人身上的动物性的表现,或说是人出于本能的一种情绪表现。问题是人生在世,不可受本能驱使。所以,晏婴紧接着正告齐国内乱中获胜的田桓子,不要去瓜分失败者的财产,说:"怨利生孽,维义可以长存。"怨,通蕴,蕴藏、蓄积。蓄积的财产多了,就会引出祸患来,只有按"义"的原则行事才能久立不败之地。人之异于动物,君子之异于常人,就在于"义"以及"仁""礼""信"等思想、品质、规范是否确立。晏子、孔子两位思想家是一致的。

显然,"君子无所争"是指君子的品德修养,也是针对如何处理人际关系而言。凡遇与个人利益相关的人和事,皆不争,即不争私利。清初学者李中孚在《四书反身录》中说:"世间多事多起于争,文人争名,细人争利,勇夫争功,艺人争能,强者争胜。无往不争,则无往非病。君子学不近名,居不谋利,谦以自牧,恬退不伐,夫何所争?"

通读《论语》,细察孔子,发现孔子并非如隐士般与世无争。大是大非问题,孔子甚至声色俱厉地去争。面对公众利益、国家利益、天下利益,孔子主张挺身而出,见义勇为。孔子一生,可说是努力争取的一生,乃至被人讥笑为"知其不可而为之者"(《宪问篇》)。无争,有孔子的无争和老子、庄子的无争,两者有相通之处,但又有质的区别。即便同是儒家思想,"无争"和"无为"也是两种概念、两类问题,不可混为一谈。

据说当今是竞争社会,既倡导竞争意识,又遍布竞争机制。殊不知只是一味地、笼统地讲争,不讲无争,人人血气勃发,争心炽热,争强、争胜、争夺、争斗、争辩、争吵盈盈然不绝于耳目,如此则和谐社会遥遥无期矣!

"礼后乎"

> 子夏问曰:"'巧笑倩兮,美目盼兮,素以为绚兮',何谓也?"子曰:"绘事后素。"曰:"礼后乎?"子曰:"起予者商也!始可与言《诗》已矣。"

"巧笑倩兮,美目盼兮"——见于《诗经·卫风·硕人》。该诗是赞美卫庄公夫人庄姜之作,歌颂其家世、美貌,及出嫁仪从之盛。上述两句诗的意思是:乖巧的笑颜现出酒窝,秀丽的眼睛黑白分明。

"素以为绚兮"——不见于现存《诗经》,绝大多数学者认为可能在流传中亡佚了。杨伯峻先生译成:洁白的底子上画着花卉呀。有学者以为不如译作:素净的面庞正好画彩妆啊。蕴含的意思是:如果在巧笑、美目的天然资质上加以粉黛之饰,那就更美丽了。

然而,曲阜师范大学黄怀信先生认为,古今学者多误。"素以为绚兮"根本不是《硕人》的诗句,而是孔子对"巧笑倩兮,美目盼兮"的评语,意思是这两句诗的表现方法是以素为绚,即以咏叹天然资质来表现美丽。于是,原文需重新标点:"(夫子曰)'巧笑倩兮,美目盼兮',素以为绚兮。何谓也?"意思是:老师您说这两句诗的表现方法是以素为绚,是什么意思?此说重新梳理原文,言之成理,或可采信。

绘事后素——有争议,现一般理解为:先素后绘。素,本色,素描,故此语可译成:上彩晚于素描。另一说,素为粉底,乃古代画之质,绘画在打好粉底之后。

子夏之所以问"何谓也",是他头脑中已跳离诗句原意与表现技巧,生发联想,来与老师讨论。而孔子由天然本色之美总结出饰后于素、文后于质的普遍意义,并以容易理解的绘画来作比喻。孔子的回答进一步激发了子夏的联想,思虑豁然开朗,马上提出"礼后乎"的第二问。

礼后乎——礼是在后面的吗?意思是:先有了好的素质、品质,先有了仁,礼才能像彩绘那样绚烂,显现出巨大意义吗?

确实如此。有了仁之质、仁之心,学礼、懂礼、遵礼、行礼就有了坚实的基础。仁、礼统一,可以绽放灿烂的文明之花。

那么,提一个世俗的问题:有没有仁而少礼者?此问题相当复杂,亦很有趣。设想一个来自偏僻农村、文化程度不高的人,本性善良、朴实、率真,到了大城市常常无所措手足,有许多无意但不合规矩之举,有一些由衷但不合礼仪之言,该怎么看待他?在以城市文化、城市价值为主流的情况下,说他仁而少礼,大概可以成立。或者是"质胜文则野"(《雍也篇》)吧。他要在城市立足、发展,必须学礼。由于他素质好,有仁在先,因此"礼后"并不难,"文质彬彬"并非遥不可及。

孔子充分肯定"礼后乎"之问,说出了会使子夏十分激动的话:启发我的人是你卜商啊!现在可以开始跟你讨论《诗》了。孔子的谦虚体现了他内心的喜悦,和对子夏的赞赏。

孔子与子夏的对话,以《诗》起,以《诗》结,但却由素与绘、质与文延伸到仁与礼。故《论语》编者将此章放在谈礼为主的《八佾篇》。最后,与读者朋友共同体味钱穆先生对此章的感悟:"文学本原在人生,故治文学者,必本于人生而求之,乃能发明文学之真蕴。"

"禘"

子曰:"禘自既灌而往者,吾不欲观之矣。"

或问禘之说。子曰:"不知也。知其说者之于天下也,其如示诸斯乎!"指其掌。

禘——音帝,周朝祭祖大典。分为三类:其一,天子继位,在太庙举行的大祭,上自始祖下及历代之祖合祭;其二,天子、诸侯五年一次的大祭,高祖及高祖以上的神主祭于太庙(高祖以下分祭于本庙);其三,宗庙四时祭之一,每年夏季举行(春祭曰礿,秋祭曰尝,冬祭曰烝)。

灌——斟酒洒地,以告神请降。灌是禘礼中在前面举行的仪式。

示——置。其如示诸斯乎,如同"治国其如指诸掌而已乎"(《礼记·仲尼燕居》),如同"治国其如示诸掌乎"(《中庸》)。可参看《孟子·公孙丑上》"武丁朝诸侯,有天下,犹运之掌也"(殷高宗威震诸侯,统治天下,像在手掌中转动玩意儿一样),以及"……治天下可运之掌上"。

前一章的大意是,孔子说:"现在举行的禘祭典礼,第一次献酒以后的内容,我就不想看下去了。"

后一章的大意是,有人请教关于禘礼的内涵及规定。孔子说:"我不知道。能懂得禘礼的人治理天下,像把天下放在这里一样可以掌握吧!"孔子一边说,一边指着自己的手掌。

　　两章内容相关,说明了孔子对当时禘礼的态度。以下分三层意思略作解释。首先,正如《礼记·祭统》所说:"禘、尝之义大矣,治国之本也,不可不知也。"正如《左传·文公二年》所说:"祀,国之大事也。"禘礼是对祖先的祭祀和祷告,是氏族分封世袭制国家的头等大事,自然关系到治国的根本。孔子深知禘礼之义,如他自己所说"尝、禘之礼,所以仁昭穆也"(《礼记·仲尼燕居》),尝祭、禘祭之礼在于对祖先按次序表示仁爱,认为君主真正懂得禘礼,必定仁孝诚敬,就可以掌控国家乃至天下。所以,孔子对禘礼是高度重视的。

　　其次,鲁国君臣不懂且不认真执行祭礼,孔子委婉地表达了不满和抗议。鲁文公二年秋天祭祖时,把自己父亲僖公的牌位提升到闵公之前,公然颠倒次序,违背礼制。(闵公名姬启,八岁即位,第二年被刺杀;其庶兄姬申被立为君,是为僖公,在位三十三年。)以后几代鲁君祭祖都未更正这一违礼状况。另外,从鲁君不告朔可以看出,鲁国禘祭大概不会严谨,不会毕恭毕敬。而孔子任大司寇时参与禘礼,把这一切看在眼里,心中不满可想而知,所以后来才说出不想看完禘礼的话。

　　再次,"不知也"是不想说的托辞。对禘礼,孔子不仅知道,而且精通。仅从《礼记·曾子问》就可见其一斑,考虑本文篇幅,这里不作引述。愚以为,孔子说"不知也",原因可能有三:一是"或问"之人不值得重视,甚至是孔子不屑回答之人;二是觉得说了别人也不懂,尤其不理解"治国之本"的要义,此种情况下细说仪式程序毫无意义;三是回避鲁君违礼,如同回避"昭公知礼乎"之问(《述而篇》)。

　　总而言之,孔子十分重视西周以来的礼制,特别是禘、尝、告朔这样的大礼。但是,一系列关乎王朝、国、家的制度与规定,从东周开始日渐松弛,到春秋末期大多"坏"掉了。于是,纲纪不再,天下大乱,战争频仍,民生维艰。尊重传统、追求稳定和谐的孔子激愤、疾呼、悲叹,都是自然而然的。

"祭神如神在"

祭如在。祭神如神在。子曰:"吾不与祭,如不祭。"

对前两句,学者有两种认定,一是《论语》记录者引用流传的古语,二是《论语》记录者描述老师生前情状。本文采纳后者。首句之祭,指祭祖先的家祭;次句指祭各种外神。否则,没必要重复。此说有理。与,应读第四声,动词,参与,在其中。

先生祭祀祖先时,好像祖先就在眼前。祭神时,好像神就在那里。先生还说过:"我不亲自参加祭祀,那就如同没祭祀一样。"

学习此章,第一感觉是孔子对祭祀十分重视。祭祀乃"礼"之不可或缺的内容和环节,孔子重礼,必然重祭。"国之大事,在祀与戎。"(《左传·成公十三年》)祭祀是当时国之大事,同时亦是家之大事、人生之大事。孔子任鲁国司寇,必参加朝廷一系列祭祀典礼;此外,孔府生活中以及孔子周游列国时,都会有必要的祭祀活动。而每一次祭祀,孔子都很认真、严肃、诚心诚意。孔子还认为,祭祀需亲力亲为,不可由他人替代;代祭,等于没祭。

深入学习此章,可从"祭如在""祭神如神在"的口吻、语意中体味孔子对鬼神的态度。此处之"如",似、像之义,副词,作状语,表示"在"的形态。"如在"是似乎存在、好像存在,说明态度之虔诚,并不是认为鬼神肯定存在。更确切地说,事实存在,不可能有"如在"之说,只有事实不存在,才会有"如在"。联想到孔子所说"敬鬼神而远之"(《雍也篇》),"未能事人,焉能事鬼"(《先进篇》),"子不语怪、力、乱、神"(《述而篇》),可知孔子虽未断然否认鬼神存在,虽尊重敬鬼神之传统礼仪,但却主张远鬼神,不必总想着侍奉鬼神,而且不谈论鬼神。其中,大有可琢磨之处。

　　孔子一方面远鬼神,一方面重视必要的祭鬼神,说明他对鬼神的认识不可一言以蔽之。愚以为,从有神论到无神论,是质的变化,而孔子则处于此变化之临界点。具体地说,孔子表面上尊鬼敬神,但内心对鬼神是怀疑的。只不过他还有些犹豫,未能公开与鬼神决裂。作个比喻,好像蝉蜕将近完成,尾尖尚存勾连。或者说,藕断丝连。

"获罪于天,无所祷也"

王孙贾问曰:"'与其媚于奥,宁媚于灶',何谓也?"子曰:"不然。获罪于天,无所祷也。"

王孙贾,卫国大夫。《宪问篇》记载,孔子曾说他"治军旅",是卫国重臣。《左传·定公八年》载,在卫、晋外交中,王孙贾维护了卫国的尊严和利益。

奥——内室西南角曰奥,古时尊长居之,亦祭神之方位。《左传·昭公十三年》"国有奥主",注疏家曰:"奥是内之义;奥主,国内之主。"故奥主喻国君。灶——灶神,火之主,执掌饮食。古时,祭灶完毕,由一人扮神移至内室之奥,再祭。"与其媚于奥,宁媚于灶"是当时流行语,暗指灶神有实权。王孙贾以此语问孔子,明知故问,别有用心。孔子入卫,卫灵公厚待之,君夫人南子亦会见,于是王孙贾估计孔子可能仕于卫国,因而拉拢孔子,背后意思是说你巴结国君、君夫人,还不如亲近我等大夫。

王孙贾问:"'与其讨好奥神,不如讨好灶神',这句话是什么意思啊?"孔子回答:"不对。得罪了老天爷,向谁祈祷都是没用的。"

孔子的意思很清楚,做人、办事要顺应天德、天意,循规蹈矩,而无需祈求神灵;否则,任何祷告都毫无用处,只能自食其果。显然,孔子看透了王孙贾的用意,拒绝了他的拉拢。

天,人类初始即已产生的概念,是至上神,主宰天下的一切。不过,春秋后期,对神的怀疑思潮渐兴,天的含义有所变化。一方面,孔子说"天生德于予"(《述而篇》),"知我者其天乎"(《宪问篇》),似乎承认天的主宰力、神秘性;另一方面,又说"天何言哉?四时行焉,百物生焉。天何言哉"(《阳货篇》),明确天的自然属性。这种自然属性蕴含着事物之本原、客观之规律的意义。不能不说,天的概念在孔子心目中具有两重性。但又必须指出,孔子思想的发展趋势是,天的神秘性不断减弱,自然性日益增强。

所谓"获罪于天",就是违背天德、天意,违背客观规律,而肆意妄为。天的要求是通过圣人传达给人间的,"唯天为大,唯尧则之"(《泰伯篇》),故世人要以圣人的教导为准则,以圣人的行为作榜样。具体说,上至君臣,下及庶民,都要按照尧、舜、禹、文王、周公、孔子的指示做人、行事。否则,没有正义与道德,没有责任与义务,就是得罪上天。

做人既善且美,自然不必向诸神祷告,"知命则不待祷"(钱穆《论语新解》)。而绝大多数人都会或多或少、或重或轻得罪上天,而祷告又无用。那么,以天为至上神的各种神灵已无存在之必要。

按孔子说法,人要做君子,即有道德、有理想、有担当的有为之人,而"为仁由己"(《颜渊篇》),一切主要靠自己。故曰:人生在世,无所祷也!

"周监于二代"

子曰:"周监于二代,郁郁乎文哉!吾从周。"

监——通鉴,引申为借鉴。郁郁——原形容草木茂盛,此指文化发达貌。文——指礼乐制度文物,又称文章,现可统称文化。孔子这句话的意思是说:周朝的文化借鉴夏朝、商朝两代建立起来,多么丰富多彩啊!我是遵从周朝的。

《为政篇》载:"子张问:'十世可知也?'子曰:'殷因于夏礼,所损益可知也。周因于殷礼,所损益可知也。其或继周者,虽百世可知也。'"一世为三十年,十世、百世皆言遥远的未来。因,因袭也,承继也。损,减也。益,加也。此章大意是,子张问:"往后十世的情况能预先知道吗?"先生说:"殷代承继夏代礼法,增添了什么削减了什么是能知道的。周代承继殷代礼法,增添了什么削减了什么是能知道的。将来或许有继承周代礼法的,纵使百世也是能预先知道的。"

可以明确看出,孔子的历史观尽管简单粗疏,但绝非退化论,而是顺时变通、发展前进的。李泽厚先生概括说:"可见孔子既非复古,也非革命,乃积累进化论者。"此论令笔者深有同感。武断地说孔子"是逆乎时代潮流的、倒退的",不符合实际,无法服人。

至于孔子对自己所处时代的看法,也并不像《孔子批判》说的那样。诚然,孔子对"礼崩乐坏""政逮于大夫""陪臣执国命"痛心疾首,因而呼吁"正名",宣扬"克己复礼";但是,孔子并非不知道历史车轮已经不能退到周公时代,他主要是希望天下一统,不要四分五裂,各自为政,而掌权者能像尧舜那样不贪恋王位,"博施于民而能济众",能像周公那样实行"德治",使社会稳定、和谐。清朝末年康有为曾为维新变法张目,拿古人说事,认为孔子是"托古改制",尽管拔高了孔子,把孔子说成了一个自觉的改革家,但并非没有一丁点道理。

有一个重要事例。《宪问篇》载,"子曰:'管仲相桓公,霸诸侯,一匡天下,民到于今受其赐。微管仲,吾其被发左衽矣。'"管仲,法家的先驱者,齐国的改革家。相,辅助也。霸,同伯,长也,即老大。匡,正也。微,无也。被发,披发也,即散发。左衽,上衣左开,即左大襟。被发左衽,本是南蛮北狄风俗,"吾其被发左衽"意为我们沦为落后民族。

若按《孔子批判》的教条化的阶级分析观点,管仲是新兴地主阶级代表,是历史前进动力,孔子是没落奴隶主阶级代表,是历史前进障碍,那么如何解释孔子肯定和称颂管仲的功绩呢?《孔子批判》陷入了无法解脱的矛盾之中。

梁漱溟先生在"文革"中的一九七四年写道:"时下流行的批孔言论,总是指斥孔孟代表着一种'复辟''反动''倒退'的运动;这在表面上似乎是基于马克思主义的阶级观点立言,其实往往违反了马克思主义而不自知。"真乃卓识也,剖析批孔者一针见血。数十年过去了,《孔子批判》作者的观点并未改变。

"我爱其礼"

子贡欲去告朔之饩羊。子曰:"赐也,尔爱其羊,我爱其礼。"

告——音固,上告下之义。朔——每月初一为朔日。告朔——亦称告月,每年秋冬之交,"颁告朔于邦国"(《周礼·春官·大史》),周天子把下一年的历书颁发给各国诸侯,历书写明该年有无闰月,每月是大尽(三十天)还是小尽(二十九天),如此每月朔日一目了然,这叫"颁告朔"。诸侯接受历书,藏于祖庙,来年每月初一举行"告朔"典礼,其中包括杀羊贡献于祖庙;然后举行听政仪式,叫"听朔"或"视朔"。告朔是祭拜祖先,祈祷祖先保佑,并且君臣合议当月之政事的重大活动。

古有学者曰:"朔者,苏也,革也。言万物革更于是,故统焉。"(《论语集释》)一年十二个月,每月朔日,一个周期性阶段的开始,此时总结以往,奋然而起,生生不息,破旧立新,十分必要,于事业大有利。更有学者曰:"朔之必告,崇天时以授民以奉天也,定天下于一统以尊王也,受成命于先公以敬祖也,其为礼也大矣。"(《论语集释》)每月重复举行告朔之礼,让各国臣民奉行天道,尊王敬祖,持续前进,这当然是为君者的大事。可见,告朔是王朝、邦国一项重要的政治制度。

然而,此大礼未能自始至终执行。司马迁在《史记·历书》中说:"天下有道,则不失纪序;无道,则正朔不行于诸侯。幽、厉之后,周室微,陪臣执政,史不记时,君不告朔。"正,音征,正月,一年的开始。鲁国虽然保存周礼较多,时间较久,却也在文公六年(公元前六二一年)不再告朔。此后一百多年,每逢朔日,鲁君不再亲朝祖庙举行典礼,只是有关官员还是杀羊贡于祖庙。

饩——音戏。饩羊,有两解,一为活羊,二为杀后的生羊(未煮熟),本文取后者。子贡觉得国君早已废弃告朔之礼,下面的人杀羊上贡只是虚应故事,干脆取消算了。愚以为,以子贡的学识和思想,他的表态并非人们通常理解的那样,而应该是激愤之语,正话反说,表达了对国君失礼的强烈不满。

孔子当然知道子贡的真情实感,所以他的话也不是人们通常理解的对子贡提出批评。孔子以他一贯的幽默,半开玩笑半认真地说:端木赐啊,你怜惜的是上贡的羊,我爱的是告朔之礼。谁都清楚,富裕的子贡怎么会在乎一只羊呢?"尔爱其羊"是玩笑,"我爱其礼"是认真。

对"我爱其礼",似应作两个层次的解读。一、告朔非常重要,表达对祖先的敬仰和怀念,亦关乎到邦国的正常运转和发展,所以孔子深爱这一制度性的大礼。二、完整的告朔之礼已不可能恢复,但鲁国还保留着一点遗迹,总比一切都彻底消亡要好,所以孔子爱惜每月初一贡羊的仪式。宋代朱熹正是从第二层意义上发表议论的:"子贡盖惜其无实而妄费。然礼虽废,羊存,犹得以识之,而可复焉。若并去其羊,则此礼遂亡矣。孔子所以惜之。"

孔子谈三代之礼时,说殷礼对夏礼有所损益,周礼对殷礼有所损益(《为政篇》);在回答颜渊问为邦时,说实行夏朝的历法,用殷朝的车子,戴周朝的官冕……(《卫灵公篇》)。这说明孔子对礼是有分析和鉴别的,有些礼可以废弃,有些礼可以修整,有些礼可以增加,但有些根本性的大礼则应该继承,如告朔之礼。说孔子守旧,坚持周礼是其核心表现。人们应该懂得,守旧与创新是辩证的关系。只守旧不创新,固然要落后;不守旧只创新,亦难以发展。重要的是对"旧"要加以分析和鉴别,该守的必守,该丢的才丢。

"君使臣以礼"

> 定公问:"君使臣,臣事君,如之何?"孔子对曰:"君使臣以礼,臣事君以忠。"

此章内容按理应该发生在孔子担任鲁国大司寇、"摄相事"之时,其时孔子五十二、三岁。相关字句无难解处,不译成现代汉语亦十分明白。

研读此章,自然联系到《颜渊篇》的另一章文字,"齐景公问政于孔子。孔子对曰:'君君,臣臣,父父,子子。'"孔子答景公问时三十五岁,身份是出访齐国的私人教师。应该说,年轻孔子的思想还处于发展历程的第一阶段,不很全面,亦不够深刻。"君君臣臣"表达的是孔子对那个君不君、臣不臣的混乱时代的质疑和纠正,它的具体的、实际的意义是张扬等级、名分观念。这一观念没有平等、民主内容,在当今时代遭受批判是情理之中的事。但是,那些简单、粗暴的批孔人士没有看到或看到而不承认,"君君臣臣"作为一种思想,除了时代局限性之外,应该还有跨时代的抽象的、理论的意义,那就是对秩序的呼唤和追求,而秩序是自然界和人类社会的普遍法则。进一步说,对孔子的秩序理念也还需要深入分析,一方面肯定他,一方面看到他缺乏突变意识,他还不清楚秩序并不是一条平静的河流。愚以为,对传统文化"批判地继承"说起来容易,实际进行时却是相当困难的。

孔子答齐景公问十七八年以后,又答鲁定公问,问题相似,可孔子的思想已经深入了一大步。中年孔子对君臣不仅定位,而且定性。君与臣的关系并不是简单的单向关系,而是互动的双向关系。"游戏规则"需人人遵守,为君者亦受"礼"的制约。而且,从孔子的语意看,"君使臣以礼"是首要的,是前提,然后才是"臣事君以忠"。说其中已露辩证思想萌芽,不算过誉吧。

这里,顺便说几句"三纲"问题。"君为臣纲,父为子纲,夫为妻纲"是中国两千年封建社会的主要社会关系和道德关系,是彻底的传统糟粕,需要完全地批判和抛弃。不过,"三纲"诞生于距孔子三百多年之后的汉武帝时期,由董仲舒明确提出,是流传已久的等级、名分观念的恶性发展和集成。真正的历史唯物主义者不能因为孔子有等级、名分观念,就把"三纲"直接划到他的名下。针对简单、粗暴的批判,地下的孔子倘若有知,一定会大呼冤枉:非吾言也!吾诚以君父为尊,未之至也!尝曰:君父无德,亦小人哉!("三纲"不是我说的!我确实认为君父为尊,可我的思想没有那么极端!我还说过:君父品德低下,也不过是小人罢了!)此乃笔者拟作,戏言耳。

"上好礼"

《八佾篇》载,"定公问:'君使臣,臣事君,如之何?'孔子对曰:'君使臣以礼,臣事君以忠。'"

《子路篇》载,"子曰:'……上好礼,则民莫敢不敬……'"

《宪问篇》载,"子曰:'上好礼,则民易使也。'"

此三章有共同之处,故放在一起加以说明。第一章,拙文几次提到,是说国君使用大臣要遵守礼制、礼法,要讲究礼节、礼貌,不能唯我独尊,意气用事;而大臣侍奉国君必须忠诚。

后两章之"上",是与"民"相对的上位者。愚以为,不仅指国君,还应包括各级官吏。"好礼",喜好以礼待人,按礼办事,一切都遵从礼的要求。"莫敢不敬",不能不敬,不得不敬,是对"上好礼"的由衷感激与回报。"易使",容易使唤;领导者好礼,民众回报以尊敬与服从,则领导者的意图、指令便会比较顺利地贯彻落实。

礼,表现为一系列有形或无形的规矩,以及对他人的尊敬。而规矩的制定、推行、实施主要是自上而下的,上行下效,一贯如此。民间的礼俗具有相对独立性,但倘若得到"君""上"的支持,便会更加兴旺。君臣、官民都是对立统一关系,矛盾的主要方面在君,在官。君主领导国家,官吏操办政事,都处于主导地位,都起着主导作用。"为国以礼"(《先进篇》)、"礼让为国"(《里仁篇》)、"齐之以礼"(《为政篇》),都必须从君主做起,从官吏做起。

春秋中后期,礼坏乐崩,君使臣不以礼,上不好礼。结果,臣事君不忠,乃至架空国君,形成卿大夫执掌国政的态势;民对上不敬,形成令不行、禁不止的局面。孔子就点名批评过一位无礼的君主，即"楚王好细腰，宫中多饿死"的那位楚灵王。

楚康王晚期，其弟公子围代为令尹，主兵事，在外常僭用国君旌旗，与他国会盟时又公然排列国君仪仗，令他国使者无比惊讶。康王病重，公子围借探视之机绞死康王，并杀害康王两个儿子，自己当上了楚灵王。这位新君既无仁之心，更无礼之行，在楚一意享乐，对外一心称霸。灭陈、蔡两国之后，又攻打徐国，自己驻扎在乾谿（今安徽亳州东南），以作声援。由冬至春，楚灵王筑台建宫，日夜寻欢，肆无忌惮地放言欲称霸天下，受到大臣嘲讽。第二年，蔡国人联络楚灵王的三个弟弟，拉拢陈国，乘楚国都城空虚而攻占之，又立新王。他们派人前往乾谿，散布新王之令：先返楚国者恢复其禄位资财，后归者受割鼻之刑。楚灵王大军在异地几个月，思乡心切，受此鼓动，一时散去大半。楚灵王率余部返国，一路上不断减员，最后身边大臣亦已私奔。五月下旬，楚灵王孤家寡人，见大势已去，只得上吊。

后来，孔子评论说："古也有志：'克己复礼，仁也。'信善哉！楚灵王若能如是，岂其辱于乾谿？"（《左传·昭公十二年》）

"乐而不淫"

本文将简述中庸后两种形式。

中庸除不 A 不 B、亦 A 亦 B（AB 代表事物对立的两端）之外，第三种形式是 A 而 B。这种形式不再是不偏不倚，而是立足于 A 兼及于 B，以 A 为主，拿对立的 B 弥补 A 之不足。

仅从《论语》来看，孔子本人似乎并未用此形式。典型的只有一例，即"子温而厉，威而不猛，恭而安"（《述而篇》）中的"温而厉"。对记述孔子仪态和性情的这句话，钱穆先生评论说："孔子修中和之德，即在气貌之间，而可以窥其心地修养之所至。"不过，温和与严厉在孔子身上不是等量的，温和处于主宰地位，也就是说孔子在多数时间内和多数情况下都是温和的。

"恭而安"粗看与"温而厉"相似，但恭与安不是笔者界定的 A 与 B，即两者关系不是对立统一，而是同质并列，所以"恭而安"不蕴含中庸思想。《论语》中有不少某而某的句式，读者需细辨之。

中庸的第四种表现形式是 A 而不 A'（A'代表 A 的过度膨胀或极端化发展）。事物的对立两端，有许多可以明确地分出对与错、是与非，人们的立场自然应该毫不犹豫地站在对的一端，而无需再考虑它的对立面，即只要 A 不要 B。此时，似乎没有中庸插足之地。但是，正确的一端在本质上有一种过头的、无限的趋势，有可能物极必反。《阳货篇》载："子曰：'恶紫之夺朱也，恶郑声之乱雅乐也，恶利口之覆邦家者。'"朱，大红色，古时为正色，过头即成紫色，"紫之夺朱"就是紫色侵没了红色。孔子深恶于此，实际上是反对过度所造成的"斜",以致"正"失去了应有的位置。这也是中庸之道的要求,表现形式即 A 而不 A'。

这种中庸形式,孔子用得较多。一方面,说明孔子立场坚定;另一方面,说明孔子思想辩证。

"子曰:'关雎乐而不淫,哀而不伤。'"(《八佾篇》)关雎,《诗经·国风》第一篇,即众人皆知的"窈窕淑女,君子好逑"那首恋歌。乐,快乐。淫,滥、过度、放纵。快乐倘不适当加以节制,就可能扩展到放荡。哀,心之悲哀。伤,心之损伤。哀至无限,身心必损。孔子赞赏《关雎》这首诗意味蕴藉,将爱恋之情与思念之苦抒发得恰如其分,既没有赤裸的煽情,又没有凄惨的绝望。这种有理又有度的温和情调正符合中庸的要求。

"子曰:'君子矜而不争,群而不党。'"(《卫灵公篇》)宋代朱熹注曰:"庄以持己曰矜,然无乖戾之心,故不争。和以处众曰群,然无阿比之意,故不党。"党,指结党,搞宗派。清代刘宝楠注曰:"矜易于争,群易于党"。矜与群都是好的,对的,但要防止走向极端化之后的争与党。可见,正确的东西也有度的问题。把握好很难,全靠经验以及对中庸思想的领悟。

孔子主张"尊五美,屏四恶"。五美是"惠而不费,劳而不怨,欲而不贪,泰而不骄,威而不猛"。(《尧曰篇》)篇幅有限,不作详解。简言之,这不仅是执政者的五种美德,更是五种善政,但是不能懵懂地一味实行惠、劳、欲、泰、威,不能让它们过度而极端化,否则就会偏离正道,事与愿违了。

"既往不咎"

哀公问社于宰我。宰我对曰:"夏后氏以松,殷人以柏,周人以栗——曰使民战栗。"子闻之,曰:"成事不说,遂事不谏,既往不咎。"

社——古代称土地神为社,祀社神之所亦称社;社旁植树木,称社树;社中立社树加工的木制牌位,称社主(亦有石制者),天子征伐常载于车而行。夏后氏——以禹为首领的部落;禹传位给儿子启。建立中国历史上第一个朝代——夏朝,后人对夏朝人就称夏后氏。战栗——即战慄,恐惧之貌。成事——已完成之事。遂事——已进行而势不能中止之事。谏——挽救。咎——罪责,加罪。

鲁哀公问宰我关于立社的事。宰我回答说:"夏后氏用松为社树,殷人用柏为社树,周人用栗为社树——意思是使民众战慄、恐惧。"孔子听说了这件事,说:"已经过去的事就不必再说了,不必再挽回了,不必再追究了。"

此章有两方面内容值得一议。一是关于宰我。宰我列孔门"言语"科首位(《先进篇》),思想活跃,有独立见解,敢说敢做。不过,他在《论语》中出现五次,四次都受到孔子批评,其中两次批评极其严厉。宰我答鲁哀公问,错误在于自作聪明,更在于观点违背师教。周人用栗为社树,只是"凡建邦立社,各以其土所宜之木"(《论语集释》),并无其他什么喻义。宰我牵强附会,硬说用栗木有警示意义,是吓唬民众,让他们战战兢兢、循规蹈矩。宰我的话对国君说,完全违背了孔子"为政以德"(《为政篇》)、"为国以礼"(《先进篇》)、"惠而不费"(《尧曰篇》)的思想,而带有威权专制的指向。

二是关于孔子。孔子显然不同意"使民战栗",但反应并不强烈,未加明显斥责。为何?据学者考证,宰我与哀公对话可能发生在鲁哀公四年,这一年孔子六十一岁,在陈国,诸事不顺。此其一。其二,此时的孔子很有可能仍在深入研究《易》,心无旁骛。此种状况下的孔子,不大可能为发生在故国的一次普通谈话大动心思,牵扯过多的情绪和精力,何况主角又是他并不特别欣赏的宰我。于是,孔子浮光掠影,随口说出类似于"随他去吧"的话。

此章之所以被录,愚以为极有可能是《论语》辑录者被"成事不说,遂事不谏,既往不咎"所吸引。这三句话排比铺陈,朗朗上口,其意亦觉新鲜,故辑录者无法割爱。

此章对今之读者而言,除可旁证孔子反对"使民战栗"之外,就是得到一个成语"既往不咎"和它反映的宽恕思想。不过,运用起来,则需分析。其一,"往"是何种"成事""遂事",要界定,不可一概而论。其二,"不咎"分有条件与无条件,有限度与无限度,不能囫囵吞枣。此为题外话,点到为止。

"天将以夫子为木铎"

仪封人请见,曰:"君子之至于斯也,吾未尝不得见也。"从者见之。出曰:"二三子何患于丧乎?天下之无道也久矣,天将以夫子为木铎。"

仪——邑名,在卫国边境。封人——即疆吏,或说边防官。从者——跟随孔子的弟子。见之——之代指仪封人,见为使动动词,意为"使之见",使仪封人见孔子。二三子——对孔子弟子的客气称呼。丧——丧失,具体指孔子和几位弟子失去职位,并离开鲁国。无道——脱离正轨,战乱频仍。木铎——青铜制大铃,以木为舌,天子宣布政教时振鸣警众;本文意译为"宣扬正道的导师"。

卫国仪邑的边防官请求孔子接见,说:"凡是道德学问高尚的人到这里,我从来没有不得到见面机会的。"孔子随行弟子引他见了孔子。他辞别出来后说:"你们这些人何必担心你们师生失去官职和流亡国外呢?天下脱离正轨、战乱频仍已经很长时间了,上天将会让先生担当宣扬正道的导师。"

读此章,第一感觉是仪封人不简单。其一,他见多识广,交际应酬有一套办法。其二,他对天下大势有清醒的认识和判断。其三,他作出了对孔子的新颖而深刻的评价和预期。

此章过去并未被特别关注,但实际上却占有重要地位。其所载是孔子周游列国的第一件事,《论语》辑录者通过仪封人之口,给孔子后半生的作为和价值,作了一个总的提示,具有提纲挈领的作用。

"天将以夫子为木铎"这句话非同一般,人们可以从两个层面加以解读。首先,极大鼓舞了孔子和他的随行弟子。孔子本不想离开鲁国,他是在齐国的阴谋和鲁国实权者的排斥交互作用下,被迫出走的。《孟子·尽心下》载:"孔子之去鲁,曰'迟迟吾行也,去父母国之道也。'"孔子离开鲁国时,对随行弟子说:"我们慢慢走吧,这是离开祖国应有的态度。"明显表现出依依不舍。那么,此时的孔子是否有一套完整的长期规划呢?显然没有。最有可能的是,孔子想到其他诸侯国走走,看看能否找到施展自己政治理想的机会。而随行弟子们更是心中无数,一片茫然。在这种背景下,仪封人的一番话,如雪中送炭一般,给流亡者带来了温暖和信心。对孔子本人,它无疑具有启发作用。从孔门弟子角度看,它就是一盏照耀前途的明灯。

其次,客观地说,"天将以夫子为木铎"具有跨越时空的历史意义。仪封人的预判内容是振奋人心的,但它是将来时。在后来的历史长河的许多阶段,特别是宋代以后,明清尤显,它都是现在时,即"天以夫子为木铎",从朝廷到民间都以孔子为导师。而在今人看来,它不仅是过去时,也是现在时,还是将来时。孔子曾经是,现在是,也应该永远是中国人的精神导师。

说"天将以夫子为木铎"的仪封人,叹"大哉孔子"的达巷党人(《子罕篇》),问"夫子圣者与"的某国太宰(《子罕篇》),都是孔子的同代人,且为孔门以外的社会人士,他们不约而同地发出了高度评价孔子的先声。

里仁篇

"仁者安仁"

子曰:"不仁者不可以长处约,不可以长处乐。仁者安仁,知者利仁。"

约,多义,其一为困、穷,此章之约即贫困。孔子认为,没有仁德的人不能长时间处在贫困之中。为什么?因为,"小人穷斯滥矣"(《卫灵公篇》)。小人穷困,特别是长期穷困,就会乱来,偷盗、抢劫等等。"不仁者"不完全等同于"小人",似乎更宽泛些,但其中相当多的人与"小人"无异。近现代亦有哲人说过,贫困滋生罪恶。对不仁者来说,这是确论。现实中大量事例证明了此论。

安乐亦会滋生罪恶。安乐与贫困一样,只是外部条件,罪恶的土壤是不仁者的不良之心。不仁者为富更加不仁,原因是财富助长他们的腐化和贪婪。他们的欲望永无止境,目标层层加码,手段变本加厉。当今某些生意人,实在摆脱不了"不仁者"的嫌疑,或者干脆说就是"小人"。

《礼记·坊记》曰:"子云:'小人贫斯约,富而骄;约斯盗,骄斯乱。'"意思与上述相似。因贫穷而困顿、窘迫,进而偷盗;因富裕而骄狂、奢侈,进而昏乱,其特定对象便是"小人"。

唯有仁者,才可以久约而不滥,久乐而不淫。仁者是不与禽兽为伍的堂堂正正的人,是胸怀爱心这一高尚情感的人,是具有道德约束的人,所以才能做到"贫而乐,富而好礼"(《学而篇》)。无论贫穷困顿还是富贵安乐,仁者都以不违背人的良心为底线,以完善德性的理想,时刻满足于"求仁而得仁"(《述而篇》)。"安仁"之安,是心安,是满足。

此章稍微难解的是"知者利仁"。在孔子那里,知通智,二者不分,既是认识论的范畴,又是伦理学的范畴。知或智,要求首先具有知识,特别是人的行为规范的知识,而后具有将知识与外在事物相结合的能力、智慧,所以才"知者不惑"(《子罕篇》)。此处之知者,就是今之常言之聪明人,而非具有大智慧者。

利仁,似可简单直译为求利于仁。南北朝皇侃说:"利仁者其见行仁者若于彼我皆利,则己行之;若于我有损,则使停止,是智者利仁也。"近代程树德觉得皇侃说得太露骨,故换种说法:"无所为而为之谓之安仁,若有所为而为之,是利之也,故止可谓之智,而不可谓之仁。"若将利仁二字看作动宾关系,理解为利用仁,似亦可通。

愚以为,"仁者安仁"与"知者利仁"可能有三点区别。一为基础差异,仁者从内在的爱心出发,智者从理性的明智出发。二是目标差异,仁者着眼于完善自己的德性,施惠于他人,而不考虑自己的私利;智者的预设蓝图却不能剔除个人实际利益。三是过程差异,仁者在任何情况下都会持之以恒;智者则有更多机巧、变通,未必始终如一。

为进一步理解此章文字,可参考《礼记·表记》一段话:"子曰:'仁有三,与仁同功而异情。与仁同功,其仁未可知也。与仁同过,然后其仁可知也。仁者安仁,知者利仁,畏罪者强仁。'"大意是:仁的实行有三种,能达到相同效果,但实际情况并不一样。从效果上看,是看不出哪种仁的。行仁碰到挫折,走了弯路,遭遇失败,这时就能看出谁是哪种仁了。真正的仁者,无论什么情况下都安心、满足于行仁;有头脑的聪明人,看到善行中自己亦有利益,而去行仁;害怕犯罪受罚的人,迫不得已而勉强行仁。第三种自然是假仁。

《表记》原本是战国时作品,其中"子曰"可能是孔子所言,也可能是托名于孔子。即便是后者,也是孔门后学所作,离《论语》最近。故对后学者理解"仁者安仁"有所帮助。

"唯仁者能好人"

子曰:"唯仁者能好人,能恶人。"

好——读第四声,喜爱、喜好。恶——音误,厌恶、憎恨。直译此章,大约是:只有仁者才能喜爱人,才能厌恶人。读来有怪异之感。难道不仁者就不能爱人、憎人吗?爱憎之心,人皆有之也。因此,对孔子的话要深究。

愚以为,似有两层意思蕴含在孔子的话语中。其一,只有仁者才能心地端正,光明正大,处理人际关系不含私心,不求私利。正如古代学者所说:"好善而恶恶,天下之同情,然人每失其正者,心有所系而不能自克也。惟仁者无私心,所以能好恶也。"(《论语集释》)

其二,只有仁者才不会爱错、恨错,或者说只有仁者才能爱真正该爱之人,憎真正该憎之人。仁者的爱憎有"道"统领,有不可更易的原则,"义之与比"(《里仁篇》)。不像有些人,"爱之欲其生,恶之欲其死,既欲其生,又欲其死,惑也。"(《颜渊篇》)惑,缘于没有主心骨,没有正确的标准,且为自己的情绪所左右。

参考孔子所说,"乡人皆好之""乡人皆恶之"并不能肯定其人就好或坏,"不如乡人之善者好之,其不善者恶之"(《子路篇》);以及"众恶之,必察焉;众好之,必察焉"(《卫灵公篇》);可知"乡人"或"众人"所爱所憎不一定对,不一定真是该爱该憎之人。至于不仁者或小人,所爱所憎只会更加不靠谱。

不过,愚以为此章文字给人印象最深的是"能恶人"。此话怎讲?仁者的本质和特征是"爱人",以及"恕""无怨"等等,于是某些后学者误以为仁者永远心如止水,永远和颜悦色,永远待人如宾,甚至就是好好先生。若真如此,原则何在?仁者与乡愿的根本区别就在于原则的有无。仁者能公正地憎恶该憎恶之人,而乡愿则无憎恶,或说无表现出来的鲜明憎恶,只是随大流,你好我好大家好。爱憎,犹如一片树叶的两面,虽分正反,却是一体。只有正面,不成其为树叶。故乡愿不仅不是仁者,甚至不是正常的人。

《阳货篇》记载了一段极有意义的对话。子贡问:"君子也有厌恶吗?"孔子回答:"当然有。君子厌恶一味说别人坏处的人,厌恶身处下位却诽谤上位的人,厌恶勇敢而不行礼法、礼节的人,厌恶果断而不通事理的人。"即"称人之恶者""居下流而讪上者""勇而无礼者""果敢而窒者"四种人。接下来,孔子问子贡:"端木赐啊,你也有这种厌恶之情吗?"子贡回答:"我厌恶剽窃、抄袭而自以为聪明的人,厌恶不谦逊、不恭顺而自以为勇敢的人,厌恶揭发别人隐私、攻击别人短处而自以为正直的人。"即"徼以为知者""不孙以为勇者""讦以为直者"三种人。

上述可作为仁者"能恶人"的注解。因为,君子离仁者不远,在爱憎问题上两者十分接近。仁者"能恶人",既含有价值判断,亦含有情感态度,可以说是融理于情,情理合一。

子贡厌恶的三种人,其中两种与孔子所说四种人中的两种相似,即"不孙以为勇者"与"勇而无礼者","讦以为直者"与"称人之恶者"。对孔子来说,最厌恶的人其实是乡愿。"乡愿,德之贼也!"(《阳货篇》)乡愿的要害是无原则,言行不真实,做作,虚伪,且有极大的欺骗性。

"苟志于仁矣"

子曰:"苟志于仁矣,无恶也。"

苟——一般释为如果、假如,作虚词。不过,古代学者多训为诚,然字书不载。有当代学者考证,金文苟与敬为同一字,敬可引申出诚义,故苟训诚。两说皆可通,但诚义似乎更胜一筹。

恶——从古至今有两解。一读wù,厌恶;无恶即没有什么厌恶的了。一读è,很坏的行为;无恶即不做坏事。此章之前一章孔子刚刚说过"惟仁者能好人,能恶人",《阳货篇》孔子答子贡问时也明确说君子"有恶",怎么志于仁就没有厌恶了?说不通。孔学非宗教,爱憎分明是其特点之一。故应取后解。

本文复述此章大意:诚心诚意立定志向实行仁,就不会做坏事了。

一个人修养自己,根本是在心中立志大爱、大公,立志向往真、善、美。果真如此,自己的言行之中就不会多怨、偏私,就不会有假、恶、丑的存在。可能有时会犹豫、纠结,那只能是"志于仁"还不够坚定。经过思想斗争,以正压邪,最终还是可以做到"无恶"。

人性中有善有恶。立志向善,恶并未消灭,而是潜伏于心灵的角落,在适当时机仍会顽强表现。所以,有了志向和目标之后,要抑制不时露头的负面倾向,防止志向和目标的动摇。这种抑制是自己与自己的斗争,用善压倒恶,用正能量战胜负能量。这也就是自我约束,扎实,不浮泛,节制,不放纵。约束自己,是做到"无恶"的关键一环。何况,"志于仁"本来就要体现为日常生活、工作方方面面的"无恶"。

孔子说:"以约失之者,鲜矣。"(《里仁篇》)以,一般均释为介词,表原因,作因为讲。约,束也,指自我约束。失,过失、错误。鲜,少。"因为约束自己而犯错误的人是很少的。"愚以为,这句译文没有大问题,但稍显别扭。倘把以看作结构助词,表肯定,意为得以、能以,可不译(多数结构助词无需译出),读起来会更加流畅。一位古代学者解释孔子此语甚好:"内束其心,外束其身,谨言慎行,审密周详,谦恭自牧,皆所谓约。以约则鲜失,敬慎不败也。"(《论语集释》)

"不以其道得之,不处也"

子曰:"富与贵,是人之所欲也;不以其道得之,不处也。贫与贱,是人之所恶也;不以其道得之,不去也。""君子去仁,恶乎成名?君子无终食之间违仁,造次必于是,颠沛必于是。"

古有学者指出,此章似应分为两章,前两句话讲"义",后两句话讲"仁"。此说有道理,本文将标点重新标示,暂且单讲前两句。

财多曰富,位高曰贵。道,指正当的途径,或者合宜的方法、手段。需要揣摩的是两个"不以其道得之"。综合古今学者看法,共有三种意见,以下分别说明。

其一,认为两个"不以其道得之"一模一样,"得"是针对"利"而言,"之"代指富贵。第一句,非正道而得富贵,不处身于这种富贵。第二句,非正道而得富贵,甘于原来的贫贱。其实,是一个意思两种说法。

其二,认为从句式、语词关系上看,后一个"不以其道得之"的"之"应代指贫贱。"不以其道"得贫贱,这种贫贱非求而来,是客观因素加于自己的,于是"不以当得贫贱之道而贫贱了"(钱穆先生语)。

其三,认为后一个"不以其道得之"的"得"是误字,应为"去";"之"代指贫贱。意为不通过正当的途径、手段消除贫贱。

对今人来说,第三种意见文句最顺,最好懂。不过,"得"是"去"之误没有文本依据,属于主观分析。好在三种意见的分歧,并没有从根本上影响对孔子两句话的理解,所表达的基本思想还是一致的。本文权且采取第一种意见,将孔子的话意译如下:富和贵,是人人所盼望的;不通过正当途径得到富贵,君子是不接受的。贫和贱,是人人所厌恶的;不通过正当途径得到富贵,尽管可以不再贫贱,但君子宁肯不摆脱原来的贫贱。

"不义而富且贵,于我如浮云。"(《述而篇》)孔子是这样说的,也是这样做的。据《说苑·立节》载,齐景公送廪丘(今山东郓城西北)给年轻的孔子,作为供养之地,孔子推辞不受;孔子告别齐景公后对弟子说:"我听说君子有功才受禄,现在我只是游说景公,景公并没有采纳我的意见,却要赐我廪丘,他太不了解我了。"

孔子的弟子们对待贫贱的态度和老师一样。且不说颜渊,"一箪食,一瓢饮,在陋巷。人不堪其忧,回也不改其乐。"(《雍也篇》)曾子亦如此。《说苑·立节》载,曾子穿着破烂衣服耕田,鲁君派人前去送他一块地,以便改善衣着,曾子不接受。使者回去,又来,曾子还是不要。使者说:"先生没有求人,是别人捐赠的,为什么不接受?"曾子说:"我听说,接受别人东西的人会畏怯于那个人,给予别人东西的人会骄慢于那个人。纵然您有恩赐又不骄慢于我,可我能没有畏怯吗?"最终还是不要。孔子听说这件事后,说:"参之言足以全其节也。"

今之俗语"吃人家的嘴软,拿人家的手短",是亿万百姓都懂得的道理;不计其数的人,哪怕是文盲,也确实做到了穷有穷的骨气。这种骨气可以追溯到春秋时期,甚至更早,诚如曾子所转述的"受人者畏人"。

义者,宜也。不该说的说了,不该做的做了,都是不义。无功受禄,已然不义;欺诈赚钱,更加不义;以权谋私,最是不义。改革开放三十多年,滚滚洪流,鱼龙混杂。义而得财者千万,可赞之许之;不义而富者千万,应唾之弃之!违法者,须绳之以法!

"君子无终食之间违仁"

子曰"富与贵,是人之所欲也;不以其道得之,不处也。贫与贱,是人之所恶也;不以其道得之,不去也。""君子去仁,恶乎成名?君子无终食之间违仁,造次必于是,颠沛必于是。"

本文紧接上文,谈后两句。

恶——音乌;恶乎,疑问副词,犹言何所、由何、怎样。终食之间——吃一顿饭的工夫,意为每时每刻。造次——急遽、匆忙、仓猝。颠沛——倾倒、困顿、穷困。

这两句话与前文所引两句话,在《论语》里是一章。译成现代汉语,大意是:君子离开仁德,怎能配得上君子之名?君子连吃一顿饭的工夫也不违背仁德,急遽紧迫之时一定要这样,颠沛流离之际一定要这样。

不过,实践和理论都说明,对"君子无终食之间违仁"不应做僵死的教条来理解。这里,以发生在孔子诞生前八十多年的一件事为例。据《左传·僖公二十二年》载,楚国为救郑国,要攻打宋国,宋襄公准备迎战。大司马公孙固说,时势不利于我,不可战。宋襄公不听。十一月一日,宋军在泓水(今河南柘城以北)河边摆好阵势,楚军还在渡河。公孙固说,对方人多,我们人少,趁他们还没有完全渡河,请下令攻击。宋襄公说,不可。楚军全部渡河,但尚未摆好阵势,公孙固又请求下令进攻。宋襄公说,还不行。等楚军列阵完毕,宋军才发动攻击,结果大败,宋襄公大腿受了重伤。宋国人都责备宋襄公,而宋襄公却说,君子不伤害已经受伤的人,不擒捉头发花白的人;古代作战,不凭借险要地势,我们不能进攻没摆开阵势的敌人。宋襄公因为受伤,半年后就死了。

"春秋贵偏战而恶诈战。"所谓偏战,就是交战双方定好时间、地点,各占一边,鸣鼓而战,不相欺诈。直到战国时期以及汉代,还有学者评论宋襄公说,"故君子大其不鼓不成列,临大事而不忘大礼""守礼偏战""守正以败"。然而,更多的人则对宋襄公持批判立场。明朝著名隐士徐霖作诗:"不恤滕鄫恤楚兵,宁甘伤股博虚名。宋襄若可称仁义,盗跖文王两不明。"诗中滕、鄫为西周所封小国,在今山东南部滕州、苍山一带。泓水之战前三四年,宋襄公野心膨胀,想在东方称霸,联合曹、邾、滕、鄫等小国,以图收服东夷。滕君稍有怠慢,宋襄公即把他拘捕关押;鄫君到会盟地迟了两天,宋襄公叫邾君把鄫君杀了,用作祭祀之牲。诗中所提盗跖,是传说中春秋时的著名大盗。在多数今人看来,说轻一点是宋襄公不懂战争,迂腐、僵化透顶,说重一点则要骂宋襄公为蠢猪了。一代伟人毛泽东在《论持久战》一书中说:"我们不是宋襄公,不要那种蠢猪式的仁义道德。"

从理论角度说,"君子无终食之间违仁"要在孔子的中庸思想指导下实行。也就是说,不能不顾时间、地点、条件、对象,而孤立地、机械地、抽象地讲"仁",还要讲"权",即要有辩证思想。在必不可免的战争中,击溃乃至消灭来犯之敌并非不仁,对己方军队和人民来说乃是大仁,对天下来说亦是大仁。

最后,补充两句。一些人始终觉得,人品、性格复杂的宋襄公毕竟有那么一点可爱之处。这种看法或情感,亦应得到理解。

"我未见好仁者"

子曰:"我未见好仁者,恶不仁者。好仁者,无以尚之;恶不仁者,其为仁矣,不使不仁者加乎其身。有能一日用其力于仁矣乎?我未见力不足者。盖有之矣,我未之见也。"

此章文字稍长,以下逐句说明。

"我未见好仁者,恶不仁者。"好、恶皆读去声——喜好、厌恶。者——泛指人。直译为:我没见到喜爱仁的人,厌恶不仁的人。

"好仁者,无以尚之。"无以——没有什么可以用来……尚——胜过、超过。之——代指好仁者。直译为:喜爱仁的人,没有谁可以超过他。另有两解,其一:之,代指好仁这件事,对于喜爱仁的人来说,没有什么事超过好仁。其二:者,指事。尚,犹上。好仁这件事,没有比它更高的。后两解似亦可通,本文取前者。

"恶不仁者,其为仁矣,不使不仁者加乎其身。"其——回指恶不仁者。为——做。为仁——"为人"之误。加——施加,今之影响。直译为:厌恶不仁的人,他做人能够抵制不仁者影响自己。"其为仁矣"另有两解,其一:他就是仁人;其二:他在行仁的时候。本文取前者。

"有能一日用其力于仁矣乎?"一日——整天,从早到晚,泛指。直译为:有能够从早到晚花力气在仁上面的人吗?

"我未见力不足者。盖有之矣,我未之见也。"盖——语首副词,表推测性的论断语气,大概、也许。未之见——在否定句里宾语之(代指力不足者)前置,按现代汉语说法即"未见之"。直译为:我没见到力量不够的人;大概有吧,我没见到啊。

整章的意思是:我没见到喜爱仁的人,没见到厌恶不仁的人。喜爱仁的人,没有谁可以超过他。厌恶不仁的人,他做人时能够抵制不仁者影响自己。有能从早到晚致力于仁的人吗?(如果有这种人,他一定会成功)我没见到力量不够(而无法行仁)的人。大概有吧,我没见到啊。

有一个问题,"好仁者"与"恶不仁者"是两种人还是一种人? 钱穆先生有言,可供参考:"好恶只是一心,其心好仁,自将恶不仁。其心恶不仁,自见其好仁。孔子言,未见此等好仁恶不仁之人。或分好仁恶不仁作两等人说之,谓如颜子明道是好人,孟子伊川是恶不仁。恶不仁者,露些圭角芒刃,易得人嫌。二者间亦稍有优劣。今按:《论语》多从正面言好,少从反面言恶。然好恶终是一事,不必细分。"

孔子主张"为仁由己"(《颜渊篇》),由己根子是由心,为仁的性质与力量大小无关。大富豪将亿万财产捐赠给社会,是仁;拾荒者捐献十元钱,亦是仁。两者性质完全相同。只要有仁之心,就必然有仁之举,而且绝不仅是捐钱一事,其他诸多善事均在其中。说力不足者,借口而已。只要有心,尽己之力便是,量力而行即可。

《雍也篇》载,"冉求曰:'非不说子之道,力不足也。'子曰:'力不足者,中道而废。今女画。'"冉求说自己不是不喜欢孔子之道,而是力量不足。孔子严肃批评冉求,说真正的力不足,是行到半途力气用尽而迫不得已停下来;现在你却是画线为界,自己不想前进。愚以为,力不足者,想为而不能为;自画者,能为而不肯为。两种心态,两种表现,截然不同。凡未做就说力不足,皆不做之托辞耳。

此章是一段社会批评。没有人"好仁""恶不仁",以及"用其力于仁"。背后的意思等于说人们都在蝇营狗苟,心思花在了追求权力或物质利益上面。

"观过,斯知仁矣"

子曰:"人之过也,各于其党。观过,斯知仁矣。"

此章由两个短句组成,看似简单,实则有几个问题需要讨论。

关于头一句,先引两段译文。钱穆先生说:"人的过失,各分党类。"古棣先生说:"人们所犯的错误,有各种各样的类型。"两者基本相同。类似的译文还有不少。不过,愚以为如此翻译不能令人满意。

关键是对"各于其党"如何理解。党,指亲族、朋辈、朋党、集团;古代学者训此章之党为"类",也是指同一类人。其,代指人还是过?当然是人!"其党"就是犯错的他或他们那类人。于,何解?从语意看,如、在、自、由皆可通。直译"各于其党",大概是:分别如同(或在于,或来自,或由于)他们那类人。

读起来有些拗口,意思也不清晰。于是杨伯峻先生采取意译:"什么样的错误就是由什么样的人犯的。"从内容而非从形式上看,此译毫无问题,明显优于钱穆、古棣两先生译文。

再说第二句。仁,古今均有学者认为是"人"之误,故解《论语》者始终分成两派。"知人"与"知仁"虽有密切关联,但毕竟是两个概念、两个问题。本文取"知仁"。

知仁,一般就是指知道仁与不仁。不过,愚以为这仅是第一层意思。杨树达先生为此章所加按语曰:"观过知仁者,观其过而知其仁与不仁也。有过而仁者,有过而失之不仁者,故曰:各于其党也。"实际上间接指出了"知仁"的第二层意思,即知道是什么样的仁。这关系到对"过"的认识。人之"过",程度、数量、后果、性质差别极大。无心之失绝不等同于有意之过,好心办错事也不可与恶意办坏事相提并论。人无完人,仁者也会有过失,这并不令人吃惊。君子"过则勿惮改"(《学而篇》),"小人之过也必文"(《子张篇》),两者截然有别。

仔细领会,又有"知仁"的第三层意思,即知道有多少仁。仁虽然不能被具体量化,但仍可作多与少、厚与薄的衡量。如人们常说的"宅心仁厚",就是指心中充满仁爱。再如"良心未泯",是说良心已丧失不少,但未完全泯灭,剩下的良心在细微处或关键时可能起到主导作用。

观过知仁,大概是孔子的一项发明,令人印象深刻。通常,看一个人仁与不仁,是什么样的仁,有多少仁,都是正面看他的好的表现。现在,从相反角度观察同一问题,反映出孔子思维的多样性和独特性。李泽厚先生说:"有趣。不是通过观察优点而是通过观察过错,便知道一个人的特点、爱好、倾向以至个性而分出类别。大概优点常普遍相同,而缺点、错误却可反映出个体人格特征?"以反印正,确实很有意思。

"朝闻道,夕死可矣"

子曰:"朝闻道,夕死可矣。"

"道",可译成真理,但它不是西方思想概念的真理,而是古代中国关于天、地、人之意义与价值的总结。春秋战国时期诸子百家各有其道,并不一致。至于孔子之道,拙文曾简略叙说,此不赘述。"闻道",与其说是知道了道,了解了道,不如说是达于道,融于道。"闻道"不同于今人的"认识真理",而是体悟人生意义与宇宙价值,使之成为信仰、志向和行为准则。李泽厚先生说:"总而言之,生烦死畏,真理岂在知识中!生烦死畏,追求超越,此为宗教;生烦死畏,不如无生,此是佛家;生烦死畏,却顺事安宁,深情感慨,此乃儒家。"此论似可作为参考。

笔者学习此章,分四个问题以加深理解。首先,"道"是最高原则,高于一切。从孔子语意中不难推出这个结论。"道"以人为本,但志于道者不能停留在这一口号上,而要深刻体悟人与社会、自然(宇宙)的关系,懂得人的地位、作用与局限。"道"以生命为本,但志于道者不能大而化之,而要仔细体悟生命的本质、意义与困境。牺牲个人生命,以保全众生,以弘扬精神,自然是话题中应有之义。

其次,"闻道"很难,绝非轻而易举事,否则孔子的话不会说得那么"狠"。"闻道"要求知行合一,数十年如一日,时时、处处、事事依道而行,滴水汇成涓流,涓流汇成江河,江河汇成海洋。宋代程颐说:"人知而信者为难。"就是说难在"信"。由坚信而至信仰,"道"

已化为血液和灵魂,才是"信"的全部含义。孔子本人"五十而知天命","六十而耳顺",过了大半辈子方才"闻道",遑论常人!明末清初的顾炎武从另一个角度说明了闻道之难:"吾见其进也,未见其止也。有一日未死之身,则有一日未闻之道。"

再次,因"闻道"难,故必虔诚与执着。不真心诚意,不持之以恒,不可能"闻道"。此乃显而易见之理。钱穆先生还说:"人生必有死,死又不可预知。正因时时可死,故必急求闻道。"逝者如流,时不我待,说学即学,说做就做,这又是一义。

最后,孔子此语亦可说明人生之目的。人为何活,怎样活,过去是现在是将来也是一个根本性的大问题。所谓人生观是也。不同的思想派别有不同的主张,可以说孔子的主张就是:"志于道,据于德,依于仁,游于艺。"(《述而篇》)宋代朱熹注"闻道"章时说:"道者,事物当然之理。苟得闻之,则生顺死安,无复遗恨矣。"他还在讲学时对弟子们说:"若人一生而不闻道,虽长生亦何为?"深悟人生真谛。

应该说,此语形而上的意味很重。否则,从形而下的角度看,"闻道"之后是不必死、也不能死的,而应考虑"行道"。只有精神超越了家庭、社会,而与天地对话时,才能说出个体生命的"夕死可矣"。

"君子怀德"

子曰:"君子怀德,小人怀土;君子怀刑,小人怀惠。"

怀——多义,有思念、安、归等。安于德、归于德皆可通,有些学者即如此理解。但释为思念,则更平实,更流畅。小人——拙文曾述其三义,一为社会地位低下之人,二为品德卑下之人,三为固执、不通情理、境界不高之人,如"言必信,行必果,硁硁然小人哉"(《子路篇》);本章小人宜释为常人、一般人。土——土地,似是当时已开始私有化的个人耕田。刑——有刑罚、治理、型范等义,故释为法度。惠——"分人以财谓之惠"(《孟子·滕文公上》),对施者而言是施予恩惠,对受者而言是得到实惠。

君子心中想的是道德教化,一般人心中想的是私有田地;君子心中想的是社会法度,一般人心中想的是物质实惠。此章人言言殊,本文所说,供参考耳。

人皆有所怀。其内容,或说目标,有大与小、广与狭、远与近、深与浅之别。君子亦是活生生的世间人,要考虑自己及家人生存、生活之必需,如衣、食、住、行等具体问题。但是,第一他们要求不多,如果要比,也是比低不比高;第二他们在解决小、狭、近、浅问题的同时,不忘大、广、远、深问题的思考和处理,甚至所费时间、精力更多;第三他们在基本生活条件具备之后,会全力探索天地之道理、人生之真谛以及国家、天下的治理和民众的教化。若从精神生活与物质生活角度言,君子对前者的重视和融入远远超过对后者的关注。

常人的内心世界,确与君子大不同。诚然,他们并非一点儿都不关心国家、天下大事,他们甚至有时也想人活着的意义。但是,他们主要考虑的是自己、家人、亲友的现实利益问题。农民恋土,居家妇女贪图眼前实惠,实属常态,可以理解,所谓芸芸众生是也。不过,毕竟胸怀很窄,思想很浅,境界很低。

孔子还说:"士而怀居,不足以为士矣。"(《宪问篇》)士,指文士,春秋时期开始出现的知识分子群体,其中不少人走上了仕途。居,居所,指日常家庭生活。士如果想的都是家庭生活,就没有作为士的资格了。因为,"士志于道,而耻恶衣恶食者,未足与议也。"(《里仁篇》)士立志追求真理,如果有人以穿破衣吃粗粮为耻辱,那就不值得与他谈什么了,不必理睬他了。士是一个新兴的阶层,对他们要求尚且如此,何况为人表率的君子?士与君子都应是社会的良心,应是文化、道德的引领者。

孔子的伟大,不仅在于他的思想铸造了中华民族的灵魂与性格(其中有些负面内容),而且在于许多思想永远不会过时,至今闪耀着真理的光辉。仅以"君子怀德"章观照今日社会,发觉同样恰如其分。当今不乏"怀德""怀刑"之君子,不乏不"怀居"、不"耻恶衣恶食"之士。但是,更多的常人,却是"怀土""怀惠"的。尤其是庞大的知识分子群体,包括各级官员和公务人员(非知识分子已不能加入其中),许多许多人已忘记"怀德""怀刑",而是"怀土""怀惠""怀居""耻恶衣恶食"。他们已不配为士,已退步为一般人的小人,更有一些已堕落为品德卑下的小人。特别令人痛心的,这些人基本上都是以全心全意为人民服务为宗旨的中国共产党的党员。

"礼让为国"

子曰:"能以礼让为国乎,何有? 不能以礼让为国,如礼何?"

乎——可表疑问语气,亦可表感叹语气,本文取后者。何有——即"有何";反诘句,意为"没有什么(困难)"。如礼何——直译为"拿礼怎么办","把礼放在哪里",可以理解为"要礼还有什么用"。用现代汉语表述,孔子说的是:能用礼让来治理国家,治国就没有什么困难。不能用礼让治理国家,要礼还有什么用呢?

此章亮点在"礼让"。古代有识之士说:"让,礼之主也。"(《左传·襄公十三年》)"卑让,礼之宗也。"(《左传·昭公二年》)"让者,礼之实也。"(朱熹《论语集注》)"厚人自薄谓之让。"(贾谊《新书·道术》)让,谦让、辞让、退让,是孔子道德思想众多范畴里的一种。让,是礼的主干,是仁与礼的融合、统一,仁为内在基础,让为外在表现。孔子一再倡导让,如谈到射礼时说"揖让而升,下而饮"(《八佾篇》),如称颂泰伯时说"三以天下让"(《泰伯篇》)。同时,孔子身体力行,是让的表率,子贡就说过"夫子温、良、恭、俭、让"(《学而篇》)。

在人际交往中,特别是在利益或矛盾面前,谦让、辞让、退让、先人后己,乃至成全他人而委屈自己,就是最大的和最实在的礼节,就能化矛盾于无形。有一则流传甚广的故事极能说明这一问题。安徽桐城人张廷玉,在雍正朝任文华殿大学士兼礼部尚书,其家乡邻居吴氏与其家因宅基地界线发生争执,家人写信告之,张廷玉在信上批示:"一纸书来只为墙,让他三尺又何妨?长城万里今犹在,不见当年秦始皇。"张家退让三尺,吴家亦退让三尺,故形成两家之间的六尺巷。

"礼让为国",据传是上古传统。尧让位于舜,舜让位于禹,以及泰伯和伯夷、叔齐让其兄弟,不肯为君,都是历史佳话。孔子极力赞颂此类礼让之圣贤,希望天下、国家都能礼让。然而,自禹以后,尤其是春秋时期,礼让立国一去不返。为了夺权,频频上演兄弟相残乃至子弑父的悲剧。

"礼让",本义是互让,我让你,你亦让我。但是,君让臣、官让民却十分罕见。权力极易激发人性中恶的因素,掌权者颐指气使、专横残暴,并不令人奇怪。有权力,又礼让,绝非一般掌权者所能做到。可是,不能礼让的掌权者不知道,其下级多数是不会与他同心的,即便表面唯唯诺诺,实则心里畏而远之,甚至畏而恨之。如此一来,事情如何办好?国家如何治理?孔子说:"君使臣以礼,臣事君以忠。"(《八佾篇》)君臣这对关系以君之态度为前提,孔子从未倡导过愚忠。所以说,孔子有反独裁的思想倾向。官民这对关系亦如此。

"礼让为国",自然要在国内规定礼制,推行礼仪,倡导礼貌,维持礼俗,使民众都能学礼、懂礼、遵礼、行礼。民众礼让,各有敬,各能和,构成国家有序、平稳、和谐的基础。这似乎无需多言。

"礼让为国"还应包括另一层意思,即国家以礼让作为外交方针,处理好与他国关系,与邻为善,以邻为伴。如孔子所说"柔远人""怀诸侯"(《礼记·中庸》)"修文德以来之"(《季氏篇》)。不过,在春秋末期,这一极具价值的思想主张难免被人视为不识时务。

"礼让为国"与"为国以礼"(《先进篇》),原则上是一个意思,只不过前者强调了"让",寓意更深一些。拙文曾述,"为国以礼"是孔子的治国最低纲领,而最高纲领则是"为政以德"(《为政篇》)。

"为国以礼"

《先进篇》载,孔子与子路、曾皙、冉有、公西华一起聊天,四位弟子各言其志……曾皙待三位同学出去后问老师:"夫子何哂由也?"孔子说:"为国以礼,其言不让,是故哂之。"哂,带有意味的微笑。由,子路名。让,谦逊。治国需用礼,而子路讲话毫不谦逊,所以笑他。

《里仁篇》载,"子曰:'能以礼让为国乎,何有?不能以礼让为国,如礼何?'"礼让,以礼相让,有原则又有礼节地谦逊和推让。反问何有,意为没有什么困难。另一说:(除了礼让为国)还有什么办法吗?如礼何,拿礼怎么办,即把礼放在哪里,犹说要礼也就没什么用处了。

两章文字都明确提出以礼治国,但只强调了其中谦让的内容。事实上,礼的含义非常广泛。朱熹注:"礼者,天理之节文,人事之仪则也。""礼,谓制度品节也。"在现代人看来,礼是古代的全部社会规范和伦理道德规范。它可分为两大部分:一是政治制度、管理体制、典章政令、法律法规等等,带有明显的强制性;二是伦理准则、社会公德、交往礼仪、生活礼俗等等,某些内容隐含有强制性,但主要靠人们的自觉自律。《礼记·哀公问》载:"丘闻之,民之所由生,礼为大。非礼,无以节事天地之神也;非礼,无以辨君臣、上下、长幼之位也;非礼,无以别男女、父子、兄弟之亲,婚姻疏数之交也。"由此可见,在孔子那里,礼确是一个综合概念,既是社会纲领,又是政治秩序,还是生活准则。

孔子未将礼的内容清晰地区分,表明在他那里政治与伦理道德常常是交融合一的。并且,由于《论语》的编纂者是孔子德行科和文学(历史文献)科弟子及再传弟子,所以"修养的意味极重,政治的意味很少"(顾颉刚先生语),全书孔子言礼数十处多侧重伦理道德层面。不过,也有一些概括了礼的全部内容,如"殷因于夏礼""周因于殷礼"。至于拙文谈过的"正名""齐之以刑""猛以济宽""子帅以正""举直错诸枉"等,实际上都是规范和准则,都是礼,而这些都侧重在体制、法规层面。

此时,一个问题显现出来,即"为国以礼"与"为政以德"的关系。愚以为,前者重在讲治国要有具体的规矩,可操作,主要是从实践的角度即怎么做的角度出发,是孔子政治思想的最低纲领;后者重在讲从政要有宏观的指导,如北极星高悬,主要是从形上的角度即方向性的角度出发,是孔子政治思想的最高纲领。前人未言及此,拙见仅供同道参考。在孔子那里,礼治并不排斥德治,德治也不排斥礼治,二者相辅相成,是"仁政"的不同层面。

司马迁在《史记·太史公自序》中说:"夫《春秋》,上明三王之道,下辨人事之纪……故《春秋》者,礼义之大宗也。"就是说,孔子的礼治思想大部分体现在《春秋》里。不过,这已超出本文范围,不赘述。

礼的历史特征、阶级特征十分明显,或说它的局限性很大。孔子言礼,以周礼为蓝本,其中许多内容随着时代发展变得保守、落后,不再适用而被摒弃。因此,如今探讨孔子礼治思想,讲理论原则易,讲具体内容难,批判易,继承难,是一件非常复杂的事。

"吾道"

子曰:"参乎!吾道一以贯之。"曾子曰:"唯"。子出,门人问曰:"何谓也?"曾子曰:"夫子之道,忠恕而已矣。"

道,先秦典籍中用得极多,现代人一般译为思想、学说、真理、原理、规律、道路等等。这些意思都对,关键是要看什么人用,用在什么时间什么地方什么事情上。本文当然不会泛泛而谈,而是要说孔子之道。显然,此处孔子是统而言己之道,所以解作思想较好,"吾道"即"我的思想"。

孔子思想这一称谓仍是空泛概念,能否进一步明确表述呢?这是个大问题。首先,需要清楚孔子思想的核心内容是什么。有多种说法,不过大多数学者认可的是"仁"。仁,是孔子用得最多的字,在《论语》里共出现一百零九次,含义十分丰富。冯友兰先生晚年专门撰文,对仁重新分析:作为"四德"(仁、义、礼、智)或"五常"(仁、义、礼、智、信)之一的仁,属道德范畴;作为"全德之名"的仁,特指最高的精神境界,属哲学范畴。无论在形而下的意义上,还是在形而上的意义上,仁都可以作为孔子思想的核心或代表,所以说孔子之道就是"仁道"。此为杜撰之语,但并非无稽之谈。起码,笔者自以为比所谓"内圣外王之道"要好。后者是庄子话语,与孔子毫不相干,后世儒家借用过来,加以改造,然而为君王师的倾向过于明显,而非"博施于民而能济众"(《雍也篇》),终有曲解孔子之嫌。

相比之下,"中庸之道"的提法更接近孔子,只是人们已经固化的理解过于狭窄和表面了。"中庸之为德也,其至矣乎!"(《雍也篇》)通常的解释没错,但不够全面和深刻。庸多义,既是用,又是常,而常包括寻常(普通)、久常(永远)两义。德,不仅指道德,还是信念,还是本性。所以,孔子这句话的内蕴是非常丰富非常深邃的。基于此,孔子的孙子子思才有"中也者,天下之大本也"(《中庸》)的发挥。另外,子思这句话后面紧接着的是:"和也者,天下之达道也。致中和,天地位焉,万物育焉。"作为最广最高的"道","中"是离不开"和"的。和的概念最早由西周的史伯提出:"和实生物,同则不继。"史伯认为天地之间各种不同性质的物质元素和合相杂才能生成万物,如果只有同一种元素"以同裨同",事物则将"不继",离灭亡就不远了。春秋时期孔子、晏婴等人继承并发展了这一思想,分别引用到社会领域的国家事务、人际交往以及个人的道德修养,如孔子就提出了广泛适用的"和而不同"的原则。

愚以为,将"中庸之道"扩展为"中和之道",也许更能表述孔子之道的本质。因为,"中和之道"不仅可以统辖人生、社会,而且可以统辖天地(可理解为自然和宇宙)。

"中和之道"是根本的大道,是终极真理和终极目标;同时,它又存在于天地间万物万事之中,是现实原则和现实任务。人们应当并且能够努力地接近它,局部地实现它,却不可能彻底地完成它。换言之,无论是在人生领域、社会领域,还是在自然领域,差异和矛盾都是普遍存在的。因此,"和而不同"就成了人们必须选择的指导思想和指导原则。当今中国,在复杂多变的世界之中以此为利器,可谓顺乎大道,且纵横捭阖,必将立于不败之地。

"一以贯之"

子曰:"参乎!吾道一以贯之。"曾子曰:"唯"。子出,门人问曰:"何谓也?"曾子曰:"夫子之道,忠恕而已矣。"这一章是《论语》的重点之一,两千多年来众说纷纭,莫衷一是。拙文已谈过"吾道",现说第二个问题"一以贯之"。

一以贯之,实际就是以一贯之。一,是唯一,是最高的和基本的原则。"吾道一以贯之"的现代表述是:我的思想以一个基本原则贯穿着。贯,应包含两个意思。在时间层面,是说自始至终,即过去、现在、未来,永远以"中和"为基本原则。在空间层面,是说事事处处,方方面面,即人生、社会、自然,普遍以"中和"为基本原则。

古今中外,"吾道一以贯之"者终是少数,然而正是这少数人成了几千年来的社会中坚。即便"道"不同,仅"一以贯之"也足以令人钦佩,因为那是人格的坚定和信仰的执着。联想今日有的年轻人,信仰危机,志向迷茫,能不慨然?

《卫灵公篇》另有一章文字,"子曰:'赐也,女以予为多学而识之者与?'对曰:'然。非与?'曰:'非也,予一以贯之。'"识,一般译作记,但它还有认识、见识义,也许后者更符合孔子原意。孔子当然不是告诉子贡不必"多学",而是在强调"一以贯之"。一些注家认为此处一以贯之与对曾参说的一以贯之有所不同,强词硬解,实在难以服人。愚以为,两者完全是一个意思;如果说不同,那也只是语境、语气的不同,而绝非语意的不同。

子贡跟随孔子多年,深知老师为好学之人,自己也在实践中身体力行,可子贡"器也"(《公冶长篇》),一直未臻最高境界,所以孔子点拨他说自己并非简单地多学,更重要的是自己头脑里有一个基本原则或指导思想在支撑着。可以想见,孔子说话时语气是温和的,方法是启发式的。而曾参当时只有二十几岁,入孔门时间不长,孔子知道自己已入晚境,"甚矣吾衰也"(《述而篇》),不可能像带早期、中期弟子那样去带曾参等人,更需要直截了当提示一些根本性的原则。说话时口气是严肃的,方法是灌输式的。

最后一个问题,曾参对夫子之道的解释是否准确。"参也鲁"(《先进篇》),就是说曾参比较迟钝,因此领悟能力不会很强。他根据自己的体会说"夫子之道,忠恕而已矣",虽然没有一下子全面揭示问题的本质,但是仍然可以成立。因为,孔子之道不是坐而论道所能辨明的,而是要从身边的具体事情做起,行知合一,而后随着年龄增长,阅历丰富,才能渐入佳境。曾参认为修夫子之道从忠与恕做起,是符合孔子本人要求的。据《卫灵公篇》载,子贡问老师有没有一个字可以一辈子实行的,孔子回答的就是恕字,由此可见恕在孔子之道中的重要地位。但是,倘若不设定前提,不特指一定意义,就笼统说孔子之道不过忠恕而已,则有只见树木不见森林之嫌了。

"夫子之道"

孔子要把弟子们培养成"志于道"的士、"谋道"的君子,那么这个"道"是什么呢?换言之,什么是孔子之道呢?"夫子之道,忠恕而已矣。"(《里仁篇》)这是曾参的概括。而子贡、颜回则说:"夫子之道至大,故天下莫能容。"(《史记·孔子世家》)没有说具体内容,但显然不仅是"忠恕"。历代学者多数认为是"内圣外王之道"。

愚以为,对孔子之道不能一言以蔽之,就像很难用一句话概括马克思主义一样。只有把马克思主义分解为辩证唯物主义和历史唯物主义、政治经济学、科学社会主义三个部分以后,人们才对这一主义有比较清晰和完整的了解。事实上,孔子之道亦有三个方面:人生之道、政治和社会之道、哲学思想之道。拙文曾将孔子之道概括为"中和之道,"现在看来,以其作为哲学思想之道,更加妥当。

所谓人生之道,简单的意思就是人怎样生活,或者说如何做人。全书很大一部分篇幅都在谈做人的原则、标准以及方式方法。从个人角度说,就是"修己"之道。人生之道还有更深的内涵,并且有迹可循,其基本规律就是孔子那段著名的自述:"吾十有五而志于学,三十而立,四十而不惑,五十而知天命,六十而耳顺,七十而从心所欲不逾矩。"(《为政篇》)核心内容不仅是知识的日益增多、道德的逐步提高、人格的累积完善,更是智慧的渐次加深、境界的持续攀升。这是由人生"必然王国"到人生"自由王国"的发展过程。

"志于道""谋道",首先就要立志于这种人生之道,谋求这种人生之道。众多学者归纳为"内圣"之道,愚以为未必妥当。其一,孔子认为只有历史上才存在"圣"。其二,只讲"内",或多或少忽视了"外",而孔子的人生之道始终突出"行",强调人在世间怎么做。

所谓政治和社会之道,其实是孔子的政治理想和社会理想,说白了就是怎样领导和治理国家,人们应该有一个什么样的社会。拙文曾数次加以解读,可简单总结如下:国家统一,权力集中,上下各在其位,没有分裂;各级统治者廉洁公正,富有仁爱之心,德治与礼治并行,对异邦以德服人,推行和平外交;社会有统一规范,稳定安宁,秩序井然,富人同样以仁爱之心对待他人,同等级的人财富平均,不同等级的人和谐相处;人民各得其所,老人们能够安度晚年,中年人以诚信交往,青少年受到关爱和教育,懂得报答父母、老师和社会,鳏寡孤独及残疾人得到尊重和照顾,生活无忧。总之,初步建立"小康"社会,最后达到"天下为公"的"大同"。

"志于道""谋道",第二部分内容就是要胸怀天下,树立这样的政治理想和社会理想,并在可能的情况下为之努力。子贡、颜回所说天下莫能容的夫子之道,所指大概主要在此。

众多学者将孔子的政治和社会之道视为"外王"之道,愚以为值得商榷。十分明显,"外王"之道是有德的君主之道,其立足点和出发点主要是国家的最高统治者;孔子的政治和社会之道是独立的悲天悯人的思想家之道,其立足点和出发点并非仅仅集中在最高统治者,而是几乎囊括了天下所有人。有人说孔子是个复古主义者,但更多的人认为他是个理想主义者。起码,后者的成分要远远大于前者。孔子的伟大之处和局限之处、矛盾之处,在他的政治和社会之道中同时体现出来。

考虑到篇幅,孔子的哲学思想之道容后详谈。

"君子喻于义"

子曰:"君子喻于义,小人喻于利。"

喻,晓也,明也,即知道、懂得之义。杨伯峻先生将此章译成:"君子懂得的是义,小人懂得的是利。"钱穆先生译成:"君子所了解的在义,小人所了解的在利。"

很明显,两位前辈对核心概念"义""利"都未直接翻译。钱穆先生倒是有两句解说:"君子于事必辨其是非,小人于事必计其利害。用心不同,故其所晓了亦异。"似乎过于简单。"义"不仅是道德概念,而且是政治概念和思想(哲学)概念。首先,它是本然的应该、合适,是人的天职;其次,它是社会的正义、公平;再次,它是"仁"的外化和能动,是言行的实质和最高原则。所以,"喻于义"应该是说通晓这几个方面。

"利",含义同样丰富,甚至复杂。先秦典籍中不同话语的"利"字所指是有区别的。古代众多学者都有考证,此不赘言。现代人把它理解为利益,大体恰当。人们应该清楚的是,孔子以及他的同代人已经有正当之利与非正当之利、政治之利与物质之利、公利与私利、大利与小利等等区分,如孔子说过"见小利则大事不成"(《子路篇》)。虽然,"子罕言利"(《子罕篇》),但孔子还是讲过一些。

仅从此章看,孔子似乎认为"义""利"是矛盾的、对立的。但这只是一个方面。也就是说,这里的"利"是指非正当之利、私利、小利。另一方面,孔子说过:"不义而富且贵,于我如浮云。"(《述而篇》)如果是义而富呢?孔子没有明说,可是他却屡次称赞子贡,而子贡恰恰是义而富之人。孔子公开提出"见利思义"(《宪问篇》),赞同"义然后取"(《宪问篇》)。可见,在孔子那里,并不一概反对"利","义""利"是可以统一的,只不过是用"义"规定、统一"利"罢了。

孔子主张富民,给百姓以利,然后"教之"(《子路篇》),主张"因民之所利而利之"(《尧曰篇》)。这是大利,这种大利顺天应人,已经是义。这里,明确表现出孔子对义中之利,国民之公利、大利的追求。指责孔子重精神、轻物质的论调可以休矣。

孔子之后,战国诸子掀起了著名的"义利之辩",意见蜂起,多家并立。秦以后的两千余年,重义轻利逐渐成为占统治地位的思想和民族传统心理。应该说,这一思想是有双重作用的。一方面,它在理论上强调了正义和道德的崇高地位,实际上也部分地抑制了个人私欲的膨胀,以及对群体、社会、国家利益的侵害;另一方面,它导致了人们高谈仁义道德而不顾实际利益,从而轻视工商、科技等可以直接获利的行当和工作,尤其是它被统治者利用,借以漠视百姓的利益。

"义利之辩"至今仍在继续,并且还要继续下去,它是一个永恒的命题。当代中国也有过几十年的重义轻利时期,人民的利益、正当的个人利益均被不同程度地轻视了。

近些年来,则是矫枉过正,变成重利轻义了。唯利是图,见利忘义,何其多也!重温"君子喻于义,小人喻于利",很有必要。

"内省"

子曰:"见贤思齐焉,见不贤而内自省也。"

齐——相等,并列;"思齐"是思与之齐,向其学习、看齐之意。内——指有"思""省"功能的心,内即内心。省——省察,检查。此章可译成:见到贤人要向他看齐,见到不贤之人就在心里自我反省(有没有他那样的毛病和错误)。

《公冶长篇》载,"子曰:'已矣乎!吾未见能见其过而内自讼者也。'"

已矣乎——句首叹词,对后面所说内容有些无可奈何,但并不决绝,近似于现代感叹语"罢了""完了"。讼——责备。此章说的是:罢了!我没见过发现自己的过失就在内心自我责备的人。

《颜渊篇》载:"子曰:'内省不疚,夫何忧何惧?'"

疚——忧伤,惭愧,因过失而内心不安。夫——发语词,引起议论,无需翻译。此章的现代汉语表述是:内心自我反省时没有惭愧,还有什么可忧愁可恐惧的呢?

以上三章文字都是孔子关于"内省"的语录,说的是人要不断在内心省察自己,向先进看齐,以不贤为鉴戒,发现缺点和错误,进而自我责备,乃至自我批判,并在实践中改正,一步一步地达到问心无愧,无忧无惧。

内省是有标准的。以贤人为标准,与以仁、义、礼、信等一系列道德准则为标准,是一致的。"非礼忽视,非礼勿听,非礼勿言,非礼勿动"(《颜渊篇》),看是否有违背之处。无,则持之以恒;有,则自我责备,加以改正。经常内省,事前事后内省,甚至每日内省,心灵就会逐步净化,境界就会得到提升。所以,内省是学习、修养必不可少的方法,也是必不可少的步骤。

关于内省,给人印象最深的是曾子。《学而篇》载,曾子"吾日三省吾身",每天从三个方面检查自己:替人谋事是否尽心,与友交往是否诚信,传授学生之内容有无自己未曾研习过的。其实,孔子的许多弟子,如"德行"科的颜渊、闵子骞、冉伯牛、仲弓,内省功夫皆是上乘,只不过《论语》没怎么具体记载罢了。

内省重要,故后世儒者无不重视,子思说"君子内省不疚,无恶于志"(《中庸》),君子自我反省没有愧疚,没有恶念存于心志之中。孟子说"不怨胜己者,反求诸己而已矣"(《孟子·公孙丑上》),不要怨恨胜过自己的人,反过来在自己身上找原因就行了;"反身而诚,乐莫大焉"(《孟子·尽心上》),反躬自问,得到内心的诚实,便是最大的快乐。荀子说"见善,修然必以自存也;见不善,愀然必以自省也"(《荀子·修身》),看到善,一定以整饬的姿态审查自己是否有这种善;看到不善,一定以忧惧的姿态警惕自己沾染这种不善。后来的宋明理学家自然也强调内省,王阳明更是"向里寻求""从自己心上体认"(《传习录》),不过已与孔子内外结合、内省与实践不分的主张有了很大差距,而是融合了佛家思想,趋于空疏了。

人,皆有或多或少的自省。从不自省的人,肯定不是正常人。

"几谏"

子曰:"事父母,几谏。见志不从,又敬不违,劳而不怨。"

曾经涉及此章主要内容,之所以又撰一文,乃因此章有难点或争议颇大之处,需作辨析。

《说文解字》曰:"几,微也。"(古文中,幾、几并存,是毫不相干的两个字。幾从丝,含微而隐之义。几,小桌,古人用以倚凭身体。幾简化为几,利小弊大,于"几谏"可知。)"几谏"就是"微谏",或"隐谏",多数学者解释为委婉地劝谏。鄙人亦曾这样解读,然再学习时,又有新的认识。

《说文解字》曰:"微,隐行也。"《尔雅·释诂》曰:"瘗、幽、隐、匿、蔽、窜,微也。"那么,"几谏"就是隐蔽地劝谏,背着外人劝谏。也就是说,"几"不仅是劝谏的口气,更是劝谏的场合、情境。此说似乎更妙。

"见志不从",学者又有分歧。其一,"志"为父母之志,意思是:看到父母打定主意不听规劝;其二,"志"为儿女之志,意思是:看到自己的意见不被父母采纳。愚以为,前者过于勉强,后者较为妥当,符合古人行文规范。

"不违",学者们以为是不违背父母意愿,似不确。《为政篇》载,孟懿子问孝,孔子答"无违";后来樊迟问"无违"是什么意思,孔子解释说:"生,事之以礼。死,葬之以礼,祭之以礼。"可见,"无违"

是不违礼。"又敬不违"也是不违礼。这个礼,是关于家庭生活的一系列规范和仪式。

"劳",一般就是操劳、劳累等义。"劳而不怨"是说为父母的过失而操心、劳累,可能还包括再三的"几谏",但心中绝无怨意。不过,有两位古代学者训"劳"为"忧",并举《诗经》中"实劳我心""劳心忉忉""劳人草草"等句为例。那么,"劳而不怨"则是说,父母不听规劝,子女虽为之忧愁,但不埋怨。现代有部分学者采纳此说。鄙人比较之后,愿取后者。

试译此章如下:侍奉父母,(对他们的不对之处)要背着外人悄悄地规劝。看到自己的意见不被采纳,仍然要对父母恭恭敬敬,不违背礼仪;虽为父母之过而忧愁,但绝不埋怨。

孔子论"孝",此章占有特殊地位。成熟于西周的"孝"观念,实际上包含三层意思:爱父母,尊敬父母,顺从父母。孔子是"孝"的发扬光大者,阐述得更加全面,更加深刻。尤其是孔子十分难得地提出了"几谏",以及"父有争子,不陷无礼"(《孔子家语·三恕》)。孔子并不认为父母一贯正确,而儿女亦不应简单地消极顺从。今人评论,不能不说这是孔子对家长专制的些许质疑,对家庭民主的有限倡导,其思想史上的进步意义需要充分肯定。

"德不孤"

子曰:"德不孤,必有邻。"

孔子是说,有道德的人不会孤立,必定有人接近他,或和他在一起。其后,荀子说得更加详细:"君子絜其身而同焉者合矣,善其言而类焉者应矣。故马鸣而马应之,牛鸣而牛应之,非知也,其埶然也。"(《荀子·不苟》)絜同洁。埶同势。同焉者合,意谓志同道合的人与君子集结。类焉者应,意谓意见相近的人与君子呼应。荀子生活在战国末期,集百家之大成,但说他是儒家传人也并不错。所引这段话就是对"德不孤,必有邻"的最好解释。物以类聚,人以群分;同声相应,同气相求——古今皆如此,其势然也。

最有说服力的例子是孔子本人。孔子不仅博学多能,名扬各国,而且是道德的力行者与宣扬者,生前已有圣人之誉,"夫子圣者与"(《子罕篇》)。故当时天下许多文士纷纷投奔到孔子门下,最终才形成贤人七十、弟子三千的盛况。

忽然想到古今层出不穷的道德义举,或见义勇为,或舍己救人,或助人为乐,如"最美女教师"。他们都是有德之人,无不受到广泛的赞扬和支持,成为万众景仰的楷模。

愚以为,孔子说"德不孤,必有邻",背后有两个支撑。其一,他认为"性相近也"(《阳货篇》),"仁者,人也"(《中庸》),人性中饱含仁的因素,也就是说他相信人。后来,孟子说得更加明确和清晰:"恻隐之心,人皆有之;羞恶之心,人皆有之;恭敬之心,人皆有之;是非之心,人皆有之。恻隐之心,仁也;羞恶之心,义也;恭敬之心,礼也;是非之心,智也。仁义礼智,非由外铄我也,我固有之也,弗思之耳矣。"(《孟子·告子上》)其二,他说"天生德于予"(《述而篇》),实际上是认为人的道德之源在上天,也就是说社会道德是上天之德的体现。如同上天本然具有统摄力一样,道德本然具有感召人、感化人的能量。

此章在《里仁篇》。孔子说:"里仁为美。择不处仁,焉得知?"居住在有仁德之风的地方是美好的;如果不选择这种地方居住,怎能算是明智呢?但是,倘若居住或工作的环境邪气弥漫,众人皆贪我独廉,还是"德不孤,必有邻"吗?恐怕多半会是德孤无邻的。此时,有德者难在忍受孤独寂寞乃至嘲讽打击,难在继续坚持。道德水平与修养境界之高下,就此立判。能够忍受孤独,坚守洁身自好,已属德高者之列,令人敬佩。不过,还有更高者,即可享受孤独,始终不改心中之乐。当然,此等高人,十分鲜见。如此说来,"德不孤,必有邻"并非普遍真理。

到底该如何理解?先看一实例。某国自行车运动队,除一人外全都服用兴奋剂,以提高成绩。坚持不服药者受到孤立和排挤。然而,当真相大白于天下,曾被孤立的人得到高度赞赏,而那些违背职业道德的人终遭唾弃。这说明,在小范围、短时间内可能存在德孤无邻的情况。

可以想见,在大范围的众人之中,"德不孤,必有邻"则是肯定的。因为,即便人性之恶占据上风,也不可能压制所有人,人性之善总会显露光芒。

假设一种极端状况,一位有德者在糟糕的小环境中被长期孤立,甚至临终还是德孤无邻,该怎么看?孔子说"君子疾没世而名不称焉"(《卫灵公篇》),人生的意义亦在身后之清名,那是一种长存的正能量。历史地看,有德者生前虽没有享受到"必有邻"的喜悦,但他的灵魂无论是在人间,还是在所谓的天国,都会有众多朋友。

人性复杂,社会复杂,终究还是"德不孤,必有邻"。

公冶长篇

"闻一以知十"

子谓子贡曰:"女与回也孰愈?"对曰:"赐也何敢望回?回也闻一以知十,赐也闻一以知二。"子曰:"弗如也,吾与女弗如也。"

女——同汝,第二人称。回——颜回。愈——贤也,过也,胜过,优胜。赐——端木赐,字子贡。望——通"方",比量、比拟。闻——古有学者注为"知",不仅听见,而且知道、懂得。

孔子对子贡说:"你和颜回谁优胜一些?"子贡回答说:"我端木赐哪敢和颜回比?颜回知道一就能懂得十,我知道一只能懂得二。"孔子说:"你不如他,我和你都不如他。"

最后一句,自宋代朱熹起有另一解,有些现代学者亦采纳。他们注"与"为"许",称许,赞许,并断句为"吾与女,弗如也"。于是,句意为"我同意你的看法,你不如他"。愚以为,此种意见难以成立。其一,孔子说话极简练,在子贡已经承认自己不如颜回的情况下,孔子不会重复说"弗如也";在惜墨如金的春秋时代,《论语》记录者自然也不会写得很啰嗦。其二,孔子极其欣赏、赞许颜回,说自己不如颜回,表现出一贯的谦虚,是可信的。其三,子贡非泛泛之辈,亦受孔子欣赏、器重,孔子说自己和子贡一起不如颜回,事实上也是慰藉子贡,古代学者这一判断很有道理。其四,若干种古籍中,此句均作"吾与汝俱(皆)不如也"。

本文重点探讨"闻一以知十"。"一""二""十"何所指？古代学者认为一为数之始,十为数之终,故颜回闻始而知终;又曰一为数之小、之微,十为数之大、之全,故颜回闻小而知大、闻微而知彰。进而言之,闻一知二、闻一知十均是"格物穷理"。因此,"一""二""十"可以说是代表客观事物的多寡,以及人们对客观事物认识的深浅。

读此章,很容易想到"举一隅不以三隅反,则不复也"(《述而篇》),以及"告诸往而知来者"(《学而篇》)。孔子提倡举一反三、告往知来,因为这是必要的学习方法,也是人们应该具备的思维能力。有了这种演绎类推能力,自然是聪明人,而聪明人会理解、掌握更多的知识。

但是,此章话题局限于"聪明""知识",以为颜回比子贡聪明得多,知识丰富得多,那就大错了。如果仅就头脑聪明和知识广博来说,子贡与颜回相比可能有过之而无不及。问题在于,"聪明"并不等同于"智慧","知识"并不等同于"思想";"智慧"和"思想"也并不简单地等同于"道德"。子贡有智慧、有思想、有道德,但比颜回还差一些。

颜回之"知",是"证知"生命,即内心觉悟,体验天命,"万物皆备于我"(《孟子·尽心上》)。所以孔子说"回也,其庶乎"(《先进篇》),颜回的学问道德差不多达到最高峰了。颜回的闻一知十,实际是闻一知百,闻一知万,一切已经融会贯通。颜回死时大约是四十一岁,但其修为、境界比四十岁前后的孔子更高,即远远超越"不惑"阶段,提前做到了质的升华。古代学者的这一分析,应该可信。故孔子说自己不如颜回,并非仅仅是谦虚之语。

"宰予昼寝"

宰予昼寝。子曰："朽木不可雕也,粪土之墙不可杇也!于予与何诛?"子曰："始吾于人也,听其言而信其行;今吾于人也,听其言而观其行。于予与改是。"

昼寝——古代学者有几种辨析,如今均不作繁琐考证,理解为白天睡觉。杇——音污,涂抹,有粉刷粉饰义。"于予与何诛"——于,介词,介绍出"诛"的对象,相当于"对于";与——同欤,语气词;诛——谴责,责备;何诛——宾语前置,即谴责什么。"于予与改是"——于,介词,说明"改"的原因,相当于"由于""因为";是——此,这,代指前述观察人的方法。

宰予白天睡觉。孔子说："腐朽的木头不能再雕刻什么了,粪土垒成的墙壁不必再粉刷了!对于宰予还谴责什么呢?(已不可救药,无需再谴责什么。)"孔子说："最初我对人,是听了他的话就相信他的行为;现在我对人,是听了他的话还要观察他怎么做。我是因为宰予才改成这样的。"

此章颇多可议之处。其一,《论语》为孔子弟子及再传弟子记录整理,对诸弟子均尊称字而不称名,宰予字子我,所以首句应写"宰我昼寝"。其二,两个"子曰",有学者认为两段话不是一次说的,孔子对宰我耿耿于怀,整理者编在了一起。其三,宰我白天睡觉,地点、原因均不明了,而孔子责骂过于严厉,不好理解。

宰我入孔门时间很早,是孔子的一位重要弟子,与子贡并列"言语"科(《先进篇》),"利口辩辞"(《史记·仲尼弟子列传》)。从《雍也篇》宰我问"井有仁焉",从《阳货篇》宰我问"三年之丧",可以看出宰我是一个独立思考、不肯盲从、敢说敢做的人。宰我公开质疑老师提倡的三年之丧,理由说得头头是道,认为守丧一年足矣。今人无疑都会站在宰我一边,觉得孔子未免过于保守。但是,我们毕竟不能代替孔子。特别是孔子追问,三年守丧期未满就吃精食、穿锦衣,是否心安时,宰我竟然说"安"。人们不难想象孔子当时会是何等不快。不过,孔子并未发作,只是说你心安你就那样做吧。宰我退出,孔子说他"不仁",接着又对其他弟子说了一遍三年之丧的道理。显然,在孔子心目中,宰我的独立与主见超过了界限,因而不大喜欢宰我。据《史记》记载,关于三年之丧的谈话在前,宰我昼寝在后。孔子忍无可忍,抓住机会把对宰我的不满彻底发泄出来。

有学者指出,孔子痛骂宰我,与他的"循循然善诱人"和"恕"道都有不小的距离,如此师道不足为训。不过,这种批评的成立还需要一定的前提,即宰我是因为生病(如重感冒之类)才白天睡觉,而孔子不做调查就大发其火。倘若是宰我故意捣乱,消极示威,恐怕就不能简单地批评孔子了。而这一切均无法考证。

愚以为,孔子是伟人,而伟人也有缺点,也会犯错,孔子在"宰我昼寝"的问题上或许有不妥不当之处,但也只是个案,不能因此而怀疑孔子的为师之道。不管怎么说,"朽木不可雕也""听其言而观其行"两句箴言流传下来,都是后人的幸事。

"枨也欲,焉得刚"

子曰:"吾未见刚者。"或对曰:"申枨。"子曰:"枨也欲,焉得刚?"

刚——与力、劲、强、健、坚、硬等词义或相同或相近,现代汉语曰刚强。此章言刚,指人的品质、意志,亦属伦理道德范畴。欲——欲念、欲望,是人的生理需求和心理活动。今人看来可分为正当与不正当两类,但古人一般单指贪欲,持批判态度。申枨——鲁国人,枨音成。《史记·仲尼弟子列传》中有申党,与申枨是否为同一人,看法不一。

孔子说:"我没有见到刚强的人。"有人回答说:"申枨算是吧。"孔子说:"申枨贪欲太多,怎么会有刚强?"

在孔子看来,刚强的品质和意志离不开内心的干净、纯真。如果贪欲太多,就会沉溺于对名声、地位、权力、金钱、美女等诸多一己之私的想象、盼望中。这种人,既不会有健康良好的人品,也不会有光明正大的意志。特别是为实现强烈的欲求,难免无所不用其极:屈膝献媚、见风使舵、投机取巧、弄虚作假、拉帮结伙、行贿受贿……从而陷入阴暗、龌龊的人生旋涡。如此,何来刚正不阿、强健不屈?因此,后世有气节的读书人都把刚强与无欲联系起来。至林则徐,则吟出一副传遍天下的名联:"海纳百川,有容乃大;壁立千仞,无欲则刚。"民间俗语"吃人家的,嘴软;拿人家的,手短",亦可说是多欲不刚的通俗版本。

孔子说"吾未见刚者",显然是对当时社会普遍的柔佞的不满,同时告诫弟子们。孔子重刚强,根子在"刚、毅、木、讷近仁"(《子路篇》)。仁是孔子的核心思想,是上承天道的最高道德和境界。包含和统率人的一切优秀品德,刚是一个具体方面。仁者大爱、大公,刚者无欲、无私。不能说刚等于仁,但具备刚,就有了仁的因素,做到刚,就离仁近了一步。

愚以为,孟子对孔子的相关思想深有体会,并有发展。孟子主张养"至大至刚""塞于天地之间"的"浩然之气"(《孟子·公孙丑上》),做"富贵不能淫,贫贱不能移,威武不能屈"的"大丈夫"(《孟子·滕文公下》),令人有耳目一新之感,比孔子说的更丰富,更震撼。

后世学者论述儒家本质及特征,常引《周易·乾卦》里的话:"大哉乾乎!刚健中正……""天行健,君子以自强不息。"确实如此。人应该效法天,刚健立身,自强不息。对孔子关于刚的思想的认识和理解,上升到这个高度才算完满。

不过,孔子只是笼统地说到刚,而没有细分。事实上,除了刚的精神、刚的道德,还有刚的性格。其间并不能简单画上等号,如性格温和乃至柔弱。而精神和意志却十分坚强,自古至今不乏其人。性格有先天因素,有后天习染,比较复杂。刚的性格在人生实践中可能出现多种情况。有许多事情处理起来,不能用刚,或不能一味用刚,而需要全部的或部分的柔、弱、软。也就是该刚则刚,该柔则柔,以柔辅刚,以刚辅柔。这时,正确的指导原则是中庸。从方法论上说,刚柔并济才是孔子的主张(此问题不多说)。

孔子有针对性地告诫子路"六言六蔽",其中就有"好刚不好学,其蔽也狂"(《阳货篇》)。以性格刚强自傲的人,如果不好好学习,不扩大视野和胸襟,不提高思想深度,不修养其他方面的品德,那么他只是一个头脑简单、进退无据的刚烈乃至刚愎之人。这种人在死亡面前也许会坚定不移,在困苦面前也许会顽强奋斗,但在更多时候则可能表现出纵情任性、放荡骄恣或超出常态的猛烈气势,最终把事情搞砸。

 无刚,不是大丈夫。刚而无度,好事变坏事。

"子路问强"

《中庸》载,"子路问强。子曰:'南方之强与?北方之强与?抑而强与?宽柔以教,不报无道,南方之强也,君子居之。衽金革,死而不厌,北方之强也,而强者居之。故君子和而不流,强哉矫!中立而不倚,强哉矫!国有道,不变塞焉,强哉矫!国无道,至死不变,强哉矫!'"

上文简述孔子关于"刚"的思想和观点,这段文字孔子论"强",可作补充。故虽不在《论语》之中,仍稍作介绍。强——与刚义近,不过是就刚强而言。强尚有势大、超越他人的意思,而刚则不显,这是两者不同之处。抑——抑或、还是,表示选择。而——此处通尔,用作"你的"。居之——犹处之,持守。衽——寝卧之席。金革——代指武器和铠甲。不厌——不厌倦,似可引申为不悔。不流——不随波逐流,不无原则地迁就。矫——强健之貌;强哉矫,赞叹之语。塞——解释有所不同,本文取堵塞、未达;不变塞谓不改变穷困时的操守。

子路问怎么理解强。孔子说:"你问的是南方的强呢,还是北方的强呢,或者是你的那种强呢?教育人们宽容、柔和,不报复不讲道义的人,这是南方崇尚的强,君子就持守这种强。不卸铠甲,枕戈而卧,到死都不后悔,这是北方崇尚的强,勇武的人就具有这种强。君子善于团结众人而不随波逐流,这才是真正的强啊!恪守中道而不偏不倚,这才是真正的强啊!国家治理有方,不改变穷困时的操守,这才是真正的强啊!国家治理无方,到死也不改变自己的正确志向,这才是真正的强啊!"

愚以为,首先应该明确,《中庸》作者(相传是孔子之孙子思)把孔子这段话放在这里,重点是强调"中立而不倚",即中庸思想和原则。故人们读此章,核心是要关注后半部分,君子协和万事、亲和他人,正确处理各种复杂情况,奉行中道,但必须坚持原则。这是其一。

其二,既然子路问的是强,则孔子告诉他中庸才是真正的强。中庸乃"至德"(《雍也篇》),即天德,不仅至大至刚,而且公正无私。具体到个人,有终生不渝的远大志向,有永不改变的基本原则,同时能在各种境遇中保持清醒认识,妥善处理。所以说,君子之强不在于身体的孔武有力,亦不在于性格的刚猛张扬,而是在于思想的坚定和精神的不屈。"抑而强与",孔子话中有话,是说子路身上的强,或其心目中所谓的强,并非真正的强。

两千多年前的孔子已经谈到了一个极有意思的话题,南方之强与北方之强的差异。"长九尺有六寸,人皆谓之'长人'而异之"(《史记·孔子世家》)的北方大汉,似乎更赞赏"宽柔以教,不报无道"的南方之强。不过,以愚之见,孔子虽然总体上主张对北方"戎狄"实行怀柔政策,但对其无理侵犯,会断然推崇北方强者的。其后中国两千余年历史证明,北方之强在面对外敌时必不可少。

中国南北地域文化和群体性格差异,自古有之,这主要由生存环境的不同所造成。对此问题,不仅学者、作家深感兴趣,而且百姓也都津津乐道。正确的立场和态度仍是"中立而不倚"。南方人、北方人均应以赞赏的眼光看待对方的长处和优势,以自省的内心检讨自己的短处和劣势,互相取长补短。

"性与天道"

> 子贡曰:"夫子之文章,可得而闻也;夫子之言性与天道,不可得而闻也。"

文章——孔子整理和讲授的古代文献,主要是《诗》《书》《礼》《乐》等。得——能、可;可得,同义词连用。言——主动讲说。性——人的本性,或说人的性命。天道——上天规定的整个天下的道路或规律,与"天命"通;《论语》仅此一见。

此章关键词是"闻"。《大学》曰:"心不在焉,视而不见,听而不闻,食而不知其味。"可见"闻"与"听"不同,区别是"心"在与不在。古代字书解释最清楚者,当属《康熙字典》,曰"声入耳能辨之也"。故闻是声音由耳入心,且心能"辨之"。据此,本文译作"听懂"。

子贡说:"先生讲授的古代文献,能够听得懂;先生说的关于本性与天道的学问,没能听懂。"

子贡把孔子传授的学问分成两大部分,说自己懂了"文章"部分,不懂"性与天道"部分。子贡是非常聪明的孔门大弟子,"闻一以知二"(《公冶长篇》)。他这样说,有谦虚的成分,但也确实反映出孔子讲述中有高深难懂的内容。子贡尚且如此,更不用说其他众多弟子了。其实,孔子本人很清楚这些。他说:"中人以上,可以语上也;中人以下,不可以语上也。"(《雍也篇》)中等天资以上的人,可以告诉他高深的学问,否则不可。不难推测,孔门弟子中"中人以下"为数不少,故孔子不会轻易"语上";"语上"多发生在课余与少数弟子的私授中。

另外,孔子教育思想之伟大,核心内容之一是实践重于理论,特别强调"行"。孔子让每个弟子以改正错误、弥补不足为切入点,一点一滴地去做,持之以恒,自己觉悟。其间,孔子给予必要的点拨,极少讲大道理。"性与天道"一时不懂,没关系,做一个讲仁义、懂礼仪、能谦让的人是更重要的。

"性与天道",就是所谓"形而上"的学问。仅仅着眼于形而上,死死追求形而上,充其量是得到相关的知识,实质上还是"不可得而闻也"。在孔子那里,形而上是寓于形而下的,学习者必从形而下入手,通过"心"而后渐渐抵达形而上。正如子路问死,孔子答曰"未知生,焉知死"(《先进篇》)。生的问题还没搞清楚,现实的生命该怎样,现实的生活怎么过,都未解决好,不可能明白与生相依的死,追问也毫无意义。

这样说,并非否认学习形而上的书籍。"孔子晚而喜《易》……读《易》,韦编三绝。"(《史记·孔子世家》)且体会颇深:"假我数年,五十以学《易》,可以无大过矣。"(《述而篇》)《易》十分难懂,可以说属于"天道",孔子年近六十始读,一发而不可收。孔子人生最后十几年,深受《易》的影响,且对《易》有精深的阐述。孔子的经历告诉后来者,不管什么时候,都有必要学习"性与天道"的学问,并且在生命实践中将其化为自己的灵魂,指导自己的行动。

古今许多学者均视"闻"为"听",说子贡所言是听不到孔子讲"性与天道"。并且,把此章内容简单等同于"子罕言利与命与仁"(《子罕篇》)。愚以为,此种理解恐怕不妥。不过,孔子关于"性与天道"讲得不太多,也是事实。

"其愚不可及也"

子曰:"宁武子邦有道则知,邦无道则愚。其知可及也,其愚不可及也。"

宁武子——卫国大夫,比孔子早约百年。邦——诸侯国。有道、无道,学者们考证均指卫国国势安危而言,而非指国君贤明或昏聩。知——同智。愚——佯愚,有意装傻,文雅的说辞是大智若愚。及——达到,做得到。

孔子说:"宁武子在国势太平时就发挥才智,在国势危乱时就装傻。他的聪明才智别人可以做得到,他的装傻别人赶不上。"

宁武子的事迹只在《左传》中稍有记载,可略见其智;而不见其愚。历代学者强解宁武子之智、愚,仍难以说清。或许,孔子当时掌握的信息较多,才作出有关宁武子智、愚的论说。今人既然无法尽知宁武子智、愚之所指,不妨抽象地理解孔子的话。其实,孔子称赞卫国大夫蘧伯玉"邦有道则仕,邦无道则可卷而怀之"(《卫灵公篇》),与称赞宁武子是一致的。两者反映的孔子思想一以贯之。孔子主张在国势安定、君主有为时出来做事,为国尽力;同时也赞赏在国势危乱、君主昏聩时隐退闲居,韬光养晦。

此章稍难解处在"其愚不可及也"。邦无道时归隐,似乎是很简单、很容易的事,怎么说不可及呢?学者们基本上没有说明,只有南怀瑾先生给出了自己的解答。先生认为,人类天生的劣根性是妒忌能干的人,消磨这种心理必须靠学问、道德;宁武子深知此理,自己的智慧、才能充分表现时会遭人妒忌,于是到国家变乱时马上表现得碌碌无能,结果无人打击他,仇恨他。"人在得意时,聪明才智很容易露锋芒,'其知可及也',这点大家还可以做得到。但是朴实无华、老实平淡、笨笨无能的样子,'其愚不可及也',这就很难做到了。"(《论语别裁》)

愚以为,孔子说"其愚不可及也"是有实例的。孔子说没见过"隐居以求其志,行义以达其道"(《季氏篇》)的人,可能隐含了对冉求的批评。冉求是孔门"政事"科有名的重要弟子,善于理财。他任季氏宰时一再附和季氏,甚至为虎作伥,招致孔子极度不满。在季氏要攻打颛臾时,冉求没有尽到阻止的责任,反而为季氏说话。孔子引用周朝史官周任的话告诉冉求,"陈力就列,不能者止"(《季氏篇》),衡量自己的能力就任职务,如果不能胜任就应该辞职。背后的意思是,季氏僭上而执掌国政,一切从自己及本家族利益出发,是个无道之人,你冉求不能纠正他,就该离他而去。冉求没有退隐,不外乎两个原因,一是其政治观念与季氏一致,二是有私心、私欲,即贪恋权位与既得利益。从冉求及官场中大量类似冉求的人来看,"其愚不可及也"的深刻含义就不难明辨了。

学习此章,不免想到清代名士郑板桥的话:"聪明难,糊涂亦难,由聪明而转入糊涂更难。放一着,退一步,当下心安,非图后来福报也。"可以说这是对孔子语的发挥和引申,其着重点在由聪明转入糊涂。这种糊涂,与天生愚笨有本质的不同,是觉悟之后的安静,是绚烂之后的平淡。这种境界与道家、佛家的追求多少有一些相通之处,确实很难做到,所以郑板桥才题写"难得糊涂"。愚以为,这是理解"其愚不可及也"的最高层次。

最后,提一下现今用的成语"愚不可及"。其出处,就是孔子评价宁武子的话,但其义已变,佯愚成实愚,形容蠢笨无比。

"无怨"

孔子主张"以直报怨"。不过,孔子说的更多的却是"不念旧恶""远怨""无怨"。

《公冶长篇》载,"子曰:'伯夷、叔齐不念旧恶,怨是用希。'"伯夷、叔齐,商末孤竹国君的两个儿子,伯夷年长而庶出,叔齐年少而嫡出。孤竹国君定叔齐为继承人,但他死后叔齐却要让位给哥哥,伯夷不受,结果二人携手离开孤竹国。二人到周以后曾反对周武王兴兵,待武王灭商,二人逃避到首阳山,不食周粟而死。孔子多次称颂伯夷、叔齐,认为他们具有高尚的人格和情操。旧恶,夙怨。是用,相当于是以,因此。希,同稀,少。

《述而篇》载,"子贡……入,曰:'伯夷、叔齐何人也?'曰:'古之贤人也。'曰:'怨乎?'曰:'求仁而得仁,又何怨?'"钱穆先生将仁具体解释为心安。叔齐若在长兄面前继位,违反长幼之序,心不安;而伯夷遵循父亲遗命,赞同弟弟为君,是谓孝道,否则心亦不安。孝悌之心,即仁心,准确地说是仁心的重要组成部分。

以上两章,孔子以伯夷、叔齐为例,说明"不念旧恶,怨是用希""又何怨"是贤人的高尚品性。以下一章则是孔子一般性的泛论,指出如何做到"远怨"。《卫灵公篇》载:"躬自厚而薄责于人,则远怨矣。"躬,身体、本身;躬自,自身、自己。厚(责),学者们一致认为应有责字,厚责即多责、重责。薄责,少责、轻责。远,动词,远离、避开。

孔子推崇的最高境界是"无怨"。《颜渊篇》载,"仲弓问仁。子曰：'出门如见大宾，使民如承大祭。己所不欲，勿施于人。在邦无怨，在家无怨。'"孔子针对仲弓说仁有三部分内容，即敬、恕、无怨。这里只说最后一点。邦——诸侯的封域，亦泛指国。家——有两义，一是卿大夫的采邑；二是家族、家庭。总之，孔子的意思是说仁者虽然生活在社会之中，避免不了这样那样的问题，但却应该也能够做到心中无怨。

很明显，"无怨"与"以直报怨"不是同一范围、同一层次的问题。人们应该如何理解孔子的思想呢？庞朴先生研究儒家道德体系，有"三重道德论"：人首先是一个感性的自然存在，然后或者同时是一个理性的社会存在，更后或同时还是一个悟性的精神存在；因此具有相应的人伦道德、社会道德、天地或宇宙道德。作为悟性的精神存在，人已经超越了自然身份和社会身份，他需要思考和处理的是自己与天地或宇宙的关系，与全人类的关系，以及与自我的关系即心与身的关系（西方人说灵与肉的关系）。

据此可以看到，"以直报怨"是社会人与社会人之间的一种行为准则、行为方式，它在社会道德的大框架之内，甚至还保有自然人的本能成分。而"无怨"则是少数"参天地之化育""与天地参"（《礼记·中庸》）的人的境界，其精神已超越世俗社会的爱恨情仇，属于最高道德范畴。所谓"圣人"，方可达到。一个人，持续学习，不断修养，"五十而知天命，六十而耳顺"（《为政篇》），"不怨天，不尤人"（《宪问篇》），哪里还有什么怨呢？常人如此，即便非圣，亦不远矣。

上述的一体三位，或三位一体，是人的完整的本质。从篇幅上看，《论语》大部分在讲人的社会性和社会道德，但也有不少关于人的自然存在和人伦道德、精神存在和天地道德的论述，读者不可不察。

"孰谓微生高直"

子曰:"孰谓微生高直?或乞醯焉,乞诸其邻而与之。"

微生高——鲁国人,姓微生名高,以直闻名。或——有人。乞——求、讨。醯——醋。诸——"之于"的合音。孔子说的是:谁说微生高为人直率?有人向他讨一点醋,他没有,从邻居那里讨来转给来人。

对孔子这两句话,学者们的理解相差很大。朱熹说得比较刻薄:"夫子言此,讥其曲意徇物,掠美市恩,不得为直也。"认为孔子是在讥讽微生高,说微生高非但不是一般的不直,而且别有用心,沽名钓誉。

后来的许多学者不同意朱熹的看法,这里举清代刘宝楠为例。他说,微生高从邻居那里讨来醋以后,如果冒充是自己的,来人只知是微生高给的,不知其实是他邻居的,那就是不直;如果告诉来人是邻居给的,那微生高之举也算是厚德,不应受到讥讽。这是后人的冷静分析,可以服人,但孔子的本意恐怕并不在此。

造成争论不休的原因,或许在孔子本人,他说的是直,而自己却不够直截了当,话说得过于委婉;或许在后世学者,多数比较愚钝,未能抓住问题要害。愚以为,明代学者顾梦麟所言当与孔子本意吻合:"如微生乞醯一事,何等委曲方便,却只是第二念,非当下本念。夫子有感而叹之,不在讥微生,指点要人不向转念去也。"顾梦麟大概是学禅之人,用了佛学概念,意思反倒十分清楚。

应该说,孔子并不是讥讽微生高,也没有全面否定他的直名,只是借一件小事指出他还不够直;言下之意真正想说的是,待人处事不转弯子的第一反应才是直。孔子这里表述的直,是第一层次的感性的直,讲求质朴与真实。如果硬要给微生高不够直归类,大概只能近似于性格方面不够直,而绝对扯不到人品的正直与否。"父为子隐,子为父隐"之直,微生高乞醯之不够直,是同一类型的问题,孔子是在强调人的本性。

行文至此,想到"质胜文则野,文胜质则史。文质彬彬,然后君子"(《雍也篇》)。直与质相通。孔子提倡的本能、性格、情感方面的直,就是质的具体内容。人要保存人性中质朴的东西,丧失掉就会华而不实乃至虚伪了。两千年来,汉民族与周边少数民族比较,文的方面发展繁荣,但质丢失不少,有些文胜质的意味,因此多少有点矫饰。其实,只要比较,人群都会显现出差异,如:城里人比农村人文,农村人比城里人直;成年人比孩子文,孩子比成年人直;位高者比位低者文,位低者比位高者直……人无完人,个体如此,群体亦然。

"老者安之"

谈到孔子的社会理想,不能不提下面一章文字:

> 颜渊季路侍。子曰:"盍各言尔志?"子路曰:"愿车马衣轻裘与朋友共,敝之而无憾。"颜渊曰:"愿无伐善,无施劳。"子路曰:"愿闻子之志。"子曰:"老者安之,朋友信之,少者怀之。"

"老者安之,朋友信之,少者怀之"是很著名的话,表明了孔子的一部分社会思想,或说从人生角度表明了孔子的社会理想。但是,后人在理解上分歧不小。

先看两个权威的版本。一是杨伯峻先生的《论语译注》,译为:"老者使他安逸,朋友使他信任我,年轻人使他怀念我。"二是王力先生主编的《古代汉语》,译为:"对老年人,使他们安,对平辈的人(朋友),使他们信任我,对少年人,使他们归依我。"如此翻译,令人难以接受。首先是句子不顺,别扭,读起来拗口;更严重的是,"信任我""怀念(归依)我"不可能是孔子的志愿,孔子没有这么狭隘和狂妄。

问题的产生起因于两位前辈对句子结构的分析。他们认为"安之""信之""怀之"是使动用法,即使之安、使之信、使之怀;"之"为宾语,分别代指"老者""朋友""少者"。同时,他们实际上又把"信之""怀之"当作一般陈述句的动宾结构,"之"代指"我"(即孔子),于是又有"信任我""怀念(归依)我"的解说。这种不该有的混乱影响了两位前辈对孔子思想的总体把握。

再深入探寻，发现这个问题根源于古代一些注家的偏差，而两位前辈又拘泥于前人之说。有兴趣的读者可翻阅《论语集释》等书，此不赘述。

许多后学者看到了这个问题，并且力求解决。他们吸取了两位前辈的句子结构分析的前半部分，而摒弃了后半部分。现举其中一例译文："使老年人生活安逸，使朋友能互相信任，使孩子们得到关怀并受到良好的教养。"（《论语说解》）

显然，这样解释比上述两位前辈的译文更接近孔子的原意。不过，还有问题，即三个短句不统一，而孔子的原话是完全统一的。"老者"是"安"的行为主体，"朋友"是"信"的行为主体，"少者"是"怀"的行为主体。照上述后学者的说法，"少者"变成了"怀"的对象，"怀"的主体则是"我"（即孔子）或其他什么了。如果他们在第三句的理解上不发生偏差，就不会有什么问题了。

在下学浅才疏，反复琢磨后提出一己之见，供诸位方家与同道参考。当子路请老师谈志愿时，孔子以他博大的胸怀，较为宏观地展望一种社会状态，即不同年龄段的人各在其位，各尽其责，各得其所，表达出对稳定、和谐、健康社会的向往。因此，可以把孔子的三句话看作一般的主谓陈述句，"之"只是语气助词，无具体意义，换言之，原文说成"老者安，朋友信，少者怀"未尝不可。如此一来，十分简单明了。关键是解释清楚"安""信""怀"，尤其是"怀"字。《说文解字》："怀，念思也。"段玉裁注："念思者，不忘之思也。"由此着眼，想必不会发生大的偏差。古时三十岁以前的人均可称"少者"，如今之青少年，他们应该牢记父母的生养之恩、老师的传授之恩和社会的培育之恩，这便是"少者怀"的含义。人们不难推论，这样的青少年一般都能够健康成长，并懂得报答父母、老师和社会是自己不可推卸的责任。

"大同"

谈孔子的社会理想,不能不提《礼记·礼运》的一大段资料,"孔子曰:'……大道之行也,天下为公,选贤与能,讲信修睦。故人不独亲其亲,不独子其子。使老有所终,壮有所用,幼有所长。矜寡孤独废疾者,皆有所养。男有分,女有归。货恶其弃于地也,不必藏于己;力恶其不出于身也,不必为己。是故谋闭而不兴,盗窃乱贼而不作。故外户而不闭。是谓大同……'"后面省略的是篇幅更长一些的关于"小康"的叙述和议论。

晚清时期,中国巨变,许多仁人志士都在寻求国家的出路。改良派领袖康有为撰写《礼运注》《大同书》等一系列著作,为维新变法制造理论根据,致使"大同"思想广为传播。"大同"思想鼓舞了许多进步的社会改革家和革命家,如孙中山,也给后来的共产党人以重大启发。

可是,对"大同"思想如何产生的问题,学者之间存在着很大分歧。以下列举几个突出的例子。

中国社会科学院郭沂博士认为,"大同""小康"就是孔子的思想。他说:"与其说孔子的'大同''小康'是对理想社会的憧憬,不如说它们是对从传说时代到夏、商、周三代异化过程所作的系统描述。"自然,如果换个立论角度,话亦可倒过来说,即与其说"大同"是对尧舜时代的描述,不如说是对理想社会的向往。

著名思想史学家蔡尚思先生持另一种看法。他曾经专门撰写《大同主义不出于儒家考》一文,认为"'大同说'出于《墨子》"。

还有其他主张,如说《礼运》出于荀子后学,包含邹衍学派内容,融合了先秦诸子,等等,不一而足。

《孔子批判》一书则这样说:"'大同'思想的来源,尚须进一步考证。但说'大同思想'是孔子的,则不仅没有根据,而且有若干证据可以证明孔子不可能有'大同思想'。""从《论语》的全书中找不出孔子对大同世界的论述和向往。"

笔者从《孔子批判》的论断出发,谈点个人体会。"大同"的字眼儿确实未在《论语》中出现,但"大同"的一些具体内容却可以在《论语》中找到根据。起码,两者十分相似或接近。

其一,"选贤与能"——"举贤才"(《子路篇》),"举直错诸枉"(《颜渊篇》)。

其二,"讲信修睦"——"子以四教:文、行、忠、信"(《述而篇》),"主忠信"(《学而篇》),"民无信不立"(《颜渊篇》),"能行五者(恭、宽、信、敏、惠)于天下,为仁矣"(《阳货篇》),"均无贫,和无寡,安无倾"(《季氏篇》)。

其三,"人不独亲其亲,不独子其子"——"泛爱众"(《学而篇》),"四海之内,皆兄弟也"(《颜渊篇》子夏语)。

其四,"使老有所终,壮有所用,幼有所长"——"老者安之,朋友信之,少者怀之"(《公冶长篇》)。

其五,"矜寡孤独废疾者,皆有所养"——"子见齐衰者、冕衣裳者与瞽者——见之虽少,必作;过之,必趋"(《子罕篇》)。

许多学者认为,《礼运》为子游所作或他的后传弟子所作,那么就有两种可能:一是《礼运》如实记录了相传的孔子话语;二是《礼运》归纳了孔子的思想,文字上加以整理,内容上有所增添,以"孔子曰"的形式表达出来。即便是第二种情况,说"大同"是孔子思想亦无大错。

雍也篇

"君子周急不继富"

子华使于齐,冉子为其母请粟。子曰:"与之釜。"请益。曰:"与之庾。"冉子与之粟五秉。子曰:"赤之适齐也,乘肥马,衣轻裘。吾闻之也,君子周急不继富。"

子华——姓公西,名赤,字子华,孔门弟子。使——出使。粟,谷子;古时以粮食为俸禄或劳动报酬。釜——容量单位,合当时六斗四升,约合现在的一斗二升多。庾——容量单位,合当时十六斗。秉——容量单位,合当时一百六十斗;五秉即八百斗。益——增加。适——往,去。周——周济,救济。继——接济,增益。

子华出使齐国,冉求为子华的母亲请求补助一些谷子。孔子说:"给她一釜吧。"冉求请求增加一些。孔子说:"那就给她一庾。"冉求实际给了她五秉。孔子知道后说:"公西赤去齐国,坐的是肥马拉的车子,穿的是又轻又暖的皮袍。我可听说了,君子只救济急切待援的人,不帮助富裕的人增加财富。"

子华去齐国为孔子办理何事,冉求为何违背师命给子华母亲多出几十倍的谷子,对读者来说并不重要。重要的是,如何理解孔子的为人及相关思想观点。

孔子小气吗?非也。原思为孔子做总管,孔子给他九百斗谷子(一说九百斛,即九千斗),原思推辞,孔子说不必推辞,拿给你家乡的人吧。原思非常贫穷,故孔子十分大度;子华非常富有,故孔子十分"抠门"。孔子待人处事,总讲一个"义"字,即恰当、合适。所谓公平、正义,就在这种恰当、合适之中。

"周急不济富",是孔子"闻之",听说的,但他赞同这种认定。春秋时期,与之前之后的社会一样,穷人多,富人少。救穷人之急难,而不帮富人更富,能够成为那时的社会共识,难能可贵。或许,这是人类历史进程中的一种必然观念吧。

君子不仅"不继富",而且在特定情况下还可能策划或参与"劫富"或"杀富",而用以"济贫"。此等君子革命的事例在历史上屡见不鲜。

不过,在常规的社会中救济穷人是一件不容易的事。最根本的是穷人太多,而慈善君子个人能力有限。应该说,普遍救济穷人,是当政者或说政府的使命和任务。其次,救济行为是自觉的道德行为,而不是必然的义务行为,许多人并不具备高尚君子的道德。再次,穷困的原因有多种,救济者常会无能为力或顾此失彼;一个特殊的例子是,若穷困者好逸恶劳,则无论怎样帮助均将无济于事。

所以,民间总结出来的格言是:"救急不救穷。""求人须求大丈夫,济人须济急时无。"从社会现实出发,从大众心理出发,从普遍道德要求出发,济人一时之急难才是应当广泛提倡的,亦是可行而易行的。"周急"或"救急",古今中外皆是正确的信条。而"不继富""不救穷",虽需具体分析,不宜概而言之,但已流传千百年,故亦含一定道理。

"问仁"

《雍也篇》"中人以上,可以语上也;中人以下,不可以语上也",主旨是倡导因材施教。因材施教,是孔子教学的重要原则,也是孔子教学的最大特点。本文进一步说明这个问题。

孔门弟子的资质、性格、特长、弱点等等,各不相同。"贤哉回也"(《雍也篇》),"由也果""赐也达""求也艺"(《雍也篇》),"师也过,商也不及"(《先进篇》),"柴也愚,参也鲁"(《先进篇》),"枨也欲"(《公冶长篇》)……就是颜回品德高尚,仲由果敢,端沐赐通达,冉求才艺突出,颛孙师有些激进,卜商过于谨慎,高柴拙笨,曾参迟钝,申枨私欲较重……这些都是孔子亲口说的,是先生对学生的认识和评价。

孔子的了不起,不仅在于对弟子们深刻的了解,更在于根据他们的不同特点进行有针对性的教诲。书中有关事例很多,而最有代表性的就是众多弟子"问仁",孔子的回答都不一样。如给颜回的答案是"克己复礼"(《颜渊篇》),给樊迟的答案是"爱人"(《颜渊篇》),给冉雍的答案是"出门如见大宾,使民如承大祭。己所不欲,勿施于人。在邦无怨,在家无怨"(《颜渊篇》),给端沐赐的答案是"己欲立而立人,己欲达而达人"(《雍也篇》),给颛孙师的答案是"能行五者(恭、宽、信、敏、惠)于天下"(《阳货篇》)。其他对仲由、原宪等弟子的疑问都作出了不同的解答。

仁,是孔子思想的核心内容之一,含义十分丰富,上述各种答案都是仁的不同侧面,或不同组成部分。孔子之所以这样回答,完全是有的放矢,针对不同人的特点,分别引导各人由点及面,由浅入深,逐步领会仁的实质。

最有意思的是《颜渊篇》所载的司马牛"问仁",孔子回答"仁者其言也讱"。讱,钝、忍、难等义,谓不轻易开口,说话很慎重。司马牛觉得过于简单,再问:说话慎重就是仁吗?孔子没有直接回答,只是说凡事做起来都很难,说话怎么能不慎重呢?据《史记·仲尼弟子列传》载:"牛多言而躁。"所以,对这种粗浅之人很难解释什么是仁,只需一针见血地告诉他,从不乱讲话做起即可。

《先进篇》载:"德行:颜渊、闵子骞、冉伯牛、仲弓。言语:宰我、子贡。政事:冉有、季路。文学:子游、子夏。"这不是孔子直接说的,是其弟子归纳的。朱熹注此章:"弟子因孔子之言,记此十人,而并目其所长,分为四科。孔子教人,各因其材,于此可见。"言语,指能说会道,尤指擅长外交辞命。政事,治国之事。冉有擅理财,季路擅治军,均为政事。文学,指诗书礼乐文章,包括各国典籍。特标此科,可见孔门晚期文胜之风。其实,此章与其说是孔子的因材施教,不如说是孔子因材施教的结果,即造就了不同的人才。

类似情况也出现在孔子死后。《韩非子·显学》说:"自孔子之死也,有子张之儒,有子思之儒,有颜氏之儒,有孟氏之儒,有漆雕氏之儒,有仲良氏之儒,有孙氏之儒,有乐正氏之儒。"这就是所谓儒分为八。

"命矣夫"

> 伯牛有疾。子问之,自牖执其手。曰:"亡之,命矣夫!斯人也而有斯疾也!斯人也而有斯疾也!"

本文将"子问之,自牖执其手"断为单独一句,逗号改为句号,盖因"亡之"不会当面对伯牛而发。孔子转身离去,对随行弟子言说,方合情理。此与众版本不同,权当一家之言。

伯牛——姓冉,名耕,字伯牛。鲁国人,小孔子七岁,孔门"德行"科重要弟子,堪称诸多年轻师弟的表率。孔子任鲁国司寇时,伯牛任中都宰。《孟子·公孙丑上》载,公孙丑说:"从前我曾听说,子夏、子游、子张都有孔子的一部分长处;冉牛、闵子、颜渊则大体近似孔子,不过还不够博大精深。"可见,后世对伯牛评价亦甚高。

疾——《史记·仲尼弟子列传》曰"恶疾"。从孔子语中得知,此恶疾不治,必死。何种恶疾,其实无关宏旨,古代学者多有揣测,不足为信,今之读者无需较真。问——问候,慰问。牖——音有,窗户。自牖执其手,旧说伯牛有恶疾,不欲见人,可参考。亡——学者理解不同,本文采纳丧、死之义。亡为自动词,之字无义,音节需要而已。

伯牛得了重病。孔子去看望、问候他,(因伯牛不愿见人,于是)从窗口握着他的手。(告别后,孔子对随行弟子)说:"(冉耕)快不行了,这真是命啊!这样(好)的人竟然得了这样的病!这样(好)的人竟然得了这样的病!"

伯牛之贤,世所少见,本该长寿,竟患不治之症,孔子无比惋惜,重言深叹。人们从这段记载中可看出孔子之为人,宅心仁厚,重情惜贤,对弟子们疼爱有加,关怀备至;更可体会孔子思想之一端,即对"命"的认可。

"命矣夫",是无可奈何的感叹,表达的是伯牛无能为力,孔子无能为力,任何人都无能为力。伯牛的境况,正如子夏所引用过的古语"死生有命,富贵在天"(《颜渊篇》)。"命"亦即"天命",天所规定的命运、气数、定数。似乎有些神秘,但并无明确的神的成分,而主要是指一种看不见、摸不着的必然性;此种必然性客观存在,不以人的意志为转移。

孔子认命,承认客观的必然性,并且"畏天命"(《季氏篇》),敬畏客观的必然性。畏命接下来的心态和表现自然会是安命、顺命,即由不得不接受转化为"既来之则安之"(《季氏篇》)。需要特别强调的是,孔子不迷信,在认命、畏命、安命的同时,又"知命"(《尧曰篇》)"知天命"(《为政篇》),理解和掌握客观规律。知命之后,生命、社会、天地已均无不解,自己融入其中,乐在其中。"乐以忘忧"(《述而篇》),"不改其乐"(《雍也篇》),可谓乐命。知命、乐命之人定会发挥主观能动作用,积极有所作为。主观愿望与努力有时并不符合命运安排,这就需要具体问题具体分析了,如"赐不受命,而货殖焉"(《先进篇》),且取得成功。"不受命"亦可谓抗命,是不能简单否定的。孔子"知其不可而为之"(《宪问篇》),岂非抗命?

有学者认为,孔子关于"命""天命"的思想合乎今之唯物辩证法。认识、评价历史人物,不能脱离当时的时代条件,不宜用今天的思想、标准去衡量。不过,调侃一次亦无妨,于是有如下归纳:认命、畏命、安命算是"唯物论";知命、乐命、抗命属于"辩证法"。

"无为小人儒"

> 子谓子夏曰:"女为君子儒!无为小人儒!"

据《周礼》载,"师"和"儒"都是西周官学的教师。"师以贤得民",任务是培养学生道德、品行。"儒以道得民",任务是传授学生知识、技能。春秋以降,周室既衰,学术下移,孔子开私人讲学之先河,以"德""艺"教弟子,事实上已将"师""儒"合而为一。因此,孔子被称为"儒",以孔子为首的学派亦被称为"儒"。

"儒"之身份的演变、含义的扩展远不止于此。最迟在春秋末期,凡有知识、技能的人均已被称为"儒"。这里的知识、技能是指与礼、乐、射、御、书、数等六艺以及与《诗》《书》《易》《春秋》相关的知识、技能,而不是关于畜牧业、农业、手工业等生产劳动的知识、技能。《说文》曰:"儒,柔也,术士之称。"章太炎先生说:"术士之义亦广矣。草昧初开,人性强暴,施以教育,渐渐摧刚为柔。柔者,受教育而驯扰之谓,非谓儒以柔为美也。"据《墨子·非儒》,当时"相礼""治丧"等专门人士均被称为"儒者"。

孔子告诫子夏不要做"小人儒",到底指什么呢?这就先要了解子夏其人。子夏是孔门文学科有代表性的重要弟子(《先进篇》)。文学,指古代典籍、文章,其中最主要的是《诗》《书》。孔子曾说"商也不及"(《先进篇》;子夏名卜商),认为他性格太拘谨,干事不果断,小心有余,大气不足,或者说志向、境界不够远大,缺乏后来孟子说的大丈夫气概。

其次,要了解"小人儒"的"小人"是什么意思。《论语》中的"小人"有三义:其一,就社会地位言,指底层的人,这是身份小人,与"野人"义近;其二,就道德品质言,指低下者,这是道德小人;其三,就眼界、胸襟、志向言,指短浅、偏狭者,权且叫作器量小人。关于器量小人,有两个鲜明的例证:"小人哉!樊须也!"(《子路篇》)"言必信,行必果,硁硁然小人哉!"

显然,"无为小人儒"是孔子专门告诫子夏的话,叫他不要仅仅致力于文学的章句训诂,眼界、胸襟、志向要远大,造就更高的人格,成就更大的事业。

不过,孔子的忠告在后学者那里具有广泛的、普适的意义,"小人儒"的含义由"器量小的儒"更多地转向了"品德差的儒"。对此阐发得比较全面而深刻的是荀子。他在《儒效》中将儒由低到高分为"俗儒""雅儒""大儒"三类。所谓"俗儒",大意是说他们穿戴专门的儒服、儒冠,取法尧舜(只是空谈,没有具体纲领)而足以乱世;他们所学杂乱,见解、主张很荒谬,不懂得文武周公以及孔子之道,不知道要把实践礼义放在首位,要把记诵诗书放在次要地位;他们的行为和世间俗人没什么两样,还不知道错在哪里,他们的言谈和墨子差不多,是明摆着的,却不能辨别;他们开口闭口尧舜以欺蒙不知者,骗取衣食,稍有积蓄可以过活便得意洋洋;他们顺从显贵,侍奉显贵左右的亲信小人,吹捧显贵的座上客,心安理得地成为显贵的俘虏而没有其他的志向。

应该说,荀子所言"俗儒"就是加了道德内容的"小人儒"。春秋以后的"儒者"五花八门,毫不奇怪,就像当今的知识分子中各种人都有一样。说句公平的话,比孔子稍晚的墨子对"儒者"的大肆抨击,有一些还是符合事实、言之成理的。如"富人有丧,乃大说,喜曰'此衣食之端也'"(《非儒》),确实刻画出了某些"儒者"的小人嘴脸。

"文质彬彬"

子曰:"质胜文则野,文胜质则史。文质彬彬,然后君子。"

"文质彬彬"是人们非常熟悉的成语,就出自此章。理解孔子这段话有一个难点,即"史"字。粗看,百思不得其解,研读后才明白十之七八。《尚书·金縢》云:"史乃策祝。"策,是古代君对臣的文书,亦指掌管、起草文书的官吏;祝,是古代为求福而向神祈祷,亦指祈祷的巫师。策祝之事,都要以文辞表达,要求准确、生动、华美等等。策祝之人,都要博闻强记,能说会道,文辞功夫一流。所以,后世注家说:"今之儒者务博记,尚文辞,乃古之所谓史。"现代《中华古汉语字典》解释史字,其中一义即为"文辞繁多"。知道史字含义,方可大致懂得孔子语意。

不久前,朋友送笔者一本今人萧民元先生的《论语辨惑》。书中颇多新意,其中就认为"史"是音误字,应为"饰"。饰,含装饰、修饰、掩饰、修改、覆盖、蒙蔽等多义。此解未被先人道,在现代人看来确实更加顺当。现转录于此,供诸君参考。

孔子这段话还有两个关键字:"质"与"文"。质,首先是名词材质、本质,其次才是形容词质朴。文,首先是名词文化、文明,其次才是形容词文雅。孔子博大且深刻,看问题总是抓住本质大谈特谈。说到人生,孔子始终紧扣一个"德"字。孔子认为,人的本质在于德,而德的核心是仁,其余皆由此而衍生,譬如树根与枝叶。当然,孔子深知单有仁不行,还必须有礼,礼就是秩序和规范;还必须有知有艺,知就是了解事物及其道理,艺就是礼、乐、射、御、书、数六艺。后面这些内容均属上述之"文"。孔子的综合辩证思想还可以从他的另一段话中体现出来,"子曰:'志于道,据于德,依于仁,游于艺。'"

  愚以为。通读全书,可以看到孔子还是强调首先从"质"出发。"质"虽然包含粗野等负面内容,但同时具有纯朴、真实、正直、坦诚等正能量。可以说,"质"是本性、本心的自然流露。孔子最反感虚伪、矫情、装模作样、忸怩作态,而这些恰恰是"文"的畸形表现。

  下面简析一段译文,"先生说:'质朴胜过文采,则像一乡野人。文采胜过朴质,则像庙里的祝官(或衙门里的文书员)。只有质朴文采配合均匀,才是一君子。'"此段译文出自钱穆先生之手。钱穆先生是现代大家,一向为笔者所推崇,但此段译文实在难称佳作。要害在于对三个关键字硬译的偏差:其一,单从形容词层面解释"质";其二,把"文"的丰富含义缩小到一点;其三,对"史"的解释过于拘泥。结果,使孔子的原意由宽变窄,由深变浅。

  北方一位学者幺峻洲先生的译文较好,照录如下:"内在本质的表现超过外在诗书礼乐等文化的表现,就难免粗野;外在诗书礼乐等文化的表现超过内在本质的表现,就难免浮华不实。文与质相互融合,表现得当,才是一个君子。"

"人之生也直"

子曰:"人之生也直,罔之生也幸而免。"

生——现在的理解应该是既指人的生命,又指人的生存、生活。也,语气词,近似于啊,语音自然延宕。直——正直。罔——学者们有两解:一为誷,或诬,意为欺骗;二为枉的假借字,意为邪曲。孔子的话大意是:人的一生应该是正直的;充满欺骗的邪曲的人生之所以存在,只是因为侥幸避免了惩罚。

孔子在这里提出了直的概念,与仁、义、忠、孝等概念同列,作为人生的一种标准、一个目标。在《论语》中,孔子十几次谈直,可见它在孔子心目中占有重要位置。但是,学者们对直似乎不够重视,说得很少;而历代统治者又有意回避,甚至于压制,致使汉民族群体人格中直的成分没有得到充分发展。本文及以后几篇短文将作一些探讨。

直,甲骨文字形是在一只眼睛上面有一条竖的直线。后来字形变化,是在十只眼睛(十目)下面加一个乚(古隐字,逃亡者藏匿之义)。所以,《说文》解作"正见也"。段玉裁注:"谓十目视乚,乚者无所逃也。"有一种古文字形是十目下面加一个木,段玉裁注:"从木者,木从绳则正。"可见,直的最初本义是视线和墨线之正,即不斜、不曲。《博雅》解直即"正也",而《玉篇》则解作"不曲也"。

直字的含义引申、发展,很快就具有了深刻的人文意义。《易·坤卦》"直其正也",说的就是人的涵养,指君子调直内心,品性纯正。《诗·郑风·羔裘》"彼其之子,邦之司直",意思是:他那个人呀,是国中主持正义的官吏。

从孔子所用的直字看,人文含义已经非常丰富,诸如正直、刚直、耿直、率直、直爽、坦诚以及不矫饰、不虚伪、不邪曲、合乎正义、公平无私等义,均在其列。此外,还有矫枉、矫正等义,又有执著、顽强、一往无前、不屈不挠等义。应该说,这些含义统统包括在"人之生也直"里面。

琢磨孔子语意,愚以为可从以下两方面归纳孔子所说的直。首先,直是人的一种素质,是人的内在真实的自然表现。这种直的灵魂就是真,真实的真,真切的真。这种直在每个人身上都或多或少地存在。这种直是最基本的直,是第一层次的直,具体说来,可分三个部分:一是本能的直,指出于天生本能的一切表现;二是性格的直,指出于率真、爽朗、心直口快性格的一切表现;三是情感的直,指出于本性、发自本心的真情实感的一切表现。这类直可说是感性的直。

其次,直是人的一种高尚品质,是超越本能、性格、情感层次,思想和道德升华之后所表现出来的立场、态度、行为方式,其核心内容是正义以及对正义的执著。它的对立面是思想上的委琐、阴暗,道德上的自私、虚伪,行为上的口是心非、曲意逢迎、无原则的见风使舵等等。这种直是第二层次的直,是更高级的直,是真、善、美的完满结合,可说是理性的直。这种直并非人人都能具备。

以上的简单分析和归纳,都将在后面解读孔子其他具体话语时得到进一步说明。

"中人"

子曰:"中人以上,可以语上也。中人以下,不可以语上也。"

此章可与《阳货篇》的"唯上知与下愚不移"连在一起解读。

孔子常把人分类。如贯穿全书的"君子""小人"。孔子何以区分这两类人?一是以位分,人在社会中的地位、身份不同,在上的贵族有"礼"的规范,是君子,在下的平民和奴隶没有"礼"的规范,是小人。对孔子的等级思想不能简单地批判和否定,需要深入分析,此不赘言。二是以德分,人的道德、品行不同,德行高尚者为君子,德行低下者为小人。在这点上孔子的思想至今仍充满生命力。通读全书,可知在孔子心目中终究是德高于位,重德远远超出重位。

十分明显,孔子还把人分为"上知""中人""下愚"。他是根据什么来划分的呢?要看先天资质、后天智慧与道德三个方面。虽然孔子本人没有条分缕析,但他提出的概念确实包括了丰富内容。所谓"中人",就是综合考察三个方面而处于中等水平的人。如果有人智商颇高,知识甚广,智慧不低,但德行、品格良莠杂陈,总体平平,那么此人也只能算个"中人"。

愚以为,"中人"所指可分两种。其一,"四十而不惑""五十而知天命"之前还难以确定是否"上知""下愚",也就是说几乎所有人在中年之前都是"中人"。此乃一己之见,大概会遭到不少反对和批评。其二,人到中年,基本成型、稳定,极少数人真正不惑和知天命,达到"上知",少数人"年四十而见恶"(《阳货篇》),成为"下愚",其他大多数人"四十、五十而无闻焉"(《子罕篇》),都是"中人"。

中人以上,即上智。中人以下,即下愚。语上,为动宾词组,上字是名词,指高深乃至玄奥的学问。可以,同时含有容易之义。不可以,同时含有难为之义。孔子主张,对上智之人能讲并且易讲高深、玄奥的学问,而对下愚之人不能讲因为难讲高深、玄奥的学问。对中等水平的人呢?没说。其实也不必说,那是不言而喻的。孔子罕言性,不深言命与天道,最大可能便是他的多数弟子并非"上知",他们难以理解性、命、天道,语之无益。

此章核心思想主要是倡导因材施教,同时隐含育人需循序渐进之意。另外,孔子实际上也指明了人际交往的一个原则和一种方法,即谈话内容要因人而异。

"知者乐水"

孔子的许多思想和话语都还活着,现代中国人张口说话,提笔撰文,时不时加以引用。这里单说"知者乐水","仁者乐山"。人们可能懂得它的表层意思,却不一定了解它的深刻内涵和悠远韵味。现简述本人学习体会,以期共勉。

> 子曰:"知者乐水,仁者乐山。知者动,仁者静。知者乐,仁者寿。"

知多义,既是名词知识、学问,又是动词知道、了解,还通智慧之智。现代一般释知者为智者,举一而忘二,窃以为不妥,应在具体语境中确定其具体含义。知识并不等同于智慧,有知识的人也不一定必有智慧,所以"知者"应是统称,既包括知者,有知识的人和正在不断了解知识的人;又包括智者,有大聪明即有思想有智慧的人。否则,后面的"知者动"便不好解。若把"动"仅仅释为智者的脑力活动,虽无不可,终属牵强。而知者确要"读万卷书,行万里路",多读多问多听多思多实践方可,两千五百年前"书"很少,更无计算机网络,人关在屋里不可能知晓天下事。

一位学者认为,多数人对前两个"乐"字理解有误,不是喜好之意,而就是快乐、欢乐。因此,他把第一句断为"知者乐,水;仁者乐,山"。此为一家之言,似难服众,录在这里仅供参考。

最后一句,有人提出非孔子原话,是后加的。鄙人学力有限,无法辨识。或说"乐""寿"颠倒了,应为"知者寿,仁者乐",倒有一点道理。颜回是孔子弟子中真正的仁者,他就是穷而乐,并且早死。而无论知者还是智者,却更可能长寿,这可以被现代科学所说明。

这段话最重要的是第一句。孔子论仁论知,不厌其烦,谈仁者谈知者亦有多处,如"仁者安仁,知者利仁""知者不惑,仁者不忧",但唯独"知者乐水,仁者乐山"给人印象最深,且被津津乐道。为何?根本原因是,此句最为奥妙。

先说奥。孔子是质朴、平实的,但他的深刻亦显而易见,其中一些话不乏玄远意味。知、智、仁属于人的品质和道德,通形上之学,较为抽象,不易为常人理解,而山、水均为自然之物与自然之象,一目了然,具体生动,故两者相比,听者可豁然开朗。具体说,水随势而行,遇平地则漫,遇洞穴则入,遇巨石则绕,遇悬崖则泄……百折不挠,流转无滞,而又有规律可循,其自然品性和特征与人的知、智颇有相似相通之处,因此"知者乐水"。山厚重高大,岿然不动,纵横宽广,包容万物,草木茂盛,鸟兽群集,与仁相似相通,因此"仁者乐山"。人与山水相融,与日月相参,即与自然和宇宙相融相参,因而精神升华,直至"知天命"和"耳顺",进入天人合一的境界。

妙,当然是指美而言。道德本于人性,人性缘于自然。山美、水美,人之知、智、仁亦美,向自然讨教,从自然借鉴,从而达到天地人和谐之美,此乃美之极致。此外,孔子语句文辞亦美,不仅精练工整,朗朗上口,且就近取譬,前后对比,以山水喻人,化抽象枯燥为鲜明生动,令人过目成诵。

"知者乐水,仁者乐山"因奥妙而屡被激赏和援用,然人心已通乎?

"井有仁焉"

宰我问曰:"仁者,虽告之曰'井有仁焉',其从之也?"子曰:"何为其然也?君子可逝也,不可陷也;可欺也,不可罔也。"

宰我,名予,字子我,鲁国人,小孔子二十九岁。列孔门"言语"科首位,"利口辩辞"(《史记·仲尼弟子列传》)。聪明,思想活跃,有独立见解,敢说敢做。据《论语》载,几次受到孔子批评或严厉叱责。孔子似乎不大喜欢宰我。

此章为全书难解章节之一。原因是宰我提了一个令人意想不到且不易回答的问题,而孔子所答若实若虚,用词古奥,两个重点句子表达形式似同而并不同。其次,古今学者众说纷纭,尤其对逝、陷、罔几个关键词解释不一,后学者有越看越乱之感。限于篇幅,本文不作比较和争论,只摆自家观点,供读者朋友参考。

虽——助词,用于句首,无义。

"井有仁焉"之仁,取仁人义。

逝——《尔雅·释诂》《说文》均曰"往也"。愚意此逝非笼统之往,乃一去不返,故为逝去、消逝,如"逝者如斯夫"(《子罕篇》)之逝。可引申为消亡、死亡。

陷——段玉裁注《说文》"高下也",曰"凡深没其中曰陷"。《易·需·象》曰:"刚健而不陷。"意思是刚强健实而不陷入厄境。

欺——欺诈,欺骗,欺侮。

罔——多义,此处同网,动词。《说文》曰:"罔,网或加亡。"

《易·系辞下》曰:"(伏羲)作结绳而为罔罟,以佃以渔。"《释文》曰:"取兽曰罔,取鱼曰罟。"不取迷惘(罔同惘)、诬罔义。

"逝""陷"为自动词,即不及物动词,"君子可逝也,不可陷也"是主动句,君子是"逝""不陷"的直接行动者。"欺""罔"应为他动词,即及物动词,却不带宾语,故在句中是被动行为;"可欺也,不可罔也"意为君子可被欺,不可被罔(这是古文的一种独特句式)。

此章简单直译,仍然不易明白,最好是有所发挥,进行意译,宰我问:"如果告诉仁者说,一位有德行的人掉进井里,仁者会跟着下去救人吗?"孔子回答:"怎么会是你说的那个样子呢?君子可以牺牲自己,却不会陷入无法自拔的厄境;可以容忍一时被欺侮,却不能接受像野兽一样被网困。"

宰我之问,从积极方面理解,是他善于思考,比许多师兄弟高明一筹,企图深入了解仁者遇到难题时的思想和行为;从消极方面理解,是他卖弄聪明和"利口",给老师出难题,看老师此时如何讲仁。

愚以为,听话听音,孔子一下子即可洞悉宰我的一切心思。孔子不可能局限于宰我设计的程式中,不可能纠结于"井有仁焉"作过于实在的回答。孔子根本不提"仁者",只说"君子",而且答语若即若离,一语双关。粗浅地看,似乎是具体回答宰我的问题,说君子可以前往井边察看,但不会下去云云。实际上,孔子的话意味深长,将宰我的问题抽象化,讲出了更原则、更根本的道理。

对孔子的话,还可作些开掘。仁者固然质朴、忠厚、爱人,但又有坚定的信仰和远大的志向,又有深邃的智慧和清醒的抉择。仁者可能一时一地受点欺骗,甚至吃点小亏,但永远不会沉沦,其理想从根本上是不会被阻挡的;最极端的情况,"杀身以成仁"(《卫灵公篇》),完成最后的精神跨越。仁者刚,不怯。仁者智,不愚。

"子见南子"

子见南子,子路不说。夫子矢之曰:"予所否者,天厌之!天厌之!"

今人读《论语》,此章并非重点,略之亦无大碍。不过,此章却是全书最有意思的章节之一,也是难点之一,而本人又不满意前人所解,故撰此文。

南子,卫灵公夫人,漂亮,能干,参与国事,深得宠信;有淫行,名声不好。她对德高望重之人十分尊敬,如卫国大夫蘧伯玉就受到她的礼遇。清代刘宝楠说:"南子虽淫乱,然有知人之明,故于蘧伯玉、孔子皆特致敬。"人们不能排除一种可能,即她的求知欲很强,能够虚心求教于贤人,乃至想聘用孔子。当然,也不排除另一种可能,即她借蘧伯玉、孔子等名人来抬高自己。总之,南子是个非常复杂的人物,有点儿像后世的武则天。孔子几进几出卫国以及受邀见南子事,《史记·孔子世家》有较详细记载,此不赘。

今人译此章,基本一致,如:"孔子去和南子相见,子路不高兴。孔子发誓道:'我假若不对的话,天厌弃我罢!天厌弃我罢!'"(《论语译注》)

矢,是此章最关键的词。《尔雅》曰:"矢……陈也。""矢,弛也。弛,易也。""矢,誓也。"有三种意思。《尔雅》成稿于战国末,是有史以来第一部综合性辞书,对先秦典籍字词的义解具有权威性。当代学者都采用第三义,古代学者不少人也采用此义。还有一批古代学者采用第一义,"矢之曰"就是"陈述说"。此外,有人训矢为直,"矢之曰"就是"直言相告"。有人训矢为指,"矢之曰"就是"手指着天说"。

如果认为是孔子发誓,那么就必然把"予所否者"的所字译成假若、如果,作假设连词,把否字译成不、不对,而"天厌之"的之字成为自称代词,结果语句颇不顺。

许多人津津乐道此章很能表现孔子性情,说孔子也是一个活脱脱的常人。但愚以为,上述解释恰恰不是孔子应有的面貌。孔子不乏幽默,乃至自嘲,可是何曾一本正经地向弟子发誓?再者,孔子并没有干什么见不得人的事,何以发出类似天打雷劈的毒誓?

那么,矢训作陈、直,问题就解决了吗?仍然没有。因为,对孔子所说两句话的理解还存在偏差。

愚以为,古今所有学者都忽视了上述矢字第二义。矢、施多通用,施行,散布,如《诗·大雅·江汉》"矢其文德,洽此四国"。施又通弛,而弛又通易,转移、蔓延义。子路因孔子见南子而不高兴,孔子非常了解子路的性格脾气,知道直接解释不会有什么作用,于是以他常用的答非所问、指东说西、旁敲侧击的谈话技巧回答子路。"矢之曰"就是"转移话题说"。此之字应是代词,指子路不高兴孔子见南子这件事,而不是无具体意义的助词。

"予所否者"只是一般的陈述句,"所……者"是古汉语常见的具有指代作用的结构助词。否,应是贬义,非议义,即今之否定;者,泛指人和事。而"天厌之"的厌字与否同义,之字为他称代词,与者字指代对象相同。

因此,拙文将此章译成——孔子去见了南子,子路不高兴。孔子转移话题说:"我反对的人和事,就是上天反对的!上天反对的!"(孔子正话反说,言下之意是,我心与天通,我见南子没有什么不对,并不违反天意。)

　　愚以为,如此翻译不仅语句顺当,而且符合孔子一贯的说话风格与思想性格特点。

"中庸之为德"

子曰:"中庸之为德也,其至矣乎!民鲜久矣!"

拙文曾多次解读孔子的中庸思想,唯独没有对此章加以深究。近来,学习中产生新的想法,不揣冒昧,写出来与读者朋友讨论。

此章似乎很简单,说中庸作为一种道德,它是至极的,民众缺少这种道德已经很久了。钱穆先生有一段解说:"中庸之人,平人常人也。中庸之道,为中庸之人所易行。中庸之德,为中庸之人所易具。故中庸之德,乃民德。其所以为至者,言其至广至大,至平至易,至可宝贵,而非至高难能。而今之民则鲜有此德久矣,此孔子叹风俗之败坏。"先生的观点自有可取之处,但又值得讨论。而探究下去,此章完全会有一番新意。

中庸,复合词,有两层意思。一是庸即用,中庸即用中,思想、言行不偏不倚,无过无不及,这是从人的角度说,从"用"的角度说。二是庸即常,中庸即常中,普遍并恒久地中正、中和。愚以为,这可以理解为是从天地的角度说,是从"体"的角度说。把中庸仅仅理解为人的用中是不全面的。

在孔子心目中,至德是什么?"周之德,其可谓至德也已矣。""泰伯,其可谓至德也已矣。三以天下让,民无得而称焉。""大哉,尧之为君也!巍巍乎,唯天为大,唯尧则之。荡荡乎,民无能名焉。"(《泰伯篇》)至德最大最高,无以复加,是"无得而称""无能名"的德,是与天齐等的德。因此,至德所指已不是通常的一般的个人道德或社会道德，而是天德。虽然天德高高在上，但是人可以"下学而上达"(《宪问篇》)，"与天地合其德"(《周易·文言》)，做到像尧、文王、泰伯那样。所以，孔子在宋国面临危险时才能说"天生德于予，桓魋其如予何"(《述而篇》)。孔子绝非故作镇静，而是从内心深处就有坚定的自信。

那么，何谓天德？拙文曾经说明，在孔子那里，天并没有什么神的意味，主要是一种自然的存在，一种形上的实体，可以创生"四时""百物"(《阳货篇》)，有着自己的规律和法则，亦即天道。天德就是这种天道的具体体现。在先秦的哲学范畴中，"德者道之舍"，舍，施，施用；"虚无无形谓之道，化育万物谓之德"(《管子·心术上》)。

孔子说中庸是至德，无异于说中庸是天德。换句话说，是天德要求万物普遍并恒久地中正、中和。这里，联系子思所说："喜怒哀乐之未发，谓之中；发而皆中节，谓之和。中也者，天下之大本也；和也者，天下之达道也。致中和，天地位焉，万物育焉。"(《中庸》)人们会有一种豁然开朗的感觉，而中庸的本体论意义也就显现出来。事实上，中庸确实是早期儒家对整个世界的一种看法，他们认为中和是宇宙的本然状态，也是主宰自然和社会的根本法则，而"用中"则是人们按照自然本性应对自然的思维方法和行为指导。

愚以为，孔子简单言语背后有更多更深的思考，即所谓微言大义。尽管这个大义十分朦胧，在孔子头脑里可能还不够清晰和完备，但它是存在的，就如矿藏蕴含在岩石之中一样。上述简单的推理、分析，是一种开掘，一种提炼，绝非故意拔高孔子。

"中和"

孔子的哲学思想,包含着丰富内容。对其中的无命观,拙文曾作粗浅解读。而易学,是个复杂又无定论的问题,这里不加讨论。本文再谈中庸之道,以补先前所述之不足。

《论语》《中庸》《左传》等书均记载了孔子讲"中"与"和"的话语。孔子没有从理论上系统阐述,他主要从"庸"(既是"用"又是"常")和"行"的角度说明,并且指出两者都是君子所必须追求的。另外,《论语》有多章文字在讲不偏不倚、过犹不及和恰如其分、适当其时的思想方法,其实都在讲"中",都蕴含着"和"。

愚以为,"中""和"的形而上的理论意义在子思笔下得到了比较明确的揭示。"喜怒哀乐之未发,谓之中;发而皆中节,谓之和。中也者,天下之大本也;和也者,天下之达道也。致中和,天地位焉,万物育焉。"(《中庸》)"中,内也。"(《说文解字注》)内、里面,以及中心,是"中"的本义,或说第一义。子思以人的情感为例,说明事物外表之内看不见摸不着的东西叫做"中";此"中"为名词,是客观的存在,是世界的根本。"中"显现、运动、变化,又都有节度、分寸("中节"之中为动词,符合意),就是"和"。"和"是"中"的延伸,是动态的"中",是旧平衡打破之后的新平衡。万事万物不断经历这一过程,不以人的意志为转移,"和"为天下达道就是此意。达到"中和",则天地各在其位,井然有序,万物生长发育,欣欣向荣。这是一种本然的存在和状态。

人与天地、万物的关系,或说思维与存在、主观与客观的关系,首先是前者服从于后者。人之所思、所言、所行应该与天地、万物的规律相符。这就是"中"的引申义或第二义,即动词"中",意为符合、合乎;以及形容词"中",意为中正、恰当。段玉裁注云:"然则中者……别于偏之辞也,亦合宜之辞也。"孔子讲"中",主要是指两个引申义,讲人应该怎样做。此时,"中"的本体并未消失,只不过通过人的言行间接反映罢了。"和"亦当作如是解。

"中""和"不可分。可以说,"中"就是内在的"和","和"就是外显的"中"。因此,中庸之道就是"中和之道"。"中和之道"的提法能够更全面更深刻地表达孔子的思想。

子思的思想与其祖父孔子一脉相承,虽然不能简单断定子思所言就是孔子所思,但是同样难以简单断定子思所言不是孔子所思。根据"予欲无言"(《阳货篇》)"中人以下,不可以语上也"(《雍也篇》),可知孔子很可能思而不言,言而不尽。子贡说"夫子之言性与天道,不可得而闻也"(《公冶长篇》),值得玩味。

"中""和"没有一个数字化的标准,相反倒是具有模糊性乃至玄妙性,极难把握和确认,极易滑到今人说的相对主义和折衷主义。孔子早就意识到了这一点,所以他才说"中庸之为德也,其至矣乎"(《雍也篇》)"乡原,德之贼也"(《阳货篇》)。近现代有学者批判"中庸",实在是因为他们未能透彻理解"中庸"。

"志于道""谋道"的一部分内容,用今天的话说就是要树立正确的世界观和认识论、方法论,以"中和"为最高的理论指导和最终的目标追求。不过,为便于弟子们理解和掌握,孔子主要是讲方法,讲"用中",即不偏不倚、过犹不及、恰如其分、适当其时。

"己欲立而立人"

子贡曰:"如有博施于民而能济众,何如?可谓仁乎?"子曰:"何事于仁!必也圣乎!尧、舜其犹病诸!夫仁者,己欲立而立人,己欲达而达人。能近取譬,可谓仁之方也已。"

《卫灵公篇》载,"子贡问为仁。子曰:'工欲善其事,必先利其器。居是邦也,事其大夫之贤者,友其士之仁者。'"

子贡,姓端木,名赐,字子贡,卫国人,小孔子三十一岁。列孔门"言语"科,利口巧辞,善思好问。《论语》中孔子与弟子答问,以子贡为最多。子贡有非凡才干,是外交家和著名商人,深受孔子赏识。孔子逝世,子贡与师兄弟守墓三年后,又独自守墓三年。晚年住在齐国,直至去世。

子贡问仁之前,已有独立见解,以为"博施于民而能济众"就是仁,但又拿不准,故请教于老师。民——庶人,春秋时主要是指农业生产者。众——比民更广大的人群,包括工匠、商人、杂役、奴隶等一切人。子贡设想的情况是:广泛地给予农民各种好处,并且能够救助众人。应该说,子贡的思考非常深入,显露出旁人难以企及的思想高度。

孔子首先回答:"那何止是仁,已经是圣了!尧、舜大概也会担心做不好吧!"综合来看,圣比仁更难、更高。仁者想施民济众,但客观上做不到。仁者同时又有权位,才可施民济众,惠及天下。

紧接着,孔子正面告诉子贡:"所谓仁,就是自己想要立身也要使别人立身,自己想要通达无碍也要使别人通达无碍。能够从眼下切近处进行比较,将心比心,可以说就是实行仁的方法啊。"孔子之语与前面所谈似乎毫不搭界,但实际上孔子是有意避开进一步讨论宏大话题,而针对子贡自身的不足告诉他什么是仁。首先,子贡眼界高远,对眼前具体的人和事有时关注不够。其次,"子贡方人"(《宪问篇》),好议论别人,尤其是言人之恶,不能很好地做到推己及人。孔子的两句话完全是有的放矢。孔子论仁,这两句话十分重要,是"爱人"(《颜渊篇》)的具体体现,也是进一步发展。

"子贡问为仁"与上述一章不同,不是问什么是仁,而是问怎样实行仁。孔子回答:"工匠想要做好他的活计,必须先磨快他使用的工具。住在一个国家,敬奉这个国家大夫中的贤人,结交这个国家士人中的仁者。"实行仁,没有定规和成法,是随时随地的事情。而孔子所说似乎是临别赠言,告诉子贡到他国后如何作为。

正是如此。据《左传》《史记》相关记载,子贡问为仁最有可能发生在鲁哀公十年,孔子结束周游、由卫返鲁的前一年。是年,齐悼公被杀,齐简公立,欲伐鲁国。孔子听说后派子贡去做外交工作,而子贡不辱使命,先后赴齐、吴、越、晋诸国,以三寸之舌为鲁国争取了最好的局面。"故子贡一出,存鲁,乱齐,破吴,疆晋而霸越。子贡一使,使势相破,十年之中,五国各有变。"(《史记·仲尼弟子列传》)由此反观孔子对子贡所言,足见又是针对性极强之语。

迷而篇

"述而不作"

子曰:"述而不作,信而好古,窃比于我老彭。"

这是《述而篇》的第一章。历代注家对"老彭"的考证十分繁琐,而对当今普通学习者而言,老彭是谁已无关宏旨,重点了解前两句即可。本文谈第一句。

朱熹注曰:"述,传旧而已,作则创始"。对述、作二字的解释,各家一致。对全句的理解也无分歧,即孔子说自己只是传述或阐述旧的典籍和历史,而没有新的创作。还有一点大家看法亦同,此乃孔子谦辞。

孔子教弟子,删《诗》《书》,定《礼》《乐》,序《周易》,修《春秋》,实际上是述中有作。一方面,孔子本人执笔著书,如《春秋》和《易传》的部分篇章;另一方面,孔子的思想继往开来,自成体系,开儒学之先河。有学者认为,即使以西方哲学概念为标准,孔子在本体论、认识论以及伦理哲学、政治哲学等诸多方面也都有不朽建树。更多学者认为,孔子创立的以仁为核心的思想体系,是人类历史上影响广泛而又深远的伟大篇章。愚以为,孔子阐发的中庸之道是人间之大道、正道,它独具特色,不仅是一种方法论,更是一种世界观。

孔子为何"述而不作",学者论述不多。钱穆先生继承古人说法,认为:"孔子有德无位,故但述而不作。"从客观情况说,春秋时代学在官府,除国家史官外没有私人著书立说的风气。按现代传播学理论分析,中国的文字传播萌芽很早,但发展缓慢,春秋时代仍以口头传播为主,文字传播至战国时代才蔚然成风。从主观情况说,孔子虽首创私学,致使学术下移,但他志在改造政局和培育弟子,晚年则把时间和精力都放在整理典籍上;也就是说,孔子从未想到过以文字形式建立自己的思想体系。

孔子除《春秋》外没有什么专著,这确实会影响到后人对他的认识、分析和评价。倘若再对《论语》和《论语》类文献读不通,悟不深,则难免要贬低孔子了。十八世纪末、十九世纪初的德国哲学家黑格尔在《哲学史讲演录》中说:"在孔子的著作中,看不到什么思辨的哲学,因为他仅仅是一位重实践的政治家。""在他那里思辨的哲学是一点也没有的——只有一些善良的、老练的、道德的教训,从里面我们不能获得什么特殊的东西。"

可以想见,黑格尔看到的"孔子的著作",只是翻译得十分蹩脚的《论语》(西方公开得知《论语》《大学》《中庸》和《周易》六十四卦及含义,是比利时来华传教士翻译的拉丁文本,一六八七年在巴黎出版)。黑格尔也许大致弄懂了其中"礼"的内容,对"仁"恐怕还是一知半解。尤其令人遗憾的是,辩证法大师竟然视中庸之道而不见,这只能说明西方哲人并不懂得东方人的思维特色及思想特质。至于孔子关于"易"的论说,黑格尔根本没见到。

两千四五百年前的中国伟人,能不能戴上近现代西方的一顶帽子,并不重要。况且,还只是黑格尔的帽子。在西方思想史上地位不亚于黑格尔的伏尔泰等人,都十分推崇孔子。现代美国《世界名人大辞典》和英国一九八五年出版的《人民年鉴手册》列举的世界十大思想家完全相同:孔子、柏拉图、亚里士多德、哥白尼、牛顿、达尔文、培根、托马斯·阿奎那、伏尔泰、康德。黑格尔的个人看法并不能抹去孔子的光辉。

黑格尔对一部分中国人影响极大,因此就有人拾其牙慧,用几乎一模一样的语言贬低孔子。一位知名学者在《老庄新论》中说:"孔子的思想领域里,形而上学思维几乎是一片空白,孔学中也见不到系统的认识论,没有丝毫辩证法思想。"这岂不是睁着眼睛说瞎话吗?堂堂学者,褒老庄贬孔子何至于此!

"信而好古"

紧接"述而不作",孔子说的是"信而好古"。"古",似应包括传说、习俗、礼仪、制度、器物、文字、典籍、音乐、诗歌、观念等等诸多内容,也就是孔子之前的全部历史和全部文化。对这一切,孔子深信不疑,且喜好热爱。

孔子还说过:"我非生而知之者,好古,敏以求之者也。"(《述而篇》)钱穆先生解释说:"孔子之学,主人文通义,主历史经验。盖人道非一圣之所建,乃历数千载众圣之所成。不学则不知,故贵好古敏求。""若世无古今,人生限在百年中,亦将无学可言。"

冯友兰先生曾说中国史学界有三种趋势,即"信古""疑古""释古"。孔子无疑是信古派的鼻祖。两千多年来,这一派始终占据主导地位,为中华民族保留了完整的历史和丰厚的文化,实在是功莫大焉。不过,言必称尧舜,难免产生抱残守缺之弊端,改革家、革命家对此尤其反感。疑古派的出现乃至发展,是自然而然的事。

上世纪二三十年代发生过一次疑古高潮,此潮流随中国社会大变动而来,当时许多知名人文学者均参与其中。他们对中国历史和文化重新审查,重新评价,极大地促进了中国现代史学的发展,亦构成中国社会变革的重要舆论。其中也有偏差,即少数人疑古疑过了头,走到彻底否定自己老祖宗的地步。典型的例子是他们说尧舜禹都不是人,尧是香炉,舜是烛台,禹是爬虫。这是当时日本政府御用学者贬低、侮辱中国人的胡说,是为军国主义侵华服务的。可怜我们的书生,人云亦云,帮了侵略者的忙。这是个严重的教训。

十年"文革",怀疑一切,打倒一切,已无理性可言,此不赘述。

盲目的疑古与盲目的信古,是两个极端,"攻乎异端,斯害也已"(《为政篇》)。信中有疑,疑中有信,批判地继承,一切经过严格考证,靠事实说话,无法实证的则必须有无懈可击的逻辑推论,这才是正确的态度和方法。

由于孔子"信而好古",时时推崇尧舜和周公,所以一些批孔的人就说孔子"是逆乎时代潮流的、倒退的"。二〇〇一年某地出版的《孔子批判》一书为其总代表。

笔者并不否认,孔子思想中有守旧的一面,在青年和中年时期有全盘恢复西周制度的企图;但是,与其说孔子是政治家,毋宁说孔子是文化人,他更关注且仰慕西周的文化,希望后世能够继承和发扬。文化的前进与生产力的发展、政权的更迭相关联,可并非如影随形,它有自身相对独立的规律和特点。旧的生产力可以被完全抛弃,旧的政治制度却难以被简单淘汰。毛泽东诗"百代都行秦政法,十批不是好文章",肯定、赞扬秦始皇,委婉地批评郭沫若的《十批判书》;可愚以为,诗句背后更深刻的思想意义,在于对庸俗社会进化论的否定。政制尚且如此,遑论文化!文化诚然亦有新陈代谢,但犹如人体之血脉,是不能割断截流的。

孔子不可能具备两千多年后才诞生的历史唯物主义与辩证唯物主义理论,但他本能地看到了历史和文化发展的连续性,且以维护这种连续性为己任,"文王既没,文不在兹乎"(《子罕篇》)。孔子只是还不十分清楚历史和传统文化有精华与糟粕之分,需要批判地继承。

"不愤不启"

孔子不但"诲人不倦"(《述而篇》),而且"循循然善诱人"(《子罕篇》)。循循,有次序、有步骤之义。也就是说,孔子教学育人有一套卓有成效的方式方法。因材施教是孔子教学的重要原则和最大特色,已述;其实很明显,因材施教也是"善诱人"的一种方式。本文再解读两处"善诱人"之法。

其一,"子曰:'不愤不启,不悱不发。举一隅不以三隅反,则不复也。'"(《述而篇》)朱熹逐字逐句解此章:"愤者,心求通而未得之意。悱者,口欲言而未能之貌。启,谓开其意。发,谓达其辞。物之有四隅者,举一可知其三。反者,还以相证之义。复,再告也。"数百年来,学者们一般都采纳朱氏之说。

愚以为,学习遇到难题,百思不得其解,而心生愤与悱。所谓愤,指烦闷、着急、发怒,虽束手无策,但对积极的求知者来说,却潜伏着拍案而起、不达目的誓不休的趋势。孔子言"发愤忘食"(《述而篇》)就是此意。所谓悱,指惆怅、幽怨、苦痛,虽无可奈何,但对上进的求知者来说,却蕴含着哀兵悲壮、置之死地而后生的倾向。愤与悱,由心而生,难免通过气貌或言行表现出来,而被他人觉察。关于悱,东汉郑玄首言"口悱悱",到朱熹变成了"口欲言而未能之貌",后人均已接受,以至收入词典,但愚以为如此解释似乎牵强。

孔子这段话的意思是:教学生,不到他苦思冥想怎么也弄不明白,从而着急、郁闷乃至悲苦的时候,不去启示他开导他;告诉他(四方形物体)一个角,他不能触类旁通另外三个角,就不再教他更多更深的知识。举一反三的成语即由此而来。人们可以看出孔子关于掌握时机、因势利导、循序渐进的主张和方法,与今之填鸭式以及大呼隆、赶进度的教学有天壤之别。

其二,"子谓仲弓曰:'犁牛之子骍且角,虽欲勿用,山川其舍诸?'"(《雍也篇》)犁牛,耕牛,毛色杂乱,古时不配作祭祀用。骍且角,骍为赤色,是西周崇尚之色,角指犄角长得周正,这种牛合于祭祀之选。这段话的意思是:先生谈到仲弓时说,耕牛生出通身赤色、两角圆满端正的小牛,虽然人们不想用它祭祀,但是山川之神难道会舍弃它吗?

《史记·仲尼弟子列传》载:"仲弓父,贱人。"其父贱,其子却是孔门德行科的大弟子。孔子对仲弓(名冉雍)的评价和期望很高,"雍也可使南面"(《雍也篇》)。南面,治国治民者面南之位,言仲弓堪任卿大夫一类官职。可见孔子只论德才不讲出身。不过,这个道理不是直接说出来的,而是通过一个隐喻表达出来的。"犁牛之子"不是一般的比喻,而是隐喻。一般的比喻和隐喻都有形象、具体、生动的特点,但前者突出表面的相似之处,而后者显示隐藏着的本质上的联系。"子在川上曰:'逝者如斯夫!不舍昼夜。'"(《子罕篇》)"知者乐水,仁者乐山"(《雍也篇》)等等都是隐喻。这既是孔子的一个教学方法,又是孔子的一种思维方式。

当今课堂充塞逻辑推理的论证与灌输、严肃刻板的训导与命令,孩子们岂能不感到枯燥乏味?大力提倡形象化、启发式教学,非虚言也。

"用之则行,舍之则藏"

子谓颜渊曰:"用之则行,舍之则藏,惟我与尔有是夫!"子路曰:"子行三军则谁与?"子曰:"暴虎冯河,死而无悔者,吾不与也。必也临事而惧,好谋而成者也。"

之——反身代词,相当于"我""自己"。舍——不用之意。行、藏所指,应是治世之道。是——这样,指"用之则行,舍之则藏"。夫——叹词。有是夫——相当于"能这样吧"。

子行三军——您巡视三军。与——党与,在一起,可引申为共事。暴虎冯河——《诗·小雅·小旻》"不敢暴虎,不敢冯河";暴虎是空手搏虎,冯河是徒步过河。惧——戒慎之义,即提高警惕、做好准备。

孔子对颜渊说:"任用我,就施行我的治世之道;不用我,就把此道藏在心中。只有我和你能这样做吧!"子路说:"老师您若巡视军队,那要同谁一起去呢?"孔子说:"空手搏斗老虎,徒步涉渡大河,这样干死了还不后悔的人,我是不同他共事的。我愿意与他共事的,必是遇事小心谨慎,有所戒备,善于谋划而能把事情做成功的人!"

此章有两个层次,流行本《论语》作为一章。一个解释是,子路听老师极度赞赏颜渊,心有不甘,又按捺不住,以他一贯的爽直性格发问,意思是您若巡视军队总不会带上颜渊,只能带我吧。果真如此,则孔门师生之间、学友之间探讨学问之趣味,油然而显。

愚读书至此,产生疑问,子路年长颜渊二十岁有余,可说是两辈人,又跟随孔子多年,虽有些粗鲁,当不会嫉妒颜渊,故子路之问在其他场合亦未可知。《论语》辑录者可能对子路有些成见,将异时异地之对话放在一起,以示子路心胸不够宽广。《先进篇》即有"门人不敬子路"的记载,说明有人看不上子路。若猜测成立,则此章应分为两章。到底如何,只能存疑。

孔子多次褒扬颜渊,"惟我与尔有是夫"的赞语尤其罕见。一个胸怀天下、自信满满的老师,认为一个学生的水平与自己并驾齐驱,且世上只此二人达到难以企及的高度,其激赏之情已无法再用其他语言描述了。更有甚者,孔子曾深有感触地对子贡说"吾与女弗如也"(《公冶长篇》),自谓不如颜渊的"闻一以知十"。胸襟之广阔,心情之欢悦,令读者回味无穷。

至于"用之则行,舍之则藏",具体理解起来其实尚有差异。一则如本文所采用的见解,一则是"用我就出来干,不用我就隐藏起来",行、藏所指是"我"这个人。后一种意见与"有道则见,无道则隐"(《泰伯篇》)联系起来,认为是同一意思的不同表述。此说亦成立。《论语》的一大特点,是许多语言的多义性。此为语言学、思想史的一个重要问题,值得有识之士深入研究。不管哪种意思,均可说明理想主义的孔子,固然内心坚定,但在行动上总是因"时""势"而动。

关于孔子对子路说的话,愚以为不可认为孔子已经把子路看成了"暴虎冯河,死而无悔者"。子路只是有这种倾向而已,孔子极而言之,敲打子路警惕。而"临事而惧,好谋而成",则是孔子正面引导子路要多动脑子,不要意气用事。其实,孔子极重视、极信任子路,曾说道不行而乘木筏到海外去,"从我者,其由与"(《公冶长篇》)。

"子之所慎"

《述而篇》有如下记载："子之所慎：齐、战、疾。"与"子不语怪、力、乱、神"密切关联但又不尽一致。齐，读 zhāi，古代通"斋"字。这句话告诉人们，孔子平时所慎重对待的是：斋戒、战争、疾病。

历代注家解释这句话，都认为此三者事关重大，所以孔子非常慎重。应该说，解释得并无差错，但不够全面，不够深入。愚以为有进一步探讨之必要。

尺有所短，寸有所长。金无足赤，人无完人。世间没有全知全觉，孔子亦不例外。研读《论语》，可知孔子凡不知、不明、不懂之时均十分慎重，或坦承无知，或避而不谈，或小心对待。

先说斋。古代重要典礼和祭祀之前均要斋戒，孔子精通并且倡导周礼，所以对斋戒很自觉，很认真，很虔诚。《乡党篇》记载："齐，必有明衣，布。齐必变食，居必迁坐。"意思是说，斋戒必有用布缝制的浴衣，必变食品（不吃荤，不饮酒等），必变居处（由常居的内寝迁到为斋与疾而备的外寝，不与妻妾同房）。三个"必"字，充分说明孔子的一丝不苟。斋戒事关重大，孔子不得不慎，尤其是祭祀多与鬼神有关，孔子更加小心翼翼，一个重要原因是对鬼神的认识尚未彻底脱离传统观念影响。

再说战。卫灵公曾向孔子请教军事问题，孔子答："军旅之事，未之学也。"（《卫灵公篇》）自己不懂的事，谨慎避开。战，古人又训作斗，而孔子倾向于非暴力主义，告诉学生君子有三戒，其中之一即是戒斗（《季氏篇》）。孔子对于好勇斗狠之人唯恐避之不及。"子曰:'暴虎冯河,死而无悔者,吾不与也。必也临事而惧,好谋而成者也。'"(《述而篇》)意思是说,徒手搏虎,徒身涉河,死了也不追悔的莽撞之人,我是不和他共事的;我愿与之共事的,必是事到临头有所忌惮,有所戒备,善于思考而后作出计划和决定的人。

最后说疾。《乡党篇》记载:"康子馈药,拜而受之。曰:'丘未达,不敢尝。'"注家说孔子能拜而受,可见没什么病,进而推论季康子送的只是丸散补剂。可是,即便是对人普遍适用的补药,孔子也因为自己不通医术,不懂药性,而慎重小心。可以想见,对季康子的药,孔子不仅是暂时不尝,恐怕永远不会吃了。

"子之所慎"给后人的启示,就在一个"慎"字。除大事、要事之外,不明的事,不懂的事,都要慎重对待,切不可不懂装懂,轻易发表意见,贸然采取行动。不知、不明、不懂而慎,亦是为人之道。

窃以为当今某些领导,即常不慎,对任何工作均作指示,发号令,似乎一当领导便自然而然什么都内行了。数十年一直反对而一直未绝的瞎指挥、主观主义之类,就是由此产生的。

"古之贤人也"

《述而篇》载,"子贡问孔子,曰:'伯夷、叔齐何人也?'曰:'古之贤人也。'曰:'怨乎?'曰:'求仁而得仁,又何怨?'"

《公冶长篇》载,"子曰:'伯夷、叔齐不念旧恶,怨是用希。'"

《微子篇》载,"逸民:伯夷、叔齐、虞仲、夷逸、朱张、柳下惠、少连。子曰:'不降其志,不辱其身,伯夷、叔齐与!'……"

以上是《论语》中关于伯夷、叔齐的三章文字,拙文曾对后两章作过简单讲解。孔子高度评价伯夷、叔齐,明确说他俩是"古之贤人"。那么,伯夷、叔齐到底是什么人呢?他俩贤在何处?或者说,"求仁而得仁""不降其志,不辱其身"的具体表现是什么?

《吕氏春秋·诚廉》《史记·伯夷列传》等古籍载,殷商时期东北方有一个小国,叫孤竹国(今河北东北部滦县、令支县一带),其国君有三个儿子:长子伯夷(庶出)、二子(有学者说叫仲辽)、三子叔齐(嫡出)。孤竹君临终,传位给叔齐。叔齐讲长幼人伦,要让位给长兄伯夷,伯夷谨遵父命,不肯接受,并且躲到渤海边隐居。叔齐见状,也追随伯夷而去。于是,国人立仲辽为君。后来,伯夷、叔齐听说西伯(即周文王)善待老人,决定前往投奔。没想到,抵达周地,文王已逝,正赶上周武王兴兵伐纣。伯夷、叔齐拉住马缰绳责问武王:父死不葬,反而大动干戈,这难道是孝吗?以臣弑君,这难道是仁吗?武王左右想杀掉伯夷、叔齐,这时旁边的姜太公说"此义人也",叫人扶着他俩走开了。待武王克商,一统天下,伯夷、叔齐以为耻辱,决心不吃周朝的粮食。二人隐居首阳山(诸书记载有五处,

《辞海》采纳一处：今山西南部永济附近），以野菜为食，最后饿死。

自孔子始，后世屡屡称颂伯夷，其中尤以孟子为最。《孟子》一书，不厌其繁，有许多溢美之辞："伯夷目不视恶色，耳不听恶声"（《万章下》），"伯夷非其君不事，非其友不友，不立于恶人之朝，不与恶人言"（《公孙丑上》）；并且比孔子说"古之贤人也"走得更远，把伯夷的地位拔到最高档次，"圣人，百世之师也，伯夷、柳下惠是也"（《尽心下》），"伯夷，圣之清者也"（《万章下》）。

然而，同一件历史事实，同一个历史人物，在不同时代、不同立场、不同思想、不同心情的人看来，是不一样的，因而会有不同的结论。孔子说伯夷"不念旧恶，怨是用希""求仁而得仁，又何怨"，可司马迁不大同意："余悲伯夷之意，睹轶诗可异焉。"后引伯夷轶诗："登彼西山兮，采其薇矣。以暴易暴兮，不知其非矣。神农、虞、夏忽焉没兮，我安适归矣？于嗟徂兮，命之衰矣！"并据此发问："由此观之，怨邪非邪？"司马迁从伯夷诗中读出了伯夷心中的怨，没有附和孔子。由此，后人不难体察到司马迁与伯夷有某种情感上的共鸣，亦感受到司马迁心中隐藏得很深的怨。

对伯夷，还有完全相反的评价。毛泽东主席一九四九年在《别了，司徒雷登》一文中鲜明地指出："唐朝的韩愈写过《伯夷颂》，颂的是一个对自己国家的人民不负责任、开小差逃跑、又反对武王领导的当时的人民解放战争、颇有些'民主个人主义'思想的伯夷，那是颂错了。"这是典型的马克思主义唯物史观的论断。明确的阶级评价、政治评价令人耳目一新，独立的道德意义已不存在。

读书需善于比较、分析、取舍，关于伯夷就是一个绝佳之例。

"五十以学《易》"

子曰:"加我数年,五十以学《易》,可以无大过矣。"

《述而篇》的这一章,是《论语》的最大难点所在,由此亦产生孔子研究的一大悬案。

古今多数学者认为,这是孔子五十岁以前说的话,具体有四十二岁、四十五六岁、四十七岁等几种主张,并据此把孔子学《周易》的时间定在五十岁。粗看,这样解释似乎没错。但是,却经不起追问:其一,学《易》前何以知道学《易》后可无大过;其二,若知道学《易》后可无大过,何以不马上学,而要等到几年之后的五十岁。

《史记·孔子世家》是这样说的:"孔子晚而喜《易》,序《彖》《系》《象》《说卦》《文言》。读《易》,韦编三绝,曰:'假我数年,若是,我于《易》则彬彬矣'。"司马迁只是笼统地说孔子晚年喜《易》,根本没有五十岁之说;并且,把这段记载编在孔子六十八岁返鲁之后。

学者们当然注意到了司马迁的记载,但除朱熹外似乎很少深究。朱熹说:"刘聘君见刘忠定公,自言尝读他《论》,'加'作'假','五十'作'卒'。盖'加''假'声相近而误读,'卒'与'五十'字相似而误分也。愚按此章《史记》作'假我数年,若是,我于《易》则彬彬矣','加'正作'假',而无'五十'字。盖是时孔子年已几七十,'五十'字误无疑也。"对此,后人多有批评,认为是擅改经传。

面对这种混乱局面,有学者力求新解。钱穆先生即说:"然何以读《易》始可无过,又何必五十始学《易》。孔子常以诗书礼乐教,何以独不见以《易》教,此等皆当另作详解。"先生的前两点疑问是成立的,但疑后的思路却走得太远了。先生按《鲁论语》版本,弃"易"取"亦",并将此句断为:"加我数年,五十以学,亦可以无大过矣。"按先生说法,孔子与《周易》就没有关系了。倘若先生见过长沙马王堆汉墓出土的帛书《易传》,想必就不会再坚持己见了。

笔者在学习过程中,见到了中国社会科学院哲学所中青年学者郭沂博士的大著《郭店竹简及先秦学术思想》。他认为,上述《论语》那章文字是孔子近六十岁时说的,孔子始学《周易》亦在那时。为此,他作了详细的考证和分析,言之成理。"加我数年",加通假,加是借字,假才是本字。假者,借也。所假之年既可往未来方向推,又可往过去方向推,孔子之语是后一种情况,意思相当于今人说的"如果我再年轻几岁"。"大过",过去学者们都认为是虚指,郭沂博士则认为是实指。孔子五十五岁起周游列国,但几年下来屡屡碰壁,业绩全无。孔子在学《周易》后意识到自己犯了一个大错,即离开鲁国而企图在他国实现自己的理想,而实际上自己的理想在哪里都实现不了。于是,孔子对随行弟子说:要是我再年轻几岁,五十岁学《周易》,就可以不犯现在这样的错误了。

如此解读,确实可通,且有新意。不过,仍有一个问题需要回答。孔子六十岁以前意识到周游列国是一个错误,为什么不及时返鲁,而又飘泊了八九年呢?郭沂博士认为,这主要由于鲁国的政局所决定的。此说有一定道理,从《史记·孔子世家》可以看出,当时确有公之鱼等人阻挠孔子回国。

"子不语"

子不语怪、力、乱、神。

这七个字是《论语》里非常重要的一章,关系到对孔子的总体认识和评价。古人曾细分:"发端曰言,答述曰语"。不语,即不主动言语,不对人讲述。读《论语》者初步了解了这句话的意思之后,无不追问一个深层次的问题:孔子为什么不谈怪异、暴力、悖乱和鬼神之事?

这里,抄录两条注释。一为东晋李充所说:"力不由理,斯怪力也。神不由正,斯乱神也。怪力乱神,有兴于邪,无益于教,故不言也。"初步解释了孔子为什么不谈怪力乱神,只不过断句与今人不同。

一为宋代朱熹所说:"怪异勇力悖乱之事,非理之正,固圣人所不语。鬼神造化之迹,虽非不正,然非穷理之至,有未易明者,故亦不轻以语人也。"解释得更细致,更深入。

朱熹将怪力乱与神分开,是有意为之。前三者现实存在,世人均一目了然,而后者"未易明",说不清。这里,有一个重要问题需要澄清,即古人的鬼神概念与今人的鬼神概念不尽一致,前者的内涵要广得多。这是因为古代科学落后,人们对世界的认识局限性很大。"未易明"可分为两种情况:其一,孔子本人即不明,所以避而不谈;其二,孔子本人已明,因其深且玄,所以不对常人谈。细读《论语》,参考其他书籍,可知基本上是第一种情况,亦即孔子并非全知全觉。

关于孔子对鬼神的态度,历来是一个争论焦点。一派举"祭神如神在"为例,在"如"字上做文章,认为孔子实际上怀疑神的存在。此说证据虽不足,但大体可以成立。另一派是其对立面,硬把"敬鬼神而远之"译成"尊敬鬼神,但在祭祀鬼神的礼仪上却不要过多注意"(《〈论语〉译说》),认为"远之"不是疏远、不接近鬼神的意思。此解难以服人。

愚乃后学,琢磨前辈两派观点之后倾向前者。有一点当无疑问,即在鬼神面前,孔子比较清醒,比较理智,不迷惘,不盲从。春秋时期是从殷商重鬼神到重世人的过渡期,孔子思想处于时代前列。

"余读孔氏书,想见其为人。"司马迁此言,道出了读《论语》之深意。通过"子不语怪、力、乱、神",人们可以想见孔子高尚、正派、严谨、务实、非暴力、不迷信等等品德和观念。亦可联想到当今之世,影视、书籍、美术、音乐、报刊、广告以及以"荤段子"为代表的口头谈笑,充斥着数量不少的色情、暴力、怪诞与鬼神,更有许许多多有知识或无知识的善男信女,求神拜神,乃至迷信邪教……由此可见,称孔子为"万世师表"并非无稽之谈,实乃不刊之论。

"三人行,必有我师焉"

子曰:"三人行,必有我师焉。择其善者而从之,其不善者而改之。"

三人行,字面义是三个人一起走路。若按朱熹说"三人同行,其一我也"(《论语集注》),则他人只有两位。其实,三这个数字在古代极有意味,是少与多、量与质的临界点。《史记·律书》说:"数始于一,终于十,成于三。"说的最精彩的是老子:"道生一,一生二,二生三,三生万物。"所以,三可以有两层意思:一是确数,二加一而已,表示少,如三寸之舌、三三两两;二是概数,表示多,如三人成虎、三夫之言。把"三人行"理解为多人同行,说得通,但据原文语意,孔子强调的是个体,是每一个人。

行——走路。但不必拘泥,泛解为相处、共事、生活,未尝不可。

师——不仅是授课教书的先生,亦是广义的"教人以道者之称也"(《说文》段注)。故无论哪方面成表率、模范者,均可为师。此章之师,就是具备某些长处、优点、能力,而值得孔子学习的人。

"三人行,必有我师焉"有两方面的意义。其一,除自己之外的两个人中,"一善一恶,则我从其善而改其恶焉,是二人者皆我师也"(《论语集注》),这是朱熹的说法。然而,彼二人有两善、一善一恶、两恶三种可能,孔子并未预设前提,且称"必有",故分析问题需再深入。应该说,任何人都是独特的"这一个",都有其或优势,或劣势,或长处,或短处;好人亦有可指摘之点,坏人大多数亦有可肯定之处,不可简单化、绝对化。所以,如何正确地看待他人,是我们得到的第一点启示。其二,孔子学识渊博,高人一等,名望很大,弟子众多,但他却虚怀若谷。孔子以自己的言行告知天下,人人都要虚心,严格要求自己,适时地把自己摆在学习者的地位。

肯定他人,虚怀若谷,紧接着便是好学,且善于学。先是"择其善者而从之",从他人身上选择善良的言行加以学习。次是"其不善者而改之",他人不善的言行也是镜子,反观自己有没有类似的不善,若有就改正,若无则"戒之"。即是说,不善亦是教材,反面教材,不善之人亦是教员,反面教员。好学而又善于学的人,可从身外的一切获得有益于自己的养料。如果联系到孔子说的"见贤思齐焉,见不贤而内自省也"(《里仁篇》),那么就会发现孔子的思想是一贯的,不同时机,不同场合,不同对象,具体说法稍有不同而已。

"三人行,必有我师焉",是《论语》普及最广的语句之一,几乎人人皆知。作此短文,不过是与读者朋友共同温习一下。

"子以四教"

教什么东西,关系到育什么人才,是根本性的大问题。那么,孔子的教学内容是怎样的呢?这在《论语》里有明确的答案。

子以四教:文,行,忠,信。

文——有文字记载的《诗》《书》《礼》《乐》《易》及各国典籍,可统称历史文献。司马迁说"孔子以诗书礼乐教",说的就是文。例如,孔子的"诗教"就很有名,他通过各类古诗不仅传授知识、民俗、史实,而且揆情度理,提炼思想。前些年出土的郭店楚简证明,孔子晚年曾对部分弟子讲《易》。行——行为、做事,亦泛指社会生活实践。了解社会,学会做人,在孔子教学中始终占据核心位置。所谓"六艺",即礼、乐、射、御、书、数,自然包括在文、行范围之内。忠、信属思想道德范畴,蕴含在文、行之中;或者应该说,文、行以忠、信为最高原则。

有学者认为,"子以四教"是由外至内,由浅入深,似可成立。文、行是人的外在,忠、信是人的内心。在孔子那里,才智教育与道德教育是融为一体的。

也有学者提出质问,忠、信已在行之中,为何单列为二教?他们认为,《论语》辑录者归纳得不好,"弟子不善记也"。录此意见,供读者朋友参考。

其实,孔子自己说过一段话,更加清楚地表明了他的教学总纲和教学内容。"子曰:'志于道,据于德,依于仁,游于艺。'"(《述而篇》)志,立志,心之所向。据,根据,心之所守。依,依靠,心之所归。游,游历。游历于六艺,是说置身于六艺的学习之中。孔子的教导用今天的话说,大意是:树立远大的理想和目标,完善私德并遵守公德,培养仁爱之心并以此面对整个世界,学习和掌握多种有用的知识、技能。虽不准确,大致相近。

钱穆先生认为:"本章所举四端,孔门教学之条目。"前三者有先后无轻重。青少年就该立志,即如孔子十五岁志于学;求道有所得,就是德;德之大全即为仁。三者与游艺,则有轻重无先后。道、德、仁是根本,重于艺,而游艺则贯穿整个学习过程。

后世尊孔子为圣人,为教育巨擘,但在教学实践中并没有按他说的去做。特别是自隋唐始,国家兴科举,仅以"文"判断优劣,决定取舍,致使教书人教学面变窄,"行"被轻视。而从元代起,"文"更加紧缩,差不多仅剩《论语》《大学》《中庸》《孟子》四书了。那时的读书人,不仅知识面窄、量少,而且思想道德、人格品质也不健全。

行文至此,按捺不住,不得不对今日教育写两句话。说是要学生德、智、体全面发展,但实际上各级学校主要在育智。而且,此智基本上只是知识层面的智,而关于人生、社会、自然(宇宙)的感悟之智则甚少。君不见各门知识性课程压得孩子们抬不起头来?君不见孩子们整天想的就是如何应付老师、应付考试、应付升学?学校里教什么东西,决策者们须深长思之!

"难乎有恒矣"

子曰:"圣人,吾不得而见之矣;得见君子者,斯可矣。"子曰:"善人,吾不得而见之矣;得见有恒者,斯可矣。亡而为有,虚而为盈,约而为泰,难乎有恒矣。"

有学者认为,两个"子曰"或为孔子两次所言,整理者将其编在一起。

善——吉、良、佳也。善人——善良的人,人中之杰出者。恒——恒心。有恒者,任何情况下坚定不移、始终如一的人。

亡——同无。虚——空虚,不足。盈——丰实,充足。约———曰物质穷困,一曰内心窘困。泰———曰物质富裕、豪华,一曰情绪安泰、从容。

此章译成现代汉语,学者们基本相同,这里仅举《论语说解》为例,孔子说:"圣人,我不可能见到了,能够见到君子就可以了。"孔子说:"善人,我不可能见到了,能够看到有恒心的人就可以了。本来没有,却装作有;本来空虚,却假装充实;本来穷困,却装作富裕。这样的人就难以有恒心了。"

愚以为,对孔子的话,与其理解为陈述句,不如理解为感叹句;"斯可矣"与其译成"就可以了",不如译成"就不错了"。因此,第一句译文是:"圣人,我没有见到他们啊!能见到君子,就不错了。"下句类似。如此可能更符合孔子口吻。

此章明确表达出孔子对春秋时期的人的认识和评价。实际上，孔子主要是说社会上层人物，是说执政者，说他们之中连一个善人都没有。

孔子颂扬的第一等人物都是历史人物，有尧、舜、禹、泰伯、文王、周公等有限的几个人，孔子尽管没有明确说出"圣人"二字，但实际上已许其为圣。孔子称赞的"贤人"也很少，有历史上的伯夷、叔齐(《述而篇》)和自己的学生颜渊(《雍也篇》)。孔子公开称赞同时代人为"君子"的，在《论语》中仅三人：卫国大夫蘧伯玉、自己的学生南容(《宪问篇》)和宓子贱(《公冶长篇》)。在孔子心目中，"圣人""贤人""君子""善人""有恒者"是由高到低的五个不同层次的人物。

对此章"亡而为有"以下一句话，两千年来古今学者均无异议，都是从否定的意义上理解的。唯独《论语辨惑》一书提出了独到见解。该书作者认为，从思想的内在逻辑上说，"有恒"之难不在"有""盈""泰"的顺境，而在"亡""虚""约"的逆境，所谓"有恒"应该是说人在逆境时要像在顺境时一样；而"本来没有，却装作有"之类，是虚荣心，与"有恒"扯不上直接关系。所以，正确的意思是把否定义改成肯定义："没有的时候像有一样，不足的时候像足一样，穷困的时候像富一样，才守得'恒'，所以说'难乎有恒矣'。"

愚以为，此解亦言之成理。不过，唯一的小缺憾是没有直译"难乎有恒矣"。把最后一句话也看作感叹句，译成："没有时像有时一样，空虚时像充足时一样，穷困时像富裕时一样，很难这样有恒心啊！"似乎也很顺当。

"多闻""多见"

子曰:"盖有不知而作之者,我无是也。多闻,择其善者而从之;多见而识之——知之次也。"

盖,发语词,有提示作用,表示确定的语气和议论的开始。作为助词,它没有具体的实在意义,不必翻译。不过,"盖"又是副词,表示概括的范围,也放在句首,如"盖一岁犯死者二焉"(柳宗元:《捕蛇者说》),如"孔子罕言命,盖难言之"(《汉书·外戚传》),二者都要译成"大概"。此外,"盖"还可作连词,表示承接上文申述原因或理由;"盖"有时与兼词"盍"通,相当于"何不",可译成"为什么不",不再举例。包括鄙人在内,许多人不易分辨古文中"盖"的含义,须仔细揣摩全句。

春秋后期,社会动荡,思想活跃,开始出现以私人身份著书立说者。应该说,这是未被充分注意到的重要文化事件,需要学术史、思想史学者加以研究。但是,其中不乏穿凿妄作之人,甚至可能形成了风气。孔子说"不知而作",其贬义不言而喻,紧接着声明自己不是这样的人。那么,孔子是什么样的人呢?根据他自己所说,分两个方面:其一,知道的,"述而不作"(《述而篇》),口述而不执笔创作。其二,不知道的,"多闻",多用耳朵听,鉴别之后有选择地采纳正确的内容;"多见",多用眼睛看,记住应该记的东西。"识",音志,记住。

孔子曾说:"生而知之者,上也;学而知之者,次也……"(《季氏篇》)孔子又说"我非生而知之者"(《述而篇》)。所以,孔子总结"多闻,择其善者而从之;多见而识之"是"知之次也",也就是"学而知之"。事实上,"学而知之"已是求学者的最高层次,次一等是"困而学之"(恐怕多数人属于此类),最差的是"困而不学"。至于孔子虚设"生而知之者",从积极意义上说是出于对尧、舜、禹、文王等先圣的崇敬和赞美,从消极意义上说是没有彻底割裂与神灵的藕断丝连。(有人认为,应该承认"生而知之",只不过非指知识,而是一种特殊的天生的智慧,如禅宗六祖慧能的"慧根"。以愚之浅陋,对此说之理解相当有限。即以慧能而言,且不说早期他有一定的世俗生活实践,如砍柴卖柴之类,就说他的开悟,也是在听人诵《金刚经》之后,哪怕是无意之"听",是否也应该算作"学"?)

显而易见,孔子认为自己有所不知,同时以此为出发点去求知。孔子求知极其诚恳、虚心,除了多读,还有多听、多看,还有多问,以及多思。"三人行,必有我师焉。择其善者从之,其不善者而改之。"(《述而篇》)孔子一生学无常师,以一切人为师,反面人物亦可成为反面教员。

孔子从小求知欲极强,二十岁前后已经读遍《诗》《书》《礼》《乐》等典籍,对周礼尤感兴趣,成为远近闻名的青年才俊。二十七岁那年,听说少皞氏后代、郯国君主前来鲁国,急忙拜见求教,弄明白了远古职官制度以及东夷鸟图腾与殷商文化的关系,感叹说"天子失官,学在四夷"(《左传·昭公十七年》)。三十四岁那年,带领弟子专门西行洛邑,"适周问礼,盖见老子云"(《史记·孔子世家》)。中年做官以后,"入太庙,每事问"(《乡党篇》),一方面核实简册上的礼仪记载,一方面了解礼仪实践中的种种细节。周游列国以后,有了足够空闲时间弥补自己读书的不足,开始学《易》,以至于"读《易》,韦编三绝"(《史记·孔子世家》)。

以上诸事都有一个前提,就是孔子老实承认自己有所不知。孔子教导子路"知之为知之,不知为不知,是知也"(《为政篇》),不是一般道理的说教,而是孔子在自己生命进程中的深切体悟。

"与其进也"

　　互乡难与言。童子见,门人惑。子曰:"与其进也,不与其退也。唯何甚?人洁己以进,与其洁也,不保其往也。"

　　互乡难与言——按现代汉语习惯,是"难与互乡言";"互乡"是"与"的宾语,提到前面,得以突出、强调,这是古汉语极常见的用法。互乡,地名。与,第一个为介词,和、同义;后三个为动词,赞赏、嘉许、支持义。童子——古人二十而冠,谓成年礼,此前皆可称童子;此章童子不会太小,当在十五至二十岁之间。童子见,据下文应是"见童子",亦宾语前置。其——代指童子。退——畏缩。唯——独、只。甚——过分。洁己——洁身律己。保——保证、担保;不保,本文引申为不关注、不纠缠。往——以往、过去。

　　人们难以和互乡的人交流。孔子接见了互乡的一个青年,弟子们对此迷惑不解。孔子说:"我是嘉许他追求上进,不赞成他面临学习机会畏缩不前。为什么唯独对互乡的人做得过分呢?一个人洁身律己以求上进,就赞赏他洁身律己,不要关注、纠缠他的过去。"

　　此章文句的具体解说,各家不一。本文比较、分析之后,自述其大意,供读者朋友参考。

　　此章颇有意味,试从几个层面略加敷衍。其一,"互乡难与言。"这是孔门弟子的印象,也许是当时人们的普遍看法。互乡那个地方可能较为闭塞、粗陋,或有其他原因,养成了少与外界交流的民风。依常人看来,既然如此,远离他们就是。但是,孔子不同。孔子心胸广大,深怀仁爱,相信"十室之邑,必有忠信如丘者焉"(《公冶长篇》),不相信互乡所有人都一模一样。所以,孔子才有"唯何甚"的责问和批评。

其二,"童子见。"见之前孔子必不知来者为何人,有何事,但只因是个童子而不加拒绝,足以反映孔子对青年人的关爱。交谈之中,孔子了解到这是个积极上进的青年,心中顿生好感,甚至欣喜,因而勉励有加,这是可以想见的。

其三,"不与其退也。"这是孔子对弟子们所作的解释。本文以为,首先,孔子觉得自己到了互乡,要求上进的童子请见是正常的;如果童子明知自己到了互乡,而不前来求教,那是不明智的。其次,童子满怀热情前来求解疑难,如果被拒绝,那么不仅原先的问题没有答案,而且无疑遭受了一次不小的打击,从此失去正确方向亦未可知,乃至一蹶不振,尤其是在互乡的环境中。这都是孔子不愿看到的。

其四,"不保其往也。"这不仅是针对童子说,而且具有普遍性。不管一个人的过去如何,只要他此时要求上进,就应肯定、支持、赞许。有人认为"往"义为往后,即将来;表彰当下进步,不保证将来一定上进。此说似亦可通,然依全文意思,取前说更妥。此语原意到底如何,可以存疑。

总之,孔子处世待人的心胸、原则、方式方法,由此章可见一二。

"丘也幸"

《论语》记载了一件事：陈国司寇问孔子，鲁昭公知礼不知礼，孔子答曰知礼。孔子离开后，陈国司寇对孔子的学生巫马期作揖行礼道，据我所知君子是不偏袒的，可你的老师孔子却偏心、护短；鲁昭公娶了吴国一女子，叫吴孟子（吴女当称孟姬，昭公讳之，鲁人称其吴孟子，表面是避讳，实含讥讽之意），而吴国与鲁国同为姬姓，依礼不能通婚，假如鲁昭公这样做是知礼的话，那么天底下就没有不知礼的人了。事后，巫马期把陈国司寇的指责告诉了孔子，孔子说："丘也幸，苟有过，人必知之。"

孔子明知鲁昭公娶吴孟子是违礼，但面对他国政府要员的别有用心的发问，不得不站在鲁国的立场上，以外交辞令避实就虚。这里，我们可以说孔子不得不违心，绝不伟大。

孔子的伟大表现在后面。作为文化学者和教授的孔子，三千弟子遍布各国，名满天下，所以他的缺点和错误就格外容易引起议论和批评。孔子是如何对待的呢？他说，我真幸运乃至幸福，因为只要我有偏差和错误，别人就会知道并且指出来！

古今同理，当代名人的言行也受到广泛关注，其优势和成就自然引起赞赏，其缺点和错误自然引起批评。不过，当代名人中很难找到"某也幸，苟有过，人必知之"的人。我们看到和听到的常常是相反的情况。即如不久前那场笔墨官司，当事人闻过即怒，闻过即辩。这个世界上，很多人都是聪明反被聪明误。殊不知，在"硬伤"面前，越怒越失气度，越辩越显低俗。

依笔者看,闻过则喜与怒,说到底是精神境界高与低的问题。矜而忿之人是做不到毁誉不惊的。这与智商、思维、学识有关,但关系并不十分密切,而是主要取决于性格、品德、修养。其中,许多因素由先天带来,改也难;即便后天因素同样起着重要作用,可岁月已逼近老年,却还没有达到"不惑",更没有"知天命"和"耳顺",那么只好"末如之何也已矣",拿他没办法了,亦无须谈什么境界不境界了。

"子路请祷"

子疾病,子路请祷。子曰:"有诸?"子路对曰:"有之。《诔》曰:'祷尔于上下神祇。'"子曰:"丘之祷久矣。"

疾病——疾甚曰病,连用指病重。请祷——请求允许自己代为祷告。子路代祷必当孔子面进行,否则无需请示,自行祷告便是。有诸——问辞,"有之乎"的缩写。诔——音累之上声,本应作谥。谥用于生者,累其功德以求福;诔用于死者,哀其辞世以作谥。但,两字相混已久。此章之诔,指佚失的一篇著名诔辞。尔——汝,第二人称。上下神祇——祇音齐,天在上为神,地在下曰祇。

孔子病重,子路请求当面替先生祈祷。孔子问:"有这种事吗?"子路回答:"有的。《诔》文上就说:'为你向天神地祇祈祷。'"孔子说:"我自己已经祈祷很长时间了。"

如何分析此章?其一,春秋时期,人们生病向神祈祷,自然而然。子路十分崇敬老师,因老师病重而极其着急,想必私下已为老师祈祷,现又请求当面再行祈祷,情深意切,无可深责。

其二,孔子说过"吾不与祭,如不祭"(《八佾篇》),实际上是反对别人代祭。代祭、代祷,不足以表达自己诚心,是不认真、不严肃。所以,孔子婉拒了子路。

其三,"丘之祷久矣"字面义是说自己祈祷很长时间了,但其实没这么简单。综合考虑孔子之为人处世,具体联想其对鬼神、对祭祀和祈祷之言行,不能不认为,孔子不可能像善男信女那样日日求神,时时祷告。所谓"祷久",应当是以类似祈祷之诚心诚意,面对生命和生活,修身正行,乐而忘忧,无论是顺境还是逆旅,无论是健康还是生病。"丘之祷久矣"是一句巧妙的应答之辞,一方面照顾了子路的情感,一方面表达了自己的拒绝。或者说,这是一句善意的、耐人寻味的"谎言",即幽默的玩笑话。

其四,孔子未明言鬼神之有无,亦未直斥祷神之非,然而却表达出远鬼神、远祈祷的意味。读者细细体会,可进一步深入孔子内心。

关于祈祷或祷告,愚以为应当细分,区别对待。首先是有固定程序的祈祷,隆重,严肃,一丝不苟,如正规的祭神、祭祖典礼。其次是无严格仪式的祈祷,或出口有声,或心中默念,虽简朴,但亦虔诚,如日常办某事之前祈求神灵保佑。三是口头语式的祷告,随机,不假思索地脱口而出,如情急之下或悲痛之中的呼天叫地。设想一场景:一孩童突发急症,其年迈祖母自言自语:"老天保佑!"

第三种祷告,不能成为鬼神崇拜或宗教信仰之证,"天"只是一个虚幻的语言符号,没有实际的神的意义。充其量,它也只是鬼神崇拜的遗风。孔子所说"天丧予!天丧予"(《先进篇》),应作如是观。

"奢则不孙"

子曰:"奢则不孙,俭则固。与其不孙也,宁固。"

奢——奢侈,既是物质上的精美、铺张、浪费,又是非物质文化上的绚烂、繁缛、浮夸。孙,通后起的逊字,谦恭,顺从。俭——节省,一般为褒义词,但有过度发展之可能,而成吝,故本文释俭为俭吝。此章之俭,既是物质上的局促与吝啬,又是非物质文化上的保守与闭塞。固——多义,此章之固应为陋义。司马相如《上林赋》有"鄙人固陋,不知忌讳"句,固陋一词谓闭塞鄙陋,见闻浅少。

孔子是说:"奢侈就会不恭顺,俭吝就会鄙陋。与其不恭顺,宁可鄙陋。"

奢与俭互为对立面。《八佾篇》林放问礼之本,孔子回答:"礼,与其奢也,宁俭。"其实,礼仪的奢与俭皆不恰当,奢过于外向张扬,俭过于内向收敛,礼仪应在两者之间适度呈现。如果不能适中,而不得已非要在奢与俭中选择一种,那么孔子宁愿选择俭。孔子的意思主要是反对奢。本章之精神与此一致。所不同者,宁俭勿奢重视外在表现,宁固勿不逊强调主观态度。

奢侈何以会不恭顺?除外在的物质因素外,奢侈以虚荣心和炫耀欲望为内在支撑。这种虚荣心和炫耀欲望膨胀到一定程度,必会飘飘然,自我陶醉,以为高人一等或几等,因而趾高气扬。此时,能够谦逊、恭顺才怪!

俭吝何以会鄙陋？过分节俭可以说就是吝啬。极度舍不得,小气,眼光、心思全在已有的财与物上,唯恐失去一丁半点。如此这般,怎能不心胸狭隘、气量窄小？怎能不孤陋寡闻、见识短浅？缩紧的内心与吝啬的行为,互为因果。

不逊不好,固亦不好,最好是既非不逊,又不固。然而,人性复杂,人生复杂,时时、处处、事事都恰如其分,难矣哉。那么,两害相权取其轻,宁固勿不逊。固,不招人喜欢,但那只是个人品性欠佳,影响毕竟有限。不逊,则令人讨厌,因为那已经违礼,尤其是僭上,危害到人际关系和社会运转的"游戏规则"。

孔子反对奢而不逊,应该与当时的社会风尚有关。就是说,春秋末期虽然战争频仍,社会动荡,但统治阶级的奢靡之风却不见收敛;同时,土地私有化开始蔓延,民间亦讲排场,求奢华,人们争相攀比,待人无礼,言行不逊,特别是以下犯上。孔子对这种风气十分反感,于是经常教导弟子们加以警惕。

今人学习此章,不免感叹到处皆见"奢则不孙"。随着经济快速发展,生活水平提高,豪华、奢侈已经风起潮涌。自然,此风潮自富人起,置办豪宅、名车及其他各类国际顶级奢侈品。恰如当年鲁迅先生对国民性的深刻剖析"一阔脸就变",如今许多富人财大气便粗,除了权力和金钱,其他一切都不放在眼里。所谓中产阶层,则紧随其后,实践着中等奢侈,这从他们的婚礼、生日宴会以及日常作派中可见一斑。至于那些小白领,甚至一些低薪者,被奢侈风潮裹挟而不能自已,在进行"奢僭",即追求超过本分的奢侈。他们以拥有某种单件奢侈品而自豪,或拎包,或手表,或时装,或皮鞋,哪怕几个月、一两年节衣缩食。他们可谓一奢脸就变,其洋洋自得、出言不逊之态,十分可笑,亦复可怜。

奢侈,历史上彼伏此起,但从来不是好事情。发展中国家奢侈成风,尤其值得警惕。

"君子坦荡荡"

子曰:"君子坦荡荡,小人长戚戚。"

小人——指一般人,常人,当然亦包括狭义的小人,即品格低劣之人。

钱穆先生翻译此章为:"君子的(心胸气貌)常是平坦广大,小人的(心胸气貌)常是迫促忧戚。"(《论语新解》)杨伯峻先生则是:"君子心地平坦宽广,小人却经常局促忧愁。"(《论语译注》)二者相仿,大致说明了孔子的意思。

但是,若要深入领会,仅凭现有译文是不够的。"坦荡荡""长戚戚"意味丰富,"平坦宽广""局促忧愁"不足以概括。语言由简单到复杂的发展,一个基本事实是词汇的增多与细化。古代一词多义,常是笼统的,现代一词一义,常是明确的,故现代一词很难对应古代一词,而需多个词语才能较为全面地表达清楚。现掉一回书袋,以证本文所言不虚。

坦——《周易·履卦》九二爻辞"履道坦坦",平而宽广之义。《管子·枢言》"坦坦之利不以功,坦坦之备不为用",平平、平常之义。《说文》"坦,安也",安者静也,镇定、安泰之义。

荡荡——《尚书·尧典》"汤汤洪水方割,荡荡怀山襄陵,浩浩滔天"(有学者认为原文"荡荡"两字为衍文,有理),汤汤即荡荡,水势浩大、奔流激荡之貌。《论语·泰伯》"荡荡乎民无能名焉",空旷、广远之貌。《左传·襄公二十九年》"美哉,荡乎",平正、广大之义。

"坦荡荡"形容君子,可以说其心胸或整个精神状态平正、宽阔又旷达,安稳、从容又昂扬。小人与君子正好相对,故其心胸曲邪、窄狭、紧缩、躁动、慌乱、委顿。

戚——甲骨文本义是兵器斧子,其引申义众多,其中段玉裁注《论文》曰:"戚之引申之义为促迫,而古书用戚者,俗多改为蹙。"《诗经·小雅·节南山》"蹙蹙靡所骋",蹙蹙即戚戚,缩小之貌,即局促不得舒展。故,戚戚实含收缩、局促、紧迫、纠结、不安等义。段玉裁又曰:"戚训促迫,故又引申为忧。"《诗经·小雅·小明》"自诒伊戚",《论语·八佾》"与其易也,宁戚",戚均为忧义。《康熙字典》将哀与忧相分,戚亦为"哀戚"。《尚书·金縢》"未可以戚我先王",学者认为戚为"恼"义。《礼记·檀弓下》"愠斯戚",学者认为戚为"怨愤"义。

总之,"长戚戚"形容小人,内蕴相当复杂。以愚之见,孔子心中的小人状态,是庞杂的负面形象,绝非简单而可一语说清的。同样根据君子与小人相对的理由,从"戚戚"的反面来说,又可判定君子开朗、舒展、直率、乐观等特征。

古今许多学者解释"小人长戚戚",重点放在忧愁或忧惧上,似有抓小放大之嫌。小人心胸阴暗、褊狭,常紧张、纠结,故易产生忧愁、恐惧。此处,亦有源与流之关系,应该分清。

其实,在生活实践中仔细体味"君子坦荡荡,小人长戚戚",才是更重要的。一方面观察、分析他人之言谈举止,一方面反观、内省自己之心灵世界。工夫到家,即可明白"坦荡荡"与"长戚戚"。

最后,需作补充说明。《孟子·梁惠王上》载孟子对齐宣王讲述王道,齐宣王说:"夫子言之,于我心有戚戚焉。"此之"戚戚",现均理解为"心动",故"于我心有戚戚焉"一语至今活在现代汉语中。上文为说小人,只讲"戚戚"负面义,而事实上"戚戚"自古亦有亲近义,如《诗·大雅·行苇》"戚戚兄弟"一句,即相亲相爱的兄弟。

泰伯篇

"三以天下让"

子曰:"泰伯,其可谓至德也已矣。三以天下让,民无得而称焉。"

古代学者对此章的考证、解释连篇累牍。今人读此章,仅据《史记·周本纪》《史记·吴太伯世家》,大致清楚关于泰伯的故事,即可。

周族第十三代领袖是公亶父(后被称为太王),他有三个儿子:长子太伯(即泰伯)、次子仲雍、幼子季历。季历生子取名昌(即后来的周文王),"有圣瑞",所以公亶父非常喜爱这个孙子,"我世当有兴者,其在昌乎?"泰伯、仲雍知道父亲的心意,于是携手隐身而去,给弟弟季历即位提供便利。二人远离周地,迢迢几千里,最后落脚在荆蛮之地的太湖附近(今无锡市)。"文身断发",融入当地原住民,"自号句吴",自愿归属的有千余家,"立为吴太伯"。

何为"三让"?学者说法不一,比较好理解的有两种。其一:父亲公亶父死,弟弟季历立,一让;弟弟季历死,侄子昌立,二让;侄子昌死,侄孙发立(即周武王),三让。其二:泰伯走后,季历两次派人请泰伯,泰伯不归。

怎样理解"让天下"?当时的周不过是西方的一个诸侯国,谦让一个地方的领导权怎么说是"让天下"呢?有学者说是"推本言之",有学者说是"就成事上论其让也"(《论语集释》)。周武王克商,一统天下,与伯祖泰伯让位于祖父季历有逻辑关系。

什么是"民无得而称"？泰伯悄然离去，当时人们不知道他去了哪里，为何而去，因此不知道该怎样评论此事；后来人们知道泰伯是主动远避权位，深感其品德高尚，而惟其太高，竟然也不知道该怎样称颂才好。几百年后，孔子这样有文化有思想的人也只是慨叹"其可谓至德也已矣"，笼统地说泰伯的品德至高至大，无以复加，堪与天齐。

孔子观察历史，评论历史人物，常从道德角度着眼，在一定意义上可以说是一位道德史观论者。道德史观有很大的局限性，但也有至今仍旧适用的进步内容。孔子竭力称颂尧、舜、禹、文王、周公，是在给同时代以及后世的执政者树立效法的榜样；同时高度评价泰伯，是在树立另一类榜样，纯粹的道德楷模。在孔子看来，春秋时期的执政者基本上都是无德之人。

争利、争名、争权，是人类的通病，是人性中共有的弱点。孔子和其他许多先进思想家一样，竭力倡导去除名利的道义和品格，但总是少数人听，更多的人不听，连一些宣传孔子思想的人也是说一套做一套。

文章写到这里，有一个情况不得不说。古史专家杨宽先生在其大著《西周史》里说，《史记》关于泰伯的记载"不符合事实"，事实是"太王传位给幼子季历，而让长子太伯、次子仲雍统率部分周族迁到今山西平陆以北，创建虞国……"，"至于吴国，应该是虞的分支"。倘若确如杨宽先生所说，那么太湖地区吴文化研究者以泰伯为始祖的愿望，恐怕就要落空了。

"恭而无礼则劳"

子曰:"恭而无礼则劳,慎而无礼则葸,勇而无礼则乱,直而无礼则绞。君子笃于亲,则民兴于仁;故旧不遗,则民不偷。"

古今多数学者认为,自"君子"以下应为另一章,本文不作辨析。近来谈"礼",故只说前四句。

恭而无礼则劳——恭,与敬相关联,但有区别,《礼·曲礼》疏曰:"在貌为恭,在心为敬。貌多心少为恭,心多貌少为敬。"表现谦恭,却不懂礼的精神,不知礼的形式,这种人确实存在。劳,今人不易理解,学者说法多有不同。愚以为,必须首先明确此"劳"为贬义词,其次参考有子所言"恭近于礼,远耻辱也"(《学而篇》),取恭而远离礼可能招致耻辱之意。劳怎么会与耻辱挂钩?《说文》曰:"劳,剧也。"段玉裁注:"用力甚也,后因以为凡甚之词。"无礼之恭是用力过度的恭,是硬要表现的恭,甚至是装出来的恭,于是便可能趋向卑躬屈节,趋向谄媚。由于无礼之恭只是可能而非必然通向"耻",所以孔子用了委婉的"劳"。不少现代学者用"徒劳"解,劳而无功,劳而无果,应该说比较勉强。

慎而无礼则葸——慎,谨慎。葸,畏惧,胆怯。礼规定贵贱尊卑,以及相应的职责、仪态,如果言行不能恰如其分,只是一味地小心谨慎,缺乏担当,该说的不敢说,该做的不敢做,则不合礼的要求,结果导致胆小怕事,葸葸不前。

勇而无礼则乱——此句较易理解。勇敢而不讲礼的规定,没有礼的约束,就是粗野之勇、莽撞之勇、蛮横之勇,不仅勇者自己头脑混乱,而且所造成的结果也是乱局一团,更严重的则是犯上作乱。孔子讨厌的人之一便是"勇而无礼者"(《阳货篇》)。

直而无礼则绞——拙文曾详解此句,以及"好直不好学,其蔽也绞"(《阳货篇》)。绞,在此处有两层意思:其一,急切,尖刻,指待人不厚道,刻薄;其二,坚、刚而易折,指直率者自己垮台。

恭、慎、勇、直,是四种很好的德行,都属于"仁"的范畴。但是,在孔子那里"仁"是要通过"礼"来体现和制约的。否则,四种很好的德行就会变成很不好的劳、葸、乱、绞。由此可见,礼在人生中的地位和作用是何等重要。此章即是孔子又一次强调礼不可少。

另外可以看出,劳、葸、乱、绞分别是没有制约的恭、慎、勇、直的极端化发展,违背了"度"的要求,亦即违背了中庸的要求。因此,礼又是"执两用中"的保证。

《礼记·仲尼燕居》载:子曰:"敬而不中礼谓之野,恭而不中礼谓之给,勇而不中礼谓之逆。"此文可与上述相互参照。野,鄙野无文。给,音已,此处是贬意的言辞敏捷、善于应付之义。《公冶长篇》有"御人以口给"之语,口给即口才敏捷、善于答辩。"给"与"劳"不同,但在特定语境中相通。无礼之恭称为给,善于应付,巧于答辩,其巴结、谄媚之态显而易见。"逆"与"乱"亦如此。逆,背逆,叛乱。

"直而无礼则绞"

《泰伯篇》载,"子曰:'……直而无礼则绞。'"《阳货篇》载,孔子告诉子路什么是"六言六蔽",其中一条为"好直不好学,其蔽也绞"。

"直"是一种可贵的素质,是出于本能、性格、情感的自然表现,率真、朴实、坦荡,应该充分肯定和大力张扬。不过,这只是孤立地谈直。孔子的思想相当深刻,也相当辩证,他看到了在复杂的人际关系和社会生活中,这种直可能出现的不利倾向,可能造成的严重后果。孔子用了一个字:绞。

汉代马融和三国时何晏注:"绞,绞刺也","刺人之非也"。汉代郑玄注:"绞,急也。"宋代朱熹注:"绞,急切也。"现代学者沿用此类注解,以为绞就是尖酸、刻薄、过急、偏激。应该说这没有什么不对,但愚以为,绞是一个含义非常严重的字,仅如上解,明显不足。古代几部重要的字书分别解作缢、绕、缚等。《左传·哀公二年》"若其有罪,绞缢以戮",指绞杀罪人。唐代孔颖达说"若是两股相交,则谓之绞",指缠绕不清。《关尹子·二柱》"木之为物,钻之得火,绞之得水",指挤压、扭转而溃散。唐代韩愈注"绞,确也",确是坚、刚而易折之义。所以,"直而无礼则绞""好直不好学,其蔽也绞",不应该仅仅理解为"急切也""刺人之非也",那太简单了。

事实上孔子认为,人在社会中生活,如果只从本能、性格、情感出发,一概率性而言,任性而为,"直而无礼",不遵循礼的要求,不接受礼的限制,即不管不顾社会规范,那么结果就会一塌糊涂,各种严重的事情都有可能发生。"好直不好学",情况一样,必生矛盾乃至祸害。学,不仅是学知识,而且包括提高思想水平和道德水平,加深修养,懂得并且做到"临事而惧,好谋而成"(《述而篇》)。

人们不难看到,某些人一味地直,口无遮拦,言语伤人,方法简单,行为偏激;更有甚者,直且犟,个性过强,一意孤行,专断,狂妄。他们不懂得个人与群体、社会的关系,不能时时摆正自己的位置,不知道在人生和社会的大舞台上自己该怎样表演。他们固然有质朴、可爱的一面,却也有粗野、无理的一面;他们固然可以建功立业,却也难免伤人坏事。

孔子为什么单单告诉子路"六言六蔽"?就是因为子路在许多方面存在问题。《史记·仲尼弟子列传》载:子路年轻时"性鄙,好勇力,志伉直"。鄙,粗野。伉直,亦作亢直,刚直义。子路的这种性格后来没有多少改变,正如孔子所说"由也果"(《雍也篇》)、"由也喭"(《先进篇》)。子路是字,名是仲由,老师对学生只称其名。果,果敢。喭,粗俗、鲁莽。子路的这种性格使他成为同学中唯一敢于经常批评老师的人,但有些批评粗浅、无理,有些批评弄得孔子都下不了台。孔子一方面深喜子路的刚直,一方面又看到他读书不够,修养不够,而替他担忧,"若由也,不得其死然"(《先进篇》)。后一句话的意思是:像仲由那样,恐怕不会寿终正寝吧。后来,子路果然战死于卫国内乱。子路死得壮烈,但很悲惨;死得有尊严,但很冤枉。

秦末的项羽、三国时的张飞等直人,更加典型。他们就是因为"不好学""无礼"(当然还有其他复杂因素),最后皆"绞"——项羽不得不自刎乌江,张飞则被部下残害致死。此类直人之结局,常令人痛惜不已,慨叹不已。

"立于礼"

《泰伯篇》载,"子曰:'兴于诗,立于礼,成于乐。'"

《季氏篇》载,"不学礼,无以立。"

《尧曰篇》载,"孔子曰:'不知命,无以为君子也;不知礼,无以立也;不知言,无以知人也。'"

孔子反复教导弟子们以及自己的儿子孔鲤,要"学礼""知礼",然后"立于礼"。这里的"立",是指在社会上立足,安身立命。孔子晚年总结自己的一生,说"吾十有五而志于学,三十而立……"(《为政篇》),实际也是"立于礼"。今人理解"三十而立"为成家立业,与孔子本意有不小距离。孔子十七岁丧母之后已经自谋生路,十九岁成亲,二十岁就做父亲了。

礼是国家、社会、人生的规范,一个人除非像不食周粟的伯夷、叔齐那样跑进深山老林,否则必然要在一定的"礼"中生活。不学礼,不知礼(事实上不会一点儿都不学都不知,幼年或多或少都会从父母那里学一些,长大亦会从生活实践中学一些),尽管可以活着,但却寸步难行,与现实社会格格不入。"若无礼,则手足无所错,耳目无所加,进退揖让无所制。"(《礼记·仲尼燕居》)如果没有礼,那么手和脚都不知怎么放怎么动,耳和眼也不知听什么看什么,与人交往进退无据,揖敬、谦让不知怎么做。礼是人立身的基石,是人在社会上的通行证。

忽然想到《红楼梦》里的刘姥姥。"那刘姥姥虽是个村野人,却生来的有些见识,况且年纪老了,世情上经历过的",她立足于村野,显然可以应付自如,而立足于荣国府,尽管知道并且说出了"礼出大家",尽管曲意逢迎以博取主人欢心,但还是闹出许多与"礼"不合的笑话。刘姥姥的故事只能作为《红楼梦》的一个小插曲,从根本上说她是不能立足于荣国府的,因为她不知荣国府之"礼"。用刘姥姥说明"不知礼,无以立也"不够有力,但比较具体、生动,容易理解。

"礼也者,动于外者也。"(《礼记·乐记》)但礼并非硬邦邦的准则,而是以人的情感作为内在基础的,核心就是"敬"。故"立于礼"深层次的要求是由衷的尊敬。刘姥姥不知荣国府之礼,但不招荣国府上下的讨厌,就因为她充分表现了以卑奉尊的敬意。(刘姥姥的情感是个复杂的议题,这里不作讨论。)一个人把自己内心的尊敬与外在的礼的形式结合起来,才可以真正地在社会上安身立命。

"立于礼",要求衣食住行、言谈举止无一违礼,亦即"非礼勿视,非礼勿听,非礼勿言,非礼勿动"(《颜渊篇》)。倘若举例,最好就是孔子本人。仔细阅读乡党篇,就会知道孔子在朝、在乡、在家的一切表现无不中礼。

时代变迁,"礼"的内容不同,"立于礼"的原则却永远成立。今人若不知国家和地方的法令、法规、条例,若不知所到之处的风俗习惯,若任性、粗鲁而不讲礼节礼貌,岂可立足?岂可通行无阻?举例来说,如今人际交往空前广泛和频繁,那么必不可少的是:"入境而问禁。入国而问俗。入门而问讳。"(《礼记·曲礼上》)"禁""俗""讳"都是各地各国各家的"礼",不问不知,何以融入?

"成于乐"

子曰:"兴于《诗》,立于礼,成于乐。"

此章可意译为:生发情感、振奋意气在《诗》,进退有度、安身立命在礼,境界升华、道德完善在乐。有学者强调《诗》、礼、乐,放在主体地位,译作《诗》使人兴,礼使人立,乐使人成。亦可,但似乎不如前者精确。

十分明显,孔子在说一个人的"兴""立""成",指的是修身养性、道德人格的进程和目标;同时强调这一进程和目标的实现离不开学《诗》、学礼、学乐。关于"兴"在《诗》、"立"在礼,拙文曾经涉及,本文谈"成于乐"。

"成",是成功、完成,可引申为完满、完善。孔子为什么把"乐"的功能与效用提得如此之高?由于孔子对"乐"没有系统的理论阐述,所以为了清楚地说明问题,这里以《礼记·乐记》为蓝本。有人说《乐记》为孔子再传弟子公孙尼子所著,但有很大争议。不管怎样,《乐记》反映了早期儒家(包括孔子)对音乐的起源、本质、特征、作用的系统看法,则无疑义。

"……故礼以导其志,乐以和其声,政以一其行,刑以防其奸。礼乐刑政,其极一也,所以同民心而出治道也。""乐统同,礼别异。"从国家角度说,或从政治角度说,乐的根本目的与礼、政、刑三者是一样的,即"出治道"。具体来说,乐通过"和其声"达到"同民心",

达到"统同"。

"大乐与天地同和,大礼与天地同节。和,故百物不失;节,故祀天祭地。""乐者,天地之和也;礼者,天地之序也。和,故百物皆化;序,则群物有别。"从思想角度说,或从哲学角度说,乐是"天地之和"的表现,因而也就是所谓天道、天德的表现。人间的乐要以天德为准,化尽世间万物,和谐共处。

"乐由中出。""乐也者,动于内者也。""乐者,通于伦理者也。""乐者,德之华也。""致乐以治心。""唯君子为能知乐。"从个人修养角度说,乐所体现和代表的"和"是伦理、道德的精华,一个人通过乐来"治心",达到"和"的境界,并外施于家庭、社会,才能成为真正的君子。

应该明确,孔子所说的乐并非泛指,而是"雅乐",即先贤的《韶》《武》,以《诗》为唱词的乐,以及西周其他正式的祭乐、舞乐等。

为了仔细揣摩、领会"成于乐"的意味,可以参看孔子学琴的故事。据《史记·孔子世家》《淮南子·主术》《孔子家语·辨乐解》等书记载,孔子曾向鲁国(一说晋国)乐官师襄子学琴。师襄子教了一支曲子,孔子学了十天。师襄子说你已经比较熟练,可以学新曲子了。孔子说我只是会简单弹奏,还没掌握更高的技巧。过了一段时间,师襄子说你已经掌握技巧,可以学新曲子了。孔子说我还没领会曲子的志趣和神韵。又过了一段时间,师襄子说你已经精通曲子的思想、感情,可以学新曲子了。孔子说我还没理解作曲者的为人及其风采。再过些天,孔子肃穆深思,恍然大悟,说:"我知道了。他脸色黝黑,身材高大,眼睛总是远视着,好像周围都是他统治的国家。不是周文王又有谁能这样呢?"师襄子非常惊异,对孔子一拜再拜,说道:"您真是圣人啊!据传这支曲子就叫《文王操》!"

"民可使由之"

讲孔子的政治思想,必会遇到《泰伯篇》的一章文字,"子曰:'民可使由之,不可使知之。'"由,古训作从,顺随之义。这句话是《论语》的难点之一。本人无力彻底解决这个悬案,只能作些简单梳理,与读者朋友商讨。

对这句话的分析、理解,数以百千计,本人读过一二十家,以为可分成三大类。

第一大类,以《孔子批判》一书为代表。他们的译文如下——先师说:"民众可以使他们遵照上面的命令去做,不可使他们知道为什么要这样做。"结论:"不可讳言,孔子所讲的乃是愚民政策,是他政治学说的一个组成部分。"此为批孔派观点,有一定市场,但多数人并不认同。孔子讲爱民、养民、教民,说他愚民找不到任何其他证据。

第二大类,由一些极端的尊孔者论说,其中最突出的是清末康有为和宦懋庸。他们将原句断为"民可使,由之;不可使,知之",以及"民可,使由之;不可,使知之"。两者虽有些许差别,但无本质不同。认为:"对于民,其可者使其自由之,而所不可者,亦使知之。"有学者指出,如此断句不合古代常例,难以成立,其解释已属笑谈。

第三大类,自然是除去上述两类后其余各家。此类数量最多,人员构成非常复杂,对本章的分析亦有很大差异。以下均以近现代学者为例,将其分为若干种。

其一,南怀瑾先生认为:"孔子的话绝对的对,并不是一般人所说的愚民政策。事实上有些人的头脑、程度、才具只能够听命于人……碰到这样的人只有'民可使由之,不可使知之'。"此论以"有些人"代"民",偷换概念,取巧以求一得,但问题并未解决,无法令人信服。

其二,钱穆先生认为:"民性皆善,故可使由。民性不皆明,有智在中人以下者,故有不可使知者。若在上者每事于使民由之之前,必先家喻户晓,日用力于语言文字,以务使之知,不惟无效,抑且离析其耳目,荡惑其心思,而天下从此多故。"此论比南怀瑾先生分析得透彻,似可部分地说服人,但对于"民"仍有以局部代全体之漏洞。从根本上说,此论与南怀瑾先生相距并不遥远。

其三,李泽厚先生认为:"古代的'民主'正是'为民作主'……古语亦有'民可与乐成,未可与虑始',均为同一经验,不足为怪,不足为病。时移世变,孔子之是非当然不是今日的是非。"此论以一种历史主义的面貌出现,似有一定道理,但仍不能使读者满意。

其四,由台湾地区移居美国的萧民元先生晚年研读《论语》,九十六岁时写成《论语辨惑》一书。萧先生认为:"这又是一个标准的断章例子。写的人没有把谈话背景写出来,容易产生误解。"确实如此!没有时间、地点、对象、具体内容,后人难免断章取义。萧先生假设了一种背景,作了圆满解释:有一天孔子与弟子们讨论礼仪,孔子阐发后,有弟子赞叹深远高明,并问道"这种道理当政者如何能使人民明白",孔子回答"不明白没关系,主要教导人民如何去做就行,不一定非得让人民知道其中道理"。

其五,齐鲁书社出版了一本《论语说解》,作者幺峻洲先生借鉴了郭店楚简的有关记载。楚简《成之闻之》(多数学者后将篇名定为《大常》)有言:"上不以其道,民之从之也难。是以民可敬导也,而不可掩也;可御也,而不可牵也。"楚简《尊德义》有言:"民可使道之,不可使知之。民可道也,而不可强也。"多数学者认为这两篇楚简为子思的门人所作,不过幺先生认为上述引言是孔子说的话,中心意义是对民众要引导,不能欺骗、强迫。因此,幺先生将"民可使由之,不可使知之"译成:"老百姓,可以使他们(自然地)按着当政者所指点的去做,而不可以使他们觉得自己是被牵着走。"应该承认,如此翻译确有新意,问题在于楚简所记是否孔子语尚不能确证。

本人所见,还有更新奇者,如《发现论语》,其标新立异纯属妄谈,不再引用。

"周公之才"

子曰:"如有周公之才之美,使骄且吝,其余不足观也已。"

拙文过去讲过此章,其主旨在戒"骄"戒"吝",可是行文较为粗疏,尤其是未解"周公之才"。孔子实际上把周公作为"才美"的最高典范,因此需要对"周公之才"作些说明。

周公,名旦,在周文王十个嫡子中排行老四(周武王为第二子,名发)。其最初的采邑在周城(今陕西岐山北),故称周公。才,现在一般解释为才能、才艺,但这有失偏颇。通材,在此章首先是指材质,周公的本质好、素质高,即所谓"□之良质也",故孔子用"美"形容之。武王曾对周公说"汝维幼子大有知"(《逸周书·度邑解》),意思是说在武王的八个同母弟和八个异母弟中周公知识最多,才能最佳,最有头脑,最有智慧。司马迁则说:"旦为子孝,笃仁,异于群子""旦巧能,多材多艺,能事鬼神"(《史记·鲁周公世家》)。所以,"周公之才之美"绝不仅仅是现在通常理解的多才多艺。

"周公之才"具体体现在他的言论、德行、政绩中,而这在古籍中多有记载。周公协助武王,主持政务,改政成统,东征平叛,营建东都,辅佐成王,制礼作乐……可以说周朝政权的巩固,成康治世的出现,主要是周公的功劳。中国王朝文明虽然发轫于夏、商两朝,特别是商朝,但第一个辉煌的朝代是西周。西周的政治制度和社会制度空前完备,经济生产空前发达,文化艺术空前繁荣,思想理论空前活跃,其指导者和奠基人就是周公。一个主要指导者的思想不能不影响一个时代,换言之,这个时代的思想不能不带有这个指导者的影子。影响巨大且深远的理论著作是《周易》,其爻辞不一定为周公所作,但人们有理由推测:这部非同寻常的作品是在周公的过问乃至主持和审定下完成的。至于《周书》(甚至包括《逸周书》)的许多篇章,则是直接反映了周公的思想、纲领以及路线、方针、政策。

周公的诰词,在《论语》《微子篇》也记有一则(可能是失传的《鲁诰》中的内容,孔子弟子用春秋时语言复述出来):"周公谓鲁公曰:'君子不施其亲,不使大臣怨乎不以。故旧无大故,则不弃也。无求备于一人。'"(周公告诉鲁公说:"君子不疏忽、不闲置他的亲属,不使大臣埋怨不任用他们。老朋友、旧属下无大错,就不要舍弃他们。不要求一个人完美无缺。")周公东征胜利之后,再次进行了大规模的分封,他的长子伯禽代表他受封于鲁(今山东曲阜),称鲁公。

应该说,周公是孔子的精神偶像,孔子思想的重要来源便是周公。特别是周公"敬德""保民"等思想完全被孔子继承和发展。孔子总是以周公为楷模,到了晚年其政治理想和社会理想没有实现,发出的慨叹还是怀念周公:"甚矣吾衰也!久矣吾不复梦见周公!"(《述而篇》)从这一句叹词,人们不难想象周公在孔子心中的分量有多重。

《论语》记载孔子赞颂周公的语句不多,这大概是他的弟子疏忽所致。事实上孔子是常常赞颂周公的,许多古籍均有记载,以下仅举三例:"孔子曰:'周公其盛乎!身贵而愈恭,家富而愈俭,胜敌而愈戒。'"(《荀子·儒效》)"孔子曰:'五帝既没,三王既衰,能行谦德者其惟周公乎!'"(《韩诗外传》)"孔子曰:'吾于《洛诰》,见周公之德光明于上下。'"(《尚书大传》)篇幅所限,简略引述,实际上后两则还有孔子的大段论述。自然,这些文字未必百分之百为孔子所言,但其基本内容毫无疑问与孔子思想相合。

"三年学,不至于谷"

子曰:"三年学,不至于谷,不易得也。"

谷,黍、稷、菽、麦、稻等谷物总称,在此意为俸禄,指做官拿俸禄。朱熹注此章:"为学之久而不求禄,如此之人不易得也。"十分明显,孔子是在称赞没有功利目标的求学精神。这表明了孔子对弟子们的期望,透露出孔子育人的标准。

西周官学政教合一(此教指教育,非宗教),目标非常明确,就是把贵族子弟培养成政府官吏和军队骨干。而孔子私学截然不同,着眼点不在国家政权,而在人本身,要把弟子们培养成"士"和"君子"。人本主义教育的产生是一个伟大的进步,虽是历史发展使然,但孔子功不可没。

《里仁篇》载,"子曰:'士志于道,而耻恶衣恶食者,未足与议也。'"如果读书人以粗衣淡饭为耻辱,换句话说向往锦衣、精食、华屋、美女,那就不值得与他谈什么了,尤其不必谈"志于道"了。钱穆先生解此章:"但孔子之教,在使学者由明道而行道,不在使学者求仕而得仕。若学者由此得仕,亦将藉仕以行道,非为谋个人生活之安富尊荣而求仕。"

同样的意思亦见《卫灵公篇》"君子谋道不谋食""君子忧道不忧贫"。

君子,拙文已多次述及。至于士,非西周卿士、武士之士,而是指"文士"。这是兴于春秋、盛于战国的新的社会阶层,是中国最早的知识分子群体。他们以知识、技能、智慧、道德立足,以自由人的身份和面目现世,不同于当时的贵族统治者,也不同于从事体力劳动的平民。这个新兴阶层能量很大,一部分人进入主流社会是很自然的事。士由两部分人组成,一是有文化的没落贵族的后代,二是进私学经过学习的平民。

其实,孔子育人,并非只讲自我道德修养,而是也讲"外用",要求学者将自己所学贡献给社会。"子曰:'笃信好学,守死善道。危邦不入,乱邦不居。天下有道则见,无道则隐。邦有道,贫且贱焉,耻也。邦无道,富且贵焉,耻也。'"(《泰伯篇》)拙文谈中庸思想时引过此章,现从士的"外用"角度说。

孔子的意思是说:在政治清明、社会有序时要出来做事,贡献一己之力,这时如果以为事不关己,自命清高,守着隐居的贫贱生活,那是可耻的;在政治昏暗、社会混乱时要洁身自好,宁可做"逍遥派",这时如果出人头地,助纣为虐,谋取个人名利,那也是可耻的。愚以为,想想"文革"十年,看看改革开放二十年,孔子的话可以给人深刻启迪。

内修也罢,外用也罢,有一个共同的核心,那就是"笃信好学,守死善道"。职业是多种多样的,因人因时因地而变化,不变的是做人的准则。

培养什么人,是教育的根本问题。孔子的人本主义教育空前绝后。说绝后,似有极端之嫌,但终非信口胡诌。且不说两千年来历代官学培养的都是政府官吏,就是各类私学包括家学,多数也以读书做官为目标。隋唐始兴科举制度,读书做官变本加厉。尤其是宋真宗赵恒作《劝学文》,"书中自有千钟粟""书中自有黄金屋""书中车马多如簇""书中有女颜如玉"被各种书籍、戏曲广泛引用,渐成社会俗语,深入人心,影响由读书人到普通百姓。直至清朝灭亡以后的二十世纪,情况并没有根本改观。今日教育如何?人人自明,不谈也罢!

"有道则见,无道则隐"

子曰:"笃信好学,守死善道。危邦不入,乱邦不居。天下有道则见,无道则隐。邦有道,贫且贱焉,耻也;邦无道,富且贵焉,耻也。"

这一章内容博大宽泛,主要从宏观方面讲人应当如何立世。此章核心或纲领是第一句,诚如钱穆先生所说:"合本章通体观之,一切皆求所以善其道而已。"不过,后人津津乐道的唯有"天下有道则见,无道则隐"一句。何以如此?左思右想,原因有三:其一,类似说法一而再、再而三地出现在《论语》里,给人印象深刻;其二,两千年来儒释道"三教合一"始终是中国文化主流,历代都有学者认为孔子此语与道家相通(其实相异远大于相同),因而竭力提倡,影响很大;其三,这句话本身耐人寻味。

见即现,表现、干事、工作之义。现与隐是相对而言,无隐无所谓现,无现无所谓隐,二者谁也离不开谁。次之,现不全是现,总体现中有部分隐,隐不全是隐,总体隐中有部分现;且二者随客观条件改变而相互转化,现变为隐,隐变为现。再次之,现也罢,隐也罢,其实只是具体的方法和形式,服从于和服务于一个更高的原则;因此,从本质上说现隐无异,现隐一体,乃至可说现即隐,隐即现。当然,这并非孔子本人的推理,而是笔者玩味之所得。

孔子在一个大前提之下主张亦现亦隐地处世,该现则现,该隐则隐,现中有隐,隐中有现。十分明显,这正是中庸之道。

与不A不B(AB代表事物对立的两端)的中庸形式不同,"天下有道则见,无道则隐"是亦A亦B。这第二种中庸形式突出了对立两端的同一性和统一性,强调互相补充和互相交融,最能体现中庸的"和"或包容的特色,用于分析和处理需要对AB两端等量齐观的事物。

视中庸之道为折衷主义的人,主要是抓住亦A亦B大做文章。窃以为批评者未看到孔子"吾道一以贯之",未领悟中国文化之特性,又没真正弄懂黑格尔的辩证法,故有似是而非之论。

孔子言论涉及中庸的,不少是亦A亦B句式,数量与不A不B相当。如拙文谈过的"质胜文则野,文胜质则史。文质彬彬,然后君子",强调文质不可偏废,以文补质,以质补文,文质交错融合。子贡深悟老师思想之精要,驳斥棘子成"君子质而已矣,何以文为"的言论,说:"文犹质也,质犹文也。虎豹之鞟,犹犬羊之鞟。"(《颜渊篇》)鞟,去毛之兽皮。以兽毛喻文,言文之不可缺,文质一体犹毛皮一体。

再如《左传·昭公二十年》所载孔子评论子产执政思想的话:"宽以济猛,猛以济宽,政是以和。"即是亦宽亦猛,似今之亦德治亦法治,取二者之长,抑二者之短,互相辅助,互相调节,追求适当其时和恰如其分的执政思想与方法,最终达到上下和谐、全局平稳的效果。

不A不B和亦A亦B是中庸的两种主要表现形式,最能反映超越或包容对立统一的第三种状态。儒家思想认为,这种状态是事物的本质状态和理想状态。还应该强调,不A不B和亦A亦B都是孔子的主观选择,充分显示了作为个体人之孔子的能动性和独特性。

"吾不知之矣"

子曰:"狂而不直,侗而不愿,悾悾而不信,吾知之矣!"

狂——狂妄。直——爽直;此处不宜释作正直。侗——音同,幼稚无知。愿,谨慎老实。悾——音空,悾悾为无能义;《古汉语大词典》等现代辞书均释悾悾为诚恳貌,似不妥,文中三句开头狂、侗、悾悾都应是负面意思。信——诚实。而——连词,相当于又。

大意是:"狂妄又不爽直,幼稚又不谨慎,无能又不诚实,我不了解这些人(怎么会这样)!"

狂妄的人多爽直,狂妄是其病,爽直是其值得肯定之处,"狂而不直"则一无可取。幼稚的人多谨慎,幼稚是其病,谨慎是其值得肯定之处,"侗而不愿"则一无可取。无能的人多诚实,无能是其病,诚实是其值得肯定之处,"悾悾而不信"则一无可取。本来,人都是优缺点、长短处并存,他人可用两分法客观地分析和对待。然而,世间却偏有满身毛病、找不出其优点和长处的人,他人很难理解,自然也就无法主动去接近。朱熹就认为"吾不知之矣"之叹,是"甚绝之之辞,亦不屑之教诲也"(《四书集注》)。

钱穆先生亦有一段精彩议论:"人之气质不齐,有美常兼有病,而有病亦兼有美。学问之功,贵能增其美而释其病,以期为一完人。一任乎天,则瑕瑜终不相掩。然苟具天真,终可以常情测之。今则仅见其病,不见其美,此非天之生人乃尔,盖习乎下流而天真已失。此等人不惟无可培育,抑亦不可测知,此孔子所以深绝之。"(《论语新解》)先生指出,这类人不是天生如此,而是后天习染"下流"所致。而且,这类人是难以教育的。

不过,愚以为"吾不知之矣"只是一句应时的感叹,孔子并非真的不了解。综观孔子思想,他对各种人的认识、分析、判断,大多是非常深刻的。比如他说"生而知之者,上也。学而知之者,次也。困而学之,又其次也。困而不学,民斯为下矣。"(《季氏篇》)这是从学习的角度将人分成四等,相当透彻。世间多数人大概属于第三等,"困而学之",人生遇到难题而去学习、思考。而本文所述之人,就是最下等的。由此想到"唯上知与下愚为不移"(《阳货篇》)的断语,孔子"吾不知之矣"的那些人都是"下愚",他们是改变不了的。"不移"的主要原因,不是老师不教诲他们,不是社会抛弃他们,而是他们"不学",甘居下流。

一个人内心没有改变现状、追求上进的萌动,连老天爷也没办法。

"才难"

> 舜有臣五人而天下治。武王曰:"予有乱臣十人。"孔子曰:"才难,不其然乎?唐虞之际,于斯为盛。有妇人焉,九人而已。""三分天下有其二,以服事殷。周之德,其可谓至德也已矣。"

舜臣五人,武王臣十人,都有具体名字和事迹,记录在《尚书》《史记》等诸多典籍中,本文略。

古本《大誓》(亦作《太誓》《泰誓》)载武王语:"纣有亿兆夷人,亦有离德。余有乱臣十人,同心同德。"(《左传·昭公二十四年》)这是武王伐纣之前的誓词,后人对"乱臣"的解释始终未能统一。《尔雅》曰:"乱,治也。"《书·顾命》"其能而乱四方",乱即使治义。古代及现代学者多训乱为治。但乱何以为治,颇为难解。清代段玉裁注《说文解字》:"乱本训不治,不治则欲其治,故其字从乙,乙以治之。谓诎者达之也。转注之法,乃训乱为治。"这里的"转注之法",即"反训",同一个字用于两种相反的规定,具有完全相反的含义。据说这是语言学中一种很有意思的特殊现象。现代有学者辨析,金文乱字由几种字根组成,其中两根会意,以绳索捆扎脐带,表示脐带和绳索共处时的零乱之义以及治理(捆扎)之义。

翻阅相关工具书,可见古文治字、乱字各有几种字形,两个字之间有的字形确实相近,不过古人早已区分清楚。尽管如此,仍有不少学者坚信,由于古文乱字与治、司(管理、主持义,引申为治)等字十分相似,所以"乱臣"乃"治臣""司臣"之误。也就是说,早在西周史官记述武王誓词时就写错了,到孔子时也未改正过来。

另有学者认为,"乱臣"就是"乱臣",意思是对纣王作乱或造反的人。这部分学者人数虽少,但解释更加圆通、顺当,本文从之。《管子·君臣》就有"君为倒君,臣为乱臣"语,此"乱臣"即不守臣道之臣。

有学者指出,"舜有臣五人而天下治。武王曰:'予有乱臣十人。'"也是孔子对学生们说的,在复述史书内容,然后加以评论。此说有理。

唐虞,以尧为首领的氏族是陶唐氏,称唐尧;以舜为首领的氏族是有虞氏,称虞舜。际,有两种解法:一是中间、彼此之间、先后交接或局势形成的时候,唐虞之际意思是尧舜那个时候;二是边际,交界或靠边的地方,引申为以下、以后,唐虞之际意思是尧舜以后,本文取后者。有学者说"唐虞之际于斯为盛"应作一句读,中间不逗;于斯,介词结构,充当状语,意为到武王那个时期。

此章译成现代汉语,大意是,孔子说:"舜有五位(能干的)大臣,因而天下得到(很好的)治理。周武王说:'我有十个(同心同德)造纣王反的谋士和将领(不愁战胜不了纣王而一统天下)。'"孔子接着评论说:"(古人说)人才难得,难道不是这样吗?尧舜以后到周武王那个时期(人才)才称得上兴盛。(不过周武王说的十个人中)有一名妇人(注:主管内务的武王夫人邑姜),实际不过九个人而已。"

怎么理解孔子慨叹"才难"呢?愚以为,从尧舜到周武王历经千年以上(其中夏朝四百多年,商朝六百年左右),史书记载下来的能臣不过二三十人,自然是少之又少,所以说人才难得。

整部《论语》,孔子提及武王仅此一次,且只赞其人才之盛,余无称颂之处,与赞颂泰伯、文王、周公大不同。或许,孔子对武王的情感是复杂的。篇幅所限,本文点到为止。

"三分天下有其二"

舜有臣五人而天下治。武王曰:"予有乱臣十人。"孔子曰:"才难,不其然乎?唐虞之际,于斯为盛。有妇人焉,九人而已。""三分天下有其二,以服事殷。周之德,其可谓至德也已矣?"

孔子教《书》,简单地说就是教历史,其中既有对史实的阐述,又有对历史事件及人物的评论。然而,孔子的学生记录得不全,后来的整理者又编得混乱。此章前半部分是讲武王,重点在人才问题;"三分"以下是讲文王,重点在道德问题。应该分为两章,文王在前,武王在后。

本文只说关于文王的部分。

有的古本《论语》在"三分"前有"文王为西伯"句。周文王服事当时最强大的政权殷商王朝,在甲骨文中就有记载。而关于周族的发展,西周和春秋早期史官们的作品说得更详细。所以,"三分天下有其二,以服事殷"并不是孔子的创造性总结,而是在复述史书内容。

那么,文王"三分天下有其二"是怎么回事呢?前述泰伯故事时提到,太王亶父死,立幼子季历。季历即位后,大力开拓领土,取得很大成功。周的兴起使商王朝感到了威胁,结果季历终于被商王文丁杀死。季历死,其子昌即位,即周文王。当时,许多诸侯国反叛,不再听命于商王朝;而周虽然已经比较强盛,但文王是一位很有政治头脑的战略家,仍旧小心翼翼地服事商王朝。于是,商王朝比较信任周,后来商王纣册命文王为"西伯",即西方诸侯之长,想利用周来征服和控制反叛的诸侯国。文王充分利用这一点,先是团结和征服西方一些诸侯国,后来又向东方发展,逐步控制了今陕西、山西、河南的重要地区。到文王晚年,周的实力已经十分强大,并且深得民心,不过"三分天下有其二"可能是夸大之辞。

周文王有实力与商王朝分庭抗礼,但他一如既往,"以服事殷",为什么?《左传·襄公四年》记载晋国大夫韩献子的话:"文王帅殷之叛国以事纣,唯知时也。"这个评论比孔子早几十年,认为文王"知时",知道周取代殷的时机未到,"事纣"是一种战略决策。应该说,韩献子的看法是正确的,符合历史的逻辑。

但是,孔子却没有从这一角度分析,他的评论是另一种样子:"周之德,其可谓至德也已矣?"这对今天的读者来说,不好理解。商纣王极其残暴和荒淫,大失民心,周文王取而代之是顺理成章的事,为什么"以服事殷"反倒是"至德"呢?杨树达先生在《论语疏证》里有一说:"《论语》称至德者二,一赞泰伯,一赞文王,皆以其能让天下也。此孔子赞和平,非武力之义也。"此论从一个方面说明了孔子其人。孔子可算是和平主义者、非暴力主义者,他有着大一统的国家观念,又有着安居乐业的社会观念,对实力很强却避免战乱和生灵涂炭的周文王自然颂扬不已。

不过,愚以为孔子之所以仅仅从道德角度评论周文王,还在于借古喻今。春秋末期,周王朝只在名义上还存在,各诸侯国对它置若罔闻;天下四分五裂,战争不断,几个大诸侯国争霸称雄,四处侵略;许多诸侯国的卿大夫乃至家臣执掌政权,为所欲为;总之,礼崩乐坏一团糟。孔子对这种局面痛心疾首,趁评论历史之机,行抨击现实之实,暗讽活跃在政坛上的各类人物都是以下犯上的无德之人,一抒胸中块垒。

子罕篇

"子罕言利与命与仁"

子罕言利与命与仁。

此章自古至今众说不一,各有道理。拙文长时间搁置此章,盖因难以取舍。然此章为孔子思想之综述、概括,不能忽视,终究要加以解读。现将个人最后意见写出,有与某些学者异,有与某些学者同,供读者朋友参考。

罕——稀、少。言——主动谈论;朱熹注乡党篇"食不语,寝不言"时说:"答述曰语,自言曰言"(《论语集注》)。利——物质利益。与——连词及、和;与在名词间连用,古文中少见。命——指天命、命运的本质。仁——指仁的本质。

此章意思是:孔子很少主动说起物质利益问题,以及什么是命、什么是仁的问题。

《论语》中孔子谈话涉及"利"的主要有以下几处:"放于利而行,多怨"(《里仁篇》),"小人喻于利"(《里仁篇》),"无见小利""见小利则大事不成"(《子路篇》),"见利思义"(《宪问篇》)。数量确实不算多,且是教诲弟子,点到为止,而未从道理上过多阐述。孔子的意思有两点:一是不要追逐私利、小利,否则会危害大事;二是利与义不可分开,义重于利。

"命"的概念包括人的命运和天命两部分。涉及人的命运,孔子谈的极少。给人印象最深的是对命运的感叹,"(颜回)不幸短命死矣"(《雍也篇》),"(伯牛)亡之,命矣夫"(《雍也篇》)。相对而言,孔子谈使命稍多一点,不过那是另一话题了。至于天命,全书只有两处:"五十而知天命"(《为政篇》),"畏天命""小人不知天命而不畏也"(《季氏篇》)。但是,孔子谈"天"不算少,其中有的与天命同义。不管哪一种命,孔子都没有从道理上加以说明,亦即从未解释"什么是命"。

关于"仁",则更复杂。"孔子的'仁'字统摄了人之性、人之道、人之成,是一个全面的、连续的、动态的人生历程,所以最好留待学生请教时再作说明。"(《傅佩荣译解论语》)的确如此。《论语》全书出现仁字一〇九次,不可谓不多,而且很大一部分出自孔子之口。不过,有两点必须清楚:其一,孔子没有主动论述,而是应弟子之问来作答;其二,即便涉及仁的核心内容,孔子亦是根据弟子性格、学问、特点给出不同说法,如告诉樊迟的是"爱人",如告诉颜渊的是"克己复礼为仁",如告诉仲弓的是"出门如见大宾,使民如承大祭。己所不欲,勿施于人。在邦无怨,在家无怨",如告诉司马牛的是"仁者其言也讱"(均见《颜渊篇》),等等。这不能不使悟性不高者大有不知所云之感,而始终不明白"什么是仁"。

可以确定,孔子教学(实践性的射、御等不计)分为两种形式。一是讲大课,数十位弟子齐聚一堂,孔子主讲《诗》《书》《礼》《乐》等内容。二是小范围或个别辅导,两三个或单个弟子课余与先生交流,孔子有的放矢地点拨或答问。孔子教学的目的是使弟子"成人"(《宪问篇》),故第二种形式比第一种更重要。接下来必须明确,孔子"述而不作"(《述而篇》),他在讲历史、社会、治国、礼仪、外交、诗歌、音乐等课程时,主要是阐述已有的典籍,侧重于传授知识。其中,当然有他的思想、观点,但想必不会有过多的题外发挥。另外,孔子除写作《春秋(经)》和《易传》的部分篇章,并没有其他文字传世，因为他未想从理论上建立自己的思想体系。

需要明确的第二点是，孔子大部分言论是分别对一个人或几个人讲的，故弟子们听到的教诲不尽相同，体会亦有差异。"子罕言利与命与仁"是某个弟子的个人感受，是否具有普遍性，恐怕要打个问号。

总而言之，认真阅读《论语》全书，深入领会孔子思想，不可拘泥于"子罕言利与命与仁"一语。作为对孔子思想的综述和概括，此语虽透露出一些重要信息，但不够准确，不应成为权威阐述。

"麻冕,礼也"

子曰:"麻冕,礼也;今也纯,俭,吾从众。拜下,礼也;今拜乎上,泰也;虽违众,吾从下。"

麻冕——用二千四百根经线织成的麻布做的礼帽。纯——指黑丝料。拜下——在堂下跪拜。拜上——在堂上跪拜。泰——骄恣,高傲。

孔子说的意思是:用精麻布做礼帽,符合古礼;现在用黑丝料做,比较节俭,我同意众人的做法。臣见君先在堂下跪拜,升堂后再拜,符合古礼;现在只是升堂后才拜,这是傲慢的表现;虽然违背众人的做法,我还是主张先在堂下跪拜(升堂后再拜)。

愚以为,此章透露出两点信息。其一,朝廷上或官场中礼数颇多,其中许多是制度性规定,另一些则未必有明文规定,只是上层统治集团礼数的自然延续,或说是历代官场的通则。其二,孔子重礼,但并不十分僵化。时代发展了,礼的内容和形式有了变化,孔子经过衡量,有的从新,有的守旧。也许,从新的多是较轻、较小的礼,守旧的多是较重、较大的礼。

周代有三大阶级:贵族、平民、奴隶,特别讲礼的是贵族,"礼不下庶人"(《礼记·曲礼上》)。不过,这一状况至春秋后期已有所变化。孔子所言之礼,有些是针对贵族,有些是针对士人,有些则是泛指整个社会的仪轨,即"通礼"。

《八佾篇》载,"子曰:'射不主皮,为力不同科,古之道也。'"

射——习礼之射,而非习武之射。皮——兽皮做的箭靶,画有野兽图案,中心叫"鹄"或"正";礼射箭靶亦可用布做。主皮——以射中靶心且箭头贯穿皮革为优,是武射的追求。科——类别,等级。

此章一般译为:礼射不要求穿透皮靶,因为每个人的力气不同,这是古代传下来的规矩。宋代朱熹评论:"周衰,礼废,列国兵争,复尚贯革,故孔子叹之。"春秋末期,射礼衰落,乃至废弃,习射只为军事目的。

有学者认为此章是讲社会分工,不好理解,本文不取。

《八佾篇》载,"子曰:'君子无所争。必也射乎?揖让而升,下而饮,其争也君子。'"君子比射,双方相互作揖,谦让,然后登场,射完箭后下来饮酒互敬。拙文曾详解此章,这里不再多说。

愚见,这两章涉及射礼,其对象可能包括平民,但主要是对贵族身份的人和士人说的。礼射是他们习礼的科目和健康的娱乐,体现的是互敬的礼节、礼貌。

说到饮酒,古代同样有一系列礼节,《仪礼》《礼记》均有专门篇章记载,极其繁琐。《论语》稍有涉及,如《乡党篇》"乡人饮酒,杖者出,斯出矣",表达的就是尊长敬老之义。

由射礼、饮酒礼想到,类似的礼数在孔子时代不仅不是国家根本制度,而且许多内容可能并没有硬性规定。孔子所传之《礼》已不得而知,但绝不会像后人总结的《周礼》《仪礼》《礼记》那样复杂、繁琐。有许多礼数,是不同民族或氏族、不同阶级或阶层、不同地域的人,在长期生产、生活中逐步形成的习惯和风俗,也就是礼俗。诚如西方、北方少数民族的"被发左衽"(《宪问篇》),南方少数民族的"文身断发"(《史记·吴太伯世家》)。

所以，我们看到孔子所言之礼的不同指向。第一大类为王朝和国家的礼制、礼法，或是典册明文规定，或是官场例行准则。王朝和国家礼制、礼法均属于大礼，具有强制性，一般不可通融，必须照章遵守。第二大类是民族或氏族的、阶级或阶层的、地域的礼俗，其中有些亦有明文条例，更多的大概是沿革下来的口头要求和无形习惯。此类礼俗极为复杂，有大有小。有些有明显的强制性，必须遵守；有些强制性稍弱，不很严格；还有一些强制性很小，要靠人们自觉执行。孔子强调礼的重要，但更强调人们自觉地学礼、崇礼、行礼。

"子绝四"

子绝四：毋意,毋必,毋固,毋我。

这是孔子的弟子对老师处世态度和人生实践的记录和评价。简简单单十一个字在《论语》中占有非同一般的位置,以致后人谈论孔子无不引用这句话。"子绝四"大意并不难懂,但要准确解释却也不易。这里,试着以现代语言作出说明。

先看后半句。毋——即无。意——古注为测度,其实就是意料之意。毋意——不妄测,不瞎猜,不异想。可引申为尊重客观事实,不犯主观主义错误。必——必须,必定,专必。毋必,就是不认死理;唯道是尊,其他均可变通。俗语"死心眼"近乎必。举例说,一女子发誓非千万以上财产者不嫁,就是必;一高学历者决心非年薪五十万以上的工作不干,就是必。固——固执,顽固,执滞。固与必有相似之处,但前辈大师早已帮我们区别开来：必,事情未至,期必如何如何;固,事情已现,固必如此如此。分得有一定道理。一条道走到黑是固,不撞南墙不回头是固,不见棺材不落泪是固。毋我,似乎无须解释,大家都明白。

我们从中可以看出孔子的性格、道德、思想以及方法。显然,孔子不可能生来如此,他必定经过多年的学习和实践,才能做到这四无。我以为,孔子起码要到"知天命"以后,甚至"耳顺"之时,处世水平方可有此高度。

我们也不难看出,四无的蕴涵其实是一种常人难以企及的精神境界。正是从这一点上,我们来分析一下前半句,即"子绝四"三个字。历代大师多把"绝"字注为灭绝、杜绝之义,若此解成立,则这句话在那个惜字如金的时代该写成"子绝四:意,必,固,我"才是,何必再赘加四个"毋"呢?有一位学者看到了这个费解之处,思考之后写道:"子之所绝者,非意必固我也,绝其毋也。禁止之心绝,则化矣。"这条注释,在其他所有注释之上,理解得最为恰当,最为深刻。不过,此处的"绝"字已是超过、超越之义了。古文常是一字多义,绝字本义为断,引申之后有越过、超过义。所以,这句话的意思是说:先生(的境界)已经超过无意无必无固无我四态。

孔子是圣人,可又实而不玄,凡而不神。历代注"子绝四",不乏以道学、佛学证之者,如章太炎就说"以庄证孔,而耳顺绝四之指,居然可明"。个人学习领会,将不同思想融会贯通,是可以的,但注经解经,却不宜把其他学说拿来附会一番。孔子、庄子、老子、释迦牟尼都是伟大的思想家,他们的主张有许多不同,但亦有某些或某处的相通,这靠后世好学、善学者自己领悟和发现。

行文至此,已无须再说什么,大家自会联系现实,如"不要说四无,某某长能做到一无,我们就谢天谢地了"。

"吾有知乎哉？"

孔子博学多艺，又虚怀若谷，教导弟子们常用自己的不足、缺点和过失来现身说法。"吾有知乎哉？无知也。有鄙夫问于我，空空如也。我叩其两端而竭焉。"即是一例。几句话一气呵成，前后连贯，意思是说：我有知吗？实在是无知呀！一次有个鄙夫问我一个问题，我茫然不知怎样回答。我就他的问题从正反或前后、左右、上下两方面反复思考，最终还是答不出来。

孔子的弟子们也罢，当今时代的我们也罢，听后或读后的感觉如何？恐怕没有什么人不被孔子的坦荡、虚心和诚恳所感动吧。

然而，两千年来历代注《论语》大家心怀某种复杂意念，把这一段十分清晰明白的孔子自述复杂化了。他们解释：空空，即悾悾，诚恳貌，指鄙夫言；叩者，发动也，反问之也。于是后两句话的意思变成：有鄙夫一无所知，内心空空，诚恳地来问我；我从他所提问题的两端反过来叩问他，一步步叩问到底，启发他开悟。如此一来，后两句说的是孔子如何善于教导别人了。这和前两句还有什么关系呢？完全被割裂了！结果事与愿违，他们本意是拔高孔子，实际却歪曲了孔子。

我由此更坚定了一个看法，即学《论语》，儒家大师们的注释不可不读，但不可全信，归根结底还要靠自己细细体味原文。人们自可以得出另一个结论：对谁都不可迷信，对谁都不能盲从。当然，对孔子亦应如此。

孔子还说过自己并非生而知之，只不过是"好古，敏以求之"。

孔子回答弟子樊迟问话时老实承认种庄稼"吾不如老农",种菜"吾不如老圃"。孔子教导弟子子路时又说"知之为知之,不知为不知,是知也"。综合起来,我们就可以看出孔子确实是厚德虚心之人。实际上,任何有知识有智慧有道德的人都知道天地之不可尽知,都是谦虚的。古希腊大哲学家苏格拉底又是一个典型。当时人们都称苏格拉底为智者,他却承认自己在许多方面无知。不过,他多说了两句话。他说自己虽无知,但知道自己无知,所以是"单重"无知;有些人无知,并不知道自己无知,是"双重"无知。

相形之下,那些不懂装懂打肿脸充胖子的人,那些一知半解却自以为了不起的人,那些只知其然而自以为已知其所以然的人,那些虽有广博知识却盛气凌人的人,那些职位越高就自以为懂得越多的人,是多么可笑!难道你比孔子和苏格拉底还伟大吗?

面对不存在全知全能上帝的大千世界,所有的人特别是身居高位的掌权者,以及红得发紫的文化学者,都应该树立一个座右铭:"吾有知乎哉?无知也。"

"子见齐衰者"

> 子见齐衰者、冕衣裳者与瞽者——见之虽少,必作;过之必趋。

齐衰,音兹崔。齐,下衣的边,这里指缉边;衰,同缞,丧服。用熟麻布且缉边的丧服叫齐衰,用粗糙生麻布又不缉边的丧服叫斩衰。齐衰服轻,斩衰服重。此章齐衰为丧服统称。冕——礼帽。衣——上衣。裳——下衣。冕衣裳者,指戴礼帽、穿礼服的人。瞽者——盲人。作——起身。趋——小步快走,以示尊敬。

此章标点从古棣先生《论语译说》。这段记载分两部分:先是一般叙说,孔子曾经接见或遭遇穿丧服的人、戴礼帽穿礼服的人、盲人;然后具体说明,这三类人来见孔子,即便他们年纪很轻,坐着的孔子也一定是站起来,孔子遭遇这三类人,从他们面前经过时一定是迈小步快走过去。

愚以为,孔子见此三类人具体心情必不同,对齐衰者是心生哀,对冕衣裳者是心生肃,对瞽者是心生悯。哀、肃、悯是不一样的情感,但都缘于对他人的敬重。也就是说,孔子的礼貌、礼节来自他的仁心。请读者朋友务必记住这一点。

说到孔子的礼貌、礼节,不能不提《乡党篇》。《乡党篇》众多文字记述了孔子生前在朝廷、在乡里、在家中的衣食容貌和言谈举止,方方面面无不合乎礼的要求。要想全面、细致地了解孔子,读懂《乡党篇》非常重要。以下略举几例,其余暂且放下。

"朝,与下大夫言,侃侃如也;与上大夫言,訚訚如也。君在,踧踖如也,与与如也。"侃侃——和乐貌,刚直貌,从容不迫。訚訚——读银银——和悦而言无不尽。踧踖——读促籍,敬俱或局促不安。与与——读第二声如鱼,行步徐徐的样子。孔子上朝,鲁君未到时和下大夫说话,是温和而从容的样子;和上大夫说话,是和颜悦色而直无不言的样子。鲁君到达后,孔子是恭恭敬敬的样子,动作安稳缓慢的样子。

"孔子于乡党,恂恂如也,似不能言者。"恂恂,读旬旬,谦恭谨慎。孔子在乡里,一副谦恭谨慎的样子,好像不善于言谈。

"君子不以绀緅饰,红紫不以为亵服。""羔裘玄冠不以吊。"此章一般分十节,讲孔子穿衣的礼节,这里仅取两节。绀——读赣,深青透红的颜色。緅——读邹,红中透黑的颜色。饰——装饰,此指衣服镶边。亵服,包括内衣和居家便服。羔裘——黑色羊羔皮做的皮袍。玄冠——黑色礼帽。孔子不用深青透红和红中透黑的绸料做衣、袍的镶边,不用红色、紫色绸料做居家便服。不穿黑色羊羔皮袍、不戴黑色礼帽去吊丧。

"虽疏食、菜羹、瓜、祭,必齐如也。"齐——通斋。即使吃粗饭喝菜汤和瓜果,也先祭一祭,一定像斋戒时那样恭敬、严肃。

"升车,必正立,执绥。车中,不内顾,不疾言,不亲指。"绥——古代车上装的用以拉着上车的带子。孔子上车,一定端正地站好,拉着带子登车;在车里不东张西望,不疾颜厉声地说话,不用手指指点点。

从"子见齐衰者……"和《乡党篇》的记载可以看出,孔子大讲特讲的礼,不仅有如前文所说的王朝、国家的礼制、礼法和社会阶层的、氏族的、地域的礼俗,还有孔子个人的自我要求的礼貌礼节。这种自我要求,自我约束,体现出对天地的敬畏,对秩序、稳定、和谐的期盼,对王朝、国家礼制、礼法和社会通行礼俗的遵守,对他人的敬重。这种礼貌礼节完全依靠自觉,是社会的文明和文化在部分个体人身上的结晶,具有特殊的标示作用。应该说,这种自觉的礼貌礼节是孔子所言之礼的第三大类内容。

"仰之弥高,钻之弥坚"

颜渊喟然叹曰:"仰之弥高,钻之弥坚。瞻之在前,忽焉在后。夫子循循然善诱人,博我以文,约我以礼,欲罢不能。既竭吾才,如有所立卓尔,虽欲从之,末由也已。"

此章是全书难读的章节之一。所谓难读,一是语言过于简练,一些句子的确指难以断定,古今学者均有不同理解;二是颜渊话语中的意蕴难以把握。以下愚见是个人学习所得,供读者朋友参考。

"仰之弥高,钻之弥坚。"颜渊对孔子之道或说孔子学问、思想的总体感受和认识。弥高,弥坚,主观的体会成为外在的评价,意指孔子的学问、思想越学越深,不可穷尽,难以企及。仰——仰视,抬头看。钻——钻研,深究。弥——副词,益——更加,表示程度加深。坚——刚,不可穿透。

"瞻之在前,忽焉在后。"仍是颜渊的个人感受。不过,感受的是自己的位置飘浮不定,实际指自己的学习进度无法一言以概之。检查自己的学习进程,往好了说已经跟老师接近了,可是又常常忽然觉得落下很远。这种微妙心理,佐证了前言之高、坚,亦说明深入学习之艰难。很多学者说"在前"是孔子在前,恐不妥。瞻——往前察看;瞻之——察看自己,之是自称代词,非瞻望孔子。

"夫子循循然善诱人,博我以文,约我以礼,欲罢不能。"这句话有三点具体的意思:其一,老师育人的态度、方法,主要是有步骤地耐心诱导,而非简单灌输;其二,老师教学的内容,包括知识层面的文和做人准则的礼；其三，再说个人内心感受，放松、偷懒的念头一起很快又被自己否定，只得继续努力。这第三点是全句的落脚点，是重点所在，读者朋友务必清楚。循循然，有次序、有步骤的样子。博，名词作动词，可解作丰富。约——约束，节制。博我、约我——古汉语使动用法，义为"使我博""使我约"。罢——停止，颜渊所指应是短暂停顿，即放松，或说偷懒。

"既竭吾才，如有所立卓尔，虽欲从之，末由也已。"颜渊进一步说明自己的学习现状，以及继续前进所面临的问题，实际是内心的某种困惑。"如有所立卓尔"难解。大多数学者认为是孔子之道及孔子人格之"气象"高高矗立，愚以为不确，否则何谓"如有"？颜渊仍是在说自己。他已经用尽全部能力，大约树立了卓尔不凡的道德学问愿景，虽然想照着这个目标前进，却又不知该怎么走。如此解说，句通意顺。既——副词，已经。竭——竭尽。才——能力。如有——不定之辞，若有，似乎有，本文译作"大约"，这是颜渊谦虚用语。卓尔——超然高绝，非同一般。末，无，没有。由，途径，办法。

全文用现代汉语复述如下，颜渊叹息着说："关于先生之道，抬头看越看越高，努力钻研越钻越深。察看自己，往好了说跟先生接近了，可是常常忽然觉得落得还很远。先生有步骤地耐心诱导学生，用文化典籍丰富我头脑，用礼制礼仪规范我做人，我想放松一下也不行。我已经尽自己最大能力，大约树立了卓尔不凡的道德学问愿景，虽然想照着这个目标前进，却又不知该怎么走。"

颜渊是孔门第一大弟子，深得孔学真传。他说老师对他博文约礼，但那只是起点和基础，刚刚入门。颜渊的可贵在于他追求文、礼在自己生命中的融化与升华，或说追求精神世界的不断跨越，即追求由知识到智慧的质变。在这个过程中，他以老师的品格为楷模和标杆,深入探索老师的内心世界。他的心与老师相通,但他始终感觉自己达不到老师的高度与深刻,而老师的高与深又难以具体言说。颜渊的感受异常真实、贴切,十分感人,非细细揣磨难以体会。

借用现代学者的话,可以说孔子具备"天地道德"(庞朴《三重道德》),处于"天地境界"(冯友兰《新原人》)。故孔子之"气象"有超然难测的一面。子路一类的弟子大概未能深切感知,而颜渊已经融入其中了。颜渊所说并非全出于谦虚,而是内心修养过程的真实坦白。他虽未达顶点,但不远矣。

"乐正"

子曰:"吾自卫反鲁,然后乐正,《雅》《颂》各得其所。"

孔子周游列国后返鲁,时年六十八岁。下一年,他做了一件重要的文化工作,用司马迁的话说叫"正乐"。《诗》分《风》《雅》《颂》三大部分,后两部分多是反映上层社会的诗篇,有固定的乐章、乐谱和音律,是"雅乐"的重要内容。几百年下来,周礼、周乐只在鲁国还较好地保存着,但后来也"礼坏乐崩"了。"乐崩"的具体表现,就是乐章、乐谱错乱或遗失,以及音律错乱,还有就是会演唱的乐师四散(参见《微子篇》"大师挚适齐……")。孔子"正乐"便是纠正上述错乱,使《雅》《颂》各诗篇回归原来的乐章,恢复原来的乐谱,排除错讹的音律,从而达到"乐正"。

孔子之所以要"正乐",出于他对"乐"的高度重视,亦出于"乐教"的需要。(孔子的"乐教"和"诗教"密不可分。)而他能够从事这项艰难的工作,是有坚实基础和充分条件的。

首先,孔子十分热爱音乐,本人就是一位乐手、歌者。孔子会使用多种乐器,如《阳货篇》载"取瑟而歌",如《宪问篇》载"子击磬于卫";前文所述孔子学琴,亦足见孔子琴艺之高。孔子素喜吟唱,"子与人歌,而善,必使反之,而后和之"(《述而篇》),孔子和别人一起唱歌,如果别人唱得好,一定让人家再唱一遍,然后自己又跟着和唱。《述而篇》还记载"子于是日哭,则不歌",孔子吊丧哭泣之日,就不再唱歌。可见,孔子平时是经常唱歌的。《史记·孔子世家》

载,周游列国时陈蔡绝粮,有些弟子生病不起,牢骚满腹,"孔子讲诵弦歌不衰"。

其次,孔子堪称音乐家,在音乐理论上有较深的造诣。据《说苑·修文》载,"孔子曰:'……钟鼓之声,怒而击之则武,忧而击之则悲,喜而击之则乐。其志变,其声亦变。'"志向不同,趣味不同,情绪不同,敲钟击鼓奏出的音乐自然不同。推而言之,或武或悲或乐的音乐对听者的感染亦不同。孔子对音乐反映人的思想感情有很准确的论述。《八佾篇》载,"子语鲁大师乐,曰:'乐其可知也:始作,翕如也;从之,纯如也,皦如也,绎如也;以成。'"孔子告诉鲁国乐官说,一套完整的音乐是可以总结出来的,开始时盛大激越,接下去是纯美和谐、明快清晰、连绵不绝,直到结束。毫无疑问,这是孔子对"雅乐"制作、演奏原则和规律的概括阐述。

再次,孔子十分精通古乐。《礼记·乐记》记载了孔子和一个叫宾牟贾的人讨论《武》乐的情况。孔子以大量篇幅详细讲解了《武》乐的各个细节,说明他对几百年前《武》乐的全面了解和透彻理解,令后世学者惊叹。《史记·孔子世家》载,"三百五篇,孔子皆弦歌之,以求合《韶》《武》《雅》《颂》之音。"孔子不仅精通《韶》乐、《武》乐,而且对《诗》乐也是了如指掌,每一首诗都可以用琴瑟伴奏唱出来。

"逝者如斯夫"

曲阜东南三十公里处有座并不高大的尼山,是孔子降生处。尼山南麓有元代始建的观川亭,相传孔子就是站在那里看五川汇流而发出感慨的:逝去的(时光)就像这流水吧,日日夜夜流淌不停。孔子的话被记在《子罕篇》里:"子在川上,曰:'逝者如斯夫!不舍昼夜。'"这一章文字屡被收进现代中学语文课本,知者无数。

孔子此语富有文学性,更富有哲理性,是蕴含深刻思想意义的名句。有的学者甚至认为,这是《论语》全书最重要的一句哲学话语。

然而,前人的解释并不一致,粗分即有四种。其一,现代学者杨伯峻先生认为:"孔子这话不过感叹光阴之奔驶而不复返罢了,未必有其他深刻的意义。"对孔子的话,每人都可以有自己的领会,但要合情合理。显然,果真如杨先生所说,孔门弟子大概不会将这句话特意记录下来。

其二,南北朝之皇侃引晋之孙绰(孙书已佚)的话说:"川流不舍,年逝不停,时已晏矣,而道犹不兴,所以忧叹。"钱穆先生虽未肯定却也并未否定"忧叹"之说,写道:"或说:……身不用,道不行,岁月如流,迟暮伤逝,盖伤道也。"此说可通,有一定根据。不过,古今多数学者并未以它作为主要内容。

其三,宋代朱熹注曰:"天地之化,往者过,来者续,无一息之停,乃道体之本然也。然其可指而易见者莫如川流,故于此发以示人,欲学者时时省察而无毫发之间断也。"清末康有为注曰:"天运而不已,水流而不息,物生而不穷,运乎昼夜未尝已也,往过来续无一息也。是以君子法之,自强不息。"康注删去了朱注"道体"语,更加平实,因而更接近孔子本意。学者十之八九均持此说。

其四,当代学者李泽厚先生借孔子话头,谈自己的哲学主张,"内时间""内感觉""情感本体"云云,将西方哲学思想及概念引入,已不是通常的解经,不易为常人所理解。

今人诵读"逝者如斯夫",无疑当采纳第三种注解,"一寸光阴一寸金","时间就是金钱"(笔者本人其实并不欣赏以金钱喻时间),从而自强不息,奋发前进。不过,李泽厚先生从《易》"天行健"说到"逝者如斯夫",认为孔子及后世儒家都是以"动"为体,并及宇宙,与一切以"静"为体的哲学与宗教(例如道家、释家)相区别,倒是说在了点子上。朱熹、康有为的注解其实都已强调了"动"。天运而不已,物生而不息,是自然、社会、人生的根本规律。"发展是硬道理"正是这一古代思想在新形势下的延续。

"吾未见好德如好色者也"

子曰:"吾未见好德如好色者也。"

《卫灵公篇》亦载此语,不过前缀"已矣乎",感叹意味更深。《论语》类似重复者不限此一例,看来编辑者有所疏忽。

孔子之意甚明。司马迁觉得是针对卫灵公而发(《史记·孔子世家》),不过后来学者多认为是"疾时人薄于德而厚于色"(《论语集释》)。愚以为,孔子的朋友、学生及鲁国大臣中不乏好德不好色之人,故"未见"并非泛指,其范围应框定为身居高位者,特别是以国君为首的贵族核心集团。

今人学习此章,可议论的话题颇多,先说"好色"的属性。有人认为,"好色"是人类本能,无可指摘。年长于孟子的同代名人告子即说:"食色,性也。"(《孟子·告子》)食以维持生命,强健身体,色以繁殖后代,延续族群,这是人的本性。(过去不少人以为"食色,性也"是孔子说的,甚至见于名人文章,显见其未读孔孟。)仅从生物学角度看,告子说的不错。但告子无意中产生了严重的偏颇:将人的"好色"与禽兽的"好色"等量齐观。人天然地具有复杂的社会属性,具有丰富的精神世界,因而人的"好色"具有社会性和道德性,而禽兽则无。停留于"食色,性也",局限性太大,大到忽略了人的主要本质。

就人来说,好色如果止于"眼福"和"意淫",那还只是个人的事情,一般说来,无关大局。问题在于,众多好色者绝不会满足于此,于是生出许多事端。择其要者,略述几种。其一,两情相悦,互为情人,如今已不被看作苟合,反而是个性解放、社会开化的标志。但实践说明,这种出于情色、没有约束的关系,通常不能持久,而一方难免受到伤害。况且,经济纠纷、非婚生子女等已造成社会问题。倘若一方或双方原来都有家庭,则负作用更大。

其二,男人好色,女人要钱,于是钱色买卖不断,几千年来莫不如此。我国禁止卖淫,但三十年来暗地里进行,屡禁不止。情人关系中相当大一部分其实也是钱色买卖,一方拿出钱,另一方才会献出色。

其三,权色交易。贪官中少有不好色者,他们利用手里的权力,为自己捞钱,占色。当然,有进必有出,他们出卖了党的信任,出卖了人民赋予的职权,也出卖了自己当初的誓言,干出甚至可以惊天的罪恶勾当。

其四,好色而不节制,难免性骚扰、性侵犯他人,造成性犯罪。

以上种种,均是因好色而破坏社会规则,甚至违反国家法律,后三类尤其严重。法律已经突破,还谈什么道德!近些年来,包括年轻人都知道"百善孝为先",常挂在口头,多数人亦落到实处。可有些年轻人不一定知道,与之对应的还有一句"万恶淫为首"。此语在特定意义上亦可成立。好色发展到淫乱,必定坏事做绝,无所不用其极。

好色者立足于本能,追求感官享受,好德者出发于理性,渴望精神丰厚。不考虑地位、身份、学历、职业、成败、贫富,仅从对应于天地以及相比于禽兽的"人"而言,好色者是低级的,好德者是高级的。低级的人多,甚至很多,高级的人少,甚至很少,一直如此。故,"吾未见好德如好色者也"在两千五百年后的今天,仍是的评。

"譬如为山"

子曰:"譬如为山,未成一篑,止,吾止也。譬如平地,虽覆一篑,进,吾往也。"

为山——人工堆土造山。篑——装土的竹筐,亦可用荆条等编成。平地——应与"为山"相对,同为动宾词组,宜解作填土平地。不少学者看作双音名词,句意为在平地上堆土造山云云,似不妥。覆——倾倒,筐底朝上将土倒出。往——去,前往。

孔子是说:"比如堆土造山,只差一筐土没能完成,停止了,这是我自己停止的。比如填土平地,虽然刚开始只倒了一筐土,但要继续下去,这是我自己要前进的。"

《尚书·旅獒》有"为山九仞,功亏一篑"语,孔子当是由此受到触动,深思之后说出上述一段话的。意思很清楚,功亏一篑,还是坚持前进,都取决于自己的意愿和行动。正如朱熹所言:"盖学者自彊不息,则积少成多;中道而止,则前功尽弃。其止其往,皆在我而不在人也。"自然,不仅事业的成功,而且学问的长进、道德的修养,都是如此。

孔子本人大概并未堆土为山或填土平地,他只是用形象的比喻在讲道理。此理与今人尽知的愚公移山之理,完全一致。一个是为山,一个是移山,但两者均是基于远大志向和积极的能动性,而志向、能动性都出自本人心中自觉自愿。孔子说"君子求诸己"(《卫灵公篇》),根本是在说人的命运主要掌握在自己手里,故要求自己,激励自己,检讨自己,而不能将希望寄托在外在因素和他人身上;同样,也不能把错误和失败简单地归结于外界。项羽就缺乏这种觉悟,自刎乌江前只是慨叹"天亡我,非用兵之罪也"。司马迁评论他,"身死东城,尚不觉寤而不自责,过矣",批评他"谬哉"(《史记·项羽本纪》)。

孔子对他所不能控制的社会现实亦常有感慨,但他非常清楚自己的使命,从而在复杂局势中作出不同的选择,坚持走自己认为正确的道路。今人强调个人权利,其中一条是"自主"。然而,有多少人能够真正全面理解"自主"的含义?一方面高喊"自主",一方面不断求诸父母、朋友,以及祈祷上天眷顾,这种矛盾状况岂不可笑?特别需要指出,不懂得自察、自省、自责的人,绝非"自主"之人!而这种人,在我们身边触目皆是。

以上是此章的第一层意义。本文作了一点自认为还不算离谱的发挥。

第二层意思早已被古代学者阐述得淋漓尽致:"积土成山,风雨兴焉;积水成渊,蛟龙生焉;积善成德,而神明自得,圣心备焉。故不积跬步,无以至千里;不积小流,无以成江海。骐骥一跃,不能十步;驽马十驾,功在不舍。锲而舍之,朽木不折;锲而不舍,金石可镂。"(《荀子·劝学》)其核心是说持之以恒的毅力和锲而不舍的实干。移山的愚公尤为突出,他以身作则,且要子子孙孙永远挖山不止。如果寓言成为现实,世世代代坚持不懈,几十年乃至一二百年,移走一座山绝无疑问。

孔子明说的是第一层意思。不过,第二层意思确是话中应有之义,是后代学者理解之后的揭示。

"秀而不实"

子曰:"苗而不秀者有矣夫! 秀而不实者有矣夫!"

苗——农作物种子发芽出土成苗。秀——苗长壮后吐穗曰秀。实——吐穗后结成粮食称实。矣夫——两个语气词连用,重点在后面一个。有学者理解为感叹,夫相当于啊;亦有学者理解为猜度,夫相当于吧。似乎皆可通,但前者为佳。

孔子说:"庄稼出苗而不吐穗的有啊! 吐穗而不灌浆结实的有啊!"

一些学者认为,此章之前两章都是称赞颜渊的,故孔子之叹是为颜渊短命而发。或许《论语》编者有这个意思,但也只能是一种推测。此说恐怕经不起推敲:颜渊虽早死,却独秀于孔门,且修成正果,孔子极欣赏他,不可能说他不秀、不实。今人学此章,宜虚不宜实,不必确指具体人。"苗而不秀""秀而不实"是一种比喻,说的是人生中并不鲜见的现象,学问、事业等半路而止,半途而废。一个很有说服力的例证,是王安石短篇名作《伤仲永》的主人公。方仲永天赋很高,是难得一见的好苗子,五岁即作出像样的诗,然而十二三岁时并无长进,二十岁时已"泯然众人矣",成为"苗而不秀"的典型。孔子对此种现象发出慨叹,表达惋惜;同时又提出警示,表达劝诫。

此种现象不出两方面原因,其一为外在原因。暴雨、冰雹、干旱、虫害均可造成苗而不秀或秀而不实,甚至颗粒无收。说到人的学习和成长,各种负面社会因素,如不当的政策、人为的打压、不利的时机等,均可造成学无成、事无功。上述方仲永之苗而不秀,盖因"父利其然也,日扳仲永环谒于邑人,不使学",其父每天强拉着小儿到处拜访乡人,以此取利,不让孩子读书学习。孔子曾叹世道衰微,埋没和摧毁人才,如临终前悲歌:"太山坏乎!梁柱摧乎!哲人萎乎!"(《史记·孔子世家》)但是,孔子在日常对弟子的教导中,从不强调客观条件。

其二为内在原因。庄稼种子的基因突变或其他变故,可造成根本不出苗,或出苗不吐穗,或吐穗不结实,如谷子中的莠子、高粱中的枪杆。以此喻人,有的人学习开始看不出什么眉目,但中期明显不行,或中期较好,而后期不行。其中,有人天生智商较低,难以学成;绝大多数人则是不认真,"少壮不努力,老大徒伤悲"。孔子反复教导弟子"笃信好学"(《泰伯篇》),说的就是内心自觉和主观努力。孔子提出"苗而不秀""秀而不实"的警示,本意正在于此。读书人几乎都学过韩愈名作《进学解》,"业精于勤,荒于嬉","诸生业患不能精,无患有司之不明",所论即是为学、进业之关键皆在于己。

"匹夫不可夺志也"

子曰:"三军可夺帅也,匹夫不可夺志也。"

三军——西周定制天子六军,诸侯大国三军,一军一万二千五百人。春秋时大国多设三军,但已不止三万七千五百人。晋国称中军、上军、下军,楚国称中军、左军、右军,各国均以中军之将为三军统帅。夺——强取。夺帅,一般指敌对双方的一方俘获或斩杀另一方主帅。匹夫——平民中的男子,与匹妇相配;亦泛指普通的个人。志——意志或志气,不能单指具体的志向。志乃抽象心理,无法明夺,但却可能在利诱或威胁面前丧失,此即夺志也。

孔子说:"三军的统帅可以被俘获或斩杀,一个普通人只要坚定,其志气就永远不会被夺走。"

孔子人生观的要点是主张道德人生。道德人生首先是"修己"(《宪问篇》)。而修己要付诸社会实践,要"安人""安百姓"(《宪问篇》)。因而,孔子同时又倡导志士人生。这是孔子与道家、佛家主张最大不同之处。道德人生与志士人生是统一体的两个方面。《论语》记载孔子多次教导弟子们"志于道"(《述而篇》),不断启发弟子们"盍各言尔志"(《公冶长篇》)。志,是人格的体现。《礼记·缁衣》载,"子曰:'言有物而行有格也,是以生则不可夺志,死则不可夺名。'"行为之格,一方面是社会法则,一方面是与信仰、意志相关联的个人标志,也就是人格。人格是立身之本。"身可危也,而志不可夺也;虽危,起居竟信其志。"(《礼记·儒行》)竟,毕竟、终究。信,通伸,伸展。

　　孔子谈志甚多,但只有此章成为历代普遍引用的名言,必有其原因。愚也钝,试说两点。其一,语言有力。三军何其壮阔,其帅又何其尊贵？匹夫何其卑微,其志又何其无名？两者相提并论,见所未见,令人惊讶、震撼。事实上,前一句是衬托,后一句才是主题。这个衬托十分警拔,唯其如此,才使后面的主句更显郑重。特别是动词"夺"字,令全文生动起来。"可夺"与"不可夺"的强烈对比,不免让人大呼快哉。其二,思想深刻。孔子虽有明确的等级思想,但他同时又"泛爱众"(《学而篇》),关注社会底层群体。孔子事实上认为,这些平凡的普通人尽管没有贵族地位,没有进学读书,但他们也有尊严,也有志气。也就是说,孔子在一定程度上肯定了独立人格和自由意志。

　　正因为是内在的独立和自由,所以才不可夺。贩夫走卒、农民工匠尚且如此,所谓的国家栋梁、社会精英又该如何？

　　孔子之语有如惊雷,震聋发聩,是鼓舞中国人立志图强、勇敢豪迈的强大精神力量。其影响深远,至今已两千多年。文天祥"人生自古谁无死,留取丹心照汗青"的正气歌,夏明翰"砍头不要紧,只要主义真。杀了夏明翰,还有后来人"的绝命辞,都是"匹夫不可夺志也"的真实写照。在离今天并不遥远的"文革"批孔中,梁漱溟先生果决地喊出孔子这句箴言,抵挡"四人帮"的权势和社会狂潮,显示了孔门信徒的坚定和知识分子的节操,令人赞叹。

"改之为贵"

子曰:"法语之言,能无从乎?改之为贵!巽与之言,能无说乎?绎之为贵!说而不绎,从而不改,吾末如之何也已矣!"

法语之言——按今之主流意见,意为符合理法、原则的话,即正言。从,听从。巽与之言——巽音逊,《周易》巽卦象征顺从,故巽义通逊,恭顺、谦让;与,一种意见是"语"的假借字,本文采纳。说——同悦。绎,本义为抽丝,引申为分析头绪,寻究事理。如之何——怎么样,怎么办。也已矣——语气词连用,语意截然且强化。

孔子说:"符合礼法、原则的话,能不听从吗?但实际能够改正错误才是可贵的!恭顺、谦让的话,听了能不高兴吗?但实际能够分析、辨别才是可贵的!只是高兴而不分辨,只是听从而不改错,我不知道该拿这种人怎么办啊!"

此章前两句的句读,以及"法语之言""巽与之言""绎之"的具体意思,自古以来皆有异义,说法不一。本文参考多数人主张,结合自己理解,作出如上解释,供读者朋友参考。

说"法语之言"者,大概主要是两类人,一是有原则的上级,二是正派的同事或朋友。他们说的在理,当然应该听从,实际上多数人也能听得进去。但是,听从只是第一步,更重要的在于听后的行动,明白自己与"法语之言"的差距,进而改正错误,弥补不足。正是在这更可贵的第二步,可以说多数人存在这样那样的问题,从古到今,概莫能外。孔子早就深刻地看到人们身上的这种弱点,故一而再、再而三地告诫弟子们,"行"最重要,最可贵。

说"巽与之言"者,亦有两类人,一是虚情假意的拍马者,二是真心诚意的下属或友人。人的另一弱点在于愿听好话,包括吹捧的话和顺从的话,听了开心。可以说,多数人听"巽与之言",仅仅停留在"说乎"层面,而不能"绎之",即不能通过思考,辨别说话者的居心和目的,认清其言语的真伪。"绎之"还有一层意思,听话者要分析自己的品质、能力、特点,是否真如"巽与之言"所说,尤其看到其中的美化与夸大。

显然,"改之"比"从乎"难得多,"绎之"比"说乎"难得多。唯其难,故"为贵"。而"说而不绎""从而不改"者为数众多,孔子说拿他们没办法,是谑语,内含讽刺与批评。若他们始终"不绎""不改",则就无可救药了。

李泽厚先生论此章:"爱听好话而难改过错,古今同病。孔子总讲具体问题,而不空谈性理,这才能真正塑建人性。"(《论语今读》)从人性角度,尤见深刻。实际上,孔子大量看似普通的议论,均应作如是观。

"不忮不求"

子曰:"衣敝缊袍,与衣狐貉者立,而不耻者,其由也与!""不忮不求,何用不臧?"子路终身诵之。子曰:"是道也,何足以臧?"

衣——动词穿着。敝——破旧。缊——乱麻,乱丝。狐貉——指狐皮袍、貉皮袍。"不忮不求,何用不臧"——《诗经·邶风·雄雉》的最后两句。忮,嫉妒,忌恨,伤害;"忮者,嫉人之有而欲害之也"。求,贪求;"求者,耻己之无而欲取之也"。臧,善,好。这两句诗的大意是:不嫉妒,不贪求,干什么都不会不好。是——代词,表近指,此,这。道——指行事的原则、方式、方法。

自杨伯峻先生《论语译注》出版以后,多年来对此章的翻译都基本相同,应该说不够顺畅,有些疙疙瘩瘩。杨先生的译文如下,孔子说道:"穿着破烂的旧丝棉袍子和穿着狐貉裘的人一道站着,不觉得惭愧的,恐怕只有仲由罢!诗经上说:'不嫉妒,不贪求,为什么不会好?'"子路听了,便老念着这两句诗。孔子又道:"仅仅这个样子,怎么能够好得起来?"

唯独古棣先生在《论语译说》中强调,子路一辈子记诵那两句诗,但最终并没有得到好报,所以孔子说"是道也,何足以臧",同时断定孔子的话是在子路死后说的。这一见解值得重视。

愚以为,读顺此章,应分三个层次。首先,孔子闻子路死讯后称赞他贫贱不能移的品质。其次,在座的弟子附和老师的话,也称赞子路,说他一辈子记诵"不忮不求,何用不臧"。这里,不应认为这两句诗是孔子引用的。杨伯峻、钱穆等许多著名学者以为这两句诗是孔子所说,结果造成全文的不通顺。再次,孔子就弟子们的话发表评论,说仅仅记诵诗句不足以保证有好结果。这个评论有两层含义,一是启发、教育在座的弟子,这是主要的;二是话中有话,委婉地批评子路。孔子一直认为,"由也升堂矣,未入于室也"(《先进篇》)。子路未入室的例证之一是,当年在陈蔡绝粮,"子路愠见,曰:'君子亦有穷乎?'"(《卫灵公篇》)特殊穷困环境下子路未能一贯心静如水。子路参与卫国内乱而死,孔子固然悲痛,但似乎并不认为他死得其所。

根据以上分析,拙文将此章文字翻译如下,孔子说:"穿着破旧的麻布袍子,与穿着狐皮貉皮袍子的人站在一起,而不觉得羞耻,大概只有仲由吧!"(在座的弟子们说)子路一生都在记诵"不忮不求,何用不臧"这两句诗。孔子说:"这样的方式方法,怎么能够保证有好结果?"

孔子的意思,用现在的话说,就是"不忮不求"不仅要记在头脑,挂在嘴边,而且要化于心灵,融于血肉;君子不能遇事才想到以它为标准,而应时时、处处、事事自然地近乎本能地表现出来。子路固然没有做到,可世上又有多少人可以做到?就是孔子本人,也是在经过"不惑""知天命""耳顺"才逐步做到。"七十而从心所欲不逾矩",已是人生的化境,自然不在话下。

"岁寒,然后知松柏之后凋也"

子曰:"岁寒,然后知松柏之后凋也。"

岁寒——一年到了寒冷的时候,即冬季。后凋——最后才凋谢。黄河流域的深秋季节,一般树木的枝叶已经枯败落尽,只有松柏还是一片绿色。然而,松柏不是不凋,而是其凋也晚,且新叶、旧叶交替不易为人觉察,看起来总是郁郁葱葱。清代学者李光地说的准确:"此章比喻者广,不曰'不凋',而'后凋'云者,盖松柏未尝不凋,但其凋也后,旧叶未谢,而新枝已继,《诗》所谓'无不尔或承'者是也。"(《论语集释》)《诗经·小雅·天保》是祝福诗篇,最后两句"如松柏之茂,无不尔或承",大意是如松柏枝叶茂盛,青青相继,永不衰落。

表面上,此章是对自然景物的描述和感叹,可与《子罕篇》的另一章"子在川上曰:'逝者如斯夫!不舍昼夜。'"相比。实际上,二者均饱含哲理,有异曲同工之妙。孔子以松柏喻人,以松柏后凋喻人之坚定、坚忍。将深邃的思想蕴藏于形象的画面,非大诗人不能为。孔子不少语录,虽古朴,却有诗意,故说孔子有诗人气质绝非溢美。"岁寒,然后知松柏之后凋也"的主旨,后人不断加以阐发,如"疾风知劲草,板荡识诚臣"(《旧唐书·萧瑀传》)。《诗经·大雅》有《板》《荡》两篇,皆讥讽周厉王无道,后用"板荡"指政局混乱、社会动荡不宁。人格在平时不一定看得清楚,而在艰难困苦之中、生命危险之际会展现无遗。

《庄子》一书数十处描述或论及孔子,多是挖苦、嘲笑、轻蔑。不过,有一段记述却对人们理解"岁寒,然后知松柏之后凋也"大有帮助。《庄子·让王》说,孔子周游列国时困于陈、蔡,七天未引火做饭,以野菜充饥,大家饿得面黄肌瘦,子路牢骚满腹,子贡也随声附和,孔子知道后教训他俩一通,其中说:"……故内省而不穷于道,临难而不失其德。大寒既至,霜雪既降,吾是以知松柏之茂也!……陈、蔡之隘,于丘其幸乎!"《庄子》的记载大概是真实的,"岁寒,然后知松柏之后凋也"(《庄子》所载字句稍有不同,意思差不多)可能就是孔子困于陈、蔡时所说。已六十多岁的孔子把此次艰难困苦看作是上天给予自己的考验和锻炼,看作是自己开创晚年新局面的前奏和动力,因而弹琴唱歌,乐观如常。

此章虽只一语,其喻义却无穷。历代君子、志士、仁人、英雄无不效法松柏,而人们颂扬他们又无不以松柏为参照。松柏常青,其标格永恒!

"仁者不忧"

子曰:"知者不惑,仁者不忧,勇者不惧。"

上文说"仁者安仁"(《里仁篇》),本文说"仁者不忧"。正因为仁者安心于仁,满足于仁,心无旁骛,所以才不忧。

孔子又说:"内省不疚,夫何忧何惧?"(《颜渊篇》)问心无愧,所以不忧不惧。

还可以从另一角度说,即"乐以忘忧"。孔子周游列国时,楚国大夫、叶公沈诸梁曾向子路打听孔子,子路不答。后孔子得知,对子路说:"女奚不曰:'其为人也,发愤忘食,乐以忘忧,不知老之将至云尔。'"(《述而篇》)宋代程颐、朱熹均以孔子的好学解释此语,说学而未有所得时,发愤忘食,学而有所得时,乐之而忘忧。孔子颠沛流离之际,确实可能只有读书学习才是最大的乐事。

孔子还从更广阔、更深刻的意义上说:"饭疏食饮水,曲肱而枕之,乐亦在其中矣。不义而富且贵,于我如浮云。"(《述而篇》)粗茶淡饭,曲臂当枕,何乐之有?孔子的意思是说,富贵也罢,贫贱也罢,"义"才是核心,不义之财是与己不相干的浮云,而即便是贫穷简陋的生活,自己的快乐仍在。可见,乐的是内在的精神生活。这是一种独特的感受,是人生价值的基础,外人难以深入体会。有此等之乐,何忧之有?

孔子是一位乐观的"达者"(《左传·昭公七年》),经常快乐。"学而时习之,不亦说乎?有朋自远方来,不亦乐乎?"(《学而篇》)

优秀弟子侍立在孔子身边,皆英才气象,又各有特点,于是"子乐"(《先进篇》)。孔子喜欢唱歌、抚琴、听音乐,这都是令他快乐的事情。

孔门弟子中,学问最好的当属颜渊。孔子多次称赞他,给人印象最深的是:"贤哉回也!一箪食,一瓢饮,在陋巷。人不堪其忧,回也不改其乐。贤哉回也!"(《雍也篇》)此章与"饭疏食"章的意思基本相同,核心都是谈乐,可以看作是孔子的惺惺相惜之语。此章犹胜之处在于,拿他人之忧与颜渊之乐对比。忧、乐互为反义,对后人理解"仁者不忧"极有帮助。

宋代理学家大谈"孔颜乐处",即指孔子、颜渊对世俗之富贵贫贱泰然处之,忘怀得失,由衷而乐。

孔子讲乐,还有一句十分重要的话:"知之者不如好之者,好之者不如乐之者。"(《雍也篇》)之,一般指学问,其实亦可指事业。知之、好之、乐之是进学、做事的三个阶段,一个比一个高。一般来说,知之并不容易,甚至相当艰难。很多人只能达到知之阶段;一部分人产生兴趣,喜欢学习,热爱事业,可进入好之阶段;少数人生发快乐,以学习、事业为生命需要和价值体现,成为乐之者。

从人的精神上说,知之、好之、乐之是由低到高的三种境界。按李泽厚先生的说法,知之处于认识层次,好之处于道德层次,乐之处于审美层次。"'乐'在这里虽然并不脱离感性,不脱离心理,仍是一种快乐。但这快乐已经是一种经由道德而达到的超道德的稳定'境界'。"

不过,对"仁者不忧"不能作机械的理解。事实上,孔子是有忧的。"君子忧道不忧贫。"(《卫灵公篇》)此"道",既包括"修己"之道,又包括"安百姓"(《宪问篇》)之道。后者之忧,即忧国忧民。而对前者之忧,孔子有具体的说明:"德之不修,学之不讲,闻义不能徙,不善不能改,是吾忧也。"(《述而篇》)这四项之忧,是孔子的自察,也是对弟子的勉励。

孔子之乐与孔子之忧并不矛盾,二者乃一体之两面。乐的是在艰难困苦和利害荣辱中不惑、知命、耳顺,以愉悦的精神自立;忧的是自己的进德修业可能产生偏差,达不到期望的目标以及国不稳、民不安。所以,单讲快乐人生,单讲忧患意识,都不能涵盖孔子的思想和情怀。

"权"

子曰:"可与共学,未可与适道;可与适道,未可与立;可与立,未可与权。"

适——往也。既有奔赴、前去之义,又有达到、学到之义。适道,向道而行,以及得道。同学之中,志向不同,目的不一,故曰"未可与适道"。

立——站得住,能立足于社会,如"三十而立"(《为政篇》)"民无信不立"(《颜渊篇》)之立。此立有强立固守、坚定不移之义。向道后又改道,得道后又弃道,并不鲜见,故曰"未可与立"。

《广雅·释器》曰:"锤谓之权。"权即秤砣。《汉书·律历志》曰:"权者,铢、两、斤、钧、石也,所以称物平施,知轻重也。"权即秤。孟子说:"权,然后知轻重。"(《孟子·梁惠王上》)还说:"嫂溺不援,是豺狼也。男女授受不亲,礼也;嫂溺,援之以手,权也。"(《孟子·离娄上》)因而,权的一个引申义就是衡量是非、轻重之后的因事制宜,即今之权衡、权变、变通。《说文解字》释权为"反常",亦是此义。平时,小叔子与嫂子"授受不亲",是"常";特殊情况下,小叔子援手搭救溺水的嫂子,就是"反常"。

《中庸》载孔子语"君子而时中",不仅是说君子时时奉行中庸之道,更是说君子的言行因时(包括因地、因事、因人)变化而总能恰如其分,恰到好处,而不拘泥、固执。愚以为"时"与"权"互为表里,"时"侧重客观条件,"权"侧重主观选择。孟子说:"伯夷,圣之清者也;伊尹,圣之任者也;柳下惠,圣之和者也;孔子,圣之时者也。"(《孟子·万章下》)孟子所举四位圣人(孔子不承认自己是圣人),特点不一:一位清高;一位能胜重任,不辱使命;一位平和,和睦待人,和谐处事;而孔子"集大成",特别是能审时度势,实事求是,讲究原则性与灵活性的高度统一。

过去学习毛泽东思想,知道一切从实际出发,把马克思主义普遍真理同中国具体实践相结合,因地制宜,灵活运用,就是掌握了马克思主义活的灵魂。愚以为,孔子坚持"吾道一以贯之"(《里仁篇》),又讲究"时中""权",与这一思想原则是相通的。学《论语》者,不可不知"时中",不可不知"权"。在研读"有道则见,无道则隐"(《泰伯篇》)"无适也,无莫也"(《里仁篇》)"无可无不可"(《微子篇》)等章节时,懂得那都是"时中""权"的不同表述。"权",就是中庸之道,是孔子思想或学说的灵魂。

此章译成现代汉语,大意就是:孔子说,能够一起学习的人,不一定能一起向道、得道;能够一起向道、得道的人,不一定能一起守道、行道;能够一起守道、行道的人,不一定能一起因时因地因事因人制宜,灵活运用。

十分明显,此章主旨是讲进学之过程、进学之阶段,一层深似一层,可与"吾十有五而志于学,三十而立……"那段著名的人生总结相呼应。

愚以为,换个角度,此章亦是择友、交友的标准。不过,这种标准极高,只是对"志于学"的学人而言。真正的志同道合,"共学""适道""立""权"四方面缺一不可。这种志同道合者世间少之又少,可谓难矣。

先进篇

"吾从先进"

子曰:"先进于礼乐,野人也;后进于礼乐,君子也。如用之,则吾从先进。"

此章是《论语》的难点之一,学者意见分歧严重,至今没有大家公认的确解。那么,后学者怎么办?只能在比较全面理解孔子思想的基础上自己去领会。本文亦仅供读者朋友参考。

"先进于礼乐""后进于礼乐"之先、后,就是时间的早、晚。关于进字,《说文》曰"登也",古代其他字书还有"升也""前也""荐也""近也"等训解。"进于礼乐",与其说是接触礼乐、进入礼乐,不如说是产生礼乐、制作礼乐。礼乐的产生和发展是一个漫长的历史过程,其不断的积淀是一种深沉的文化积淀,渐渐融成民族的特质和性格。

再说"野人""君子"。从夏朝开始,伴随着国家产生,有了城市,称"邑""都""国";城外周围是"郊";"郊"外地区为"野",其居住者就是"野人",显然他们是以农业生产者为主体的底层民众。西周建国之后,封夏朝王族后裔为杞国,封商朝王族后裔为宋国,封商朝若干重要贵族为其他小国,那么其余大量遗民又在何处呢?除部分家奴外,都在各"国""都""邑"之野。故有学者认为,"野人"指夏、商遗民。然而,孔子说"质胜文则野"(《雍也篇》),说"野哉由也"(《子路篇》),说"敬而不中礼,谓之野"(《礼记·仲尼燕居》),所以质朴又粗鄙之人均可称为"野人";三皇五帝时尚无文之化,其人似亦可称"野人"。总而言之,此章之"野人"宜泛解,笼统地说"民间大众"较妥。

"君子"本义是贵族,是地位身份的指称。到春秋中后期,孔子及其他先进思想家强调道德,认为有封地、有权力、有文化的贵族应该做表率,于是"君子"才渐渐成为有德者的代称。此章之"君子",从语意看,应是其本义,即指贵族。

"先进于礼乐,野人也"该如何理解?在远古数以千百年计的发展过程中,我们的祖先自然地产生出祭神的仪式,产生出生产和生活的准则,产生出人际交往和氏族、部落交往的规范,以及音乐、舞蹈等艺术。这种礼乐是原始的、粗糙的,但却是有生命力的,反映了我们祖先的价值观念和审美追求。许多仪式、准则、规范随着时间的推移,成为根深蒂固的礼俗。当然,这种礼俗也会融入时代元素而有所变化。至阶级、国家产生,又有反映统治阶级利益或国家意志的礼乐,并成为上层社会的主流。但是,传统礼乐扎根于民间,连绵不断地流传。同时,新制定的礼乐也会贯彻到民间,部分地改变原有的礼乐。相对于新王朝贵族的制礼作乐,"野人"自然是"先进于礼乐"。

"后进于礼乐,君子也"可以西周为例。武王灭商,周族一统天下,以武王、周公为代表的新贵族为了天下的有序、稳固、安宁,在商朝礼乐的基础上重新制定一套礼乐,开创了华夏历史的崭新篇章。这一套礼乐发挥了巨大功能,使得西周发展了三百年。

"先进于礼乐,野人也;后进于礼乐,君子也",是关于礼乐产生和发展的一般性论述,是礼乐史的纲领性结论。须知,"先进""后进"都是相对概念,"后进"相对于"再后进"就是"先进"了。例如,西周礼乐相对于夏、商礼乐是"后进",但相对于春秋礼乐就是"先进"了。

那么,该如何理解"如用之,则吾从先进"呢?孔子的话含义十分深刻。春秋以降,先进的西周礼乐渐渐崩坏,至孔子时已是面目大变。春秋之礼,"文胜质则史"(《雍也篇》),少仁之心,少敬之意,过度注重形式,追求铺张、奢侈,文辞繁多,文采华美,但流于虚伪。春秋之乐,"郑音好滥淫志,宋音燕女溺志,卫音趣数烦志,齐音鹜辟骄志"(《史记·乐书》),有靡曼放荡之音,无中正和平之气。因此,孔子主张用"先进"即传统礼乐,"行夏之时,乘殷之辂,服周之冕,乐则韶、舞。"(《卫灵公篇》)"周监于二代,郁郁乎文哉!吾从周。"(《八佾篇》)夏、商礼乐"质胜文",虽有不足,总比"文胜质"的春秋礼乐好,而西周礼乐"文质彬彬",最佳。然而,传统礼乐已难在当时的"国"中寻觅,所以孔子才说"礼失而求诸野"(《汉书·艺文志》)。古有学者评论:"孔子从先进,正欲去繁文而尚本质耳。"(《论语集释》)大体不差。

"颜渊死"

颜渊死,子曰:"噫!天丧予!天丧予!"

颜渊死了,孔子说:"唉!天亡我!天亡我!"

颜渊死,子哭之恸。从者曰:"子恸矣!"子曰:"有恸乎?非夫人之为恸而谁为?"

颜渊死了,孔子哭得过分悲哀。身边的学生说:"老师过分悲哀了!"孔子说:"过分悲哀了吗?不为这个人过分悲哀,还为谁过分悲哀?"

颜渊死,颜路请子之车以为之椁。子曰:"才不才,亦各言其子也。鲤也死,有棺而无椁。吾不徒行以为之椁,以吾从大夫之后,不可徒行也。"

颜渊死了,颜渊的父亲颜路(孔子早期弟子,小孔子六岁)请求老师卖车给颜渊置办外棺。孔子说:"有才能的(暗指颜渊),没有才能的(暗指孔鲤),对父亲来说都是自己的儿子。我的儿子孔鲤死了,只有内棺而没有外棺。我不会为了给颜回置办外棺而徒步行走。因为我(尽管离职)还列在大夫之后,是不可以步行的。"

颜渊死,门人欲厚葬之。子曰:"不可。"门人厚葬之。子曰:"回也,视予犹父也,予不得视犹子也。非我也,夫二三子也!"

颜渊死了,孔门弟子想厚葬他。孔子说:"不可以厚葬。"弟子们仍然厚葬了颜渊。孔子说:"颜回呢,看待我如同父亲,我却无法把他看成儿子。厚葬他不是我的主意,是他的若干同学干的。"

以上四章文字皆记"颜渊死"。其中第三章在《先进篇》中列在最前面,按理应如本文所列之序。现四章大意已明,但仍有几个问题需要说解。

其一,颜渊是孔子最欣赏的弟子,根本原因是,在只可意会而不可言说的精神境界方面,颜渊与孔子最为接近,其他弟子则远不可及。孔子哀伤过度,大呼天亡我,深刻内含是自己所创之"道"的最忠诚、最严谨的传承人先行去世了,此"道"在自己百年之后前景如何,不得而知。

其二,孔子反对厚葬。(不过,"三年之丧"确实过长。)后世厚葬之风是违背孔子本意的,与孔子没有直接关系。有人攻击孔子主张厚葬毫无道理。

其三,孔子未应颜路请求,原因有二:一是如上所述,孔子反对厚葬,棺外加椁已属厚葬,何况自己的儿子孔鲤死时亦只有棺无椁。二是颜渊死时孔子已七十有一,身体日衰,出行怎可无车?另外,如孔子所说,按当时礼节,他的身份与地位应当备车,特别是若与社会上层人士交往,更不可无车。合理的推测是,当时孔子必是心中不快:你颜路跟随我几十年,亦是六十五岁的老人,怎么如此不懂事?所以,孔子回答颜路比较生硬,一本正经,自己已年老体衰之类根本未提。

其四,"予不得视犹子也",是特定环境的特定话语,具有特定意思。父子关系决定了父亲可以在儿子葬礼问题上说一不二,而孔子虽在理智上不主张厚葬颜渊,但在感情上又难以阻止弟子们的意愿。就是说,孔子在颜渊葬礼问题上说话没人听,未能扮演决定性的角色。这是理智不得不屈从于情感现实的无奈,同时极其婉曲地表达了一种抗议情绪。愚读《论语》,常叹孔子语言艺术之高超,此亦一例也。

"未知生,焉知死"

季路问事鬼神。子曰:"未能事人,焉能事鬼?""敢问死。"曰:"未知生,焉知死?"

子路当时在鲁国季氏手下做事,所以称季路。(有人认为子路姓季名路,而不姓仲;仲,是说他排行老二。存疑。)事,动词,服事、侍奉。焉,反诘副词,怎么、哪。敢,表敬副词,有自言冒昧之意,可不译。《周礼》云:"众生必死,死必归土,此之谓鬼"。众生所指虽广,但主体是人,所以鬼主要是人鬼。人鬼列于天神、地祇(祇专指地神)之后,与天、地、人"三才"相对应。而所谓"事鬼",在多数情况下是指祈祷和祭祀死去的祖先、长辈、亲人。

子路两问,前后相关;孔子两答,紧密联系。如何对待鬼神和生死,人类思考、辩论了几千年,至今没有结束,也永远不会结束。

孔子怎样对待鬼神?他自己说"敬鬼神而远之",他的弟子说"子不语怪、力、乱、神"。此处又是一例。子路之问是统言鬼神,孔子之答却只说鬼不提神,颇为微妙,值得琢磨。神与鬼并不是完全等同的概念,孔子避而不谈神,只能说明对神更慎重一些。

"未能事人,焉能事鬼"可具体理解为两义:其一,人为重,鬼次之,学问需循序渐进,不可躐等而求;其二,人事尚未处理好,不必考虑鬼事。合理的推论是,人生数十年需一直处理生前事,所以也就永远无需考虑鬼事。说孔子轻视"事鬼",甚至有否定"事鬼"的倾向,是有据之论。分析"未知生,焉知死",亦如是。梁漱溟先生在

《东西文化及其哲学》一书中说:"生"是儒家的核心观念,"孔家没有别的,就是要顺著自然道理,顶活泼顶流畅的生活。"先生还说:"他只管当下生活的事情,死后之事他不管的。"(《梁漱溟先生讲孔孟》)

十分明显,在孔子的话语中只有"一个世界",即生的世界。这与差不多同时产生的古印度佛教、五百年后产生的西方基督教很不一样,它们都是"两个世界"的主张,不仅讲现世——此岸世界,而且讲来世——彼岸世界。西方极乐世界也罢,天堂地狱也罢,都是无人见过的虚无缥渺的世界。

孔子并非一点都不涉及死。"朝闻道,夕死可矣"(《里仁篇》),"志士仁人,无求生以害仁,有杀身以成仁"(《卫灵公篇》)即为例证。只不过孔子是以死为界,反观人生,以死的自觉凸现生的自觉,根本在于生时要"闻道",不要"害仁"而要"成仁"。司马迁之"人固有一死,或重于泰山,或轻于鸿毛",文天祥之"人生自古谁无死,留取丹心照汗青"等,都与孔子思想一脉相承。这是一种健康的、积极的、辉煌的生死观,至今闪耀并将继续闪耀光芒。

不过,历史事实说明,早已有之的利己和纵欲的生死观、道教保生成仙的生死观、佛教六趣轮回的生死观,以及西方的几种生死观,都产生了并且还在产生着影响。这充分表现出文化的多元性。笔者推崇孔子的生死观,同时又对其他智者表示极大的尊敬和尽可能的理解,他们的论说多数都有其合理成分乃至深刻之处。

"过犹不及"

子贡问:"师与商也孰贤?"子曰:"师也过,商也不及。"曰:"然则师愈与?"子曰:"过犹不及。"

师是颛孙师,即子张;商是卜商,即子夏。二人年龄相仿,是子贡的小师弟。子张志向高远,言行时常偏激和过头,有些张扬。与之相反,子夏狷介、谨慎,该说的有时未说,该做的有时未做,过于收敛。子贡觉得子张比子夏更优秀一些,而孔子告诉他"过"等同于"不及",二人彼此彼此。

"过"不好,"不及"也不好,两者之间的"中"才是最好的。西汉经学家孔安国深通孔子语意,训解上述对话一针见血:"言(师与商)俱不得中也。"这段记载的思想意义恰恰就是"中"。

拙文《"攻乎异端,斯害也已"》从正面简单介绍了什么是中庸之道,现就常人容易产生的误解再作一点说明。

首先,"中"不是物理、数学上的中点或百分之五十,不是凡事只求其半,行其半,它是不能被量化的。

在《登徒子好色赋》中,宋玉答楚王问,形容邻居一位漂亮女子"增之一分则太长,减之一分则太短;著粉则太白,施朱则太赤",讲的就是恰如其分,恰到好处,"中",就是两端之间的恰如其分,恰到好处。"中"虽然抽象,却可以被认知,被检验。

其次,"中"不是对立两端的混合,而是与两端有关联但又不同的"第三者"。这第三种状态超越于两端,与两端一起共同构成事物的总体。当代学者庞朴先生二十余年来主要研究"世界三分"问题,有许多创见。他总结古人学说,详加梳理、辨析、论证,说明事物并非"一分为二",而是"一分为三",从而找到了中国几千年文化体系的密码,即那个"三"。而"三"在一定意义上说就是"中"。有兴趣的读者可详阅庞朴先生《一分为三》(海天出版社一九九五年版)和《一分为三论》(上海古籍出版社二〇〇三年版)两书。

许多人,包括一些学者,一直批判中庸之道是折衷主义。窃以为他们是站在"一分为二"的立场上,不知"一分为三"为何物,故无法理解"中"。一部《论语》,足以说明孔子思想自成体系,有原则,有是非,怎么也扯不到折衷主义上去。再说,拿十九、二十世纪的西方哲学概念硬套公元前的中国古代思想,本身就是不合适的。

再次,"中"与"时"紧密相连,换句话说"时"是"中"的组成部分。

《中庸》记载孔子的话"君子而时中",讲的就是"中"随时间(实际也包括空间、对象等等)变化而有不同表现,亦即"中"在实际运用中并非静止的、僵化的教条。如四季穿衣,"正好合适"的原则如一,可衣服的多与少、厚与薄是不一样的。孟子称颂道:"孔子,圣之时者也。"就是说孔子"可以仕则仕,可以止则止;可以久则久,可以速则速",随时间和条件的变化而机动。

《荀子·不苟》有一段极具启发意义的话:"与时屈伸,柔从若蒲苇,非慑怯也;刚强猛毅,靡所不信(伸),非骄暴也。义以应变,知当曲直故也。《诗》曰:'左之左之,君子宜之;右之右之,君子有之。'此言君子能以义屈信(伸)变应故也。"

这里,明确提出了一个重要原则,可作"时中"进一步的补充,即"中"的变应要以"义"为前提。只要适时合义,柔从并非怯懦,刚猛并非骄暴。该柔则柔,宜刚则刚——这是"中"的应有之义。

"鸣鼓而攻之"

> 季氏富于周公,而求也为之聚敛而附益之。子曰:"非吾徒也!小子鸣鼓而攻之可也。"

学者们指出,前两句也是孔子说的,"子曰"应移到最前面。季氏,鲁国"三桓"(鲁桓公的三个儿子及其后代)之一,此处指当时实际掌权的季康子。周公,非西周开国元勋周公旦,而是世袭他爵位的子孙,即春秋时的周公。求,冉求,字子有,是与子路并列孔门"政事"科(《先进篇》)的大弟子,善理财,当时在季康子家任总管。从《先进篇》冉有说"使足民"来看,冉有本来具备一定的富民思想。

孔子说:"季康子比本朝的周公还富有,而冉求还替他搜刮、聚积,进一步增加他的财富。冉求不是我的门徒了!你们大张旗鼓地去声讨他好了。"

"非吾徒也"比"朽木不可雕也"(《公冶长篇》)要严重得多。宰我白天睡觉,受到孔子责骂,还只是"内部矛盾";而冉有的所为,在孔子看来已属大是大非问题,所以孔子才把他逐出门墙。不过,愚以为孔子终究有点儿指桑骂槐的意思,他内心的愤怒其实更多是针对季康子的。

要想全面、正确理解此章,需要知道当时的背景。春秋时期,鲁国的税赋制度改革最早。前五九四年,鲁宣公实行"初税亩"(《左传·宣公十五年》),也就是开始按田亩征税。过去只是征收公田十分之一的税，不征私田，现在公田、私田一律征税。过了四年，鲁成公又"作丘甲"(《左传·成公元年》)，也就是开始按"丘"(《周礼·地官司徒·小司徒》载："九夫为井，四井为邑，四邑为丘")征收军赋，即车马兵甲等军需费用。前五三七年，"三桓"把三军改为二军，"四分公室，季氏择二，二子各一，皆尽征之，而贡于公"(《左传·昭公五年》)。也就是说，"三桓"控制着政权和全部军权、财权，朝廷只是靠进贡来维持，而季氏一家占有全国一半的军力、财力。鲁哀公时，"初税亩"已实行百年，税赋越来越重，已按十分之二征收，但鲁哀公还说"二，吾犹不足"(《颜渊篇》)。人们只能认为，税收都掌握在"三桓"手中，进贡给公室的很有限。当然，税制实际上并不完善，也不彻底，大量新增的私田都能逃税。执政的季康子想进一步改革税赋制度，以取得更大的家族利益。

据《左传·哀公十一年》载，前四八四年冬天，六十八岁的孔子周游列国后刚返鲁不久，季康子派冉有去向孔子征询对税赋制度改革的意见，孔子回答："我不懂这个。"冉有问了三次，最后说："您是国家元老，等着您拿主意办事，您为什么不肯说呢？"孔子还是不答，后来私下对冉有说："君子办事，要用礼来衡量。给予下面要力求丰厚，一般的事要做得适中，税赋要尽量微薄。如果这样，那么按'丘'征税也就够了。如果不以礼来衡量，而贪婪无厌，那么即使按田亩来征收税赋，还会不够的。季康子想要办事合乎法度，那么有现成的周公典章；如果想随意行事，又何必来问我呢？"季康子不听。"十二年春，王正月，用田赋。"(《左传·哀公十二年》)孔子"非吾徒也"的话，就是在颁布"用田赋"之后说的。

孔子主张少征、薄赋、富民，季康子想要广征、重税、为己，结果自然是"道不同，不相为谋"(《卫灵公篇》)。冉有不仅没有劝阻季康子，或辞官而去，而且为虎作伥，孔子开除他合情合理。

"善人之道"

子张问善人之道。子曰:"不践迹,亦不入于室。"

善人——是善良之人,人中之杰出者。孔子议论的善人,主要是指执政者。

道——多义,此处应是途径、方法义。"问善人之道",意思是问善人走的路如何,或是问善人干的事怎么样。

践——踩踏,引申为遵循。迹,痕迹,引申为先贤遗留下来的功业以及教诲等。

入室——这是一个比喻,指道德学问达到了精深的程度。居家建筑由外至内分别是大门、庭院、堂屋(正厅)、内室,孔子以"升堂""入于室"比喻道德学问由浅入深。孔子曾评价子路"由也升堂矣,未入室也"(《先进篇》),是说子路鼓瑟的境界和礼乐德性达到了中等水平。自然,第一阶段实际上是"入门"。于是,后来又有"门外""门外汉"之说。

对此章的理解明显分成两派。一派可用《论语新解》作代表:"子张问善人的行为。先生说:'善人能不踏着前人脚印走,但亦进不到室内去。'"此解认为善人行事不依成法,有所创新,自成一家,但道德学问未到深奥处,把"不践迹"与"不入于室"看成是两回事,是转折关系。一派可用《论语译说》作代表:"子张问作善人的原则。先师说:'不踩着前人脚印走,道德学识难以进入最高境界。'"此解把"不践迹"与"不入于室"看成是一回事,是因果关系。

愚以为,后者是正确的。孔子是说善人没有按照先贤的教导和功业去做,所以各方面都达不到最高水平。但是,"善人之道"译为"作善人的原则",不确。

孔子虽然从批评的角度回答子张的问题,但并没有否定善人。"善人,吾不得而见之矣!得见有恒者,斯可矣。"(《述而篇》)这足以证明孔子对善人的肯定。孔子肯定善人,同时认为善人各方面水平不够,还有其他例子。

"'善人为邦百年,亦可以胜残去杀矣。'诚哉是言也!"(《子路篇》)此章中心语是别人说的,孔子引用并加以肯定。"善人治理国家一百年,也可以做到消除残暴、不用刑杀。"这话确实不错啊!此章固然是说胜残去杀之不易,可同时也明确指出善人之道迂钝而功效甚缓。与下一例比较,这一点就看得更清楚。

"子曰:'苟有用我者,期月而已可也,三年有成。'"(《子路篇》)期月,有一周年、一整月两解,此处似应取前者。如果有人用我主持国政,一年可以改变旧貌,三年就会很有成绩。可见,二三代善人为邦百年,不一定抵得上孔子一人主政三年。这只能说明善人与孔子根本就不是一个水平的人物。善人没有遵循先贤的教导,没有吸取先贤的经验,不学习,或学习较差,道德、学问、能力等等都很有限。

在孔子心目中,善人低于圣人、贤人和君子。《荀子·哀公》载:"孔子曰:'人有五仪:有庸人,有士,有君子,有贤人,有大圣。'"这话不一定就是孔子所说,但意思与孔子思想相合。所以,善人的水准与"士"相当,由上到下属于第四层次。

"求也退,故进之"

子路问:"闻斯行诸?"子曰:"有父兄在,如之何其闻斯行之?"

冉有问:"闻斯行诸?"子曰:"闻斯行之。"

公西华曰:"由也问'闻斯行诸',子曰'有父兄在';求也问'闻斯行诸',子曰'闻斯行之'。赤也惑,敢问。"子曰:"求也退,故进之。由也兼人,故退之。"

闻——听到;后面省略了宾语,据文义指正确的道理或可以做的事情。斯——连词,则、就。公西华——姓公西,名赤,字子华,鲁国人;《史记·仲尼弟子列传》记其小孔子四十二岁,有误,经考证小三十二岁为妥;他思想活跃,熟悉礼仪,长于应对,有外交才能。求——冉有名求。由,子路名仲由。敢——自言冒昧的谦词;敢问即(我)冒昧地问。进之、退之——进、退皆使动动词,义为"使之进""使之退"。退,迟缓,畏缩。兼人——一人兼他人之所为,既形容敢作敢为,又形容鲁莽冒进。

子路问:"听到(正确的道理或可以做的事情)就马上去做吗?"孔子说:"有父亲兄长在,怎么能(不商量且未获同意)听了就做呢?"

冉有问:"听到(正确的道理或可以做的事情)就马上去做吗?"孔子说:"听了就马上去做。"

公西华说:"仲由问'听到就马上去做吗',您说'有父亲兄长在

（不能马上就做）'。冉求问'听到就马上去做吗'，您说'听了就马上去做'。我对此感到迷惑，冒昧地问您（为什么有两种相反的回答）。"孔子说："冉求性格迟缓，办事退缩，所以促使他大胆前进。仲由敢作敢为，又鲁莽冒进，所以教育他遇事退让一些。"

十分明显，此章具体、生动地说明了孔子如何因材施教。每个人的资质、性格、识见、能力等均有差异，作为以塑造健全人品、人格为核心目的的孔门教育，必然是针对每个学生的特点，扬其长，补其短。孔子施教，从不泛泛而谈，而是有的放矢，一语中的，使善学、善思的受教者获益无穷。而成年人禀性改变极难，故需一而再、再而三的启发教育。孔子对子路即是如此，《论语》多有记载。

退而进之，进而退之，其背后是孔子的辩证思想。这种思想的最高表现就是中庸之道。公西华迷惑不解，根本原因在于他头脑里缺少辩证法，不懂得中庸之道。有论者看不到孔子的辩证思想，认不清中庸之道的本质和意义，因而从哲学角度贬低乃至否定孔子。诚然，孔子的辩证思想不如老子那般透彻，但其独特内涵和独特价值，却不可抹杀。两千余年的中国思想发展史，以及中华民族发展史，可以充分证明孔子中庸之道之普适。当然，同时应该看到其不足，扬弃其弊端。这是一个重大话题，拙文曾经有所阐述，这里点到为止。

"子畏于匡"

子畏于匡,颜渊后。子曰:"吾以女为死矣。"曰:"子在,回何敢死!"

畏——围困、拘禁;后面没有宾语,带被动性,意为被围困、拘禁,这是古汉语常见的用法。女——同汝,第二人称。颜渊——名回,字子渊;同门师兄弟尊称其字,本人自称名。

孔子与随同弟子由卫国到陈国去,途经匡地。匡人曾经遭受鲁国季氏家臣阳虎的攻击、欺凌,而孔子的相貌很像阳虎,匡人误把孔子当成阳虎,于是围困、拘禁了孔子。失散的颜渊最后才来与老师会合,孔子说:"我以为你死了呢。"无疑,这是一句玩笑话。危难时拿死来开玩笑,非大智大勇、豁达乐观者不能。颜渊也极高明,回答令人叫绝:"老师您还健在,颜回怎么敢死!"此语堪称幽默经典。两千多年来不断有人稍改字词,加以仿用,终究只是东施效颦。场合不同,对象不同,气氛不同,心态不同,语气不同,幽默就变成了谄媚。

孔子并不少开玩笑,他另一次与颜渊开玩笑更精彩。据《史记·孔子世家》载,孔子在陈国、蔡国之间被两国的人围困于荒野(两国听说楚国准备聘用孔子,唯恐对自己不利)。结果,"在陈绝粮,从者病,莫能兴。"(《卫灵公篇》)弟子们大都生病,无精打采,以至倒地不起。可是,"孔子讲诵弦歌不衰。"照常讲课,诵诗,弹琴,唱歌。孔子绝不仅仅是以身作则,鼓舞士气,而主要是他达观的本性所致。就如孔子到楚国负函,叶公向子路打听孔子为人,子路未答,孔子知道后对子路说:"女奚不曰:'其为人也,发愤忘食,乐以忘忧,不知老之将至云尔。'"(《述而篇》)孔子"乐以忘忧",却很清楚绝粮、生病的弟子们心有怨气、怒气。他有意召子路问了一个问题,子路回答不好,孔子严肃地教育了他。子路走后,子贡过来,孔子用同一个问题发问,子贡回答得尚可,但未领会真谛,孔子也严肃地教育了他。子贡走后,颜渊过来,孔子又问同一问题,颜渊的回答意趣高远,"孔子欣然而笑曰:'有是哉?颜氏之子!使尔多财,吾为尔宰。'"真是这样啊?你这个颜家的后生!假使你有很多财产,我就做你的总管。谁会想到孔子会开这样的玩笑?绝对叫人惊讶。孔子在比自己小三十岁(据《史记·仲尼弟子列传》)的颜渊面前,诚然是父辈,是老师,可此时哪里有什么师道尊严?孔子平易、和蔼、可亲、风趣,完全把颜渊当成了忘年交的密友,令人十分感动。不过,幽默只有在懂得幽默的人面前才是幽默,这也正是孔子不和子路开这种玩笑的原因。

　　孔子的幽默在他自嘲时表现得尤为明显。孔子由宋国到郑国去,与弟子们走失,一个人立在郑国城东门。子贡焦急地寻找,一个郑国人告诉子贡,城东门有一个人,额头像尧,后颈像皋陶,肩膀像子产,可是腰以下比禹短三寸,狼狈得像丧家狗。子贡找到孔子后如实相告,"孔子欣然笑曰:'形状,末也。而谓似丧家之狗,然哉!然哉!'"外在形状如何,那是不重要的;要说我像丧家狗,可真是啊!可真是啊!自嘲的幽默举重若轻,出人意料,意味深长,是一种超然的达观,是一种天地的胸襟,是一种高级的智慧。

　　孔子的形象本来十分丰满,汉武帝时开始变得单调起来,且年甚一年,到"五四运动"前只剩下高高在上的圣人形象和不苟言笑的道学先生形象。这是阴险的统治者造成的,也是僵化的儒生们造成的。同时,也可以说还是芸芸众生的盲目造成的。

"是故恶夫佞者"

子路使子羔为费宰。子曰:"贼夫人之子。"子路曰:"有民人焉,有社稷焉,何必读书,然后为学?"子曰:"是故恶夫佞者。"

子羔——姓高,名柴,卫国人(一说齐国人),小孔子三十岁。费——音闭,在鲁国季氏封地,今山东费县西北。贼——伤害、坑害。夫,语气助词,用在句中动词之后,舒缓语气,兼有指代作用,略等于"那",一般不译。社稷——土地和五谷。是故——在此章为发语辞,指后面所说以前面子路的话为原因,即"因此故"。佞——花言巧语,利口善辩。

子路让子羔做费邑长官。孔子说:"你这是害人家子弟。"子路说:"那里有人民,有土地和五谷,(治民、事神都是为学)为什么一定是读书才算为学?"孔子说:"像你这样,正是我讨厌利口善辩的人的原因。"

子路当时任季氏总管,权限不小,很关照小自己二十一岁的子羔,所以举荐他当官。如果此事发生在孔子"堕三都"(《左传·定公十二年》)之后,那么子羔二十四岁。十多年后,卫国内乱,正在卫国任蒲邑长官的子路赶去都城参加平乱,在城门口遇到刚逃出城的子羔,子羔苦劝他不要进城,子路未听,结果遇难。相关记载表明,两人关系非同一般。

孔子为何不同意子羔出任费邑宰？当然不会是因为子羔"长不盈五尺"(《史记·仲尼弟子列传》),"状貌甚恶"(《孔子家语·七十二弟子解》),而是由于"柴也愚"(《先进篇》),比较笨,根本则在于他年轻,学业未成,基础尚差,不宜马上从政。按孔门高足子夏的说法,是"学而优则仕"(《子张篇》)。孔子自己是"三十而立"(《为政篇》),五十一岁才从政。年轻的子羔是没有能力担当一方重任的。揠苗助长,只会害了禾苗。子羔成人以后,情况有所不同。他曾任卫国士师(司法官),执法公正,甚至受到犯人感激。一个被他判处刖刑(砍脚)的人,后来做了守城门的差役;当卫国内乱时,正是这个差役帮他逃出城门。子羔回到鲁国后,将此事告诉老师,晚年的孔子高兴地说:"善为吏者树德,不善为吏者树怨。公行之也,其子羔之谓欤!"(《说苑·至公》)后来,子羔任鲁国武城宰、城邑宰。

由于子路感情用事,一下子听不进老师的意见,作了辩解。反驳已然不该,其辞"何必读书,然后为学"更令人生气。孔子确实生气了：你仲由做事不对,还强辞夺理,且是歪理；我就讨厌利口善辩的小人,你今天的表现就是个这样的人。

孔子严厉批评弟子,《论语》载有数例,但比例不高。孔子多是谆谆教诲。其实,严厉批评亦"循循然善诱人"(《子罕篇》)之必要环节。

"吾与点也"

子路、曾皙、冉有、公西华侍坐。

子曰:"以吾一日长乎,尔毋吾以也。居则曰:'不吾知也!'如或知尔,则何以哉?"

子路率尔而对曰:"千乘之国,摄乎大国之间,加之以师旅,因之以饥馑;由也为之,比及三年,可使有勇,且知方也。"

夫子哂之。

"求!尔何如?"

对曰:"方六七十,如五六十,求也为之,比及三年,可使足民。如其礼乐,以俟君子。"

"赤!尔何如?"

对曰:"非曰能之,愿学焉。宗庙之事,如会同,端章甫,愿为小相焉。"

"点!尔何如?"

鼓瑟希,铿尔,舍瑟而作,对曰:"异乎三子者之撰。"

子曰:"何伤乎?亦各言其志也。"

曰:"莫春者,春服既成,冠者五六人,童子六七人,浴乎沂,风乎舞雩,咏而归。"

夫子喟然叹曰:"吾与点也!"

三子者出,曾皙后。曾皙曰:"夫三子者之言何如?"

子曰:"亦各言其志也已矣。"

曰:"夫子何哂由也?"

曰:"为国以礼,其言不让,是故哂之。"

"唯求则非邦也与?"

"安见方六七十如五六十而非邦也者?"

"唯赤则非邦也与?""宗庙会同,非诸侯而何?赤也为之小,孰能为之大?"

此章文字较长,词句古奥,内容丰富,且自古以来句读等多有分歧,故今人尤不易读。经过分析综合,作如上标点和分段,力求清楚,供读者参考。而考虑到本文篇幅,不得不舍去某些辨析,以及字词注解。现将此章大意译成白话文如下。

子路、曾皙、冉有、公西华陪坐在孔子旁边。

孔子说:"我略年长一些,你们不要因为我而拘束。你们平时总是说:'没人了解我啊!'如果有人了解你们,任用你们,那么你们做什么呢?"

子路轻率地抢着回答:"一个有一千辆兵车的诸侯国,夹在大国之间,外有他国军队威胁,接着内遇荒年歉收;如果我去治理,等到了三年,可使全国民众勇敢起来,而且都明白道理,懂得规矩。"

孔子听后意味深长地一笑。

孔子又问:"冉求!你怎么样?"

冉有回答说:"一个纵横六七十里或五六十里的地方,我去治理,等到了三年,可使民众富足起来。至于礼乐教化,那就要等待有贤德的君子去做了。"

孔子又问:"公西赤!你怎么样?"

公西华回答说:"我不敢说能做到什么,只能说愿意学习。在宗庙祭祀时,或者与邦国会盟时,我愿意穿上礼服,戴上礼帽,担当一个小小的辅助角色。"

孔子又问:"曾点!你怎么样?"

曾皙弹瑟迟缓下来,接着铿的一声停了,离开瑟站起来,回答说:"我和他们三位讲的不一样。"

孔子说:"那有什么妨碍呢?也就是各人谈谈自己的志向嘛。"

曾皙说:"暮春时节,穿好夹衣,和五六个成年朋友,带上六七个童子,去沂河里洗洗澡,到舞雩台上吹吹风,然后唱着歌回家。"

孔子长叹一声说:"我支持曾点的想法。"

子路、冉有、公西华三人退了出去,曾皙后走。曾皙问道:"刚才他们三位说的,先生觉得怎么样?"

孔子说:"也就是各人谈谈自己的志向罢了。"

曾皙又问:"先生为什么笑仲由呢?"孔子说:"治国要用礼,他说的一点也不谦让,所以我笑他。"

曾皙说:"难道冉求所说就不是治国吗?"

孔子说:"哪里见得方圆六七十里或五六十里的地方不如同一个国家呢?"

曾皙又说:"难道公西赤所说就不是治国吗?"

孔子说:"宗庙祭祀,邦国会盟,那不是诸侯之事又是什么?公西赤只做一个小相,谁能做大相呢?"

有学者考证,这次重要的对话应当发生在孔子仕鲁之时。子路、冉有、公西华三人表示以不同方式参与国家治理,符合孔子当时的思想状态,符合孔子对他们的教导。三人志向均利国利民,没有一个追求个人富贵。应该说,孔子不但赞成,而且满意。

只是,子路轻率地跳出来抢答,在老师和同学面前过于急切地表现自己,态度不够谦让。另外,以子路的资质、能力,治理一个中等国家,且全面成功,是勉为其难的,而子路却大言不惭。所以,孔子笑他。孔子的笑,意味深长,既有因子路率直而感其可爱,又有因子路粗鲁而为其遗憾,还有因子路"不让"而对其讥刺。孔子心绪微妙,但并不强烈,均在一笑的不言之中。

三子中,以公西华最有水平和风度。在老师面前,态度极恭谨,话语极谦虚,但透露出来的心胸却相当超旷,在国家的礼仪方面贡献一己之力。这自然会让重礼的孔子欣喜、赞赏。孔子对曾皙直言公西华可做大相,评价和期望之高,令人惊讶。

古往今来,人们尤其重视孔子所说的"吾与点也"。曾皙侍坐,竟自顾自鼓瑟,尽显狂态,但孔子视而不见,且同意他近乎放浪的志向,这一定会使在座四子特别是子路沉思不已,因为孔子对颜渊、子路明确说自己的志向是"老者安之,朋友信之,少者怀之"(《公冶长篇》)。粗看,两者指向不一。疑问亦会在今天的读者中产生。

其实,两者完全可以统一。孔子的主张是"有道则见,无道则隐"(《泰伯篇》),"用之则行,舍之则藏"(《述而篇》)。"见"之时,"行"之时,为"老者安之,朋友信之,少者怀之"的社会而努力;"隐"之时,"藏"之时,则如曾皙"浴乎沂,风乎舞雩,咏而归"那般,投入自然,自由自在。这是一体之两面,因时因势而选择。

进一步说,孔子是"长处乐"的(《里仁篇》),是"乐以忘忧"的(《述而篇》),超越、洒脱亦是其精神底色,亦是其心灵之魂。即使"见""行"之际,孔子亦显其独立人格,亦张其自由意志,同时热爱生活,快乐生活。

颜渊篇

"克己复礼"

在千余字的笔记小文中谈孔子的政治思想,本来不必涉及"克己复礼"。现在特意提出,加以辨识,基于两个原因。其一,"文革"时大批"克己复礼",说是反动的复辟理论,蒙蔽了千千万万善良的人,许多人至今未必清楚"克己复礼"到底是什么。其二,仍有人坚持老调,认为"'克己复礼'是孔子政治思想之总纲""孔子为挽救西周的社会制度,只有号召贵族们克服私欲,约束自己,以恢复周礼"(《孔子批判》,某地二〇〇一年出版)。

先看《左传·昭公十二年》的记载:"仲尼曰:'古也有志,克己复礼,仁也。'"可见,"克己复礼"早已有之,并非孔子发明,孔子只是赞同并引用而已。孔子阐述"克己复礼",见《颜渊篇》:"颜渊问仁。子曰:'克己复礼为仁。一日克己复礼,天下归仁焉。为仁由己,而由人乎哉!'颜渊曰:'请问其目。'子曰:'非礼勿视,非礼勿听,非礼勿言,非礼勿动。'颜渊曰:'回虽不敏,请事斯语矣。'"十分明显,孔子丰富和发展了"克己复礼"这一成语。

克——克制,约束。己——有人说是己身,有人说是己心即己之私欲,二者皆可成立。其实,身心想通,一表一里,且心为主导,身随心动,克己最宜解作约束自己身心。复——多义,在此主要有两解,一是返、还、恢复义,二是实行、践行义。多数学者主张此复乃践行义。礼——前文讲"为国以礼",已述。《孔子批判》却认为礼即周礼,复礼即恢复周礼,这是极不合适的。殷继夏礼,有所损益;周继殷礼,又有损益;孔子晚周公约五百年,言礼虽以周礼为蓝本,但多有损益,怎么能简单地把孔子之礼等同于周礼呢?

孔子是在回答颜渊提问,目的是讲清楚什么是仁。约束自己身心,践行礼的种种要求,视、听、言、动无一违反,就是仁。能否做到仁,全靠自己,并不在于别人。而一旦做到,天下人便都称许你为仁者了。(后一句另有一解:到了大家都能克己复礼的那一天,全社会就达到仁的高度了。此解似更宏大,更深刻。)这里的仁,无疑是指道德理想和修养境界。这种理想和境界,并非高不可攀、虚无缥缈,而有客观的标准和具体的体现,那就是礼。离开了礼,仁无所依托;离开了仁,礼不能升华。

颜渊是孔门弟子中道德修养最高者,他问仁,孔子直接从"修己"角度回答,进一步肯定并督促颜渊的所作所为。事实上,孔子论仁,要义还有"爱人""忠恕""孝弟"等。孔子因材施教,针对不同学生强调不同的重点。紧接颜渊问仁,分别是仲弓问仁、司马牛问仁。孔子给仲弓的答案就强调"敬""恕"二字,而回答司马牛只一句话"仁者其言也讱"(据《史记·仲尼弟子列传》载,司马牛"多言而躁")。讱,有忍、迟、顿等义,指说话慎重,不轻易开口,一旦开口亦字斟句酌,似迟顿状。

连续三章文字,从不同角度、不同层次讲仁,讲道德修养,与政治并无直接关系。当然,后人笼统地说仁是孔子政治思想的背后指导,不会有任何异议,但却不能把仁分解之后,只抽取一点,说"克己复礼"是总纲。否则,"爱人"亦是总纲,"忠恕"亦是总纲,"孝弟"亦是总纲……岂不让人无所适从?《孔子批判》作者完全是为了自己的政治观点而生拉硬套!

孔子在政治思想上是有总纲的,那就是他自己明确提出的"为国以礼""为政以德"。

"颜渊问仁"

颜渊问仁。子曰:"克己复礼为仁。一日克己复礼,天下归仁焉。为仁由己,而由人乎哉?"颜渊曰:"请问其目。"子曰:"非礼勿视,非礼勿听,非礼勿言,非礼勿动。"颜渊曰:"回虽不敏,请事斯语矣。"

颜渊,名回,字子渊,鲁国人,小孔子三十岁。家境贫寒,始终跟随孔子学习,未出仕。列孔门"德行"科首位,深得孔子真传,是孔子最欣赏的弟子。不幸早死,年仅四十一岁,孔子悲痛万分,连叹:"天丧予!天丧予!"(《先进篇》)

过去拙文曾涉及"克己复礼",现讲"仁",需全面观照。此章试译如下:颜渊问什么是仁。孔子回答说:"约束自己,符合于礼的要求,就是仁。哪一天都这样做,天下就认可、赞许乃至归附仁了。修养仁在于自己,能靠别人吗?"颜渊说:"请问为仁的具体条目。"孔子说:"不合乎礼的不看,不合乎礼的不听,不合乎礼的不说,不合乎礼的不做。"颜渊说:"我虽然不聪敏,但一定去实践这些话。"

《康熙字典》曰:"归,……又与也,许也。《论语》:天下归仁焉。"又曰:"归,……又归附也。"所以,"一日克己复礼,天下归仁焉"作了上述翻译。不过,这句话始终有另一种译法:一旦你做到克己复礼,天下就都称许你是仁人了。此解似乎亦通,但意义过狭,故本文取前者。

孔子答颜渊问仁,不同于答其他弟子问仁。其他弟子或是性格有明显缺陷,如司马牛,或是已出仕,如樊迟、仲弓,孔子回答他们针对性极强,十分具体。而颜渊品德高尚,又是纯粹做学问之人,且"闻一以知十"(《公冶长篇》),所以孔子不会对他讲爱人、恕、恭、无怨等道德条目,也不会对他讲德治、仁政方面的内容,而只能从更新的角度讲出更新的意思。于是,孔子引礼入仁,二者合一而论。此章在孔子论仁中占有特殊意义,正是在于仁礼并举。

那么,后学者应该如何理解"克己复礼为仁"呢?愚以为,根据颜渊的思想及追求,根据孔子答语"为仁由己"及"非礼勿视"云云,可以断定孔子主要是指人格、道德、境界的提高。有人给它增加了过多的政治和哲学意义,并不妥当。

诚然,"天下归仁"透露出孔子的社会理想,相当重要,但它只是"克己复礼为仁"顺带出来的话题,并不是整章文字的中心。

孔子特别强调了修养水平的提高有明确的衡量标准,即视、听、言、动方方面面不违背礼的规范和要求。仁,根本是人格塑造,是人内在的觉悟境界。礼,根本是社会秩序,是人外在的行为规范。人不是生活在深山老林的个体动物,"为仁"必然在社会的人群之中,所以不能违礼。总之一句话,仁、礼要相统一。这与佛、道两家大不同。

颜渊做得很好。"回也,其心三月不违仁,其余则日月至焉而已矣。"(《雍也篇》)孔子大赞颜渊能较长时间("三月"应作如是解)不违仁,而其他弟子只能偶尔或短时间达到。不违仁,换句话说是不违礼。视、听、言、动永远不违礼,确实极难。后学者如果浏览过《仪礼》《礼记》,就会知道礼的繁琐与严格,百分之百地做到几乎不可能。

"克己复礼为仁"

本文紧接《"颜渊问仁"》，使读者朋友了解一些相关的其他问题。

据《左传·昭公十二年》载，孔子在评论一段史实时说："古也有志：'克己复礼，仁也。'信善哉！楚灵王若能如是，岂其辱于乾谿？"指出楚灵王在乾谿受辱，完全是因为放言自己的私欲和野心，而不讲礼制、礼仪。可见，"克己复礼，仁也"是古已有之的成语，孔子答颜渊问仁，与评论楚灵王受辱一样，都是信手拈来，借用而已。

可是，在学习中发现，有前辈学者把"克己复礼为仁"推到了令人惊诧的高度，作出了令人难解的结论。

G先生说："'克己复礼'是孔子政治思想之总纲。"愚以为，如此论断，并无根据，实在不妥。首先，"克己复礼为仁"被割裂，"克己复礼"没有了最终指向，其首要地位的道德意义也被篡改为单一的政治意义。其次，孔子明确提出"为政以德"（《为政篇》）和"为国以礼"（《先进篇》），一为最高纲领，一为最低纲领；再提其他什么"总纲"，肯定另有用意。果然，G先生认为"复礼"就是恢复周礼，就是倒退到西周，因而引发大批所谓的孔子复辟企图。

C先生说："'克己复礼为仁'，是孔子哲学思想的轴心。"轴心，一般理解为中心或枢纽。什么是孔子哲学思想的中心或枢纽？是仁吗？孔子讲了那么多关于仁的话，C先生为什么单挑这一句呢？原来，C先生的着眼点只在礼，为自己狠批孔子的"礼教"作铺垫。愚以为，孔子哲学思想的核心和高峰在"中庸"，"中庸之为德也，其至矣乎"(《雍也篇》)。过去拙文曾多次阐述,这里不再多说。

两位先生还大谈关于仁的定义以及仁与礼的关系。读后,无法沉默不语。

C先生说,孔子答颜渊问仁,"有纲有目,讲了仁的定义和作用,也讲了如何为仁的途径。"G先生也说:"它们是孔子自己给'仁'下的定义或阐述'仁'的基本内容。"

两位前辈学者学力匪浅,为何如此以偏概全?关注孔子仁的思想的人几乎都知道,"仁者,人也"(《中庸》)和"爱人"(《颜渊篇》)才是仁的最根本、最重要的定义。其实,孔子不是爱下定义的理论家,上述两条定义大概也是无心而自成。C、G两先生讲仁的定义,不强调"仁者,人也"和"爱人",叫后学者不知该作何评论。至于"克己复礼为仁",只是对仁的补充说明,即仁的表现要符合于礼的规范。或者说,孔子在这里初步提出了仁、礼统一的思想。"克己复礼为仁"如果勉强算是定义,也只是一个起辅助作用的关于为仁标准的定义。

C先生还说:"当孔子把礼仁合一而论时,实质上是以礼为仁,纳仁入礼,礼为目的,仁为手段。""礼是主导的,仁是从属的。"G先生也说:"在孔子看来礼是目的,仁是手段。"

可是,鄙人反反复复读颜渊问仁这章文字,得到的却是"纳礼入仁",而不是"纳仁入礼"。颜渊问的是仁,孔子答的是仁,在讲仁时讲到了礼,那么纳谁入谁不是很清楚吗?孔子告诉颜渊,约束自己,方方面面符合于礼的要求,从而达到仁,显然礼是手段,仁是目的。"礼为目的,仁为手段"到底是孔子的意思,还是C、G两位先生强加给孔子的,想必读者朋友也不难判断。

两位大学者的结论,令人感到奇怪,不免浮想联翩……浮想之一是,后学者一定要尊重前辈学者,敬仰出名的大学者,虚心学习,汲取营养,但却不能迷信,要在认真读书中独立思考。

"己所不欲,勿施于人"

仲弓问仁。子曰:"出门如见大宾,使民如承大祭。己所不欲,勿施于人。在邦无怨,在家无怨。"仲弓曰:"雍虽不敏,请事斯语矣。"

仲弓,姓冉名雍,字仲弓,鲁国人,小孔子二十九岁。与冉求(字子有)、冉耕(字伯牛)同宗。出身贫贱,不善于口才,但品德高尚,列孔门"德行"科。孔子很看重仲弓,认为可大用。后来仲弓做季氏宰,其政治主张得到孔子首肯。

孔子回答仲弓问仁,内容分为三个方面,以下分述之。

其一,"出门如见大宾,使民如承大祭。"大宾,公侯之宾,诸侯国使节等自然在列。大祭,禘郊之祭,即王、侯祭祖和祭天地之典。出门办事要像接待大宾那样恭敬严肃,役使民众要像承担大祭那样小心谨慎。"出门""使民"的主体显然不是普通人,仲弓此时可能已经做季氏宰。"如见""如承"指好像是对待"大宾""大祭",把各项政事提到最高一级的程度,而强调敬畏之心。之所以有畏的因素,是怕事情办不好。孔子的时代,各类政事已是一团糟,为政者早已肆无忌惮。

其二,"己所不欲,勿施于人。"自己所不需要、不喜欢的,不能强加给别人,要求别人接受和喜欢。不欲的对象,可能是人、物、事等一切客体。这句话,孔子也对其他弟子说过。《卫灵公篇》载,子贡问有没有一个字可以一辈子照着做,孔子说:"其恕乎!己所不欲,勿施于人。"《说文解字》曰:"恕,仁也。从心,如声。"恕,是"爱人"(《颜渊篇》)的自然体现和进一步发展。有爱心,必然会推己及人。今人常说的将心比心、设身处地、换位思考,与其意不远。据悉,上世纪九十年代的《世界伦理宣言》已将"己所不欲,勿施于人"列为一项重要原则。

其三,"在邦无怨,在家无怨。"邦,指诸侯国。家,指卿大夫之家,即其封地。在国家朝廷或卿大夫封地任职、办事,不要埋怨、怨恨什么。"无怨",从大处说是有坚定信仰、远大目标,一心前行,不为一时一事所累,"求仁而得仁,又何怨"(《述而篇》)。具体说,遇到不顺、不利之事,遇到挫折和困难,遇到失败,保持冷静心态,多从自己找原因,不要苛责于人或强调其他客观原因,更不要埋怨、怨恨。这是孔子的一贯主张,如"躬自厚而薄责于人"(《卫灵公篇》),如"不怨天,不尤人"(《宪问篇》),等等。

显然,孔子答仲弓问仁是从执政者之仁的角度说的,希望仲弓在季氏宰任上严格要求自己,特别是做到敬、恕、无怨三点。正因为仲弓已经出仕,所以他的言行就不仅是个人问题,而关系到国、家的政事了。因而,仁的含义也就不局限于道德,而扩展到政治范畴了。

读者朋友需注意并且仔细领会,孔子对不同弟子讲仁的微妙变化。后学者只有从这种变化中才能比较全面地理解什么是仁。

"司马牛问仁"

司马牛问仁。子曰:"仁者其言也讱。"曰:"其言也讱,斯谓之仁已乎?"子曰:"为之难,言之得无讱乎?"

司马牛,名耕,字子牛,宋国人。《史记·仲尼弟子列传》载:"牛多言而躁。"司马牛曾忧叹自己没有兄弟,引发子夏说出流传千古的名言"四海之内,皆兄弟也"(《颜渊篇》)。

司马牛问什么是仁,孔子答:"仁者的话不轻易出口。"司马牛说:"不随便说话,这就叫仁了吗?"孔子说:"实践仁是很难的,说话能不斟酌吗?"

《说文》曰:"讱,顿也。"言讱,指说话迟钝。孔子针对司马牛的性格和毛病,有意教导他少说话。而"仁者其言也讱"的深意,则是仁者难说或故意不说别人不易懂的深奥的话,不说自己做不到的话,不说套话、空话、废话、谎话。仁者说话未必是金口玉言,但肯定是字斟句酌,言简意赅。仁者言讱,实为慎言,并非真的迟钝,乃至口吃,表面有点像而已。

为进一步理解仁者言讱,可参考以下章节。"刚、毅、木、讷近仁"(《子路篇》)。《说文》曰:"讷,言难也。"刚强、果决、质朴、言语迟钝四者,之所以接近于仁,乃因皆优良品德的表现。尤其木、讷,是质朴、实诚本性的自然流露。"君子欲讷于言,而敏于行"(《里仁篇》)。君子说话要谨慎、迟缓,而做事要勤快、敏捷。孔子一再强调讷、讱,最基本也是最重要的原因,就是说出来而自己做不到,那是自古以来就令人羞耻的事。"古者言之不出,耻躬之不逮也"(《里仁篇》)。"君子耻其言而过其行"(《宪问篇》)。

与正面提倡相反,孔子明确说:"巧言令色,鲜矣仁。"(《学而篇》)能说会道、花言巧语,装出讨好人的和善面孔,这种人极少有仁。仁讲求质朴、实诚,所以孔子非常讨厌虚伪,而"巧言"者多为虚伪的"佞人"。《说文》曰:"佞,巧讇高材也。"段玉裁注:"巧者,技也;讇者,谀也。"《康熙字典》曰:"佞,巧谄捷给也。"《古汉语大词典》曰:"佞,用花言巧语谄媚人。"据《卫灵公篇》载,孔子在回答颜渊问如何治理国家时,重要一条就是"远佞人""佞人殆",远离佞人,他们很危险。《公冶长篇》载,有人说冉雍有仁德,而没有巧言善辩的口才,孔子说:"焉用佞?御人以口给,屡憎于人。不知其仁,焉用佞?"哪里用得着巧言善辩?以敏捷的口才抵挡别人(与人辩驳),常常引起别人讨厌。我不知道冉雍有多少仁,可是哪里用得着巧言善辩?以上章节均说明,若能透过现象看本质,则会发现"巧言""佞"不仅与仁毫无关系,而且是仁的反动。

如果再联系孔子两句比较深奥的话"仁者乐山""仁者静"(《雍也篇》),那么即可知仁有博大、丰富、厚重、沉稳的特质。司马牛"多言而躁",离仁何其远也。

"明"

子张问明。子曰:"浸润之谮,肤受之愬,不行焉,可谓明也已矣。浸润之谮,肤受之愬,不行焉,可谓远也已矣。"

明——多义,子张所问似可包括明了、通晓、聪慧、贤明等义。孔子所答,如他一贯不作泛泛之论一样,只涉及其中的一个具体方面。南朝皇侃疏曰"赖明察以胜谗",参考《荀子·解蔽》"知贤之谓明",可判定孔子所答乃指明察。故笼统译作"明白",具体译作"明察",皆通。

浸润——油、水等液体洇湿、渗透物体。谮,音 zèn,"怎"的第四声,义为进谗言,说别人坏话。此字在现代汉语中极难见到,均以谗字代之。浸润之谮,点点滴滴、不知不觉、时常日久的谗言。

肤受——各家理解有所不同,本文采纳宋代朱熹所言"肤受,谓肌肤所受,利害切身"。愚以为,肤受与成语"切肤之痛"的切肤相近,所受刺激、打击较为强烈。愬,音诉,诉的异体字;古文愬与谮义相近,是诉告的负面意思诬告。肤受之愬,急切迫身、尖锐犀利、易使人信的诬告。

不行——指谗言、诬告没有效果,在听者那里行不通。

远——看得远,想得深。《尚书·太甲中》曰"视远惟明",钱穆先生说"远,明之至也",明是远的前提和基础,远是明的更高层次。

子张问怎样叫做明白。孔子回答说:"像水浸润物体一样的点点滴滴的谗言,像肌肤受到刺激一样的急切犀利的诬告,在你面前都行不通,那可以说是明白了。像水浸润物体一样的点点滴滴的谗言,像肌肤受到刺激一样的急切犀利的诬告,在你面前都行不通,那可以说是有远见了。"

除了《季氏篇》九思章提到"视思明",《论语》仅此一章论"明"。从孔子生动的话语中,人们可以得到一些启示。其一,自古以来就不少"浸润之谮"和"肤受之愬",也就是进谗和诬告的小人始终存在。程度稍轻者,即一般的摇唇鼓舌,飞短流长,更是屡见不鲜。面对这种复杂的人生与社会现实,人们无需惊讶和悲叹,做好自己就是,同时有意识防备此类小人。其二,孔子的提醒具有普遍意义,而对于掌权者来说更具有特殊意义。显而易见,掌权者之"明"比一般人之"明"影响大得多,因而重要得多。其三,面对"浸润之谮"和"肤受之愬","不行焉"并非轻易可以达到,难在听者"不明"。于是,人们需要提高"明"的水平。而耳之听、目之视都必然传达至心,由心之思作出分析、判断,故耳聪眼亮根源在于心明。

孔子论"明"不多,但其后继者却极其重视"明"的阐发,其含义得到扩大和深化。如《中庸》曰:"自诚明,谓之性;自明诚,谓之教。诚则明矣,明则诚矣。"意思是说:由内心诚实而能够明白道理,叫做天性;因为明白道理而达到内心诚实,叫做后天的教化。内心诚实了就能明白道理,明白道理也会变得内心诚实。

如《大学》首句曰:"大学之道,在明明德……"大学,有两义,一为博学,二为相对于小学的"大人之学",两者有相通之处。道,此处一般译作宗旨、目的。第一个明字,为动词,有使动性质,即"使彰明",也就是发扬、弘扬之义。后一个明字,为形容词,美善之义,光明正大之义。

如《荀子·不苟》曰"公生明,偏生暗",可知欲明必先公正无私。

至此,"明"已成为洞察一切的智慧,成为至美的道德与精神境界。明白二字,说来简单,却是人生最大课题之一。自然,各家理解不同。

"民无信不立"

> 子贡问政。子曰:"足食,足兵,民信之矣。"子贡曰:"必不得已而去,于斯三者何先?"曰:"去兵。"子贡曰:"必不得已而去,于斯二者何先?"曰:"去食。自古皆有死,民无信不立。"

古代有的版本在"民信之矣"前有"使"字或"令"字。之,代词,应指为政者。

子贡请教为政、治国之道。孔子回答:"有充足的粮食,有充足的军备,让民众信任政府。"子贡问:"如果迫于不得已,一定要去掉一项,三者之中先去哪个?"孔子答:"去掉军备。"子贡又问:"如果迫于不得已,还要去掉一项,剩下的两者之中去掉哪个?"孔子答:"去掉粮食。自古以来(不管有没有粮食),人总是会死的,而民众不信任政府,那么整个国家就不能存在了。"

应该说,此章文字并不难解,古代一些学者的议论有点繁琐,此不赘述。愚以为,子贡提出严酷的假设前提,一再追问,是在孜孜以求,力图深入理解先生的教诲。师生二人的问答,只是理论的探讨,如层层剥笋,最后得出"民无信不立"的结论。事实上,孔子谆谆教导,突出强调"民信"极其重要,而并非不重视"足食""足兵"。或者说,在孔子看来,为政、治国的最根本问题在于"民信"。

"信"的第一层意思是诚实、守信,即诚信,是向内追求。"信则人任焉"(《阳货篇》),你诚信,别人就会相信你,把自己的希望托付给你,这个意思是"信"的自然延伸,即信任。"任"是"信"的反馈和结果,二者密不可分。此章两"信"字,即相信、信任之意,是民众信任政府及领导者。而政府及领导者要想让民众信任,必得施仁政,包括自己诚信。

"民无信不立",谁不立?朱熹有"无信则虽生而无以自立"之语,于是钱穆先生有"民无食必死,然无信则群不立,涣散斗乱,终必相率沦亡,同归于尽"的解说。不过,这种理解赞同者极少,绝大多数学者都认为是国家、政府、执政者"不立"。

最后,引用李泽厚先生一段话,供读者朋友参考:"实际上,信任乃由缺乏明确秩序的人类群体组建规范以及成立国家的基本原则和必要条件……从无政府主义到后现代主义片面强调个体自由,否定一切秩序、规则、信任,这样的社会、国家不可能存在,个体生存亦毫无保障,实际无法生存。高调诚可爱,无如实用难。"

"主忠信"

> 子张问崇德辨惑。子曰:"主忠信,徙义,崇德也。爱之欲其生,恶之欲其死。既欲其生,又欲其死,是惑也。""诚不以富,亦只以异。"

最后两句出自《诗经·小雅·我行其野》,原诗内容是丈夫喜新厌旧,妻子表示与他决绝;大意是:(你这样对待我)即使不是嫌贫爱富,也是喜新厌旧。宋代程颐认为:"此错简,当在第十六篇'齐景公有马千驷'之上。"错简,竹简放错位置。这个说法被后世多数学者接受。

子张名颛孙师,比孔子小四十八岁,是后学弟子。"师也过"(《先进篇》),孔子认为他为人处事收敛不够,比较激进。"过犹不及",两者都不合中庸之道。此章是子张向老师请教,怎样提高道德,怎样辨识迷惑。崇,推崇、提高之义。对于第一个问题"崇德",孔子的回答是:以忠心和诚信为主干,见义而徙,惟义是从,就是提高道德。主,主要的、根本的,"主忠信"为意动用法,谓以忠信为主;另一解为守义,"主忠信"即守住忠信。义,辞典解为合宜的道德、行为或道理;愚以为,它是儒家的道义,其中包含着普适的正义。徙,迁移、变动。

对于第二个问题"辨惑",孔子的回答是:爱一个人,就希望他永远活着,厌恶起来,就恨不得他马上死掉;既要他活,又要他死,这就是迷惑。愚以为,爱他要他生,却不知为什么,恨他要他死,也不知为什么,不仅走极端,而且反复无常,任性的、混沌的情感升华不到清醒的理智,所以是迷惑。

提高道德的两条路径和方法,虽是针对子张说的,但有普遍意义。忠、信、义,都是具体而又十分重要的道德概念,做到这三点,诚然已是高尚的人。

《学而篇》载,"子曰:'君子不重则不威,学则不固。主忠信。无友不如己者。过,则勿惮改。'"此章大意是:君子如果不自重,就没有尊严,读书学习也不会扎实。要讲求忠诚,守信用。朋友都有超过自己的长处和优点。有了过错,不要怕改正。

应该说,此章中心是讲君子自重。前半部分从反面讲不自重之害,后半部分讲自重之道。三条自重之道中最重要的还是"主忠信"。至于"无友不如己者",古来多有异议。参照"三人行,必有我师焉"(《述而篇》)"友直,友谅,友多闻"(《季氏篇》)等语,"无友不如己者"似乎不是简单直译那样的意思,否则任何一个人都不会有朋友。愚以为,人有长处、优点,也有短处、缺点,善交友者是那些善学习者,看到自己的不足,看到他人胜过自己的地方;因此,把孔子之语理解为"要交那些自己能够学到东西的人做朋友"比较恰当。

"主忠信"是君子的重要道德标准,孔子一再说明。细加比较,孔子更强调"信",例如他要求自己的学生:"弟子入则孝,出则弟,谨而信,泛爱众而亲仁。行有余力,则以学文。"(《学而篇》)弟子在家要行孝道,出门则尽悌职(像敬爱兄长那样与他人相处),谨慎,诚实,讲信用,泛爱众人,亲近有仁德之人;这样做了还有余力,就去学《诗》《书》等六艺之文。正因为孔子十分重视诚信问题,平时讲得很多,所以后来他的弟子在编纂《论语》时明确写道:"子以四教:文、行、忠、信。"(《述而篇》)

"君子成人之美"

子曰:"君子成人之美,不成人之恶。小人反是。"

此章语句浅显明白,但其实尚需推敲。"君子成人之美",一可理解为君子消极地、间接地成全他人好事;二可理解为君子主动地、直接地帮助他人实现美好愿望,或完成好事。如《大戴礼·曾子立事》说"君子不说人之过,成人之美",即属于第一种成全。

善读书者会问,若人之过乃关系重大的过错,甚至罪过,"不说"仍是君子所当为吗?这就涉及第二个需要推敲的问题。世间许多美恶为人所共识,大家有共同语言。不过,因价值观、审美观不同,则君子、小人之美恶有异。美恶若无评价标准,则难免是非混淆。故对他人之过,有不该说和该说两种情况。君子不能成为没有原则的"乡原"(《阳货篇》)。

清代学者孔广森《论语补注》说:"彼有过者,方畏人非议,我从而为之辞说,则彼将无意于改,是成人之恶矣。故君子不为也。"辞说,申诉、辩解的言辞。君子既不该"辞说"他人之过,亦不该笼统"不说"他人之过。不说他人之大过或罪过,同样是"成人之恶"。

今人理解"君子成人之美","不成人之恶",多从积极方面考虑,即"君子主动帮助他人完成好事","君子不主动帮助他人办成坏事"。

"君子成人之美",根源在于君子"爱人"(《颜渊篇》),"己欲立而立人,己欲达而达人"(《雍也篇》)。成人之美,是爱心的外化。

今之"助人为乐",近之。

学习此章,首先应当"省己",反省自己是否有成人之美之心、之行。见人好事,不助力,冷眼旁观,足显心无热情;羡慕嫉妒恨,尤见胸襟狭窄,心地不善;乃至捣乱破坏,则是彻彻底底的小人行径。

其次,"观人"。在任何人的好事面前,均可考察其他人是否有君子风范。倘是自己的正当好事,更能体会他人之态度与品行。

做成人之美的君子!从举手之劳的小事做起!

"政者,正也"

《礼记·哀公问》载,"公曰:'敢问何谓为政?'孔子对曰:'政者,正也。君为正,则百姓从政矣。君之所为,百姓之所从也。君所不为,百姓何从?'"

《颜渊篇》载,"季康子问政于孔子。孔子对曰:'政者,正也。子帅以正,孰敢不正?'"

无论是对国君鲁哀公,还是对实际掌权者季康子,孔子都首先说明"政者,正也"。有学者认为,这是古之成语,并非孔子发明。政,治国之政事,自然包括政令、政策等,今曰政治。正,与偏相对,谓正中、平直;与邪相对,谓端正、正直。以正训政,缘于禹、汤、文、武、周公的治国之道,即王道。《尚书·洪范》载:"无偏无党,王道荡荡;无党无偏,王道平平;无反无侧,王道正直。"其义指王道公正无私、正直无偏。孔子思想与此一脉相承。

孔子看到,政不仅是国君个人和卿大夫少数人的事,而且关乎到百姓。这无疑是正确的。不过,百姓的参与是指跟从"正"之君、"正"之卿大夫。臣随君,民随官,百姓随政府,总之是下随上,这在古代社会是很自然的事。许多学者认为,中国传统中老百姓一直期望"好皇帝"和"清官",这种情结至今犹存。

孔子的重点其实不在说明何谓政,而是对执政者提出要求。除了上述两章引言后半部分,还有:"子曰:'苟正其身矣,于从政乎何有?不能正其身,如正人何?'"苟,假设,如果。何有,即有何,有什么(困难),反问何有即说没什么困难。"子曰:'其身正,不令而行。

其身不正,虽令不从。'"(《子路篇》)孔子一而再、再而三地强调一个问题:执政者必须率先正己,站得直,行得正,在道德上成为百姓的榜样,以执政者私德的高尚带来社会公德的高尚。毫无疑问,孔子创立了一条千古不易的原则,即执政者的高尚、廉洁、公正是良好政治的先决条件。

为官者,在上者,名显者,其言行确有巨大的示范作用。"君子之德,风。小人之德,草。草上之风,必偃。"(《颜渊篇》)风向哪边吹,草向哪边倒,这是自然现象,亦是社会现象。季康子苦于盗贼太多,向孔子请教,孔子说:"苟子之不欲,虽赏之不窃。"(《颜渊篇》)假若您不贪欲,就是奖励偷窃,人们也不会干。孔子极而言之,实际上等于在骂季康子,正因为季康子欲望无限,夺权贪财,所以社会才会混乱,盗贼才多起来。此类状况于今亦可找到例证。

"子路问政。子曰:'先之劳之。'请益。曰:'无倦。'"(《子路篇》)孔子告诉子路,为政就是先于下级和百姓付出努力,自己带头做起来。子路请老师再多讲一点,孔子说不懈地去做。身先士卒,以身作则,是领导者特别是中下层干部为政的要务。孔子的思想于今仍有积极意义。

"君子之德风"

季康子问政于孔子曰:"如杀无道,以就有道,何如?"孔子对曰:"子为政,焉用杀?子欲善而民善矣。君子之德,风。小人之德,草。草上之风,必偃。"

季康子,鲁哀公时任正卿,执掌鲁国国政;起码形式上对孔子比较敬重,派人以重礼请周游列国十四年的孔子回国,以国老之礼相待。无道、有道,从语意看似指执政者,而非一般坏人、好人。就,趋向,依从,迁就。君子,指上位者。小人,指普通人。上,古本作尚,加、加上之义。偃,倒伏。

季康子向孔子请教治国方法时说:"如果杀掉无道之人,成全有道之人,怎么样?"孔子回答:"您主持国政,哪里用得着杀人呢?您真想善政,民众就会好起来。上面的人德行就像是风,民众德行就像是草,风加于草上,草必然随风势而伏。"

"上有好者,下必有甚焉者矣。"(《孟子·滕文公上》)这是人类社会始终一贯的现实,一切稍有眼光和头脑的人都会看到并总结出来,何况是睿智的孔子?百姓品行怎样,社会风气如何,主要取决于在上位的执政者,看他们自己的言行,以及他们制定的政策。小国寡民时代尤其如此,人治、礼治社会尤其如此。

其二,孔子虽然重视要按西周礼法立国,即所谓制度层面的建设,但更推崇道德。可以说孔子是道德至上主义者,他把道德的地位和作用提高到无以复加的地步。孔子的道德论说具有重大和深远的意义,但需指出,其理论在实践中存在难以克服的困境。

第三,此章又一次透露孔子的非暴力倾向。《八佾篇》载,孔子说歌颂舜继承尧的盛德而致太平的《韶》乐,"尽美矣,又尽善也";说表现周武王以征伐取天下的《武》乐,"尽美矣,未尽善也"。可以说这是孔子对"以暴易暴"(《史记·伯夷列传》)的武王婉转表达的微辞。一方面,孔子对武王的功绩充分肯定,一方面,情感上有些遗憾。孔子对季康子说执政无须暴力,不必杀人,虽是特定语境中的言辞,但毕竟显示出非暴力意味。历史地看,孔子的非暴力倾向具有两面性,此不赘述。

此章应与书中前两章合读。一是季康子问政,孔子说:"政者,正也。子帅以正,孰敢不正?"政的意思就是正,您带头走正道,谁敢不走正道?一是季康子忧虑盗贼多,孔子说:"苟子之不欲,虽赏之不窃。"假如您没有贪欲,就是奖励偷东西,也没人去干。三章文字意思十分明确,执政者的品质、道德是治国的决定性因素。这是孔子"德治"思想的体现,处于第一序位。

孔子的"德治"思想有很大的局限性,同时又有永久的合理性,故今之强调"法治",亦不可忽视德治。讲"德治",首先需要明白"君子之德风"。

"达"

子张问:"士何如斯可谓之达矣?"子曰:"何哉,尔所谓达者?"子张对曰:"在邦必闻,在家必闻。"子曰:"是闻也,非达也。夫达也者,质直而好义,察言而观色,虑以下人。在邦必达,在家必达。夫闻也者,色取仁而行违,居之不疑。在邦必闻,在家必闻。"

邦——诸侯国;朝廷、都城均可代称国。家——卿大夫之家、之宗族,亦可指卿大夫封地;与国相对,又可以说是指地方。

虑以下人——自古就有两解。一为思虑居人之后,指谦虚、克己,学者多用此解;二是思虑下位之人,指关注、不忘弱势之众。

居之不疑——亦有两解。多数学者认为是以仁者自居,安于虚伪,而不自疑,即不内省,不觉悟;另一解不疑为不被他人怀疑,说明"色取仁"伪装得好,亦通。

闻——本义"知声也"(《说文解字》)。段玉裁注:"引申之为令闻广誉。"令闻,好名声;广誉,广泛的声誉。此章之闻就是指名声、名气、名望。闻作名声解,本是中性词,但孔子却把它看成贬义词,大加斥责。被孔子诛杀的少正卯即"鲁之闻人"(《荀子·宥坐》),鲁国一个名声很大的人。旧上海有"海上闻人"之说,指黄金荣、杜月笙等若干名声远扬的人物。"闻人"一词至今暗含贬义,应该与孔子有关。

达——多义。此章之达主要是通达、显达。愚以为,通达是说内心之不惑,显达是说出门而有成。"达士拔俗"(《后汉书·仲长统传》)的达士,是通晓事理、品德修养深厚之人。"穷则独善其身,达则兼善天下"(《孟子·尽心上》),此达是得志、显达。"吾闻将有达者曰孔丘"(《左传·昭公七年》),孔子作为达者,在己是通达,在外是显达。也就是说,孔子对学问、道德、责任等等都已通晓明白,豁达坦荡立于世,尽力而为,自然而然名声传于天下,受到舆论普遍赞扬。"达士""达者"都是褒义词。

子张问孔子:"读书人怎么做才可以称为'达'?"孔子说:"你所说的'达'是指什么?"子张回答:"在朝廷(在全国)一定要有名声,在地方一定要有名声。"孔子说:"那是'闻',不是'达'。所谓'达',要质朴正直,追求正义,又善于察言观色,知人知势,时刻不忘谦虚、克己。这样的人,在朝廷就会有所成就,在地方更是干练的上等之才。而你所说的名人,表面上一副仁义相,做起事来却背道而驰,同时心安理得,从不怀疑自己,反省自己。这种人,在朝廷在地方做官有的必定只是虚名。"

"师也过"(《先进篇》),颛孙师就是子张,性格外向张扬,言行偏激过头。子张很在意名声,或多或少忽视了做人的根本。孔子看透了子张的毛病,十分尖锐地指出"闻"与"达"本质上的不同。孔子并不否认在外的显达,但那只是一个人自己通达之后的自然结果,而不能去刻意追求。

孔子的议论极有现实意义。君不见名与利已经成为现代社会普遍的人生目标?事实上,成名已久或刚刚红火的名人、明星,多数只是"闻人",而且"居之不疑";称得上"达士""达者"的,少。

"修慝"

> 樊迟从游于舞雩之下,曰:"敢问崇德、修慝、辨惑。"子曰:"善哉问!先事后得,非崇德与?攻其恶,无攻人之恶,非修慝与?一朝之忿,忘其身,以及其亲,非惑与?"

樊迟跟着老师在舞雩台下散步,说道:"我冒昧地问:怎样尊崇德性,怎样清除邪念,怎样辨识困惑。"孔子说:"问得好!一心做事,不计其功,不谋其利,最后自然有所得,不就是尊崇德性吗?批判自己的肮脏思想和恶劣言行,不要致力于挑剔别人的毛病,不就是清除邪念吗?忍不住一时的愤怒,忘了自身安危,乃至连累自己的亲人,不就是糊涂吗?"

"崇德""辨惑",子张也问过(《颜渊篇》),拙文曾作简要说明。至于孔子所答不同,乃是因材施教。本文讲"修慝"。慝,音特,恶、秽、邪之义,内涵较宽泛;现代辞书一般解释为邪恶、罪恶、恶念。古汉语词典又音匿,从匿从心,指恶隐于心;此义狭,专指邪念、恶念。愚以为,慝与德、惑一样,均根源于心,樊迟三问都是关于心的问题,故取后者为佳。修,修治、整治,可引申为清除。

怎样"修慝"?孔子一如既往地没有下定义,讲理论,只从实践角度说事。孔子根据樊迟具体情况告诉他,第一步是"攻其恶"。攻,批判、抨击,是"修"的一个比较激烈的步骤。其,在此为第一人称代词,表自己。恶,应包括恶念、恶行两方面。从个人修养来说,批判、抨击自己的肮脏思想和恶劣言行,之前还需一个步骤,那就是反思和审察,也就是孔子特别强调的"内自省也"(《里仁篇》)。自我反省,自我批判,去除私欲,改正不良言行,最终达到"内省不疚"(《颜渊篇》)。

第二步,"无攻人之恶"。第一步是自我批判,第二步是善待他人。孔子一直讲"不怨天,不尤人"(《宪问篇》)、"躬自厚而薄责于人"(《卫灵公篇》)、"己所不欲,勿施于人"(《颜渊篇》),以仁爱、宽容之心对待他人。相反,"尤人""厚责于人""攻人之恶"的背后必是不仁之心,自私,狭隘,乃至恶毒、暴戾,这自然是"慝"。所以,"修慝"包括"无攻人之恶"。《说苑·政理》曰:"言人之善者,有所得而无所伤也;言人之恶者,无所得而有所伤也。"又《说丛》曰:"好称人恶,人亦道其恶。"这种说法过于明哲保身,是对孔子思想的消极理解。

今人比以往任何时代的人都更加"自我",且皆向外,自我张扬,自我肯定。但只向外,不向内,走到了另一个极端。于是,"攻人恶""厚责于人""怨天尤人"等等均习以为常。解放个性的同时,不忘"修慝",自我反省,自我批判,才会有健全的人格。

"樊迟问仁"

《颜渊篇》载,"樊迟问仁。子曰:'爱人。'"

《雍也篇》载,"樊迟……问仁。曰:'仁者先难而后获,可谓仁矣。'"

《子路篇》载,"樊迟问仁。子曰:'居处恭,执事敬,与人忠。虽之夷狄,不可弃也。'"

樊迟,名须,字子迟,鲁国人,小孔子四十六岁。好学广问,《论语》记其三问"仁",两问"知",一问"孝",一问"崇德、修慝、辨惑",一请学"稼""圃"。据《左传·哀公十一年》载,樊迟在战争中还是一员冷静的干将。

仁,是孔子的核心思想。孔门弟子多询问、探讨其旨,孔子则因人、因时、因事给予不同的回答。

以上三章均为樊迟问仁,其中"爱人"已在拙文中多有涉及,这里再作强调。"爱人"有两层意思。其一,有爱人之心。这与"仁者,人也"(《中庸》)相关连,即与人之所以为人的特质相关连。爱人之心的品质,既有先天的因素,更要靠后天的教育和学习、修养。其二,有爱人之德。内在的品质外化为实际的表现,在家族生活、社会生活实践中体现出高尚的道德水准。

樊迟曾做季氏家臣,协助任季氏宰的师兄冉有。《雍也篇》记载的樊迟问知、问仁,估计发生在他出仕前。孔子回答他的是:"难事做在人之先,获报退居人之后,可算是仁了。"孔子答问很具体,从切实可行处给樊迟以教育。后世读者不能简单地理解为仁仅仅是

"先难而后获"。但是,勇于担当、遇难而上、先人后己、不求回报的精神,确实属于仁的范畴。

再看另一处孔子如何回答樊迟。"居处恭",在住处(或说在家,或说独居)要谨慎,不放肆。《中庸》"君子慎其独"当由此而来。"执事敬",做事要严肃,不怠慢。"与人忠",待人要厚道,不虚伪。"虽之夷狄,不可弃也",就是到了文化落后的夷狄之邦,这几方面也不能丢掉。孔子所说三点,还是如何行仁,体现的是道德高尚,对自己高标准,严要求。反过来说,有了仁心,方方面面的行为就会恪守道德,遵循规范,而不是放纵自己,为所欲为。

那么,到底什么是仁?现在不必总结,孔子谈仁多多,待我们择其要者读懂,读通,再下结论。孔子三答樊迟,除了"爱人"带有定义性质,说到根本之外,另两处只是涉及仁的一部分内容,说如此如此去做,就是仁。孔子谈话、教学的一个特点是,不讲抽象道理,而只告诉弟子们应该怎样去实践。至于道理,在不断的行动中自己去体悟。

读者还会有另一个问题:樊迟三次问同一问题,为什么孔子所答不同?愚以为,这是孔子因材施教之外的又一高明处,即因时、因事施教。仁的内涵十分广泛,在不同时间、不同事情上会有不同的具体要求和体现,而孔子正是纵横开阖、左右逢源的大师。现在已无法了解樊迟三问的具体时间、地点、所谈其他内容如何、周围有无他人等情况,但可以肯定孔子都是有的放矢。

子路篇

"正名"

子路曰:"卫君待子而为政,子将奚先?"子曰:"必也正名乎!"子路曰:"有是哉,子之迂也!奚其正?"子曰:"野哉,由也!君子于其所不知,盖阙如也。名不正,则言不顺;言不顺,则事不成;事不成,则礼乐不兴;礼乐不兴,则刑罚不中;刑罚不中,则民无所措手足。故君子名之必可言也,言之必可行也。君子于其言,无所苟而已矣。"

学者们考证,这是孔子周游列国后期由楚返卫途中发生的事,不久孔子一行就由卫返鲁了,当时孔子六十八岁。

子路说:"(如果)卫国国君正等着先生您去执政,您将先做什么呢?"先生说:"必须先纠正名分的错误吧!"子路说:"真这样做,您就拘泥、迂阔了!为什么要去正名呢?"先生说:"仲由,(你自己不懂还要批评我)你真是鄙俗、粗鲁啊!君子对于他所不懂的,总是不装懂而存疑,保持沉默。(现在我来告诉你为什么要正名。)名分不正,说话就会出毛病,不合理;说话出毛病不合理,事情就办不成;事情办不成,礼乐制度就复兴不起来;礼乐制度复兴不起来,刑罚的实施就不会公正、得当;刑罚的实施不公正得当,民众就手足无措。所以,君子定立名称、名分一定要能清清楚楚地表述出来,表述出来一定要能切切实实地实行。君子对于他所说的话,没有一点随便马虎才行啊。"

这便是孔子"正名说"的由来。"名",有名称、名号、名义、名誉、名分、名位等义,但孔子心目中的重点还是政治上的名分、名位。"正",这里的意思主要是匡正、纠正。

《左传·成公二年》所载孔子的话可以与上述引言相印证:"唯器与名,不可以假人,君之所司也。名以出信,信以守器,器以藏礼,礼以行义,义以生利,利以平民,政之大节也。""名"关乎国家政治的"大节"。

不过,孔子生活的时代早已是"名不正"了。孔子谓季氏八佾舞于庭:"是可忍也,孰不可忍也!"(《八佾篇》)佾,行列,古代舞以八人为列。天子八佾,六十四人。诸侯六佾,四十八人。大夫四佾,三十二人。季氏的名分是大夫,却僭用天子之礼,当然不可容忍。

《颜渊篇》的一段记载尤其能够说明孔子"正名"的政治含义:"齐景公问政于孔子。孔子对曰:'君君,臣臣,父父,子子。'"春秋以降,天下大乱,君杀臣、臣弑君、父杀子、子弑父的政治事件层出不穷,孔子痛心疾首,竭力主张人人谨守各自的名分,履行各自的义务,从而使政局稳定。

孔子的政治思想中"为政以德"是总纲,而首要的关键的政务便是"正名"。"正名"是针对春秋时期的现实而发,但孔子对这种现实的必然性尚缺少本质的认识,自然亦无力回天。即使各国国君愿意采纳孔子的建议,他们也已没有能力做到"正名"。为了权力,为了利益,上上下下都无所不用其极。

名分的背后是等级和秩序、规范和准则。所以,孔子的"正名说"在政治理论上并无不妥。但是,"正名"只有在统一的"治世"中才有现实意义。古今中外的执政者,其实都很愿意"正名",以维持既有的统治。只不过,一流的政治家懂得因时因势适当地调节等级和秩序,部分地改革规范和准则罢了。

至于由"正名说"判定孔子的贵族立场,则过于主观,难以服人。孔父叔梁纥已不是贵族,只是一名武士,孔母很可能是一位身份低贱的女子。孔子三岁丧父,十七岁丧母。故孔子本人根本没有贵族身份。从思想上说,孔子对大贵族(主体是诸侯、大夫)一贯持批判立场,对小贵族("民"的组成部分)持同情、维护态度。孔子大体上肯定贵族的经济地位,对其政治地位则是区别对待,认为有德者才可居上位,才可执政。总而言之,说孔子的立场是自主的"士"的立场,较为妥当。

"谓之取,不谓之假"

对于"正名",学者们众说纷纭。

杨伯峻先生说:"但孔子所要纠正的,只是有关古代礼制、名分上的用词不当的现象,而不是一般的用词不当的现象。一般的用词不当的现象,是语法修辞范畴中的问题;礼制上、名分上用词不当的现象,依孔子的意见,是有关伦理和政治的问题,这两点必须区别开来。"

《孔子批判》一书作者针锋相对地说:"正名"是"纠正名分上的错误","杨伯峻将'正名'译为'纠正名分上的用词不当',不妥。"

郭沫若说:"这所谓'正名',并不是后人所说的大义名分之谓,而是日常所用一切事物之名,特别是社会关系上的用语。"

《孔子批判》一书作者针锋相对地说:"我们认为郭老囿于成见(自己研究所得的既成之见),认为孔子是革命派,所以把'大义名分之谓'错误地看成了'日常所用一切事物之名'。孔子的企图是用旧名纠正变化了的实,使之复归于旧的。"

笔者愚见,三家各有其可取的部分,亦各有其不对的部分。综合起来,"正名"的全面含义应包括:一,纠正伦理、政治方面名分的错误,包括用词不当;二,确定日常所用一切事物之名,并纠正其错误,特别是社会关系上的用语;三,确定语法修辞上的用词,并纠正其错误。

第一点前文已述,现略说后两点。

孔子一贯重视知识,且将名与实统一起来。《孔子集语·博物》载:"孔子未尝见狌狌,至,辄能名之。然而孔子名狌狌,闻昭人之歌。"孔子从未见过猩猩,一见就能叫出名字来,有关知识是他从昭地人的民歌中学来的。类似的例子还有一些。孔子根据自己的经验教导弟子们学《诗》,好处之一就是"多识于鸟兽草木之名"(《阳货篇》)。孔子是强调掌握自然界的知识,不仅仅是名而已。

孔子好学,既博览群书,又不耻下问,懂得许多一般人不懂的东西,同时以传承文化、教导弟子为己任,所以他经常"正名"。

《韩诗外传》记载了一段故事,"孔子侍坐季孙,季孙之宰通曰:'君使人假马,其与之不乎?'孔子曰:'君取臣谓之取,不谓之假。'季孙悟,告宰通曰:'今日以来,云君有取,谓之取,无曰假也。'故孔子正假马之名,而君臣之义定也。"假,即借。杨伯峻先生所云"名分上的用词不当",一点不错。

《季氏篇》载:"邦君之妻,君称之曰'夫人',夫人自称曰'小童';邦人称之曰'君夫人',称之异邦曰'寡小君';异邦人称之亦曰'君夫人'。"文中未写"子曰",但学者们都认为是孔子所说。此章稍显突兀,不为人所重视。其实,这是孔子在向弟子们辨析邦君之妻的称谓问题,关系到社会关系及外交关系的礼节。此例足证郭沫若所言有其道理。

"君子名之必可言也"。名,只是一种概念,它反映什么样的实,是必须要说清楚的。在这方面,孔子讲了很多,这里仅举一例:"孝者,善事父母之名也。夫善事父母,敬顺为本。意以承之,顺承颜色,无所不至。发一言举一意,不敢忘父母;营一手措一足,不敢忘父母。……"(《孔子集语·孝本》)

对于"正名",东汉马融注:"正百事之名。"郑玄注:"正名,谓正书字也。古者曰名,今世曰字。"清代刘宝楠曰:"盖正文字,是正名之一端。郑君此义,亦马注百事所得包也。"近代程树德曰:"马氏推广言之,郑氏质实言之,皆可通也。"

孔子"正名",影响深远。法家的"循名责实",战国中后期多家参与的"名辩",其源头即在"正名"。

"樊迟请学稼"

樊迟请学稼。子曰:"吾不如老农。"请学为圃。曰:"吾不如老圃。"樊迟出,子曰:"小人哉,樊须也!上好礼,则民莫敢不敬;上好义,则民莫敢不服;上好信,则民莫敢不用情。夫如是,则四方之民襁负其子而至矣,焉用稼?"

樊迟——名须,字子迟。小人——学者们早已辨析,拙文也曾说明,一就德言,指品德低下之人,二就位言,指下位之人,即庶民、细民;品德不差,只是见识短浅,思想糊涂,有时也被称为小人,樊迟当属此类。上——与民相对言,应指各级执政者。襁——音抢,背小孩的宽带、布兜。

此章译成现代汉语,樊迟请求学种庄稼,孔子说:"我不如老农民。"樊迟又请求学种菜,孔子说:"我不如老菜农。"樊迟出门以后,孔子说:"樊须真是个见识短浅的人!执政者重视礼制、礼法、礼仪,百姓就不会不敬上;执政者重视正义、公平,百姓就不会不服从;执政者重视诚信,百姓就不会不动真情,说真话。如果是这样,那么四方百姓就会背着小孩前来投奔,哪里用得着自己种庄稼?"

据《论语》载,樊迟三问"仁",两问"智",一问"孝",一问"崇德,修慝,辨惑",非常重视品德修养。所以,古今多数学者都认为,樊迟请学稼圃的目的是想以农业救世济民。而这种主张是所谓的"农家"思想。先秦诸子百家兴于战国,却并非自战国始,一些思想早有萌芽,"农家"亦如此。樊迟大概是受到相关影响,认为"农家"思想很有道理。而以孔子为首的儒者主张以德、以礼治国济世,自然会认为"农家"的主张没有抓住要害。正是在这个意义上,孔子才说樊迟见识短浅,思想糊涂。

李泽厚先生评论此章:"在民主政治和现代官僚体制出现之前,中国文官体制是最完备和最有效的,其基本观念可说来自此处。孟子有'劳心者治人,劳力者治于人'这种明确表述。与此相反,中国思想史上一直又有废除劳心劳力区分、由生产者直接管理政务的乌托邦观念,譬如农家、墨家。樊迟大概也可算作其中的一位。"此论可作参考。

过去,批判孔子的人以此章为据,说孔子轻视体力劳动,这恐怕太勉强了。"吾少也贱,故多能鄙事。""吾不试,故艺。""吾何执?执御乎?执射乎?吾执御矣!"(《子罕篇》)"富而可求也,虽执鞭之士,吾亦为之。"(《述而篇》)孔子何曾看不起普通人的技艺和劳动?(尽管后两句话是孔子幽默的自嘲和调侃,他不一定真的去"执御""执鞭",但可以看出孔子并无轻视之意,那毕竟也是人生之路。)

孔子教学的根本目的,是让弟子们成为人品正直、道德高尚、知识丰富的君子,然后在"邦有道"的情况下进入政治体制,成为以德、以礼治国的人才。如果一开始就想当个农民,或想以农业治国,那何必投到孔子门下呢?孔子确实有等级观念,可同时也有社会分工观念。读者朋友需切记此点。

读罢此章,联想到当今媒体津津乐道大学本科毕业生去当清洁工、搓澡工。愚以为不妥:其一,中国的大学生不是太多了,而是还少;其二,扫地、搓澡,无需读大学。劝导人们转变就业观念固然不错,但却不能回避教育、社会、政策诸方面的问题。现代社会分工尤其精细,用人者不应乱点"鸳鸯谱"。

"诵《诗》三百"

子曰:"诵《诗》三百,授之以政,不达;使于四方,不能专对。虽多,亦奚以为?"

《诗》三百——《诗》共三百零五篇,言其整数,概括全部。达——达到,引申为完成。使——旧读第四声,出使。专——独也;专对即独立地应对。亦,表数副词,又;加强反问语气。奚——疑问代词,何、什么。以——动词,用。为——句末语气助词,表反问,与前面的奚相对应。

孔子说:"熟读《诗》三百篇,交给他政务,不能完成;派他出使诸侯国,不能独立自主地应对各种交涉。《诗》读得虽然多,又有什么用?"

需要说明,《诗》在西周时即已是培养政治人才的教材;至春秋,广泛地应用于政治活动、文化生活以及知识人士的日常交往中。当时的读书人和从政者,无不诵《诗》。《文心雕龙·明诗》曰:"春秋观志,讽诵旧章。酬酢以为宾荣,吐纳而成身文。"大意是说,春秋时期示人情志,常常背诵古诗;你来我往的谈吐中既可显示宾客的荣耀,又能展现自身的才华。据统计,《左传》引诗二百七十一处,多为外交应酬。其中,多是借用,即跳开诗的原本内容或具体意思,大而化之地表达个人意志、主张、情感。以下举《左传·襄公八年》中的一例。

这年冬季,晋国范宣子访问鲁国,拜谢鲁襄公春天对晋国的朝见,同时告知,晋国准备攻打郑国。在宴会上,范宣子朗诵《召南·摽有梅》,其中有"求我庶士,迨其吉兮(莫错过好日子啊)"、"求我庶士,迨其今兮(今天就是好日子啊)"等句,借以含蓄地希望鲁国支持并早点出兵。而《摽有梅》是首爱情诗,主题是不要辜负青春。鲁国实权者季武子接过范宣子话茬,说鲁国自然高兴地接受命令,有什么时间早晚;接着朗诵《小雅·角弓》,其中有"兄弟昏姻,无胥远矣(兄弟们,亲戚们,不要互相疏远呀)",同样借诗句暗指晋、鲁两国关系亲密,一定会及时出兵。《角弓》主题是不可疏远兄弟而亲近谗人,更不要贪图禄位而不顾后果。宴会结束,范宣子告退,季武子又朗诵《小雅·彤弓》,该诗写天子赏赐诸侯红色的弓,并设宴招待他们。季武子借诗作为临别赠言,意在奉承晋国。范宣子当然清楚,于是说,当年(六十多年前)城濮之战,我国先君文公向天子奉献战功,从襄王那里接受了红色的弓,作为子孙的宝藏;我是先君官员的后代,岂敢不接受您的好意?

类似场景,春秋时屡见不鲜。

孔子一贯重视诗教,《论语》有几处记载。孔子曾对儿子孔鲤说"不学《诗》无以言"(《季氏篇》),又说不学《周南》《召南》,"其犹正墙面而立也与"(《阳货篇》),一物无可见,一步不能行。曾对弟子们说,"《诗》可以兴,可以观,可以群,可以怨;迩之事父,远之事君;多识于鸟兽草木之名"(《阳货篇》),等等。此章则表明《诗》对从事政务和外交的作用。

学《诗》,诵《诗》,只是前提、准备和手段,根本的是用《诗》。《诗》及《书》《礼》《乐》,还有其他一切知识,都是精神食粮,人们吸收以后变成营养,化为智慧,才能在生产和生活实践中加以创造性地应用,这是孔子语意的现代表述。

总之一句话:学以致用。或说:学须致用。

"一言而兴邦"

定公问:"一言而可以兴邦,有诸?"孔子对曰:"言不可以若是其几也。人之言曰:'为君难,为臣不易。'如知为君之难也,不几乎一言而兴邦乎?"曰:"一言而丧邦,有诸?"孔子对曰:"言不可以若是其几也。人之言曰:'予无乐乎为君,唯其言而莫予违也。'如其善而莫之违也,不亦善乎?如不善而莫之违也,不几乎一言而丧邦乎?"

此章文字较长,有的字句亦较难懂,需详加说明。诸——"之乎"的合音,其中的之代指一言兴邦这句话。若是——像这样,如此这般。其,回指上文提及的一言兴邦的话。几——古文几、幾为两字,现简化为一字,此处为幾。几,古今学者多解作相近、期望、简单(机械)、绝对等,值得探讨。愚以为,应据《尔雅·释诂》"几……危也",而危是"在高而惧也"(《说文解字》),"不正也"(《广韵》),与其义相近的现代汉语词汇是偏差、偏颇、反常、可怕、吓人、危言耸听等。几乎,将近于,接近于。其言——有两解,一是我说的话,其为自称代词;二是国君说的话,其为他称代词,本文取前者。乐——学者多解作快乐、高兴,愚以为作爱好、喜欢更妥当,并可引申为追求。莫予违——莫,没有;予违,代词作宾语,提到动词前面,按今人习惯即"违予"。

鲁定公问:"一句话就可以使国家兴盛,有这种事吗?"孔子回答说:"话不可以说得像一言兴邦这样偏颇、反常。(不过)有人说过这样的话:'做君主难,做臣子也不容易。'如果真知道做君主难（从而殚精竭虑）,那不就接近于一言而兴邦吗?"鲁定公又问:"一句话就可以使国家败亡,有这种事吗?"孔子回答说:"话不可以说得像一言丧邦这样可怕、吓人。（不过）有人说过这样的话:'我不追求做国君,只是我说的话没人违抗（这一点很吸引我）。'如果国君的话正确而没人违抗,不也很好吗？如果不正确而没人违抗,那不就接近于一言而丧邦吗?"

孔子从政四年多,面对的国君就是鲁定公,君臣交谈想必很多,但《论语》记载很少,只有两次,此章即是其一。由于治国之道复杂深奥,所以孔子不大赞同"一言而兴邦""一言而丧邦"这样的说法。孔子的高明处,在于他会时时、事事、处处因势利导,此章即把话题进一步导向对君主的议论,启发鲁定公怎样做好国君。

"父为子隐"

叶公语孔子曰:"吾党有直躬者,其父攘羊,而子证之。"孔子曰:"吾党之直者异于是:父为子隐,子为父隐,直在其中矣。"

叶公——楚国中兴功臣沈诸梁,字子高,初为叶县尹(唯楚国君称王,大夫称公;叶在今河南叶县南),晚年为令尹兼司马,集楚国军政大权于一身,当时领兵驻扎负函(今河南信阳);孔子周游列国后期在负函见过他。党——行政区划名,五百户为党;吾党,我的家乡。躬——一解为人名,直躬就是以直闻名叫作躬的人,本文暂且采用此解;另一解指身体,直躬即直身而行。攘——窃取;东汉高诱《淮南子注》曰:"凡六畜自来而取之,曰攘也。"三国时何晏《论语集解》引周生烈曰:"有因而盗曰攘。"宋代邢昺《论语注疏》曰:"言因羊来入己家,父即取之,而子言于失羊之主,证父之盗。"依以上几位学者见解,攘与上门偷盗有所不同。

此章为全书难点之一,众多读者都会感到困惑。愚以为,首先要弄清攘羊是否犯罪,犯什么罪,抑或只是道德问题。春秋时期,楚国刑罚比各国都要严酷,现在虽查不到如何处理攘羊的具体规定,但根据相关材料推断,攘羊大概是要被处死的。鲁国则不同,保留周礼较多,刑罚相对宽松。据《周礼·秋官朝士》载:"凡得获货贿、人民、六畜者,委于朝,告于上。旬而举之,大者公之,小者庶民私之。"意思是:凡获得财物、逃亡奴隶和六畜的人,要将所获送到官府并报告;在十天之内等待失主认领,过期不领,大的东西充公,小的归获得者所有。在鲁国,攘羊不告虽违反了规定,但大概并不构成重罪甚至于根本不追究刑罚。

攘羊在楚、鲁两国性质不同,这是其一。其二,叶公身为楚国高官,站在朝廷立场上维护法律尊严无可厚非,认为躬正直也很自然。而且,他在孔子面前是颇为得意的,南北朝时皇侃《论语义疏》说叶公"欲自矜夸于孔子也"。而孔子是自由的思想家,力主德政,反对严刑。他首先认为攘羊虽不道德,不应该,但不是什么不得了的大事,其次觉得因为此事而破坏了正常的父子关系是小题大作。他无法理解躬的行为,不能不怀疑躬的动机和目的。

楚躬证父的事在《吕氏春秋·忠廉》里记载得更详细。楚人攘羊被儿子躬告发证实后,官府要杀他,躬又发孝心,准备代父去死;躬在受刑前说,我揭发父亲偷羊,"不亦信乎",我代父亲顶罪,"不亦孝乎",我这样信且孝的人都要被杀掉,国家还有不该死的人吗?于是,楚王赦免了躬。孔子评论道:"异哉直躬之为信也。一父而载取名焉。"躬的信不合常规,违背常礼,令人感到奇怪;实际上他是为了沽名钓誉。说话办事出于私心,无直可言。

楚躬证父的事在战国时期屡被提及,而未见如叶公那样大赞特赞的,相反无论是道家还是法家,倒是有不少人持批评态度。《庄子·盗跖》:"直躬证父,尾生溺死,信患也。"《韩非子·五蠹》的记载稍有不同,但也以肯定的语气说,官府之所以要惩罚躬,"以为直于君而屈于父"。

楚躬证父与父为子隐、子为父隐,今人看来确实涉及伦理与道德、法律的关系。前面已作了一些简单的分析,这里再进行一些宏观的说明。人类最原始最基本的规范是基于血缘的伦理,所谓道德、刑罚只不过是一种补充。后来,家庭伦理渐渐扩展为社会伦理,道德和法律才逐步得到强化。由伦理为主、道德次之、法律再次之的社会,过渡到法律为主、道德次之、伦理再次之的社会,需要几千年的时间。春秋时期,旧有的伦理、道德、法律都受到巨大冲击,楚国、晋国、郑国的法律建设相对活跃一些,但总体来说尚未完全脱离早期的宗法伦理社会阶段。与孔子大致同时的齐相晏婴说"君令臣共,父慈子孝,兄爱弟敬……"(《左传·僖公十一年》),讲的就是以宗法伦理为道德规范,为治国之礼。鲁太史克说"父义、母慈、兄友、弟共、子孝,内平外成"(《左传·文公十六年》),说的是一个意思。

几百年后的西汉宣帝发诏:"自今子首匿父母,妻匿夫,孙匿大父母,皆勿坐……"(见《论语集释》)再往后的南北朝时期,"今王法则许期亲以上得相为隐,不问其罪"(见《论语集释》)。可见,中古时期的法律还允许至亲相隐,也就是说至亲之间并不存在包庇罪。在一定条件下,伦理高于法律,或说伦理就是法律,这是历史事实,人们不能以今日观念、标准要求古人。即便是现代化的当今时代,各国法律亦普通设立"回避"条款。"回避"的积极意义自然是客观公正,而消极意义恰恰就是"隐"。

孔子认为,父慈子孝是天经地义的人类情感,是人与生俱来的内在真实,这种真实的自然流露就是直;而在一般情况下,即不涉及大是大非的情况下,不管谁违背这种人生本能、情感,其心必曲,必伪,那么他也就丧失了最基本的直的素质。另外,孔子是在反驳叶公时说"父为子隐,子为父隐"的,话接话,话赶话,就事说事,主题不是法律问题,而是人的素质、品质问题。所以,用当今时髦的话说,这是特定语境中针对特定问题说的特定语言,表达的是特定含义。

在孔子心目中,直分两个部分、两种层次,"父为子隐,子为父隐"只是第一部分、第一层次的直。孔子在其他场合也谈了第二部分、第二层次的直,即超越本能、性格、情感的进一步升华了的直。

"言必信,行必果"

> 子贡问曰:"何如斯可谓之士矣?"子曰:"行己有耻,使于四方,不辱君命,可谓士矣。"曰:"敢问其次。"曰:"宗族称孝焉,乡党称弟焉。"曰:"敢问其次。"曰:"言必信,行必果,硁硁然,小人哉!抑亦可以为次矣。"曰:"今之从政者何如?"子曰:"噫!斗筲之人,何足算也。"

士,是一个含义相当广泛的概念,全书多有论述。本章中孔子没有提及文化知识,而是强调了责任、品德和理想。第一类的士,对自己做事(因为不够好)抱有惭愧、羞耻之心,出使到其他诸侯国能不辜负君主委托的使命。这类士,显然是指在朝的少量合格的从政者,即忠心为国的卿大夫。第二类的士,本宗族人称赞他孝顺父母,本乡本土人称赞他敬爱兄长。这类士,大概是指能够成为表率的地方上的管理者及其他有名声的人物。第三类的士,说话一定要兑现,行动坚决做到底(不管对不对)。这类人是最差一等的士。在孔子眼中,"今之从政者"大多是些器量狭小、见识短浅之辈,根本算不上是士。

本文接着前几篇短文,主要谈诚信问题,所以着重探讨"言必信,行必果"。说话算数,办事彻底,是为人处世态度和行为方式,在一定范围内和一定程度上显现出人的品质和道德水平,孔子对此是基本肯定的。不过,这六个字没有任何前提和限制,是一个"全称命题",即不管在什么情况下都要如此。于是,它排除了一切特殊情况,而这在事实上是不可能的;也正因为它的盲目性和简单化,所以有可能造成意想不到的损害。孔子说这种人"硁硁然,小人哉"。硁硁然,小石坚硬貌,用来形容人的简单、固执;小人,并非道德卑下的小人,而是指思想、境界还不高的普通人。换句话说,孤立地重视和做到"言必信,行必果",虽有过人之处、可爱之处,但充其量也只是小忠小信。

为进一步理解孔子思想,有必要再看《卫灵公篇》的一章文字:"子曰:'君子义以为质,礼以行之,孙以出之,信以成之。君子哉!'"君子以道义为根本,说话、行事的实质均不违道义。具体说来,君子是用礼法、礼节践行道义,用谦逊的态度和语言表达道义,用诚实、守信完成道义。道义是根本的理想和目标,而诚信则是实现它的必要条件。

正因为孔子有上述论断,所以后来的孟子有这样的话:"大人者,言不必信,行不必果,惟义所在。"(《孟子·离娄下》)意思是真正有德行而又肩负重任的人,一切以道义为根本的和最高的原则,如果发现说的、做的不符合道义,就不必再坚持到底,而应及时更正。于此亦可见,"义"是高于、重于"信"的。

显然,孟子的话不能成为言而无信、行而不果的借口。因为,真正"义以为质"的人,"言不必信,行不必果"不可能是常态,而只是特例。否则,经常说错话,办错事,乃至朝令夕改、翻云覆雨,还能当领导吗?还配成为人们的道德表率吗?"惟义所在"又从何谈起呢?

作为道德信条和警世格言,"言必信,行必果"流传已久,自有它特定的人生价值和社会价值。它诚然不是最高的,但确实是必要的,永远起着关键性的作用。令人痛心的是,当今社会连这种言必信、行必果的"小人"都不如的人,数不胜数。

"必也狂狷乎"

子曰:"不得中行而与之,必也狂狷乎!狂者进取,狷者有所不为也。"

中行——依中庸而行,行中正之道,故孟子称为中道;在句中指言行合于中庸的人。与——动词,偕同、亲和、结交。狂——按孟子说是志大言大而行动上不能实现。狷——按孟子说是不屑于不洁。狂狷二字,随时间推移,含义更加丰富,这里暂且不论。有所不为,有选择地不为,包括能为而不为和不能为而不为。

孔子说:"不能得到中庸的人相亲和,那一定会和志大狂放的人、洁身自好的人结交了!志大狂放的人追求进取,洁身自好的人不做坏事。"

对此解释最早的人是孟子。据《孟子·尽心下》载:"孔子岂不欲中道哉?不可必得,故思其次也。"关于狂者,孟子说:"其志嘐嘐然,曰:'古之人,古之人。'夷考其行,而不掩焉者也。"他们志向远大,总是说古人如何古人如何,可是一考察他们的行为,却和言语不相吻合。狷,孟子作獧,狷的异体字。关于狷者:"狂者又不可得,欲得不屑不洁之士而与之,是獧也,是又其次也。"不屑于做不洁之事的人,便是狷者,是在狂者之后可结交的人。

狂狷之士均不完美,优劣长短皆明显,而好好先生"乡原"只抓住他们的毛病和缺点大加指责。说狂者言行不符,说狷者落落寡合,进而宣扬自己的混世哲学:"生斯世也,为斯世也,善斯可矣。"生在这个世界上,做这个世界的人,妥善一生(实为伪善而取悦于人)就行了。孟子像孔子一样,对"乡原"深恶痛绝,详细剖析了"乡原"为什么是"德之贼"。

孔子深知"中庸不可能也","知者过之,愚者不及也""贤者过之,不肖者不及也"(《礼记·中庸》),因此说"不得中行而与之"。同时,孔子看到有些人貌似中庸、中行,实际并无原则,无个性,滑头滑脑,四处讨好,欺骗性极大,因而痛恨之。于是,孔子选择这两类人之外的另一类人——狂狷。尽管狂狷有这样那样的毛病和缺点,但狂者主流是"进取",积极向上,狷者主流是"有所不为",洁身自好。瑕瑜共见,瑕不掩瑜,才是现实中可结交的活生生的人。

孔子所言,对今人仍有极大的启示和指导意义。

曾读《坐在人生边上——杨绛先生百岁答问》(二〇一一年七月八日《文汇报》),其中涉及钱锺书先生的狂、狷问题,颇有意味。杨绛先生说:"人家觉得钱锺书'狂',大概是因为他翻译《毛泽东选集》,连主席的错儿都敢挑。""很多人有点儿怕钱锺书,因为他学问'厉害',他知道的太多,又率性天真,口无遮拦,热心指点人家,没有很好照顾对方面子,又招不是。"但是,"钱锺书自己说:'人谓我狂,我实狷者。'狷者,有所不为也。譬如锺书在翻译《毛泽东选集》的工作中,就'不求有功,但求无过'。他乖乖地把自己变成一具便于使用的工具。只闷头干活,不出主意不提主张。他的领导称他为'办公室里的夫人',他很有用,但是不积极。""钱锺书坚持不参加任何党派……他自小打定主意做一名自由的思想者"。愚以为,钱锺书先生所言不虚,先生确是狷介之士,然而狂士之态亦偶尔流露。或者说,狷为主,狂为辅,八二开,或七三开,二者融为一体,乃少见之德才兼备者。

"不恒其德,或承之羞"

子曰:"南人有言曰:'人而无恒,不可以作巫医。'善夫!""不恒其德,或承之羞。"子曰:"不占而已矣!"

此章标点划分、语句解释,分歧甚大,各执一说,至今未能统一。比较、琢磨之后,本文作以下简要解读,供读者朋友参考。

首先,一个合理的推测是,孔子有一次谈话重点说"恒",此章两句话就是其中部分内容。具体来说,分两段。第一段是孔子对南人一句流行语的评价,第二段是孔子因《周易》一句爻辞而发议论。故本文作如上标点。

第一段中,"南人"为南方人。"恒"指恒心。"巫医"在远古时二者合一,占卜却灾,治疾祛病,社会威望很高,南人十分看重。不过,春秋时巫师、医师已经分开。"夫"是感叹语气词,相当于啊。

第二段中,"恒"为恒久义。"或"为也许、可能义。"承"为蒙受义。"不占"指"不恒其德"的人不必占卜,占卜也没用。"而已矣"是语气词连用,意思截然,大致相当于啊、罢了。

《周易》第三十二卦是"恒卦",其卦辞大意是,这一卦象征恒久,亨通,没有过错,利于守持正道,利于前行。后来,《易传》对这一卦解释说,天地运行规律就是恒久不停的,日月顺行天道而能永久照耀天下,四季往复变化而能永久生成万物,圣人永久保持美德而能教化社会;观察这些恒久的现象,天地之间万物的性情就可以明白了。恒卦有六爻,其"九三"爻辞是"不恒其德,或承之羞;贞吝",据上海古籍出版社《周易译注》,意思是不能恒久保持美德,可能蒙受羞辱,要守正以防憾惜。爻义有劝邪反正的微旨。而孔子借爻辞加以发挥,对"不恒其德"者是鄙夷的。

孔子说:"南方人有句话说:'人如果没有恒心,是不能做巫医的。'这句话真好啊!"《周易·恒卦》九三爻辞说"不能恒久保持美德,可能蒙受羞辱",孔子对此议论说:"这种人不必占卜了啊!"

此章关键词是"恒"。今人读此章,无需纠缠于原文字句的疑惑,抓住一个"恒"字即可。孔子倡导"恒",《述而篇》还有一处:"善人,吾不得而见之矣,得见有恒者,斯可矣。亡而为有,虚而为盈,约而为泰,难乎有恒矣。"善人,我没有见到啊,能见到有恒心的人,就不错了;没有却装作有,空虚却装作充实,穷困却装作富裕,这样的人难以有恒心(不做坏事)啊。孔子慨叹世人道德水准每况愈下,不仅善人见不到,而且仅仅是有恒者也难以见到了。另外,拙文《"譬如为山"》《"秀而不实"》解读了孔子两段重要的话,其中都蕴含着锲而不舍、持续前进的思想,也就是"恒"的思想。

孔子所赞赏之"恒",用今天的话说,是坚定不变的心,是持之以恒的意志,是对道德修养、事业发展的永远坚守,总之是一种优秀的品质,一种巨大的正能量。孔子本人就是有恒者的表率。"吾道一以贯之"(《里仁篇》)在强调自己核心思想的同时,也说明对自己思想的坚持不懈。至于他历尽千辛万苦,周游列国十四年,孜孜不倦,教导弟子四十年,等等,更是从行动上证明其意志的坚韧和持久。

"和而不同"

子曰:"君子和而不同,小人同而不和。"

在解释这句话之前,先看一个故事。《左传·昭二十年》载,当年十二月,齐景公在沛(今山东省博兴县)打猎后回到自己田庄遄台(今山东省旧临淄以东),宠臣梁丘据驱车前往问候。齐景公对随侍的晏婴叹道:"唯据与我和夫!"(晏婴即"长不满六尺","食不重肉,妾不衣帛","犯君之颜",而司马迁称如他仍在世愿为之执鞭赶车的那位齐相。)晏婴对曰:"据亦同也,焉得为和?"齐景公问:"和与同异乎?"晏婴答:"异。"接着,进行解释。他说,"和"好像是羹,用醋、酱、盐烹鱼肉,燃柴烧煮;厨工加以调和,使味道适中,不够就增调料,太过就减调料;君子食之,心平气和。以下是晏婴说的核心内容:君臣之间的关系也是这样。国君认为可以的,而其中有不可以的,臣下指出不可以的,使可以的更加完备。国君认为不可以的,而其中有可以的,臣下指出可以的,去掉真正不可以的。因此,政事平和,民无争心。晏婴又以诗、乐、味为例进一步说明什么是"和",最后指出:"今据不然。君所谓可,据亦曰可。君所谓否,据亦曰否。若以水济水,谁能食之?若琴瑟之专壹,谁能听之?同之不可也如是。"

以这个故事作例证,孔子的话就好理解了。至于君子、小人,是孔子每每相提并论的两个称谓,简单地说,君子就是有道德、有修养、有文化的人,反之则为小人。不过,孔子强调的主要是道德,所以有德之人即君子。梁丘据奉迎拍马,跟在齐景公后面亦步亦趋,绝非君子。

其实,最早从理论上阐述"和""同"的人,是西周末年王朝太史伯阳父,后称史伯。史伯给"和"下的定义是"以他平他谓之和"。显然,这是二元或多元的融合。史伯认为"和"的效能与功用是使事物丰富起来,不断向前发展,一种声音形成不了音乐,一种颜色形成不了色彩,一种味道不能满足口欲,一种事物不能构成世界。史伯还深刻区分了"和"与"同"的本质差别。"以同裨同",用两种相同的东西相互掺合、补充、辅佐,事物没有发生根本变化,只是量多了而已,形成不了新的事物。"夫和实生物,同则不继",这就是结论。相关记载见《国语·郑语》。

注释孔子这句话的人不少,窃以为有两人说得较好。一是三国时期何晏:"君子心和,然其所见各异,故曰不同。小人所嗜好者则同,然各争利,故曰不和。"重点在为什么。一是元代陈天祥:"中正而无乖戾,然后为和。凡在君父之侧,师长朋友之间,将顺其美,匡救其恶,可者献之,否者替之,结者解之,离者合之,此君子之和也。而或巧媚阴柔,随时俯仰,人曰可,己亦曰可,人曰否,己亦曰否,惟言莫逆,无唱不和,此小人之同也。"重点在是什么。

孔子是思想家、教育家,深知人的智力、个性、经历、文化、思想、道德、才能、成就等诸多方面均有差异,千人千面,并不相同,主张在人际交流中除了自己立得正,有信念和理想,"吾道一以贯之",还要杜绝目中无人,要尊重对方,或和平或和睦或和谐相处。

微观地看,"和"是个人的一种境界,思想提高和道德修养到一定阶段的必然表现。宏观地看,"和"是社会的一种状态,人物或事物平衡与圆融到高级程度的必然结果。它既是孔子的人生哲学,又是孔子的社会哲学。无论是哪种意义,做到都不易。

孔子的伟大之处，还在于他提出的思想是人类社会普遍适用和永久适用的。两千多年后的今天，高层领导人办外交，处理国与国关系，就多次引用"和而不同"。应该说，这一思想已在世界上产生良好影响，并被大多数国家所接受。国内事物方面亦有范例，如大陆与港、澳、台的关系问题。"一国两制"是个了不起的创举，其中也包含了"和而不同"的思想。

然而不无遗憾，作为重要哲学思想的"和而不同"并未遍地开花。现实中，"晏婴"不多，而大大小小的"梁丘据"不少，致使唯上是从、一言堂之类始终颇有市场，"同而不和"已成常态，"和而不同"倒是少见的特例了。

"小人难事而易说也"

子曰:"君子易事而难说也。说之不以道,不说也。及其使人也,器之。小人难事而易说也。说之虽不以道,说也。及其使人也,求备焉。"

事——侍奉、服事。说——同悦,高兴、喜欢。道——此处译作原则。器之——器是才能,人才,在此作动词。器之为量才使用之意,后有器使一词。求备——求全责备。

孔子是在说:"在君子手下做事容易却难以让他喜欢。讨他喜欢而不讲原则,他不会喜欢。到了他用人办事时,总会量才使用。在小人手下做事很难却容易让他喜欢。不讲原则地讨他喜欢,他也喜欢。到了他用人办事时,只会求全责备。"

孔子反复将君子、小人加以对比,从各方面给弟子描绘正反两类人物形象。此章又是一例,主要讲人际关系,以及用人问题。不难看出,孔子并未讲什么道理,而是平静地叙述事实和作出判断。应该说,这是孔子的经验之谈,观察很细致,结论很深刻。

至于君子、小人何以会有上述表现,则需后学者自己领会和分析。古今学者均已给出自己的解释。大体说来,君子"易事",乃因君子仁慈,尊重他人,待人亲和。《说苑·雅言》载:"曾子曰:'夫子见人之一善而忘其百非,是夫子之易事也。'"就是有力的旁证。做君子下属,或为君子同事,会觉得轻松、自在,自信、自尊容易培养,因此不能不说是人生一件幸事。君子"难说",缘于君子厚重,律己严格,处事谨慎,追求质朴,喜怒不会轻易形于色。君子对人和事自有一套标准,现实的好与差通常不出其预判,因此镇定自若,缄默如山。人在君子侧,宜察言观色,审时度势。无论是做事,还是日常生活,想让君子欢悦,而又不走正道,不讲原则,则难逃君子慧眼。君子非但不高兴,反而会排斥、拒绝乃至厌烦。其实,出于个人利益讨好君子,本身就是"说之不以道"。认真做事,管好自己,根本不必考虑"说之",君子看在眼里,自会高兴。君子立身既正,又深知人各有优劣长短,故用人不会讲亲疏、私谊,只会根据实际需要,按照每人的品质、才气、能力,加以妥善安排。

小人与君子恰恰相反。缺仁、少义、不信,且私欲极重,一切以自我为中心,是小人的普遍内在特征。他们无论是自大还是自卑,待人都会刻薄,以对其是否有用、有利而分程度的轻与重。所以,在他们手下做事很难。遭受他们的冷眼、白眼,那是最轻的,要时刻准备承受他们的冷嘲热讽、吹毛求疵,甚至劈头盖脸的怒斥。他们不考虑主客观条件,不从实际出发,一味苛求下属做事完美无缺,为其增光添彩。其下属不自由,不舒畅,常常无所适从,如履薄冰。小人欲壑难填,但心胸其实狭窄,格局其实不大,一点点虚荣的满足,一点点利益的获得,一点点欲望的享受,都能使他们高兴一时。也就是说,有心计的下属想讨小人上司的欢心,是比较简单的一件事,不管以什么方式方法,投其所好便是。当然,这种讨好是很卑下的。

今人学习此章,无论是身处一定位置的领导者,还是无职无权的普通员工,都能从中得到启发。想想身边的人和事,想想自己的言与行,君子乎?小人乎?抑或君子、小人兼有之乎?

"君子泰而不骄"

子曰:"君子泰而不骄,小人骄而不泰。"

泰,此字训诂不易,学者由《易经·泰卦》解,谓作"通",引申出"安"。故今译孔子语细分为两种:其一,"君子通达而不骄傲,小人骄傲而不通达"(《论语译说》);其二,"君子舒泰,但不骄矜。小人骄矜,但不舒泰"(《论语新解》)。多数人倾向于第二种,即将泰字理解为泰然、安详、从容。

《论语》中还有"今拜乎上,泰也"(《子罕篇》),"约而为泰"(《述而篇》)。前者为骄纵,后者为奢侈。泰,与"乱"一样,亦"反训"之词。读先秦古汉语,不懂训诂,确实很难。起码,需备《辞源》《古汉语大词典》《中华古汉语字典》等工具书。

"君子坦荡荡"(《述而篇》),"君子不忧不惧"(《颜渊篇》),"君子矜而不争"(《卫灵公篇》)……故君子始终光明正大,心地坦然,安定从容。"君子学道则爱人"(《阳货篇》),"君子尊贤而容众"(《子张篇》),"君子和而不同"(《子路篇》),君子"内省"(《颜渊篇》)……故君子总是宽以待人,严于律己,谦虚谨慎。

"小人长戚戚"(《述而篇》),心胸阴暗、褊狭,常紧张、纠结,易忧愁、恐惧。人是复杂的矛盾体,其特征在小人身上尤其明显。小人内心多自卑,却打肿脸充胖子,似乎总是自信满满。这种刻意为之的掩饰,并非油然而生,不自然,因而常常表现出不安分的躁动,乃至张狂。故小人不可能舒泰、安详。

孔子回答子张关于如何才可以从政的问题,说要尊重五种美德,排除四种恶行。五美之一便是"泰而不骄"(《尧曰篇》)。孔子有具体解说:"君子无众寡,无小大,无敢慢,斯不亦泰而不骄乎?"无论人多人少,无论势大势小,君子都不敢怠慢,这不就是从容而不骄矜吗?孔子不是从道理上解释,而是以具体事例说明,什么叫做"泰而不骄"。

"泰而不骄",或"骄而不泰",既是对人内心状态的界定,又是对人处事方式的描述。二者一表一里,相辅相成。

考察人生,大约有泰而失之骄者,亦有不骄而未能泰者。细琢磨,求不骄相对容易,求泰则难。这是钱穆先生的见解,有理。

"朋友切切偲偲"

子路问曰:"何如斯可谓之士矣?"子曰:"切切偲偲,怡怡如也,可谓士矣。朋友切切偲偲,兄弟怡怡。"

士——文士,指春秋中后期开始出现的知识分子阶层。以愚之见,士起码有两个基本特征,缺一不可:其一是上学读书,有知识,有志向;其二是克己复礼,有道德,有担当。

切切——督责、勉励,情意恳挚或迫切。切,本义是刻削加工骨器(治象牙曰磋,治玉曰琢,治石曰磨),如《诗经·卫风·淇奥》"如切如磋",后比喻互相探讨学习。偲偲——音思思,相互切磋、督促,与切切义近。偲,本义为有才,音猜,如《诗经·齐风·卢令》"其人美且偲"。《说文》曰:"偲,彊力也。"段玉裁注曰:"许云彊力者,亦取才之义申之。"叠声词偲偲,不知是否由孔子始用,典籍皆作切责解,亦是才、彊力之引申。不过,此引申一般人理解起来不易。怡怡——和悦、高兴、安适、顺畅之义。古汉语特别是《诗经》,以及后来的诗、词、曲,大量运用叠声词,即同一个单音词叠加连用,多用于描写事物情貌。叠声词是语言节奏的需要,增加了语言的美感,营造出新颖的意境,又使词义得到强化。如——助词,形容词后缀,犹"然";如也,即然也。

子路问:"怎么做才可以叫做士呢?"孔子回答:"互相勉励督促,与人相处和顺融洽,可以叫做士了。朋友之间特别要勉励督促,兄弟之间特别要和顺融洽。"

朋友、兄弟关系处理好了,就可称为士吗?当然不会如此简单。士的品质、特征、能力等表现在诸多方面,能够很好地与众人相处只是其中一点。问题在于,孔子教导弟子从不空谈,也不大谈道理,而是从生活实际出发,针对每个弟子的弱点、短处、错误,进行一针见血的点拨。

子路"文"不足,相对粗野、鲁莽,说话办事常常只从本意出发,不大考虑对象、时机、场合以及可能产生的后果,所以孔子回答他只说"切切偲偲,怡怡如也"。就在此章之前,就有子贡问士,孔子较为详细地讲了三个层次的士,与回答子路完全不同。此外,更有"士志于道"(《里仁篇》)的明确论断。这都说明,孔子教授子路是有的放矢。

此章最后两句是孔子对子路回答的进一步解释,是自己给自己的话作注解。士既要做到相互勉励、督促,又要做到和睦、融洽。其中,勉励、督促对朋友尤其重要,因为朋友之间需强调"义"。"责善,朋友之道也。"(《孟子·离娄下》)督促对方为善,是自古以来的交友之道。而和睦、融洽对兄弟尤其重要,因为兄弟之间需强调"恩"或"情"。

孔子明确指出:"益者三友,损者三友。友直,友谅,友多闻,益矣。友便辟,友善柔,友便佞,损矣。"(《季氏篇》)同正直的人、守信的人、见闻广博的人交友,是有益的。同表面装象而心术不正的人、善于阿谀奉承的人、巧言狡辩而无真见识的人交友,是有害的。这段话,可算是对"朋友切切偲偲"的补充说明。朋友,是趣味相投者,更是志同道合者。朋友相处,应该讲求正直、守信,在学问上互相切磋交流,在事业上互相鼓励支持,共同前进。

愚以为,现实中的朋友可粗分为三个层次,一是知己或不分彼此的密友,二是能够相互理解和有合有分的朋友,三是交情不深的一般朋友。这三种朋友,后两种居多。在此应该指出,许多同事、熟人并不能称为朋友。实践说明,朋友相处,吃喝玩乐最为常见,"切切偲偲"并不容易。尤其较难做到的是,经常指出对方缺点、毛病和错误,并督促其改正,而听者亦能深入领会,虚心采纳,两人友谊日益深厚。

宪问篇

"仁则吾不知也"

> 宪问耻。子曰:"邦有道,谷。邦无道,谷,耻也。""克、伐、怨、欲不行焉,可以为仁矣?"子曰:"可以为难矣,仁则吾不知也。"

原思,姓原名宪,字子思,鲁国人,小孔子三十六岁。孔子任大司寇时,原思曾当孔子家的总管。严于律己,终身未仕。孔子逝世,他隐居在卫国的草泽中,过着贫苦生活。

此章写"宪问"而不是"思问"或"原思问",学者认为当是原思本人所记。此说有理。

原思有两问。第一问何为耻,孔子回答:"国家有道,应该出仕拿俸禄。国家无道,还做官拿俸禄,就是可耻的了。"类似说法《论语》中几见,如"邦有道,则仕。邦无道,则可卷而怀之"(《卫灵公篇》),"天下有道则见,无道则隐"(《泰伯篇》)。

本文主要谈第二问。原思问:"好胜,自夸,怨恨,贪欲,这四种毛病在行为中都不曾有过,可以说是仁了吧?"孔子说:"可以说是难能可贵了,若说是仁,那我就不知道了。"

原思此问,值得一说。其一,其他弟子多直接"问仁",即问什么是仁;而原思已先有看法,以为"克、伐、怨、欲不行焉"就是仁,然后满怀希望得到老师首肯。仅仅从提问题的方式上看,原思问仁与子贡问仁有点像。其二,原思所说"克、伐、怨、欲不行焉",其实是自我总结,说自己在行为中没有这四种毛病。这与子贡所设想的

"博施于民而能济众"(《雍也篇》)的宏大愿景大不相同。

孔子为何只许其"难",而不许其"仁"？宋代朱熹认为原思应该追问一句为什么,可惜原思没问。于是,后世学者们只好作出自己的解释,说原思行为中未表现克、伐、怨、欲,不等于他心中没有克、伐、怨、欲,故不能说是仁。还有学者补充说,原思"克己"工夫做得不错,但"复礼"工夫恐怕欠缺,故还不算是仁。有一位学者还指出,原思的话用"矣"结尾,而未用"与"或"乎",表明他对自己的观点相当肯定;而孔子听出来他多少有些洋洋自得,用"仁则吾不知也"回答,表示了一定程度的不满。

学者们的分析或有道理,但愚以为还有一个重要原因,即孔子从不轻易用仁来称许他人,尤其是对弟子们更为严格。孔子除称赞过颜渊"其心三月不违仁"(《雍也篇》)之外,对其他所有弟子均未许以仁。《公冶长篇》载,孟武伯问孔子,子路、冉有、公西华为何等人,孔子分别回答三人可治国或治家(卿大夫封地),但连说三句"不知其仁也",对非常喜欢的子路也是如此。那么,孔子根本不可能当面许原思以仁。

事实上,在世之人,哪怕十分优秀,孔子也只是称其"贤",称其"君子"。愚以为,孔子称赞颜渊"其心三月不违仁",也是在颜渊死后。孔子为何极少称许他人为仁,尤其是不称许在世之人为仁？这里只能点到为止：一、仁所涉及的内容太过重大;二、成仁的过程永无止境。

"仁者必有勇"

子曰:"有德者必有言,有言者不必有德。仁者必有勇,勇者不必有仁。"

必——一定;不必,未必,不一定。言——杨伯峻先生译为"名言",大体相近;钱穆先生译为"好言语",略逊一筹。言应指有意义、有价值,能使人受到教育或警醒、思考并流传后世的言语,包括著作。品德高尚的人说话著文不可能句句是真理,但许多话肯定是真理;品德中等甚至低下的人说话著文,也可能会有精彩的言语,但总体肯定不是佳作。孔子说的"君子不以言举人,不以人废言"(《卫灵公篇》),与此章有内在的关联。

本文着重说"勇"。先看南北朝时皇侃《论语义疏》引晋代李充的话:"陆行而不避虎兕者,猎夫之勇也。水行不避蛟龙者,渔父之勇也。锋刃交于前,视死若生者,烈士之勇也。知穷之有命,知通之有时,顺大难而不惧者,仁者之勇也。故仁者必有勇,勇者不必有仁。"此说值得细细玩味。

都是勇敢,看得见的遭遇和表现不同,看不见的精神状态和指导原则也不一样。猎夫、渔父之勇固然令人赞叹,但其面对的仅仅是自然界的一事一物,行为毕竟单一,思想毕竟简朴。当他们面对更复杂的人类社会时,还能够在各种情况下都正确地表现出勇敢吗?也许,其中某些人的勇敢会变成鲁莽和粗暴,乃至蛮横无理。《世说新语·周处》和京剧《除三害》里年轻时的周处不就是这样的人吗？勇者不一定有仁心，诚哉斯言。

仁者之勇则不然，它要广大得多，深刻得多。"子曰：'当仁不让于师。'"(《卫灵公篇》)面对利于天下百姓之事，自己率先向前，就是老师也不必同他谦让。一说师训为众，自己先于众人去做行仁之事。"子曰：'……见义不为，无勇也。'"(《为政篇》)此话亦可正着说：见义而为，勇也。朱熹注仁者之勇时说："仁者心无私累，见义必为。"所以，孔子倡导的勇敢就是"当仁不让"，就是"见义必为"。

这种勇敢，是仁、义的必然体现，是仁人、义士践行自己理想的决心、豪气和一往无前的行动。这种勇敢，面对的是一切客观环境、事件、人物，对不仁不义和艰难险阻从不畏惧，做所当做，且全力而为，最终目的是天下百姓的安定、幸福，因此是大勇。这种大勇，首先的和主要的是勇之心，勇之气，勇之胆，最后才是勇之力。也就是说，文弱而缺乏体力之人也可以有大勇。"留取丹心照汗青"的文天祥，其勇就在于心，在于气。孔子倡导的勇敢已经上升为德行，是仁、义、礼之下的一项重要修行内容，已显形而上的意义。而力之勇，则是形而下的小勇。

关于小勇、大勇之别，《孟子·梁惠王下》有一段论说。当齐宣王说"寡人好勇"时，孟子请齐宣王不要喜好个人的小勇。接着说，有人按剑怒视说"他怎么敢阻挡我"，这是匹夫之勇，仅能对付一人。请大王您把这种勇敢扩而大之。以下孟子引《诗经》陈述史实，说周文王一怒能让天下百姓都得到安定，这是文王之勇。又引《书经》的议论，说周武王也一怒而使天下百姓得到安定，这是武王之勇。最后孟子说，现在如果大王您也一怒而安天下百姓，那么百姓只怕大王您不喜好勇敢哩。孟子的论述恰恰说明了"仁者必有勇"，也说明了仁者之勇是利天下百姓的大勇。

"为命,裨谌草创之"

子曰:"为命,裨谌草创之,世叔讨论之,行人子羽修饰之,东里子产润色之。"

命——辞命,政命,即公文;从全文可知是指外交公文。裨谌——郑国大夫。世叔——郑国大夫游吉,在子产死后继任国相。讨论——审核、研究并提出意见,与今之多人讨论不同。行人——外交官。子羽——郑国大夫公孙挥。东里——地名,在河南郑州。子产——姓公孙名侨,郑穆公之孙,郑国有名的贤相,执政二十二年。

孔子说:"郑国拟写外交公文,裨谌起草初稿,世叔审核、研究并提出意见,负责外交的大夫子羽加以修改,再由国相子产作最后的润色、加工。"

孔子对弟子们讲这一番话,当然是有意义的。其一,孔子称赞郑国人才济济,尤其是国相子产领导有方。《公冶长篇》载孔子评价子产:"有君子之道四焉:其行己也恭,其事上也敬,其养民也惠,其使民也义。"可作参考。子产当政之时,晋楚两大国争霸,郑国夹在中间不卑不亢,运筹周旋,使国家得到尊重,国土得以保全。其二,孔子告诫从政的弟子,应该学习郑国大夫的团结协作精神和对工作认真负责的态度。其三,为文"草创""讨论""修饰""润色",推敲琢磨,精益求精,力求完美。

第三层意思对后世读者尤其重要。前文解说"辞,达而已矣"

(《卫灵公篇》),表明孔子强调说话、撰文以准确、通顺、简要为上。但通过孔子赞赏郑国大夫"为命"的精心,可以看出他在主张文章、言辞准确、通顺、简要的同时,亦主张文章、言辞的修饰和润色,使之优美,具有艺术性,更耐看、动听。如此,则感染力得以增强,传播效果得以提高。

事实上,孔子有专门的相关论述。据《左传·襄公二十五年》载,孔子曾说:"《志》有之:'言以足志,文以足言。'不言,谁知其志?言之无文,行而不远。"言语用来表达思想,文采用来修饰言语。不讲话不撰文,谁能了解他的思想?言语没有文采,流传就不能广泛、久远。

"达"主要是对语言表达的内容提出要求,这是基本要求,亦是核心要求。不达,言中无物,辞不达意,则是空话、废话。"文"主要是对语言呈现的形式提出要求,这是艺术性要求,可说是更难的要求。不文,生硬干瘪,味同嚼蜡,则令人索然,难以卒读。"达"与"文"融合,内容与形式统一,才是妙辞美文。

"贫而无怨难"

子曰:"贫而无怨难,富而无骄易。"

此章无需注释,意思十分明白:贫穷而没有怨气,很难做到;富贵而不骄傲,相对容易做到。

愚以为,孤立地看待此章,孔子只是描画了当时的一种社会现象,或者说一种人生状态。应该说,其中并无明显的价值判断。过了差不多两千年,元代一位学者说:"察天下之贫者,万中实无一二无怨;观天下之富者,十中须有二三无骄。以此推之,足以知无怨为难,无骄为易也。"(《论语集释》)此种现象或状态,于今亦然。谁都见到、听到绝大多数穷人多怨,怨天,怨地,还怨命,怨政府,怨领导,也怨自己;许多富人不骄,始终兢兢业业,谨慎前行,乃至发悲悯之心,做慈善之事。

为何如此?孔子未说,但所有人都知道最基本的缘由。比孔子早一百多年的齐相管仲说:"仓廪实则知礼节,衣食足则知荣辱。"(《管子·牧民》)此语流传甚广,引用又多。它道出一个朴素的真理:吃饱饭是第一位的。对饿肚子的穷人来说,不解决吃饭问题,而大谈荣辱和礼节,大谈道德和修养,毫无意义。占社会大多数的穷人(几千年来到目前为止,一直如此),或生活困难,或心中不平,而有怨言怨行,实在是自然而然。富人拥有丰厚的金钱和物质财产,衣食无忧,不仅无忧,而且光鲜,于是不管是出于他们内在的良善之心,还是出于外在的社会要求,做到无骄,相对容易得多。

管仲所言之理,孔子当然知道,他有博大的胸怀和深刻的思想,何尝不希望人们都富裕起来？但那只是一种"小康"进而"大同"(《礼记·礼运》)的理想,不要说孔子之时,就是两千五百年后的今天,也远远没有达到。

有个问题必须厘清。民众之怨与个人之怨不可简单相提并论。民众之怨是大多数人共同情感、意愿的一种表达,反映的是整个社会问题,所以成为社会某种变动的前奏曲。个人之怨缘由可能更复杂,但其社会意义却极简单,甚至许多个人之怨并无多大社会意义。分析"贫而无怨难",亦必有民众贫而无怨难与个人贫而无怨难之别。

或许,孔子想说的是个人贫而无怨。他劝告弟子们秉持"无道则隐"(《泰伯篇》)的信条,退到独善其身,追求个人的内心平静,以及保全自己的信仰和志向。因为,怨气、怨恨不仅解决不了问题,而且对自己身心有损。

一个人做到贫而无怨,自然很好,但还不够。《学而篇》载,子贡问老师:"贫而无谄,富而无骄,何如？"事实上,子贡认为这已是修养的最高境界。孔子回答他:"可也。未若贫而乐,富而好礼者也。"穷而有骨气,不谄媚,不奉承,已经值得充分肯定,但还只是"君子固穷"(《卫灵公篇》),而"贫而乐"已超脱于贫穷,已无贫富之心,其精神已处于形而上的境界。孔子众多弟子中,只有颜渊一人,"一箪食,一瓢饮,在陋巷。人不堪其忧,回也不改其乐"(《雍也篇》)。

贫而无怨难,贫而无谄亦难,贫而乐最难。虽难,毕竟可以达到。有志者去做就是,不必在意外界的任何反应。

"子路问成人"

> 子路问成人。子曰:"若臧武仲之知,公绰之不欲,卞庄子之勇,冉求之艺,文之以礼乐,亦可以为成人矣。"曰:"今之成人者何必然。见利思义,见危授命,久要不忘平生之言,亦可以为成人矣。"

成人——非成年人之义,而是全人、完人,即人格完备之人、德才兼备之人。臧武仲——鲁国大夫。公绰——鲁国大夫。卞庄子——鲁国卞邑大夫。冉求——孔门"政事"科重要弟子,后任季氏宰。考虑篇幅,四人之智、不欲、勇、艺不作具体介绍。文——名词作动词,文饰、修饰。何必然——不必然,不一定非这样不可。授命——献出生命,捐躯。

久要不忘平生之言,此句主旨为守信、践诺,各学者一致,但对两个词语理解分歧甚大。久要:一、要为约之假借,约为穷困义,故其义是长期穷困;二、久为旧之假借,要为约之假借,约为誓约义,故其义是旧约,即过去的诺言。平生:一、平素、往常,代表过去时;二、一生、终身,代表全时段。本文均取前者。

子路问怎样才能成为完美的人。孔子回答说:"如果有臧武仲的智慧,公绰的不欲,卞庄子的勇敢,冉求的才艺,再加上礼乐的修养,就可以成为完美的人了。"孔子又说:"现在完美的人不一定非这样不可。在利益面前考虑是否合宜,是否正义,遇到危难不怕牺牲,长期穷困也不忘往常的诺言,也可以成为完美的人了。"

人与人不同。从人格、境界、道德、功绩等方面比较,毕竟有高下之分。"若圣与仁,则吾岂敢!"(《述而篇》)孔子不承认自己是圣人,甚至不敢说自己是仁人,但他并未否认圣人、仁人的存在。圣人、仁人才是最完美的人。从孔子的众多告诫中得知,仁人恰恰是人生前进的目标。孔子回答子路问话,说了智、不欲、勇、艺、礼乐,尚未囊括仁人的全部品质和能力,更未提及利于天下的功绩,因此应该说这种人次仁人一等,大约与"君子"略同。"亦可以"的措辞和语气能够说明这一点。

"成人"是个笼统的、相对的概念,没有绝对的量化标准。孔子所概述的智、不欲、勇、艺、礼乐虽不十分全面,但仍有相当程度的理论味道和理想色彩,同时具备不是简单的事。或者说,在变乱的春秋末期,这种"成人"几乎是做不到的。孔子是推崇理想与现实相结合的大师,从不只追求理想而不考虑现实,故说"今之成人者何必然"。因此,孔子又作了补充回答,说能做到见利思义、见危授命、守信践诺,就是"成人"。言下之意,春秋末期是个见利忘义、见危逃避、诚信丧失的时期。这三方面很实际,具有明显的可行性,对有志者来说完全可以做到。至于又一个"亦可以",再退而求其次罢了。可见,孔子教导弟子,从社会实际出发,从具体事情着眼和下手,而"成人"的目标不变。

忽然想到近几年"感动中国"先进人物评选活动。众多人物其实就是新时期的"见利思义""见危授命",或"久要不忘平生之言",仅仅做到一个方面就足以感动整个中国。应该说,有些感动的起点并不是特别高。起点不很高,全国皆感动,反映出整个社会的道德水准不高。思之,不免遗憾。

"见利思义"

子路问成人。子曰:"若臧武仲之知,公绰之不欲,卞庄子之勇,冉求之艺,文之以礼乐,亦可以为成人矣。"曰:"今之成人者何必然?见利思义,见危授命,久要不忘平生之言,亦可以为成人矣。"

成人——非今日年满十八岁之成人,是指人格上的成人,即品质完全的人,德才兼备的人。臧武仲、公绰、卞庄子,皆鲁国大夫。冉求——孔子弟子,多才多艺。文——动词文饰,意为增加以求更好。何必然——意为不必如此。久要——有两解,一为假借字,本字旧约,久要不忘即不忘旧约;二释约为穷困,久要即久处困境。

孔子举具体人为例回答子路,明智、无欲、勇敢、多才四个方面再加上礼乐的修养,就算是完全的人。又说当下的人不必同时做到这些(因为很难),只要做到"见利思义",危难时不惜献出生命,不忘平生所说的话,即正直、勇敢、诚信这三条,也可以算是完全的人。

以下着重说"见利思义"。利,利益,不仅指金钱和其他物质利益,也包括名誉、地位等无形的或非物质的利益。当自己面临这样那样的利益并有可能得到之时,不管其大小多少,首先要做的就是"思义"。愚以为,"思义"起码有两层具体意思:其一,思考、分析、判断是些什么样的利益,即利益的性质,比如是合法合理,还是非法悖理,比如是公利,还是私利,比如是别有用心的人的利诱,还是上级主管部门的利赏,比如是正当交易该得的回报,还是不正当途径聚敛的黑钱,等等;其二,想想自己应该不应该得到这种利益,如果该得,得到多少才是合适的、恰当的,不该得而得与该得少而得多,都是不义。总之,不义之利不可取。孔子说的"见得思义"(《季氏篇》),孔子赞同的"义然后取"(《宪问篇》),都是同样的意思。

　　义者,宜也。从统治者、领导者角度说,要充分考虑人民或众人利益以及分配的合理、公平,这是仁政,是大义,否则就是不仁不义。对个人来说,所获得的利益要与自己的社会角色及贡献、成就相吻合,相匹配,如此便是义。假设一个公务人员已经拿了他该得的薪俸和其他相关待遇,而又利用职权以谋私,获取额外的利益,那么他就是不义之人。任何一个人都要认清自己的地位、身份、职责,说应该说的,做应该做的,拿应该拿的,一切都合情合理,一切都恰如其分,这是仁义之人最基本的标准。

　　然而,世事难料,世风多变,如今"言利之风遍天下,偷生之徒满海内,反复狙诈不知羞耻者比比皆是"(钱穆先生语),特别是掌权者为自己、为家人、为亲友而贪利,已为数可观,此等人为害尤甚。当然,人心不同,人生道路不一,见利思义者亦时常可见,而良心尚存者对此无不慨叹:难能可贵!

"管仲非仁者与"

子路曰:"桓公杀公子纠,召忽死之,管仲不死。"曰:"未仁乎?"子曰:"桓公九合诸侯,不以兵车,管仲之力也。如其仁!如其仁!"

子贡曰:"管仲非仁者与?桓公杀公子纠,不能死,又相之。"子曰:"管仲相桓公,霸诸侯,一匡天下,民到于今受其赐。微管仲,吾其被发左衽矣。岂若匹夫匹妇之为谅也,自经于沟渎而莫之知也?"

先说齐桓公杀公子纠事。齐襄公无道,其弟公子小白在鲍叔牙协助下逃亡莒国,其弟公子纠在管仲和召忽协助下逃亡鲁国。襄公堂兄弟公孙无知作乱,杀襄公,自立为君。没几个月,公孙无知被杀。公子小白抢先一步赶回齐国继位,为桓公。桓公发兵伐鲁,逼迫鲁国杀自己亲哥哥公子纠;召忽自杀,管仲被囚,后效忠桓公。(见《左传·庄公八年》《左传·庄公九年》《史记·齐太公世家》)

此事发生在公元前六八五年,早孔子一百多年。估计是孔门弟子学历史时提及此事,子路、子贡认为桓公杀公子纠,召忽殉主,而管仲不但不死,反而去辅佐政敌,不仁。

孔子对子路说:"齐桓公九次召集诸侯会盟,不用武力,这是管仲的功劳啊。这就是他的仁!这就是他的仁!"孔子对子贡说:"管仲辅佐齐桓公,称霸诸侯,使天下的乱局得到匡正,民众直到今天还享受着他的恩惠。没有管仲,我们就会(被夷狄统治)披散头发、衣襟左开了。管仲怎么能像普通男女那样固守小节小信,上吊自杀(埋没才能)而不为世人所知呢?"("沟渎"考证甚烦,说法不一,暂且放下。)子路问管仲"未仁乎",子贡问"管仲非仁者与",实际上都认为管仲不仁,而孔子作出了相反的回答。可是,《八佾篇》明明记载孔子批评管仲"器小哉",器量小;"焉得俭",不节俭;"管氏而知礼,孰不知礼",不懂礼。管仲怎么配当仁者呢?

可见,对孔子所说的仁要分析。如前文所述,仁有三个方面的含义。如果从第一义、第二义来看,管仲的人品、道德都有一些问题,不配是仁者。如果从第三义来看,管仲为政,世所景仰,功业非凡,惠及华夏,自然是仁者,甚至是大仁者。

管仲是了不起的政治家、思想家,位居齐相,协助桓公进行了大刀阔斧的全面改革,使得民富而国强。《宪问篇》载,孔子评论管仲:"人也。夺伯氏骈邑三百,饭疏食,没齿无怨言。"说管仲是个人才,他剥夺了齐国大夫伯偃在骈邑的三百户封地,伯偃只能吃粗粮,但心服口服,始终无怨言。这可以说是管仲缩小贫富差距的政策,"满者洫之,虚者实之"(《管子·小称》)的一个具体事例。孔子的言外之意是说管仲政策得当、执法公允,有利于国家。管仲使齐国空前强盛,成为春秋时期第一个大国。齐国尊崇周王室,挟天子以令诸侯,使诸夏团结在一个大家庭内,抵御了周边夷狄的侵扰,保证了华夏文明和各地文化习俗的延续、发展。司马迁说:"管仲,世所谓贤臣,然孔子小之。"(《史记·管晏列传》)此语概括不周,未能全面反映孔子对管仲的看法。

孔子对管仲的分析和评价,使子路、子贡以及后世之人更全面地认识了什么是仁,更清楚了应该怎样辩证地看待历史人物,同时也使人们进一步深刻地了解了孔子的历史观。孔子绝不像少数学者说的那样,是个简单的倒退、复古人物。

"君子上达"

子曰:"君子上达,小人下达。"

此章似不难解,但古今学者仍有差异。本文稍作归纳,约有以下四类说法。

其一,古有学者说:"君子日长进一日""小人日沉沦一日"。今有学者说:"君子向上看齐,小人向下看齐。""君子向上走,小人向下走。"均严守原文,没有任何发挥。因原文字面义十分浅显、明白,故译文等于没译。

其二,古有学者说:"上达者,达于仁义也。下达,谓达于财利,所以与君子反也。"今有学者说:"君子通达于仁义,小人通达于财利。"此类解释和译文将"达"的目标掺入,意义似乎深刻一些。今之学者多采纳此说。但是,"仁义""财利"云云大概并非孔子的全部意思,需再加探讨。

其三,古有学者说:"……是上达者,谓达于佐国理民之道""仲尼悼礼乐废崩,追修经术,以达王道,此上达之义也欤"。从治国平天下角度理解上达,自有其道理,但仍属片面,今之学者几乎无人考虑此义。

其四,古有学者说:"君子上达,与天合符。""君子上达,故大道可受……小人下达,故小道可观……""上达为上通于天也"。今有学者说:"所谓'上达',以现在思想的习惯而言,就是比较形而上的、升华的。所谓'下达',就是比较现实的、卑下的。"愚以为,此类理解大概最符合孔子心目中的"上达"。

孔子教导弟子们"士志于道"(《里仁篇》),赞赏"隐居以求其志,行义以达其道"(《季氏篇》),慨叹"朝闻道,夕死可矣"(《里仁篇》),所以君子应该上达于道。上引上达于仁义、上达于佐国理民之道均在其列,但具体在一个方面,难免以偏概全。

上达于道,可以算作正解,不过仍不完满。孔子之道的最高层次是"天道"(《公冶长篇》),不说上达于天道总是没有追到根本。孔子说自己:"不怨天,不尤人,下学而上达。知我者,其天乎?"(《宪问篇》)又说"天生德于予"(《述而篇》)。故君子上达的最高目标是达于天——天道、天德、天命。

上达,是君子生命的无止境过程。达于天一般在壮年以后,孔子是"五十而知天命"(《为政篇》),常人恐怕需要更长时间的修炼。而且,后面还有"耳顺""从心所欲不逾矩"两个层次。

"古之学者为己"

子曰:"古之学者为己,今之学者为人。"

古——似指西周而言。今——孔子所在的春秋后期。学者——求学的人,不是今之名词"学者"。为己——用学问充实自己,提高自己的修养和道德。为人——用知识装饰自己而向别人炫耀。

从典籍中可以看出,孔子这一评判是先秦时期读书人的一个重要话题,被不断引用、议论,影响甚广。如《太平御览》引《新序》曰:齐王问于墨子曰:"'古之学者为己,今之学者为人。'何如?"对曰:"古之学者得一善言以附其身,今之学者得一善言务以悦人。"

又如,《荀子·劝学篇》载:"君子之学也,入乎耳,箸乎心,布乎四体,形乎动静;端而言,蝡而动,一可以为法则。小人之学也,入乎耳,出乎口。口、耳之间则四寸耳,曷足以美七尺之躯哉?古之学者为己,今之学者为人。君子之学也,以美其身;小人之学也,以为禽犊。"箸——同著,明晓义。端——音喘,微言义。蝡——音如,微动义。一——都、皆。则——才、只。禽犊——野禽、家禽和小牛犊,古时馈赠之礼物,这里引申为用学问取悦于人。

从西汉起,两千年来学者们对"古之学者为己,今之学者为人"的理解,大体类似墨子、荀子的意见,认为上句是褒义,下句是贬义。

据此,后世学者有"为己之学"的概括,认为是儒家思想里极为重要的一种精神。鄙人即知一位民间学者,多年来广泛而又深入地研读释、道、儒三家学问，不著一句一字，又少与人交流。他说："我是'为己之学'，解自己精神之渴、之疑、之惑。我感到，学到一定程度，便涉及信仰，以至于带有些许宗教意味。"

鄙人深以为然。所谓"为己之学"，确有三个层次：其一，求知识；学海无涯，知识无限，一日不学犹如一日未食，产生精神饥饿感。其二，长智慧；大千世界，纷纷扰扰，身居其中不能茫然无措，而要提升思想，生发灵感，对一切均可认识、辨析、判断，乃至发明，在超越具体事物和一般知识的层面清明、透彻，作出独到又精彩的决策和处理。其三，定信仰；学说林立，皈依何处，是求知识、长智慧的同时就面临的问题，对哪家学说、主义极度地尊崇、信服、虔诚，以成个人信仰，各有各的选择，而无论哪一种，其实都是心灵的归宿，一部分人信仰宗教亦无可厚非。

然而，钱穆、南怀瑾两位大家却有不同理解。两先生均从"己欲立而立人，己欲达而达人"（《雍也篇》）角度来解释"为人"。钱穆先生说："孔子所谓为己，殆指德行之科言。为人，指言语、政事、文学之科言。孔子非不主张学以为人，惟必有为己之本，乃可以达于为人之效。"还说："孔门不薄为人之学。"（《论语新解》）南怀瑾先生未拘泥于孔子原文，而是大加发挥，说："我们如果以这四句话（指宋代张载所云：为天地立心，为生民立命，为往圣继绝学，为万世开太平）来研究，学者又应该是为人，不止为自己求学，同时也为人求学。这个'人'扩而充之，为国家、为社会、为整个人类文化。"（《论语别载》）

两先生学识深厚，影响甚广，故将其意见简略提示一下，供读者朋友参考。其说确实立意高远，具有重大现实价值，不过并非孔子原义。鄙人根据对孔子思想、性格、语言特点的了解，还是倾向于传统主流看法。若加一句评语，则是孔子借赞扬"古人"之机，行批评"今人"之实，并借以警示弟子们。

"君子道者三"

> 子曰:"君子道者三,我无能焉:仁者不忧,知者不惑,勇者不惧。"子贡曰:"夫子自道也。"

一些现代学者如钱穆先生,译"君子道者三"为君子之道有三。应该说,这样翻译是需要商榷的。而这个问题明末清初学者王夫之已作辨析,指出仁、智、勇是德不是道,"道者三"之道解作由,君子由三方面以成德。许多现代学者如杨伯峻先生,基本上与王夫之一路,不过把道解为所做、所行。愚以为,道亦作引导、道路解,译成君子之路有三,也许更简易,更好懂。

仁者,即仁人,至今仍在使用,不必另译他词,但却需要解说。仁,是孔子思想的核心概念,其具体含义有多项,如爱人,如克己复礼,如敬、恕、无怨,等等,非常丰富,也十分深刻。方方面面都做到了,才是真正的仁者。所以,仁者是道德、人格非常完全的人,是精神境界非常高深的人。"仁者不忧",何为不忧?无论何时何地,面对不管什么人什么事,均能坦然处之,心中没有恐惧、焦虑、愁思。这是现代人的理解,不能算错,但却不是孔子的原话。《颜渊篇》载:"司马牛问君子。子曰:'君子不忧不惧。'曰:'不忧不惧,斯谓之君子已乎?'子曰:'内省不疚,夫何忧何惧。'"孔子深刻地说明了为什么不忧不惧,也从内在的角度说明了什么是不忧不惧,那就是"内省不疚",反思自己,检查自己,没有任何有愧于心的事。因此,永远问心无愧的人,才能不忧,才能成为君子、仁者。

知者，即智者。孔子所说智者，不仅是聪明，不仅是有知识，更重要的是有智慧，关于人生、社会、天地诸方面的智慧。一般情况是，智商、知识是智慧的基础，而智慧则是智商、知识的高度升华。那么，何为不惑？首先需要清楚什么是惑。《颜渊篇》有两章文字讲"辨惑"：一是"爱之欲其生，恶之欲其死。既欲其生，又欲其死，是惑也"，无标准的随个人好恶转移的情绪；二是"一朝之忿，忘其身，以及其亲，非惑与"，感情冲动、忘记利害的情绪。合而言之，惑就是未能控制的私情、私念、私欲的冲动，表现就是目眩神迷，言行失矩。不惑，就是通过内心修养消除私欲冲动，控制住情绪，不会凭个人好恶来行事。"知者不惑"是说不惑即眼明心亮之后才能成为智者。

前两篇拙文已说明"勇"有大勇、小勇之别，"勇者不惧"是孔子正面论说，指的是大勇。此语不难理解，不赘言。

据《中庸》载，孔子说："知、仁、勇三者，天下之达德也。"因此，后世把仁、智、勇称为"三达德"，即三种天下共行的美德。从人生修养的进程看，它们又是三种相通的精神境界，越来越高，越来越深，顺序应该是勇、智、仁。这与孔子的"吾十有五而志于学，三十而立，四十而不惑，五十而知天命，六十而耳顺，七十而从心所欲不逾矩"（《为政篇》）相呼应。至此可以作出结论，"道者三"与其说是三条路，不如说是一条路的三个阶段。

孔子说"我无能焉"，诚然是谦虚，但更在说明三者是难能之事，而学习无止境，修养无止境。至于子贡说"夫子自道也"，则说明他已经领悟了老师的话。此道与"道者三"之道同义，并非言说义，"夫子自道"译成现代汉语大意是：这正是先生自己走的路；或者是：先生正是以上述标准要求自己的。

"子贡方人"

子贡方人。子曰:"赐也,贤乎哉?夫我则不暇。"

方——有两解,一是比方、比较,二是讥评、诽谤。古今多数人取前者,本文从众。赐,子贡姓端木、名赐。贤——杰出,优胜。贤乎哉——针对"子贡方人"而言,意思是"这是长处吗"。另外,此语有对他人说和对子贡说两解,本文取前者。暇——闲暇。

子贡经常比方人物,较其短长。孔子说:"这是端木赐的长处吗?我却没有闲工夫这样做。"

子贡有头脑,有才干,学问、事功都出类拔萃,但他也有缺点,其中好议论他人就是一条。孔子十分赏识子贡,对他"方人"却不满意。激赏之下,难有酷评,故孔子的批评非常婉转,以自己不愿意"方人"反衬子贡"方人"不好。

"方人"为何不好?朱熹认为是:"比方人物而较其长短,虽亦穷理之事,然专务为此,则心驰于外,而所以自治者疏矣。"(《论语集注》)同样意思,明代一学者说的更直白:"日夜痛自检点且不暇,岂有暇检点他人?责人密,自治疏矣,可不戒哉!"(《论语集释》)

其实,今人看来,还有其他重要理由。社会人免不了各种交往,为创造和睦、和谐、和乐的环境和氛围,首先就要尊重他人,包括不数落他人缺点,不揭露他人隐私。子贡"喜扬人之美"固然值得点赞,但他"不能匿人之过"(《史记·仲尼弟子列传》),则必然令大多数人不快、反感,甚至愤怒。如此,人际关系不紧张才怪!

孔子不满意子贡"方人",可《论语》中孔子评论他人的记载也不少,读者可能因此产生疑问。愚以为,孔子评论他人与子贡"方人"有本质上的不同。孔子论人,均有明确目的,不仅是表达自己的人生观、价值观和历史观,更重要的是借以教育弟子们。其次,孔子论人,比较客观、公正,经得起时间的检验。再次,孔子论人,多是应答弟子之问。子贡完全不同,他以个人好恶为出发点,任性、随意"方人",没有明确目的,不考虑后果。在"不能匿人之过"背后,多多少少隐藏着自负、自作聪明乃至自以为是。毋庸讳言,"方人"者为人不够宽厚。这里,爽直的负面性显露无疑。

今之日常生活中,不少"方人"者,多如子贡那般,并无叵测之居心,或者只是性格使然,顶多是缘于低级趣味。但,"方人"有害无益,何不戒哉!

"不患人之不己知"

子曰:"不患人之不己知,患其不能也。"

患——忧虑、担心。之——语助词,无义。己知——即知己,古文中常见宾语置于动词之前,使宾语得到强调。其——反身代词,指自己。全文意思是:不要担心别人不了解自己,要担心自己没有本事。

《卫灵公篇》载,"子曰:'君子病无能焉,不病人之不己知也。'"病,担忧。此章与上述不患章意思相同,只是前后句位置颠倒:君子担忧自己无能,不担忧别人不了解自己。

《里仁篇》载,"子曰:'……不患莫己知,求为可知也。'"莫,相当于不。为,使、让。可知,指别人能够知道。译成现代汉语是:不愁别人不了解自己,追求可使别人知道自己的学问、本领就是了。

《学而篇》载,"子曰:'不患人之不己知,患不知人也。'"不担忧别人不了解自己,担忧自己不了解别人。前一句与上述同,后一句稍异,说的是"知人""不知人",不过所患仍是自身的问题。

可见,孔子多次说过类似的话,主题是一个人与他人的关系,基本精神是"君子求诸己"(《卫灵公篇》),强调自己的内心觉悟和主观努力,担心自己的种种不足。这与前文"内省"相关联,只是更加具体。应该指出,"人之不己知"包括别人没有实事求是地了解自己,即别人误解自己,此时应该同样只是检讨自己的学问、能力,而无需辩解,更不必指责他人。

与上述四章相近,《学而篇》还有一句重要的话:"人不知而不愠,不亦君子乎?"愠,怒而未发。别人不了解自己,自己心中并未生出恼怒之意,不也是君子吗? 前四章患与不患、病与不病,是虚设前提下的内心思虑,而此句之不愠,是事实确定后的内心情绪。故杨树达先生按:"中有自得,故人不知而不愠,自足乎内者固无待于外也。然非德性坚定之人不能及此也。""不知而不愠,则为德性坚定之人矣。"

孔子之语显然透露其人生观、价值观的一个方面,即一个人的存在和价值首先建立在自我觉悟和主观努力之上,亦可说建立在自我的问心无愧之上。这种观念有其历史局限,但其道德性的积极意义却永远不会过时。特别是当今社会盛行功利主义,个人的成功和价值并不重视"自足乎内",而主要是"待于外",而且必须被他人承认,必须被领导赏识,必须被舆论赞许,走到"君子求诸己"反向的另一个极端。若稍不如愿,则怨天尤人、慨叹、悲叹、怒叹老天不公或怀才不遇云云,而不反观自己素质、学识、能力、经验之不足。故吸取孔子思想之营养,十分必要。

当今社会,可谓一大名利场,多数人都在钻营,都想出人头地,或争名,或夺利,或既争名又夺利,费力劳神,永无宁静。在熙熙攘攘之中或多或少保有"自在世界"的人,反倒成了异类。"自在世界"是一种高妙的精神境界,此处借用,只是说明区别于争名夺利的一种生活状态。人们身边尚可发现与之近似者,不过多被视作愚笨之人。实际上,有仁心、守本分而又自强不息、慎言勤行,绝非愚笨,充其量只是"如愚"(《为政篇》)。如愚而实不愚,正如"不患人之不己知""人不知而不愠"才是真有智慧一样。

"不逆诈"

子曰:"不逆诈,不亿不信,抑亦先觉者,是贤乎!"

逆——预先猜度。《易·说卦》曰"知来者逆",故有逆知一词。逆诈——其实不知他人诈还是不诈,而预先猜测他人诈。亿——通臆,预料、揣度。《先进篇》孔子说子贡"亿则屡中",做生意常猜中行情,大发其财。信——诚实,守信。亿不信——其实不知他人信还是不信,而预先估计他人不信。抑——表转折,犹然而。贤——杰出;《说文》曰:"贤,多才也。"

此章语言简要,有省略,其意如下:"不凭空猜测他人欺诈,不预先肯定他人不诚实、不守信;然而若有欺诈和不诚实、不守信,又能够预先察觉,这才是杰出呀!"

人在社会中,总要与他人交往。如何看待他人,处理好与他人的各种关系,是一门大学问。孔子以自己的经验和思考,给出了诸多答案,其中一条就是"不逆诈""不亿不信"。他人有诈或不诈、信或不信两种可能,孔子教导弟子们不要预先肯定坏的一面。这是什么样的胸怀和境界?毫无疑问,这是仁者之心。"圣人者,以己度者也。"(《荀子·非相》)圣人以自己与天道相通的认识,看待、测度天下苍生,与人为善是必然选择。

然而,世间毕竟不乏小人之鬼祟,诈而不信,孔子对此心知肚明。所以,他又告诉弟子们要有"先觉"的能力和准备。对世间的不良和龌龊,加以警惕、预防,要能见微知著,进行揭露和批判。如此,两方面都做到了,方可"是贤乎"。长期流传于民间的俗语"害人之心不可有,防人之心不可无",大概可以说是此章的变相通俗版本。不过,这个通俗版远非正宗,已经变味儿。

《大戴礼记·曾子立事》曰"君子不先人以恶,不疑人以不信",却未说"抑亦先觉",故只学到孔子思想的一半。历代儒生读孔子书,多数如此,只知其一,不知其二,严重缺乏孔子的辩证思想,直接的后果就是僵化、片面。"腐儒"的形象即由此产生。孔子思想尽管存在这样那样的局限和缺陷,但后来的门徒们大都太不争气,才是更严重的问题。

当今诚信极度缺失,"诈""不信"铺天盖地,这是实情。但是,几乎人人疑神疑鬼,"洪洞县里无好人",反应又委实过头!这里不探讨诚信缺失的缘由和重建诚信的步骤,只提一个具体问题。作为社会的一分子,在批评社会负面现象的同时,亦应反省一下自己,是否有"逆诈""亿不信"之失。仅以都市人常见的乞丐而论,多数人就存有偏见,以为乞丐不是骗子,就是好逸恶劳之徒。一位心理专家说,我们可以选择帮助还是不帮助,但是没有必要对眼前这个具体的行乞者进行随意判断,要知道,除非我们真的进行了调查,否则我们永远无法知道这个行乞者是真的有困难还是没有困难。这才是比较理性的见解!

事实上,社会中大量问题远比如何面对乞丐更加重要,需要分析和选择。许多人缺乏仁者之心,"逆诈""亿不信",总是预先判定他人之不良。也有一些人有爱心,有善心,"不逆诈""不亿不信",但又不能"抑亦先觉",甚至一再受骗,人生智慧严重不足,最终还是不贤。

"非敢为佞也"

> 微生亩谓孔子曰:"丘,何为是栖栖者与?无乃为佞乎?"孔子曰:"非敢为佞也,疾固也。"

微生亩——姓微生,名亩。古今学者一致认为他是一位隐士,年高德劭,故直呼孔子之名。

栖——禽鸟歇宿。栖栖,喻指奔波不定、忙碌不安。

"无乃……乎"——古汉语一常见句式,用反问形式委婉地表达肯定的看法,可译作"恐怕……吧"。

佞——多义,多数学者译此章之佞为"口才"或"能言善辩",恐不妥,宜作"才智"。

疾固——学者多认作如今之动宾词组,译为"讨厌(或担忧)世人顽固不化"。此译殊不类孔子语言。唯有南怀瑾先生认为,"疾固"是孔子在说自己,意为"自己的毛病太深了",或者"毛病大"(《论语别裁》)。这种理解把"疾固"看作如今之联合词组。疾有病义,固有陋义,本文同意南怀瑾先生意见。《辞源》《古汉语大词典》等权威辞书均无"疾固"词条,但有"固疾"一词,义为经久难愈的疾病,如《礼记·月令》"国多固疾"。联合词组演变为偏正词组。人们没有证据说《论语》记录者把"固疾"写成了"疾固",但难免有此种联想。

微生亩对孔子说:"孔丘,你怎么是一个奔波不定、忙碌不安的人呢?恐怕为了显摆才智吧?"孔子说:"不敢显摆才智,奔波忙碌是我的老毛病了。"

此章可从两方面解读。首先,隐士不理解或不同意孔子执意改造无道社会。微生亩依仗老资格,更不客气,直呼孔子之名不说,还挖苦孔子卖弄、炫耀,尽管语气还算委婉。从中可以看出,隐士与孔子在人生观、价值观方面的不同。

其次,孔子面对隐士的质问、讽刺,甚至斥责,从不正颜厉色地反驳。这缘于孔子对隐士人格的尊重,如前文所示称隐士为"贤者",以及孔子仁慈、宽宏、包容的心胸。陈寅恪先生"同情的理解",两千五百年前孔子早已做到。具体到对微生亩,孔子以谦虚的态度进行自嘲,让微生亩再无话可说。谁都明白,孔子的自嘲,是对自己的肯定,而不是否定,表达出"栖栖"改不了的坚定。唯有智者,才会幽默。幽默是一种软实力,形式轻松,内蕴深刻。

"骥不称其力"

孔子多才多艺,故深知才、艺之重要。一部《论语》,多处谈及"才""艺""能""力"。然而,重要归重要,全面而非孤立地分析问题,却不能不知其背后更为重要的东西。

> 子曰:"骥不称其力,称其德也。"

骥——古之良马、千里马,后世亦喻俊才。称——解作称量、称许、称谓似乎都通,不过窃以为还是作衡量解为佳。孔子说,所谓良马,不是看它的能力,是看它的品德。理解这句话有三个层次:其一,孔子表面谈马,实际讲人;其二,孔子不是贬"力"褒"德",而是说两者的关系;其三,孔子在告诉弟子们一种思想观念和思想方法。何谓马之德?马亦有品性,经过调教的良马,认主,识途,知时,权变,与主人相通,与主人和谐。桀骜不驯的野马,尽管能长久快速奔驰,但无益于人,在人看来只是无德之才,仍属驽马。

讲德与才的关系,孔子还有一句更直截了当的话。"子曰:'如有周公之才之美,使骄且吝,其余不足观也已。'"周公,姓姬名旦,周文王之子,周武王之弟,品德高尚,才具又美,助武王灭商,周成王时摄政,平祸乱,兴礼乐,功莫大焉,为中国历史上少见之圣人。孔子说,若有人具备像周公那样的美才,只要他骄傲与吝啬,那些才也就不值得赏识了。骄,指骄其才,恃才傲物凌人,不知己有所短,不知人有所长。吝,指吝其才,据才为己谋私,不肯服务于他人,不肯服务于社会。仅才而言,是美才,不过终究是无德之才或寡德之才。在孔子心目中,人之根本在于厚德。

自然,德才兼备为最佳。马如此,人亦然。

据说,当今是市场经济时代、知识经济时代、信息经济时代,以速度、效率、利益为要务,比以往任何时候都重视"精英"。而愚以为如果只讲才不讲德,偏差会很严重,亟需重温孔子的思想。若不信,请以下面一类人为例略作剖析:那些垮台的省长、部长、局长、处长、县长……均非等闲之辈,多数就是精英,平庸者绝难升迁,然身居要职而祸国殃民,原因何在?拟一句古文:彼非缺才也,乃缺德也!

"以直报怨"

或曰:"以德报怨,何如?"子曰:"何以报德? 以直报怨,以德报德。"

或——代词,有人。德——恩惠。报——回应、报答、报复。怨——怨气、怨恨、怨仇。

"以德报怨"是当时新提出来的一种说法,而孔子从逻辑关系上提出质问:对怨报之以德,那么对德又拿什么来回报呢? 孔子为什么不大同意"以德报怨",后世学者作出了几种分析。一是若以德报怨,那人们都要行怨以求德报,所以这是"取怨之道"。二是对怨以德报,对德亦以德报,二者未能各得其所,"不得其平也",不公平。三是以德报怨许多人做不到,而又强为之,那么这是"教人使为伪"。这些分析未必就是孔子所思,但对理解孔子的话不无帮助。

其实,孔子在另一处的言语更清楚地说明了他不同意"以德报怨"的理由。《公冶长篇》载:"子曰:'……匿怨而友其人,左丘明耻之,丘亦耻之。'"孔子说,把怨恨藏在心里,表面上却同造成怨恨的人友好,这种表现左丘明认为可耻,我也认为可耻。很明显,"匿怨而友其人"不直率,不真实,虚伪,矫情,而孔子最讨厌虚伪、矫情之人,如他大骂"乡原"为贼。

因此,"以直报怨"便好理解了,即发自本心的回应,心口如一,言行如一,不做作,不哗众。不过,拙文已经分析,"直"有两个层次,所以"报怨"也有两个层次。其一,出于本能,出于性格,出于情感,对怨施以回应乃至报复。这个层次的报怨在价值判断上会呈现极复杂的局面。其二,出于思想觉悟,出于道德品质,核心根据是正义原则,对怨施以回应乃至报复。朱熹注"于其所怨者,爱憎取舍,一以至公而无私,所谓直也",即指后者而言。正因为这种高层次的直,才避免了怨怨相报。清代学者吴嘉宾说:"以直报怨,凡直之道非一,视吾心何如耳。吾心不能忘怨,报之直也。既报,则可以忘矣。苟能忘怨而不报之,亦直也。""直之道非一",值得人们认真琢磨。

接下来还有一个重要问题,孔子本人没谈,历代学者亦未谈,而不谈此问题,"以直报怨"就无法深谈。这个问题就是怨的性质问题、程度问题、范围问题。怨有大怨与小怨、公怨与私怨、原则性之怨与非原则性之怨、现实之怨与历史之怨等等诸多区分,不可概而化之。"直"是主观的态度、立场、行为,自然应该根据客观的"怨"的性质、程度、范围来决定报还是不报、怎么报、报多少等等。

长期以来,人们认为"以德报怨"是孔子的思想,这是个不小的误会。老子倒是主张"大小多少,报怨以德",意思是无论怨恨、怨仇大小多少,都要用恩德去回应。《圣经》教义"右脸被打,送上左脸",也与孔子大不同。李泽厚先生认为,"以直报怨""是实用理性的充分表现",即"理性渗入情感中,情感以理性为原则"。

现代社会是更紧密更规范的社会,与两千多年前相差很大,人际关系的处理有了更多社会力量的参与和制约,所以个人的"以直报怨"被打了不少折扣。

"公伯寮其如命何"

公伯寮愬子路于季孙。子服景伯以告,曰:"夫子固有惑志于公伯寮,吾力犹能肆诸市朝。"子曰:"道之将行也与,命也;道之将废也与,命也。公伯寮其如命何?"

公伯寮——《史记·仲尼弟子列传》作"公伯缭",公伯氏,名寮,字子周,鲁国人,曾任季孙氏家臣。古代有学者认为他不是孔门弟子。子服景伯,子服氏,名何,字伯,景是谥号,鲁国大夫。夫子,指季孙。

愬——诉的异体字,进谗言。惑志——朱熹曰"言其有疑于寮之言也"(《论语集注》),故《古汉语大词典》释作"疑心"。钱穆先生说是"有惑志断",即受迷惑而是非不明之义。两者意思不尽相同,本文取后者。肆——古时处死刑后陈尸。市朝,泛指集市。道——此处应指正确的治国之道,即尧、舜、禹、文王、周公的治国理念、制度、策略、途径。也与——语气词连用,重点在后者,相当于"呢",口气婉曲。如命何——能把天命怎么样。

公伯寮在季孙面前诬告子路。子服景伯把这事告诉了孔子,说:"季孙固然已被公伯寮迷惑而是非不明,可我的力量还能杀掉公伯寮,把他的尸首陈列在街头示众。"孔子说:"正确的治国之道能实行呢,是天命;正确的治国之道被废弃呢,也是天命。公伯寮他能把天命怎么样?"

古代学者或肯定或怀疑"吾力犹能肆诸市朝"的可能性,而大加分析;亦有人揣测子服景伯是季孙同伙,被派来刺探孔子。其实,对今之一般读者来说,这些都不重要。重要的是孔子如何回答子服景伯,以及答语的深刻含义。

孔子高屋建瓴,没有简单地就事论事。尤其是面对不清楚原委的问题,避免作主观的具体回答。孔子以对鲁国、对天下形势的认识为基础,宏观地阐发了一个根本道理:天下大势由天命而定。最后,才既发问又慨叹地说,公伯寮在天命面前是无能为力的。可以想见,子服景伯首先会惊讶、茫然,紧接着会思索孔子到底是什么意思。子服景伯最终会明白,在孔子眼里,公伯寮这类小人的伎俩无碍于大势,由他去吧。

对今之读者而言,此章之重点,是孔子关于命的说法。道之行废,国之兴衰,由天命所决定,也就是由客观存在的必然性所决定。这种必然性是古人心中的合理性、合法性,通过圣人来体现,"唯天为大,唯尧则之"(《泰伯篇》)。文王、武王、周公灭殷兴周,创立封建制度和礼乐文化,国强而民富,这是禀承天命,因而得到上天的眷顾和表彰。而春秋诸君你争我夺,造成天下大乱,民不聊生,则是对天命的违背,因而受到上天的唾弃和惩罚。一方面承认客观必然性,一方面看到以君主为首的执政者的主观作用,并将两者有机结合起来,这是儒家历史观中值得肯定的部分。

读此章,立即想起"天生德于予,桓魋其如予何"(《述而篇》)。据《史记·孔子世家》载,孔子由曹到宋,与弟子们在大树下习礼;宋国司马桓魋欲杀孔子,命人砍树,孔子离去,弟子说快点走,孔子说上天给了我符合天道的德行,桓魋能把我怎么样?孔子的镇定,缘于心中强大的使命感和自信力。"文王既没,文不在兹乎?……天之未丧斯文也,匡人其如予何?"(《子罕篇》)上天赋予孔子传承文化的重任,谁都不能阻拦,桓魋、匡人又算什么?

"命也"

孔子好几次说到"命",最有代表性的应是《宪问篇》的"道之将行也与,命也;道之将废也与,命也。公伯寮其如命何"。孔子同时还讲"天命","天命"与"命"在语义上没有本质的不同,或许在语境、语气上有所差别。

不要说公伯寮,就是他的老师孔子,以及其他任何一个人,都不能控制"命"。此"命"显然是指外在的无法遏止的社会潮流和大势。孔子所说的"命"还包括国家之命、家族之命、个人之命等等,这些具体的"命"与天下大势紧密相关,却又不尽相同。这说明国家、家族、个人各自的遭遇有差异,各自的实力、资质和行为有差异。只不过孔子没有从理论上说明什么是"命"罢了。

现代人对"命"的阐述较为明晰。多数人认可的说法是,"命"首先是外在必然或说客观规律,其次是同样外在的无数偶然,包括种种机遇;另一方面,主观内容亦构成"命"的要素,这是指人的资质、能力以及努力程度。

自然,亦有不同看法。有一种观点认为"命"是纯客观的,不承认人的主观因素。相信此说者人数众多。显然,这是宿命论。还有一种观点认为"命"是不可预测的偶然,同时肯定人的能动作用,但拒绝承认必然和规律。一位颇有影响的学者将几年前的《论语今读》稍加校正,交由三联书店今年推出,该书就一而再、再而三地强调"命"非必然,只是偶然。笔者左思右想,实在不能赞同这位前辈的观点。以下试举一例,再作些分析。

从新中国成立到"文革"结束的近三十年中,出身于地主、资本家、旧政府官员家庭的人,甚至出身于中农、小业主、知识分子家庭的人,(多少人?千万以上吧?)其命运与工农兵子弟截然不同。造成不同的根本原因是当时执行"有成分论"的政策。这种政策对于"出身不好"的群体的命运,起着客观的、必然的决定作用。怎么能说"命"非必然呢?

当然,倘若把那数以千万计的人的命运放到几千年历史长河中,放到几十亿人类范围内,可以说不过是一种偶然。但是,这只能说明必然与偶然的时空性质,及其在一定条件下的相互转化,而不能说明必然的不存在。如果由于个人命运的微小,其必然性不易显现的话,那么人类命运的必然性则是一目了然的。如地球受太阳系运动规律的制约,尤其受太阳、月亮两大星球的巨大影响,再如石油、天然气等天然能源以及矿物等生活和生产资源的不可再生,都是人类命运所面临的必然性。

事实上,必然从来不是自己整体跳出来,它总是化作具体现象,以偶然的面目示人;而看似偶然的现象,一般可分析出某些必然的因素。当然,并非所有偶然均能清晰地反映必然,人永远不会万知万能,总有认识上的和行为上的局限与困境。这恰恰说明"命"的复杂性。必然与偶然是哲学上的重要范畴,本文不可能作更多议论。

上述那位前辈学者的用意是好的,反复强调偶然,提醒人们不要被必然所吓倒,从而跳出宿命论的泥坑,但是只承认偶然不承认必然,却又滑进了机会主义的泥坑。如此亦哀哉!

"贤者辟世"

子曰:"贤者辟世,其次辟地,其次辟色,其次辟言。"
子曰:"作者七人矣。"

辟——同避。世——人间、社会。地——指乱国或是非之地。色——指当权者脸色。言——指当权者言语。作——同做。七人——具体是谁自古以来说法不一,其实不必较真,对今之一般读者并不重要。

孔子说:"有道德的人躲避污浊的社会而隐居,其次的躲避是非之地到别处去,再其次的躲避当权者难看的脸色,又其次的躲避当权者难听的言语。"孔子说:"这样做的人有七位了。"

此章之"贤者",本意指隐士。他们处理难题的方式,被孔子划分为四个层次。这种划分,是带有理论性的总结,一直被读书人所借鉴。

拙文过去提到过伯夷、叔齐的故事,兄弟俩谦让权力,离开孤竹国,想到西伯(周文王)治下养老,就是"辟地"。避地之说可与《泰伯篇》"危邦不入,乱邦不居"相参照。没想到西伯已死,武王未及葬父即兴兵伐纣。伯夷、叔齐对武王"不孝""不仁"和"以暴易暴"大失所望(《史记·伯夷列传》),于是远离人间烟火,到首阳山隐居,彻底"辟世"。避世之说可与《泰伯篇》"天下有道则见,无道则隐"相参照。

何谓"辟色",此举一例。卫灵公问孔子军阵行列之法,孔子说自己只知道祭祀之事,没学过军旅之事。第二天,卫灵公又与孔子谈话,"见蜚鴈,仰视之,色不在孔子。孔子遂行,复如陈。"(《史记·孔子世家》)蜚鴈即飞雁。孔子察言观色,一下子看透了卫灵公的心思,于是离开。

"辟言"更好理解。《微子篇》载,齐景公谈到对年轻孔子的待遇时说:像鲁君对季氏那样,我做不到,给你的待遇可以低于季氏而高于孟氏。不久,齐景公又说:我老了,不能任用了。孔子听话听音,离开齐国,返回鲁国。

显然,孔子对隐士颇为尊重。如称其为"贤者",如赞伯夷、叔齐"求仁而得仁"(《述而篇》)。孔子尊重隐士什么呢?人格和道德。隐士面对权力纷争或混乱社会,不肯同流合污,不愿苟延残喘,因而"辟言""辟色""辟地""辟世",去过自由独立的生活。

尧舜时之许由,夏代之卞随、务光,殷末商初之伯夷、叔齐,以及《论语》中所载诸多隐士,形成历史上的一个重要现象。至老子、庄子和后来黄老学派,则集大成,为道家,地位日显,对中华文化产生巨大影响。

以上解读所引例句、事实,并未局限于隐士,事实上"四避"是任何"贤者"都会做的。尽管孔子是"知其不可而为之者"(《宪问篇》),身体力行,奔走呼号,力图改变无道社会,可综观他的一生,亦有很多不同内容、不同程度的躲避、远离,只不过他始终没有"辟世"。

"知其不可而为之"

> 子路宿于石门。晨门曰:"奚自?"子路曰:"自孔氏。"曰:"是知其不可而为之者与?"

石门——鲁国都城的一座外城门。晨门——早晨打开城门的守门人。奚——疑问代词,代处所,译作哪里。奚自——宾语前置,语义是自奚,从哪里来。氏——为古代贵族标志宗族系统的称号,是姓的支系,用以区别子孙之所由出生。孔氏——孔子先祖为宋国贵族,第六代祖先孔父嘉自成一系,迁鲁,始立孔氏家族。至孔子父亲叔梁纥,已失去世袭贵族地位,成为一名武士。子路称"孔氏",是一种尊称。其——有学者认为不是代词,而是表极端程度的副词,相当于"甚""极"。

子路回都城,天色已晚,城门已闭,于是睡在城门洞。第二天一大早,守门人打开城门,发现子路,十分惊讶,问道:"你从哪里来?"子路回答说:"来自孔家。"守门人说:"就是那个明知根本做不到而坚决要去做的人吗?"

从守门人话中推测,此事应发生在孔子生命后期,但具体时间、原由则无法考实。这并不重要,重要的是守门人对孔子的评价。"知其不可而为之者",是一句警遒的总评,决非寻常之人可以作出。这位守门人,不仅了解孔子,而且了解鲁国及周围诸国的形势。可以断定,位卑的守门小吏竟是一位耳聪目明的"隐者"!他对社会、人生的看法明显与孔子不同,评论孔子时语带讥讽,是另一派的思想。下一章的"荷蒉者"、《微子篇》的"楚狂接舆""长沮""桀溺""荷蓧丈人"等,都与"晨门"为同一类人。可见当时隐者为数不少。他们看到天下浑浊不堪,因而以不同方式远离或逃避现实政治,或隐于山野,或隐于市朝,追求个体生命的自由,特别是"心"的超脱。

"知其不可而为之"具有特定内容,指社会无道,明知改变不了,却偏要去改变。正是这句"知其不可而为之",让子路等孔门弟子,以及后世儒家,从另一角度深刻理解了先师。想必子路会将此语如实转告,而孔子大约会沉思片刻,缓缓道出:"然哉!然哉!"如同郑人贬孔子为"累累若丧家之狗"时的反应一样(《史记·孔子世家》)。

拙文《"命矣夫"》已述,孔子固然认命、畏命、安命,但他同时又知命、乐命、抗命。"知其不可而为之"就是"不受命"(《先进篇》),不接受命运的安排,发挥主观能动性,去做自己认为应该做的事。春秋后期,君主无道,社会动荡,战乱频仍,民不聊生,胸怀天下的孔子身体力行,奔走呼号,始终高举"仁道"的火炬。孔子知道,自己的火炬不过是暗夜中的微光,并且难以短时间就成为照亮天下的明灯,但作为身负天命的有志之士,不能不挺身而出,尽一己之力。

倘只能以一言概括孔子,或许"知其不可而为之者"最为确切。

伟哉!知其不可而为之者孔子!

"子击磬于卫"

子击磬于卫。有荷蒉而过孔氏之门者,曰:"有心哉,击磬乎!"既而曰:"鄙哉,硁硁乎!莫己知也,斯己而已矣。深则厉,浅则揭。"子曰:"果哉?末之难矣。"

磬——古代打击乐器,玉制或石制,状若曲尺。荷——负荷。蒉——草筐。既而——不久,一会儿。鄙——多义,取庸俗又固执义。硁硁——音坑坑,击石声,其声单调、生硬;形容词词尾"乎"相当于"……的样子"。己知——宾语前置,即知己。斯——是;斯己义为肯定自己。深则厉、浅则揭——《诗经·邶风·匏有苦叶》中的两句,解释不一,本文采纳"水深就脱衣渡过,水浅就撩衣趟过"。果——学者均解作形容词果敢、坚决,愚以为作副词果然、果真,也许更妥当。末——无,没有。

孔子在卫国,有一天正在敲磬。一个挑筐的人从孔子门前走过,说道:"有心思啊,才敲磬的呀!"一会儿又说:"真庸俗、真固执啊,一派单调、生硬的硁硁声!埋怨没人了解自己,其实是认为自己正确罢了。《诗》中说:'水深就脱衣渡过,水浅就撩衣趟过。'"孔子听弟子汇报后说道:"果真这样吗?那当然就没有什么困难了。"

"斯己而已矣""果哉?末之难矣"两句,均有不同解释。考虑到本文篇幅,这里不作辨析。

据《高士传》载,荷蒉者是卫国人,隐士。《论语》全书中,几处记载隐士讥讽孔子,其中以荷蒉者最为苛酷。按说,磬非琴,不易表达敲击者的情感和心思。所以,极有可能是荷蒉者知道孔子及其住处,路过听见磬声而借题发挥,故意为之。荷蒉者挖苦孔子之后,引用古诗表明自己的主张。水深,有水深的过河办法;水浅,有水浅的过河办法。要顺应自然条件,不可固执己见,冥顽不化。荷蒉者实际上隐喻孔子不辨时务,不知深浅,不能采取不同的处世方式,而是一条道走到黑,一味地按照自己设定的目标前进。

荷蒉者对孔子的认识,与前文"晨门"对孔子的认识"是知其不可而为之者",是完全一致的。

孔子自然不会同意荷蒉者的意见,倒不是因为荷蒉者讽刺、乃至斥责了自己,而是因为自己对社会、人生的看法与荷蒉者不同。按今之说法,孔子与隐士在世界观、人生观、价值观上存在着巨大差异。不过,孔子没有气恼。六十多岁的孔子已经"耳顺"(《为政篇》),面对轻蔑言语,仍旧心平气和。非但如此,孔子甚至没有解释。孔子举重若轻,只是轻描浅写地对身旁的弟子说了一句:如果真像诗句说的那样,问题倒简单了。孔子话中有话:"道不同,不相为谋。"(《卫灵公篇》)可惜那不是我要走的路。让人听后必须思索的话语,更为深刻,也更有力量。

孔子坚毅!同时,宽宏,豁达,淡定,大度!令人感佩不已。

"修己以敬"

子路问君子。子曰:"修己以敬。"曰:"如斯而已乎?"曰:"修己以安人。"曰:"如斯而已乎?"曰:"修己以安百姓。修己以安百姓,尧舜其犹病诸!"

君子——据文义并非泛指,而是说在位且有道德、有成就的人。修己——修养、修炼自己的身心。安人——有两解:多数认为是"使人安";二是看作动宾词组,安抚、安顿、安定他人;皆可通。人——据文义是狭指,自己的亲人、朋友、邻居等。病——动词,担忧、患苦,怕不够、不足。

子路问在位的君子应该怎样。孔子说:"要以敬为中心修养自己。"子路说:"像这样就行了吗?"孔子说:"要以让周围的人安乐为目标来修养自己。"子路又问:"像这样就行了吗?"孔子说:"要以让天下百姓安定为志向来修养自己。使百姓安定,尧和舜也还担心做不好呢!"

十分明显,孔子认为一个在位的君子必须修养自己,分为三个步骤,达到三个目标。

第一步骤,对君子自身而言,牢固树立敬之心。敬,恭敬,尊敬,敬重,敬畏,是以爱为基础的一种高尚情感。同时,敬不仅是情感,而是升华了本能的爱,有了思考、分析、判断,掺入了人生观、价值观因素,进入到理性范畴。"今之孝者,是谓能养。至于犬马皆能有养,不敬,何以别乎?"(《为政篇》)对犬马有爱无敬,对人则有爱有敬。敬,是人类文明的突出标志之一,是人伦秩序的一大要素。

第二步骤,有了敬之心,君子首先就要"安人",正确处理与自己周围人的关系。先是"亲亲",爱自己的亲人、亲属。其次是"尊尊",尊敬辈分高、地位高、道德高、成就高的人。推而广之,尊重朋友、邻居、同事等。君子有责任怀着敬意,安顿、安抚周围的人,创造和谐、和睦的氛围,使大家都能安康、安乐。对一个有道德、有理想的社会人来说,这是"修己"落实的具体目标。

第三步骤,"安百姓",这是更广、更大、更高的志向。贩夫走卒可以没有这种志向,但在位的领导者、负责人,则必须牢牢树立这种宏伟理想,并为之努力付出。其前提还是"修己"。身居高位而不"修己",在权、钱、色的诱惑面前,没有不深陷其中的。孔子所说之敬,于今尤显重要,乃因其普遍缺乏。少不敬长,长不敬少,下不敬上,上不敬下,平辈、平级之间亦无敬重。讲慈,讲孝,讲爱,应该,但远远不够。少敬、无敬之爱,尚未完全超脱兽性,在利益冲突面前极易转化,为怨,为恨,为仇。此类痛心现象,早已屡见不鲜矣!

"长而无述"

> 原壤夷俟。子曰:"幼而不孙弟,长而无述焉,老而不死,是为贼。"以杖叩其胫。

原壤——鲁国人,孔子旧交。据《礼记·檀弓下》载,原壤的母亲去世了,孔子帮他整治棺木。原壤敲着棺材说,我很久没用歌声来表达自己了。接着唱起来,词曰棺材的纹理像狸猫头上的花纹一样漂亮云云。孔子装着没听懂的样子走开了。随从说,您还不该与他绝交吗?孔子回答,我听过这样的话:亲人总归是亲人,老友总归是老友。从这个故事可见,原壤是一个不拘周礼、玩世不恭的人。

夷俟——学者考证十分繁琐,此不赘,取放肆地叉开双腿而坐之意。古人两膝着地而坐于足跟,与跪相似;伸开双腿坐而见客,不合礼仪,为不敬。孙——逊,谦逊;弟,悌,恭敬地对待兄长。"幼而不孙弟"是说原壤小时候狂傲,对年长者无礼。述——称述。"长而无述焉"是说原壤成人后以及壮年时对晚辈未尽开导、教育之责。贼——专指老年原壤,意为无德、失职而又败坏礼法。孔子面对原壤说"老而不死,是为贼",应该不是叱骂,而是笑骂,带有戏谑成分。不少学者理解为怒斥,未必妥当。叩——轻敲。胫——小腿。

本章主旨在于:人生的三个阶段各有其责,人们应以原壤为戒。至于有学者认为主要是表现孔子疾恶如仇,那是只见其表,而未入其里。对"长而无述焉",一般理解为长大成人后无所称述,一无成就。这不能算错,但不够细致、深入。唯独钱穆先生写道:"既长,当有所称述以教导后进。"所以将此句译为:"年长了,又一无称述来教导后辈。"愚以为,联系其他典籍的相关记载,仔细揣摩孔子语意,钱穆先生的理解才是贴切的。

人到成年,特别是做了父亲以后,第一要务就是教育后辈健康成长,这是"父父"(《颜渊篇》)语中应有之义。孔子的相关言论在《孔子家语》中记载较多,如《三恕》篇的"老思其死则务教"(年纪大了考虑到死后问题就要致力于教导儿孙);"老而无以教,吾耻之"(年纪大了还没怎么教育自己的儿孙,我以这种人为羞耻)。

孔子对自己的儿子伯鱼(名鲤)就尽到了一个父亲的教导之责。如《孔子家语·致思》载,孔子对伯鱼说:"鲤乎,吾闻可以与人终日不倦者,其惟学焉。"接着讲了大段道理,指出学习的必要和成效,最后说"故君子不可以不学"。《季氏篇》"陈亢问于伯鱼",《阳货篇》"子谓伯鱼",都记载了孔子教导伯鱼学诗、学礼的事情。

父母对儿女,长辈对晚辈,光有慈爱是远远不够的,而必须加以教导。大致算来,似乎包括四个方面:首先是良好生活习惯的培养。其次是高尚品德的培养,让儿女从小就要善良、诚实、勤俭、勇敢等等。再次,帮助儿女开阔眼界和胸襟,学会面对挫折和克服困难,树立正确的志向。最后则是尽可能地帮助儿女增长知识和技能。如此,方为"长而有述"。

"阙党童子将命"

> 阙党童子将命。或问之曰："益者与？"子曰："吾见其居于位也，见其与先生并行也。非求益者也，欲速成者也。"

党——基层行政单位，辖五百户。阙党——地名，《荀子·儒效》说"仲尼居于阙党"。

男子二十岁加冠，以示成年，加冠前皆可称童子。《释名·释长幼》则明确说"十五曰童"。从此章内容看，合理的推测是该童子年龄不会太小，起码有十五六岁。

将——奉，秉承；将命——奉命、传命。传命少年定是聪明伶俐，腿脚勤快，被阙党负责人"党正"看中，成为一名办事员。

益者与——明显的省略句，解释不尽一致。益，动词，获益。句意为：他能从传命中获益吗？鉴于十五六岁少年正处于学习阶段，故获益的内含应包括学业、品德都取得进步。

阙党的一个少年经常为党正传信。有人问孔子："这个少年能从传信这类工作中取得进步吗？"孔子说："我看见他坐在大人的座位上，又看见他与长辈并肩而行。他不是一个追求学问的人，只是一个急于出人头地的人。"

孔子没有直说传信这件事，而是评论少年平时行为的无礼，从而作出了否定的判断。按当时礼仪，"凡父母在，子虽老不坐。"

(《礼记·内则》)何况少年？任何场合,只要有长辈在,未成年人都只能站着。有时有座,也是在边远席子上。"童子隅坐,无有列位。"(《论语集释》)走路也有规矩,"父之齿随行,兄之齿雁行。"(《礼记·王制》)与父辈走路要跟在后面,与兄长走路可大体并行,仍是或左或右稍后一步。可是,阙党童子不讲长幼、尊卑,大模大样地与长辈同坐、并行,何其无礼！

民间有"三岁看八岁,八岁看八十岁"之说,意思是看一个人小时怎么样,就可知其成人后如何。其说虽不尽然,但并非没有道理。一个孩子德、智、体均未打好基础,而能融入复杂的社会并有所成就,难矣。其中,如何做人是核心问题,包括"学礼""知礼"。这是此章给后人的主要启示。

孔子虽有明确的等级思想,但他抛弃了"礼不下庶人"(《礼记·曲礼上》)的观念,倡导全民皆礼。例如,"孔子初仕,为中都宰,制为养生送死之节：长幼异食,强弱异任,男女别涂,路无拾遗,器不雕伪,为四寸之棺、五寸之椁,因丘陵为坟,不封不树。"(《孔子家语·相鲁》)中都全体民众都要遵守这"养生送死"的礼制、礼节,概莫能外。下层民众也要"学礼""知礼",共同营造一个和谐的社会环境。

《礼记·经解》载：孔子曰："入其国,其教可知也。其为人也……恭俭庄敬,《礼》教也……"到一个邦国或一个地方,那里的人们为人处事恭俭庄敬,就可以肯定那里的"礼教"推行得好。由此可见,孔子主张普遍的"礼教"。

其次,从此章孔子语中可知,他主张人的成长、进步要踏踏实实,循序渐进,不可急于求成。同时,父母、师长亦不可拔苗助长。否则,"欲速则不达"(《子路篇》),反倒会走向主观愿望的反面。

卫灵公篇

"君子固穷"

在陈绝粮,从者病,莫能兴。子路愠见曰:"君子亦有穷乎?"子曰:"君子固穷,小人穷斯滥矣。"

从者——跟随的人,指跟随孔子周游列国的弟子。病——因饥饿产生的疲弱,包括生病。兴——兴起,站起,包括精神振奋。愠——心中恼怒,怨恨。斯——同则、就。滥——泛滥,没有规矩,喻指放肆而无所不为。

固穷——从古至今共有三种理解。一、固是连词固然,承认君子有穷困之时,引起下文转折议论小人。二、固是动词坚定,引申为安守,说君子安守穷困,似今之动宾词组。三、固是形容词坚定,本该放在穷字之后,即"穷固",起类似补语的作用,意为穷困面前依旧坚定。本文系纳第三种意见。补充说明,"穷固"和"穷滥"正好相对。

孔子周游列国,在陈国断了粮食,跟随的弟子们饿得有气无力,愁眉不展。子路面带怒气去见老师,说:"君子也有受困到没有办法的时候吗?"孔子说:"君子穷困时依旧信念坚定,小人穷困时就如同河水泛滥,放肆而无所不为了。"

孔子承认"贫与贱是人之所恶也"(《里仁篇》),亦洞察"贫而无怨难"(《宪问篇》),但君子是有理想、有追求、有道德的人,故"忧道不忧贫"(《卫灵公篇》),尤其是"贫而乐"(《学而篇》)。孔子之所以特别赞赏颜渊,重要原因就是颜渊"一箪食,一瓢饮,在陋巷,人不堪其忧,回也不改其乐"(《雍也篇》)。

战国末期的荀子借孔子之口说:"君子之学,非为通(本文注:显达、显赫)也;为穷而不困,忧而意不衰也,知祸福终始而心不惑也。"(《荀子·宥坐》)"君子固穷"之意,大抵如此。荀子寄托自己的观点,说明在这一点上他与孔子心相通。

子路为何有怨气?盖因他想不通君子竟然有道穷之时,更想不通如老师之道亦有穷时,心有所困,意有所衰,不知祸福终始之难测,总之是有大惑。修养不到家,又心直口快,故子路憋不住一肚子闷气,找老师发牢骚。这里,不能说子路生老师的气。

孔子深知子路,见他不经意间提出了一个带有原则性的大问题,不得不正式点拨他。孔子的意思是,穷困是人生的一大考验,君子和小人的表现截然不同。读者应该明白,孔子在此没有直接批评子路。

"君子亦有穷",这是普遍现象。"君子固穷",这是哲人教诲。在金钱至上的物质社会里,其标识特别醒目,其意义格外重大。仔细琢磨,深入体会,内在修为必大有收获。

"无为而治"

子曰:"无为而治者,其舜也与?夫何为哉?恭己正南面而已矣。"

无为而治——字面义是不作为而使天下得到治理;文中无为应指不干预具体政务。《大戴礼·主言》曰:"昔者舜左禹而又(右)皋陶,不下席而天下治。"舜,姚姓,有虞氏,史称虞舜;父系氏族社会后期,部落联盟领袖尧死后,虞舜继位。恭己——以恭敬、严肃的态度约束自己。正——动词,正对着之义。南面——古代统治者的位置坐北朝南。

孔子说:"不干预具体政务而使天下大治的人,他就是虞舜吧?他做了什么呢?恭敬、严肃地约束自己,处在他的领导地位罢了。"

此章最引人注意的是"无为而治"。众所周知,老子是主张无为而治的,而作为传世典籍,《道德经》后出,故人们最早见到的"无为而治",属于孔子。这个提法,是对虞舜领导思想及领导方法的概括,强调的是统治者先要"恭己",接着"无为"。孔子由此建立自己的"德政"思想,提出:"为政以德,譬如北辰,居其所而众星共之。"(《为政篇》)最高统治者以高尚的道德治国、治天下,自己做出表率,臣民像众星环绕在北极星周围一样。这也正是:"政者,正也。子帅以正,孰敢不正?"(《颜渊篇》)"无为"已如上述。孔子并没有"无所作为"的意思,而是要说"有所不为",是说统治者要正确认识、妥善处理自己的职位、职权问题,做自己该做的,不干预手下人该做的。今人所云"有所为,有所不为",应是孔子"无为"的确解。以此作为指导思想,说容易,做很难,故实践中什么该做什么不该做,颇费决策者心思,常常需要纠偏。几十年的现实情况是,"有所为"过多,"有所不为"太少。

老子说"上德无为",又说"夫天下神器也,非可为者也",又说"是以圣人之治也,虚其心,实其腹,弱其志,强其骨。恒使民无知无欲也,使夫知不敢、弗为而已,则无不治矣"……其实,无为的观念散布于《道德经》全书。无为是老子的核心思想之一,本质就是"人法地,地法天,天法道,道法自然"。"自然",不是今人所说客观自然界,而是指不加强制力量的顺任自然的状态。"自然"是"道"的本来面目,是一切的本来面目。老子主张顺应、效法"自然",反对所有改变"自然"的行为。而"为",恰恰就是企图干涉和改变。

老子的无为与孔子的无为当然不同。老子思想高妙、玄远,对治理现实社会有一定的理论指导和借鉴意义。但是,中国两千余年的历史实践,大多数统治者起码口头上是按孔子思想去做的;尽管实践同样证明,照搬孔子是行不通的,孔子思想亦有严重不足和弊端。

孔子的"无为"思想,对好学而深思者来说还有其他意义。牟宗三先生说:"人是有限的存在","他是在限制中表现"。(《中国哲学十九讲·中国哲学之特殊性问题》)人们应该明白,这是颠扑不破的真理。所以,人生在世,必然有能为,有不能为。不为所为,弃责,枉做世人。为所不为,逾矩,定有大害。关键是自觉,真正领悟到自己的能量与局限,作出恰如其分的选择。

"直哉史鱼"

子曰:"直哉史鱼! 邦有道,如矢;邦无道,如矢。"

孔子盛赞卫国大夫史鱼,无论是政治清明、社会安定还是政治昏暗、社会动乱,他的言行都很正直、刚直,像射出去的箭一样。

《孔子家语》《韩诗外传》等书均记载了史鱼的一个故事。史鱼病危时对儿子说:我曾屡次举荐蘧伯玉贤能,但终未使他任职;我曾屡次谏言弥子瑕不肖,但终未使他下台;作为朝臣,未能使国君正确用人,是我的失职,所以死后不能享受常礼,不要把我停在正堂,就把我放在内室吧。史鱼死后,他的儿子照办了。卫灵公前往吊唁,见正堂无柩,很奇怪,史鱼之子如实相告。卫灵公十分感慨,认为自己有错,便命令把史鱼灵柩移入正堂。接着,起用蘧伯玉,贬退弥子瑕。这就是史鱼"生以身谏,死以尸谏"的故事。孔子听说后赞叹:"古之谏者,死则已矣,未有若史鱼死而尸谏,忠感其君者也,可不谓直乎!"

十分明显,孔子所赞史鱼之直,是对待国家大事的正直。其中,包含坚持正义以及忠、诚、严己、无私等意思在内。另外,不难看到史鱼之直还包含着倔犟,即为达到目标的执著和顽强。

孔子还曾盛赞晋国上大夫叔向之直。叔向并未具体执政,是高级顾问和政论家,以卓识称于世。《左传·昭公十四年》载:晋国邢侯和雍子争夺土地,久而未决,管司法的士景伯出使楚国去了,所以上卿韩宣子命令叔向的弟弟叔鱼代理审案;雍子自知理亏,赶紧施展美人计,把自己的女儿送给叔鱼,结果叔鱼判错在邢侯;邢侯无咎获罪,非常恼怒,在朝廷上杀了叔鱼和雍子。韩宣子征求叔向的意见,叔向说三人都有罪,雍子有错而行贿为"昏",叔鱼贪心而败官为"墨",邢侯专妄而杀人为"贼",都该死;于是,韩宣子杀了邢侯,并把三人尸体暴露于市。对此,孔子评论:"叔向,古之遗直也。治国制刑,不隐于亲。三数叔鱼之恶,不为末减,由义也夫,可谓直矣!"

叔向与史鱼的事迹不同,但他俩的直却相似,都是对待政治问题的正直。这种直是拙文所述的高层次的直,是关系到国家利益时所表现出来的高尚品质和正确的立场、态度、言行。

由孔子口中叔向之直,可以看出孔子对直的认定并未停留在"父为子隐,子为父隐"的层次,而是由情感上升到思想,或说由感性上升到理性,升华到了大是大非上的"不隐于亲"的高水平。孔子称赞叔向"治国制刑,不隐于亲",说明孔子不仅不反对"刑",而且如果"亲"损害了国家利益,"刑"可以大于"亲",即法律大于伦理。

一方面孔子认同"父为子隐,子为父隐",另一方面孔子赞赏"不隐于亲",这种看似矛盾的情况恰恰说明孔子的实事求是精神。其关键在于对不同范围的具体问题具体分析,具体对待。"攘羊"虽然不道德,不该做,或者应该受到一定的处罚,但毕竟只是小事,无关大局,不能与国家安危相提并论,父子互隐情有可原。而叔鱼的所作所为在范围上、在性质上、在结果上完全不同,已经直接激起朝廷动乱,还死了高官,威胁到国家政权的稳定,触犯了社会礼制的上限,所以叔向大义凛然,痛斥亲弟弟的罪恶,且认其罪不可赦。孔子以理性精神评论此事,认为叔向的正义是超越一切的,基于情感的小直不能不服从于基于正义的大直。

"知者不失人,亦不失言"

子曰:"可与言而不与之言,失人;不可与言而与之言,失言。知者不失人,亦不失言。"

与言——跟人言谈。之——学者们大多解作第三人称代词。从全句看,若作代词,为何不说"可与之言而不与言"?本文作结构助词,无具体意义。失人——指错过人才或朋友。失言——是说了不该说或不必说的话。失言应包含杨伯峻先生所说"浪费言语"之义,即"说了白说",古棣先生对杨先生的批驳没有道理。

孔子说:"应该跟人交谈而不谈,就会错过人才和朋友。不该或不必跟人交谈而跟人谈,属于言谈的失误,说了没用,白说。智者不会错过人才和朋友,也不会说不该说、不必说的话。"

此章内容又是关于说话,一个生活中非常实际的问题。读《论语》,感到孔子的许多教诲具体且细致,生活气息极其浓厚。再一想,可断定孔子这些与人为善的言语,都是从生活正反面实践中总结而来,而绝非一拍脑袋就出来的空洞说教。琢磨此章,不能不说孔子之言确是真理,尽管这一真理看起来并不宏大。

了解一个人,主要通过两条途径,一是察其言,二是观其行。故与人交谈,不仅可以得到诸多信息,而且可以在一定程度上了解此人的能力、品质。所谓"不知言,无以知人也"(《尧曰篇》)。当今招聘人才,均有面试,面试主要不是看面相和形体,而是"与言",在问答中粗略判断此人之优劣。

两个陌生人可否成为朋友,往往也是一谈便知。"酒逢知己千杯少,话不投机半句多"。交谈之中,很快即可知晓两人是否趣味相投,是否志同道合,然后则不难断定今后之关系。

还有一种情况,朋友有过错,我们应该指出却没有指出,那么无非两种可能:其一,朋友在错误的道路上越滑越远,最终我们失去了这个朋友;其二,朋友后来幡然醒悟,并怪罪我们当初为何不直言警告,说我们不够朋友,因而我们失去了这个朋友的友谊。

对于何谓"失言",据《说苑·杂言》载,孔子还有更形象的说明:"非其地而树之,不生也;非其人而语之,弗听也。得其人,如聚沙而雨之;非其人,如聚聋而鼓之。"对聋人击鼓,你说失在何处? 荀子说的更决然:"非其人而教之,赍盗粮,借贼兵也。"(《荀子·大略》)赍音基,以物送人。不该教而教,无异于送粮食给强盗,借武器给内部作乱和外来侵犯的人。

对什么人不该或不必言谈呢? 愚以为似有以下几种。其一,预先已知其人一些情况,如呆傻,如极端偏执、不可理喻,如敌我严重对立,等等。其二,完全的陌生人,对其一无所知,显然不宜多谈、深谈。其三,"中人以下,不可以语上也"(《雍也篇》),对中等资质、水平以下的人,不能谈高深、玄奥的话题。一些人可能有这样的经验,即与造诣精深的学者或修行有年的和尚交往,他们往往是言简意赅,甚至沉默无语;这除了"道不同,不相为谋"(《卫灵公篇》)的因素外,还由于他们深知自己所说别人未必会懂,所以不说或少说。

具有人生智慧的人,对人生、社会看得全面、透彻,在人际交往中审时度势,因人而异,谈吐得当,不会错失人才和朋友,也不会喋喋不休,甚至对牛弹琴,发生"失言"的事。

"杀身以成仁"

子曰:"志士仁人,无求生以害仁,有杀身以成仁。"

此章在全书中较为特殊,令人肃穆。因为,孔子正面地、义正词严地谈到了"杀身",而这是不多见的。可以与之类比的,大概只有"朝闻道,夕死可矣"(《里仁篇》)一句。

"求生",是一切生物的本能,本无可指摘。但人与其他生物有着本质的区别,最主要的是有感情,有理智,有强大的创造能力,有明确的生活目标。人不是为生而生,也不仅是为传宗接代而生。每个人的生命,都是一段有意义的历史。志士仁人是"修己以安百姓"(《宪问篇》)的人,会自觉去实现这种仁的理想。每位志士仁人数十年的追求,便是求仁的过程。

"杀身",在人与自然的较量中,在人类之间的敌我斗争中,必不可少。而在同一阵营的矛盾中,尤其是面对专制独裁者,"杀身"亦难免。面临可能的"杀身",贪生怕死,因而退缩,逃跑,乃至叛变,便是为求生而害仁。那是卑鄙小人的选择,志士仁人绝无此类思想和行为。志士仁人信仰坚定,背负使命,勇往直前,不惜慷慨赴死。

细分起来,"杀身"有自杀与他杀之分。在迫不得已之时,志士仁人会主动牺牲自己生命,不屈服于敌人的淫威,以作最后的抗争。自然,志士仁人在为自己理想的奋斗中,有时免不了被敌人或专制独裁者夺去生命,而光荣献身。

"成仁",完成了仁的理想。志士仁人,追求人格的完善、道德的提高、境界的升华,追求利国利民功业的实现。这是一生的追求,只要还有一口气在,就不会停止。所以,孔子从不称许在世的人为仁人。而一个追求仁的人,不管在什么年龄逝去,其追求便已圆满,其人便已"成仁"。因此,"成仁"没有量化的绝对标准。

忽然想到一个问题,说几句题外话。孔子的"成仁",与后世道教的"成仙"、佛教的"成佛",以及西方基督教的"升天",表面上相当接近,而其实质相差极大!

除了"君子疾没世而名不称焉"(《卫灵公篇》),孔子不考虑人死以后的问题。实际上,孔子此句论述的主旨还是在如何生。其根源在于孔子对神和神的世界的怀疑,而这种怀疑基本上是趋向于否定。孔子讲的"成仁",与现实的生命紧密相连,共生共亡。人死成仁,一切便已圆满。

然而,宗教不同,它们引导人由现实世界进入虚幻世界,由人界到神界。一个人此生的结束,便是来生的开始;肉体已灭,灵魂还在。

不一样的思想、理论、主义和"道"!

一些学者总想把孔子之学、孔子之道拉到宗教行列之中,塑造成"孔教"或"儒教"。愚见,无神不成宗教,此类学者过去未能达到目的,今后亦难。

"行夏之时"

颜渊问为邦。子曰:"行夏之时,乘殷之辂,服周之冕,乐则韶、舞。放郑声,远佞人。郑声淫,佞人殆。"

夏之时,夏朝的历法。夏历是中国最早的历法,以正月为岁首,称夏正。殷正为夏历十二月,周正为夏历十一月。秦朝及西汉初曾以夏历十月为岁首。汉武帝时又改用夏正,以后历代沿用。夏历最符合古代中国农业生产之用,而孔子重民事,所以主张用夏历。

辂——音路,绑在车辕上用来牵引车子的横木,引申为车子。周礼王、后所乘之车即曰辂。周朝的车子自然比殷商的好,但过于奢华,据《周礼·巾车》载,王的车子有玉、金、象、革、木五辂,有不同的装饰,此外王后的车、王的丧车、执行公务的车均各有五种,规定十分繁杂。而殷商的车子要简单、质朴得多。孔子尚质,所以主张乘殷车。

冕——古代王及诸侯、卿大夫所戴之礼帽。周礼有六冕,以分等级。其物小,谈不上多么奢靡。孔子固然尚质,可尤其崇礼,所以主张服(戴)周冕。

韶——相传是舜帝的音乐,孔子称颂备至:"尽美矣,又尽善也。"(《八佾篇》)"子在齐闻韶,三月不知肉味,曰:'不图为乐之至于斯也。'"(《述而篇》)舞,旧注中有以"舞"为"武"之音误者。一九七三年出土的定州汉墓竹简《论语》亦作"武"。武,又称《大武》,据说是周武王命周公作,表现克商的经过,歌颂克商的伟大成果,为六场大型舞曲。不过,孔子说此曲"尽美矣,未尽善也"(《八佾篇》)。估计因为武王是以武力取天下,曲中可能有部分杀伐之音,所以孔子有所批评。这从一个方面表明,孔子对武王有所遗憾。

郑声——产生于春秋中后期的郑国音乐。据现代学者研究,"郑卫之声是一种至情流露,热情奔放的民间音乐"(沈知白《中国音乐史纲》)。孔子是一位正统的老夫子,觉得郑声是放荡的音乐,应该驱逐它。放,本义抛弃、驱逐。

佞——能说会道;此章佞人是指心术不正、巧言谄媚之人。殆,危险。

颜渊问治理国家的方法。孔子说:"实行夏朝的历法,乘坐殷朝的车子,服戴周朝的官冕,音乐则用韶乐和武乐。驱逐郑国音乐,疏远(不任用)巧言谄媚的人。(因为)郑国音乐放荡,巧言谄媚的人太危险。"

孔子回答颜渊"为邦"的问题,与回答其他弟子相同问题有些不同,特点是围绕礼、乐两个方面说得十分具体。这说明在孔子心目中颜渊比其他弟子高出一大截,不必再谈思想、纲领、原则之类的大问题,强调一些细节即可。

此章还有助于人们宏观地认识孔子。拙文过去说过,从孔子"殷因于夏礼,所损益可知也。周因于殷礼,所损益可知也。其或继周者,虽百世可知也"(《为政篇》)"周监于二代"(《八佾篇》)来看,在总体的历史观上他绝非"是逆乎时代潮流的、倒退的"(《孔子批判》),而是"积累进化论者"(李泽厚先生语)。孔子知道历史车轮滚滚向前,不可阻挡,所以他并没有主张倒退到几百年前的西周去,当然他也没有主张激进的革命,他只是希望社会能够有序地平稳地发展。而春秋后期已天下大乱,处于急剧变革之中,这是孔子不愿意看到的(这也正是他的局限性),所以他才屡屡称赞秩序井然的西周。

"积累"就是继承,"进化"就是发展。发展是以继承为前提和基础的。各个历史时期都有部分的文化精华(物质的和非物质的,如器物、建筑、制度、礼仪、文学、艺术、理念、思想等)需要延续。在孔子心目中,舜帝时的音乐就比周乐更完美,夏历就比周历更适用,殷车就比周车更质朴……西周对前两代的"损益"未必百分之百合适。可见,孔子的思想比简单的机械进化论更深刻、更全面。

人无远虑,必有近忧

子曰:"人无远虑,必有近忧。"

虑——谋思也。远虑——深谋远虑,长远打算。有——甲骨文以"又"为"有",金文在"又"下方加"月(肉)",表示"取得""占有"之义,引申为"存在""发生"等义。《广雅·释诂》曰:"有,取也。"故此章之有可译为"发生""招致"。近——眼前,当下。

此章用现代口语复述,即:人没有长远的考虑、安排,必定会招致眼前的忧虑、愁苦。

孔子意在说明人要有远虑,而防近忧。故把原文改成"人有远虑,必无近忧"亦可,意思一致,说法不同。孔子用否定句开头,警示意味更加强烈。显然,"无远虑"与"有近忧"之间存在因果关系,前者是因,后者是果。"有远虑"与"无近忧"亦然。

人无论干什么,大到国家治理,小到个人修身,都要深谋远虑,最好生发远见卓识,进而形成长远规划。如此,则不会因一时之成功而得意忘形,不会因一事之不顺而垂头丧气,而是按照既定蓝图冷静地持续前进。如果是干一事算一事,过一天算一天,那么在复杂的社会和人生中面对种种矛盾时,特别是遭受挫折、失败时,必然会因为没有明确的方向、目标、计划,而沮丧、焦虑、忧愁、迷惘、彷徨,不知所措。

古今多数学者认为,此章之意在防患于未然,表现了孔子的忧患意识。但是,愚以为必须作些解释。其一,孔子说的是"忧",而不是"患"。忧表示的是人的心理、情绪,而患虽与忧互训(《论语》中几个患字均是忧虑、担心之义),但还有另一层意思:灾难,祸害。主观的忧是可以防止的,而患在客观意义上不一定都能防止。其二,孔子直接表达的是防"近忧",即日常的眼前的事都能妥善处理,如果说有防"远忧"之意,也只能说是隐含在"远虑"之中。如此,学者们的意见方可与孔子原话结合起来。

孔子确有忧患意识,不过主要体现在《易传》中。孔子及孔门弟子所作《易传·系辞下》曰:"作《易》者,其有忧患乎?"通过《周易》,看出了周人有忧患意识。这里的"忧患",应为动宾词组,忧虑灾祸的意思。又曰:"危者,安其位者也;亡者,保其存者也;乱者,有其治者也。是故君子安而不忘危,存而不忘亡,治而不忘乱。是以身安而国家可保也。"

孟子继承了这种忧患意识,明确说"生于忧患而死于安乐"(《孟子·告子下》)。这里的"忧患",既可理解为动宾词组,即忧虑灾祸,又可看作是一个双音词,义为"困苦、患难"与现代汉语差不多。

学者们论述这一问题,引用较多的还有《荀子·仲尼》:"……故知者之举事也,满则虑嗛,平则虑险,安则虑危,曲重其豫,犹恐及其飤,是以百举而不陷也。"知同智。嗛同歉。豫同预。飤同祸。"曲重其豫,犹恐及其飤"是说:周密慎重做好防备,还怕会遭到祸害。

两千余年来,类似的议论多多,故有学者论中国传统思想特征,其一便是忧患意识。

"吾末如之何"

子曰:"不曰'如之何,如之何'者,吾末如之何也已矣。"

宋代朱熹注:"'如之何,如之何'者,熟思审处之辞也。"杨伯峻先生说:"'不曰如之何'意思就是不动脑筋。"末,无,没有。也已矣,三个语气词连用,非常强调"吾末如之何"的确定语气。

孔子说:"不说'怎么办,怎么办'的人,(对这种人)我也不知道怎么办了。"

应该说,孔子说这句话时是有嘲讽意味的。不过,孔子的表述技巧令人叫绝,语言十分通俗、俏皮、浅显、含蓄之中蕴含着深刻、丰富的旨意。

平时,孔子是温和中透露着威严,但用幽默、调侃方式启发弟子的情况并不鲜见。再看以下例子。

《子罕篇》载:"'唐棣之华,偏其反而。岂不尔思?室是远而。'子曰:'未之思也,夫何远之有?'"前面四句是未收入《诗经》的逸诗中的句子。唐棣,亦作棠棣、常棣,落叶灌木,其花初开相反,终乃合并。华,即花。偏,同翩。反,通翻。不尔思,宾语前置,即不思尔。室,居住之处。此章译文大致如下,诗中说:"唐棣花开,翩翩摇动;(在这大好春光中)难道我不思念你吗?只是因为你住得太远(所以我不能前去)。"孔子说:"我看是没有思念,真思念了怎么会嫌路远呢?"

所引诗句是地道的爱情诗,孔子的风趣、诙谐跃然显现,其弟子会心一笑之后定会思索那言外之意。后世学者多认为孔子借诗说理,其意与"仁远乎哉?我欲仁,斯仁至矣"(《述而篇》)相通。

孔子在谈到自己时,也不都是一本正经的表白,有时会以轻松又极富意味的语言自贬、自嘲,举重若轻,指东说西,显示出非同一般的智慧与幽默。

《子罕篇》载,"达巷党人曰:'大哉孔子!博学而无所成名。'子闻之,谓门弟子曰:'吾何执?执御乎?执射乎?吾执御矣。'"达巷那个地方的人说:"孔子真伟大啊!学问广博,却没有什么成名的专长。"孔子听到这种评论,就对本门弟子说:"我究竟该专门做什么呢?是专门赶马车呢?还是专门做射手呢?我赶马车好了。"

《述而篇》载,"子曰:'富而可求也,虽执鞭之士,吾亦为之。如不可求,从吾所好。'""执鞭之士",学者认为有两义,一是有爵位贵族的开道人,二是市场的守门人。孔子说:"财富如果(不违背道德)可以求得的话,就是去当手拿皮鞭的下等差役,我也干。如果(不违背道德)不可求得,那我还是干自己愿意干的事吧!"

《子罕篇》载,"子贡曰:'有美玉于斯,韫椟而藏诸?求善贾而沽诸?'子曰:'沽之哉!沽之哉!我待贾者也。'"子贡说:"这里有一块美玉,是把它放在匣子里收藏起来呢?还是找一个识货的商人卖掉它呢?"孔子说:"卖掉啊!卖掉啊!我正在等着一个好价钱哩!"过去有人批判孔子是待价而沽的势利之人,那是根本没有读懂孔子,更不理解"天下有道则见,无道则隐"(《泰伯篇》)的深意。

如果不了解孔子的全部思想、性格特点和谈话技巧,今人读《论语》的一些章节就会遇到困难,陷入尴尬。反过来说,只要不是过于学究气,领会这些章节时注意其幽默、风趣乃至玩笑的性质,以及特殊的表达技巧,就会对孔子的为人有更细致更深入的了解。

"言不及义"

子曰:"群居终日,言不及义,好行小慧,难矣哉!"

此章比较好理解,不过也有值得推敲之处。清代学者刘宝楠认为:"此章是夫子家塾之戒。""群居,谓同来学共居者也。"愚以为此解准确,就是说这是孔子对住在一起的弟子们的告诫。现代学者都将此章看作通论,认为"群"可泛指一切社会人。从积极的思想意义来说,这是可以成立的。

言不及义,现已作成语,辞典一般解为"说话不涉及正经道理"。义,在这里应是特定的"道义",而不是笼统的"意义"一词。具体说来,这种道义包括人生之路应该怎样走,社会如何达到正义和公平,能够指导一切的最高思想是什么(在孔子那里是以中庸为表现的中和思想)。

难矣哉,是整个句子的有机组成部分,原意是指"言不及义,好行小慧"的学子们很难学有所成。

将此章作通论看,大意就是:一些人从早到晚聚在一起,瞎扯闲聊,与道义毫不沾边,还喜欢卖弄小聪明,显摆小才能,他们是难有什么大成就的。钱穆先生如是说:"群居不以善道相切磋,终日言不及于正义,专好逞其小才知,小聪明,难为人,亦难为群。"《阳货篇》"饱食终日,无所用心,难矣哉"与本章意思相近,可以相互参照。

孔子批评的现象一直存在,如今亦然。君不见吃喝玩乐、功名利禄、他人隐私、明星逸闻以及"荤段子"等等,常常是人们谈话的主要内容?浪费时间,消磨意志,腐蚀思想,就在潜移默化中发生。当然,有益无害的休闲、放松应该存在,但不健康的无聊、庸俗却应该批判。人们不可能一天二十四小时都讲大道理,可任何琐碎的谈话实际上都蕴含着道理,尽管可能只是小道理,有识之士只不过希望那些道理都是积极的,有意义的。

其实,人们也常常讲"义",确切地说是讲"义气",即出于私人关系而甘愿承担风险或牺牲个人利益。义气,应该属于情义,有时近乎侠义,但情义也好,侠义也罢,出发点主要是情感。而情感与道义并非总是统一的,当两者发生矛盾时,所谓的情义、侠义从根本上说就是不义了。

以下引《容斋随笔·人物以义为名》,供读者朋友参考:"人物以义为名,其别最多。仗正道曰义,义师、义战是也。众所尊戴曰义,义帝是也。与众共之曰义,义仓、义社、义田、义学、义役、义井之类是也。至行过人曰义,义士、义侠、义姑、义夫、义妇之类是也。自外入而非正者曰义,义父、义儿、义兄弟、义服之类是也。衣裳器物亦然,在首曰义髻,在衣曰义襕、义领之类是也。合众物为之,则有义浆、义墨、义酒。禽畜之贤者,则有义犬、义乌、义鹰、义鹘。"均为义,其义不同。孔子之义,大体上是"仗正道""与众共之",其他多是后来衍生之义。

"君子疾没世而名不称焉"

子曰:"君子疾没世而名不称焉。"

疾,有病、急、患、恶、怨等义。现代学者有人译"怕",有人译"担忧",有人译"头痛的是",有人译"恨"。愚以为,《论语》中孔子说君子"病××""忧××""患××"不只一两句,比较起来,"疾"比"病""忧""患"都更强烈,故译"恨"较妥。此章的意思是:君子恨死后名声不被称许。

这里,产生一个问题。就在此章之前一章,孔子说:"君子病无能焉,不病人之不己知也。"君子忧虑的是自己没有能力,不忧虑别人不了解自己。孔子教育子张区别"达"与"闻"时说:"夫闻也者,色取仁而行违,居之不疑。"(《颜渊篇》)闻,就是名声、名气、名望。孔子对"在邦必闻,在家必闻"持明显的批判态度。这岂不是与"疾没世而名不称"相矛盾吗?

其实,人们很容易读出孔子话语中的不同意思,即君子不求当世之名,而重视没世之名。按司马迁记载,"君子疾没世而名不称焉"是针对作《春秋》而发:"子曰:'弗乎弗乎,君子病没世而名不称焉。吾道不行矣,吾何以自见于后世哉?'乃因史记作《春秋》……"并且,孔子预见自己会以《春秋》闻名于世:"后世知丘者以《春秋》,而罪丘者亦以《春秋》。"(《史记·孔子世家》)

求当世之名,即便做好事,其主观目的是自己的名声,一开始就偏离了正道,何况难免心口不一,言行不一,表里不一,甚至会无所不用其极。此等人物与君子毫不相干,或许已是道德小人。确实,孔子反对君子求当世之名,正是从道德角度着眼,从君子的个人修养角度着眼。而没世之名,君子是听不到看不到的,是不求而死后自来的。与其说君子重视死后的名声,不如说君子重视生前的作为,"吾何以自见于后世哉"。愚以为,"君子疾没世而名不称焉"是从生前的事业角度立言,从生前的社会责任角度立言。

《左传·襄公二十四年》载,鲁国大夫叔孙豹去晋国,晋国执政范宣子迎接他,问道:"古人有句话叫'死而不朽',是什么意思?"叔孙豹没有回答。范宣子说:"我的祖先在虞舜以前是陶唐氏,在夏代是御龙氏,在商代是豕韦氏,在周代是唐杜氏,晋国称霸中原的时候是范氏,'死而不朽'说的是这个吗?"叔孙豹说:"据我所知,这只能叫做'世禄',并非'不朽'。鲁国原先有个大夫叫臧文仲,他死后,其言论还一直流传。所谓'不朽'说的是这个吧!我听说:'最高的境界是树立德行,其次是建立功业,再次是留下言论。'能做到这些,经历再长的时间也不会被忘记,才叫做'不朽'。""太上有立德,其次有立功,其次有立言"并非叔孙豹所发明,而是流行于鲁国上层社会和知识人中间的名言。叔孙豹对范宣子说这话时,孔子还只有两岁,但显而易见,孔子成年后完全接受了这一思想。立德、立功、立言"三不朽"也成了后世儒家推崇的人生目标。

名声是事实的客观反映。事实是自己做的说的,名声是别人说的写的。"君子求诸己"(《卫灵公篇》),向内花工夫,只管自己立德、立功、立言,而不考虑更不博取外在的"令闻广誉"。不过,君子还要宏观地、历史地认识和设计自己,"与天地合其德"(《易·文言》),终己一生,为家为国为天下,建立承上启下的功业,死而无憾。人都是社会的人、历史的人,君子的可贵处在于清楚地认识自己的社会和历史地位、作用、价值,并以毕生的心血和精力去实现,"没世而名称"。

"君子求诸己"

子曰:"君子求诸己,小人求诸人。"

求,寻找、索取、探求、追求、要求、请求、乞求等。古汉语一单音词演变为现代汉语若干双音词,这种强分可使表意更加精确。但,理解孔子所说之求,不宜仅用一个现代词。否则,过于简单,不再有丰厚之意味。

"君子求之于自己,小人求之于他人。"这是孔子的一大创见。据《礼记·中庸》所述,孔子还有形象化的具体说明:"射有似乎君子,失诸正鹄,反求诸其身。"射箭同君子行事有相似之处,没有射中靶心,要反过来检查自身。孔子的这个比喻引起后世儒家特别关注,引以为典,大谈特谈。其中以孟子最为突出,他说行仁的人好比射箭的人,射箭先端正姿式然后开弓,如果没射中,不埋怨那些胜过自己的人,反躬自省而已。(《孟子·公孙丑上》)鉴于孟子把这一论点发挥到了极致,故单列一段介绍他另一番话,供读者朋友细读之。

该文在《孟子·离娄下》,大意是:君子之所以不同于一般人,就在于存心。君子内心存仁,存礼。仁者爱别人,礼者恭敬别人。爱别人的人,别人也常常爱他;恭敬别人的人,别人也常常恭敬他。假定有个人,对我蛮横无理,那君子一定自我反思:"我必是有爱心不够的地方,必是有不尊重别人的地方,不然他这种态度怎么会出现呢?"反思以后,有爱心,又有礼,那人的蛮横无理仍然不改,君子一定又反躬自省:"我肯定有不诚实的地方。"自省以后,愈加诚实,那种蛮横无理还是一样,君子就会说:"这个人是个狂妄之徒罢了。既然如此,那同禽兽有什么区别呢?对于禽兽又何必责难呢?"依孟子所说,君子在无理面前,首先是一再反省自己。不过,以检讨自己为前提和基础的退让与迁就,亦讲原则,且有限度。注意最后那句"于禽兽又何难焉",心境依旧是平和的。

日常生活中,发展事业中,追求学问中,总会遇到大大小小、形形色色的问题。此时,君子向里用工夫,"内省"(《颜渊篇》),"内自省"(《里仁篇》),"内自讼"(《公冶长篇》),"躬自厚而薄责于人"(《卫灵公篇》),亦即"求诸己"。这是以孔子为代表的儒家思想的一个突出特点,或说是儒家主张的精神提升、境界修养的基本途径和方法。

这种方法的思想根源在"为仁由己"(《颜渊篇》),实行仁完全在于自己。其根源亦在"天行健,君子以自强不息"(《周易·乾卦传》),天的运行刚强劲健,永不衰竭,清醒的君子追随天的步伐,时时寻求自己的不足和差距,奋发图强。

"求诸己"的目的是:自觉。

一般人不觉悟,并且不主动要求觉悟。他们在复杂的生命和生活之中,从不审视自己,眼光总是向外看。他们几乎无时、无处、无事不在寻找和思考外界对自己的阻碍、压制、打击,不仅针对他人,而且针对一切外在因素,如环境、时间乃至天气等等。结果,必然怨天尤人。所谓"小人求诸人",大抵如此。

"不以人废言"

子曰:"君子不以言举人,不以人废言。"

举——抬举、推荐、选拔。废——废弃。孔子的意思是:"君子不因为谁讲了漂亮的话就举荐他,不根据谁品德不好而废弃他说的有价值的话。"

孔子的总结十分精辟。其实,相近的思想在早于孔子一百多年就被表述了。"春秋第一相"管仲曾说,明主选拔贤人,对说自己勇敢的人试之以军,功显者举用,对说自己智慧的人试之以官,事治者举用,勇怯智愚试而可知,如黑白之分。"乱主则不然,听言而不试,故妄言者得用。"(《管子·明法解》)历史上不少佞臣受到信任和重用,都靠如簧巧舌,在任何时机、场合都能说出让"乱主"舒服的话。《管子》成书远在孔子之后,但这并不能证明孔子不了解管仲。退一步说,即使孔子不知道管仲有"不以言举人"的思想,"英雄所见略同"的规律也会使他们在某些问题上携起手来。

乍一看,"不以言举人"与前文"可与言而不与之言,失人"(《卫灵公篇》)似有矛盾,然一细想,两者实为统一话题之两面。与人交谈,可以得到诸多信息,可以在一定程度上了解此人能力、品质,因而不会错过人才。但是,察其言只是知人的一个方面,另一方面也许更加重要,即观其行。何况,不良之人的语言具有虚伪和欺骗的特性,古今中外都不乏饰言以求进身者。这正是孔子非常厌恶"巧言"(《卫灵公篇》)的原因。所以,既要通过知言以知人,又不能仅仅以言知人、举人。孔子在不同场合,对不同对象,强调不同侧面,仅此而已。

此章后半句"不以人废言",可与《宪问篇》的"有言者不必有德"相互参照。虽说言为心声,但不是每句话都与地位、职务、品德相关联。位卑者、德行不高者都有可能说出有价值的言语。稍微有些辩证头脑的人都有经验,现实生活中好人并非没有短处和缺点,不说错话,不犯错误;而坏人中的多数也并非一切都坏,一无是处,他们也会说出对的话,做出对的事,哪怕很少很小,不能改变其主体形象,但有终究是有。

《诗经·大雅·板》有"先民有言,询于刍荛"的诗句。刍音锄,割草。荛音饶,打柴。祖先教导,要向草野鄙陋之人请教。这种可贵的思想,在孔子之后三百年的《淮南子·主术》那里得到了进一步的发挥。其言曰,君主无不想总汇海内之智,聚拢众人之力,"使言之而是,虽在褐夫刍荛,犹不可弃也"。褐夫,穿粗布衣服的人,即穷人。如果说得对,即便是社会底层的贫贱者,也不能弃之不理。"其计可用,不羞其位;其言可行,不责其辞"。地位再低,说的再不好听,都不要计较,只看"计""言"是否可用可行。

"不以人废言"会有多样化的呈现,其中一个典型事例,是改革开放后对周作人的再评价。周作人投敌变节,为国人所不齿,但他的散文创作已先于政治堕落而成就斐然,因此人们对他在文学史上地位并未抹杀。又想到当今两位以文化学者著称的明星。他们的格调和境界受到众多诟病,愚亦不敢恭维。但是,两位一是文笔甚好,一是口才绝佳,总体来看在传播传统文化方面功不可没,其中亦不乏真知灼见。据观察,无人以他们为道德榜样,为感动中国的人,也无人全盘否认他们的书籍和演讲。这,大概也是一种"不以人废言"吧。

"恕"

> 子曰:"参乎!吾道一以贯之。"曾子曰:"唯。"子出,门人问曰:"何谓也?"曾子曰:"夫子之道,忠恕而已矣。"

孔子说:"曾参啊!我所主张的'道'用一个基本思想贯穿着。"曾参说:"是的。"孔子出去以后,别的弟子问:"老师的话是什么意思?"曾参答:"老师所主张的'道',就是忠和恕罢了。"

曾参比孔子小四十多岁,是后学弟子,但学问很好,后来讲课授徒,传扬孔子思想大有成就,相传《孝经》为其所作。曾参仅以"忠恕"概括孔子之道,显然是以局部代替了整体,但从内修角度看,未尝没有独到之处。许多学者认为,曾参之所以只讲"忠恕",是因为"一以贯之"艰深,非三言两语可以讲清,而"门人"学问不够。

《卫灵公篇》载,"子贡问曰:'有一言而可以终身行之者乎?'子曰:'其恕乎!己所不欲,勿施于人。'"子贡问道:"有没有一个字,可以一辈子照着它做?"孔子说:"那就是'恕'吧!自己不想要、不想做、不喜欢的,不要要求别人、强加给别人。"

一部《论语》,"恕"字仅有两处,但其重要性显而易见,这从孔子答子贡问得到充分证明。子贡是孔门言语科大弟子,有经商、外交才能,思想阔大高远,可毕竟只是"瑚琏"之"器"(《公冶长篇》)。孔子不只一次地教导他"能近取譬,可谓仁之方也已"(《雍也篇》),能在切近处以己身喻他人他事,这就是达到仁的路径与方法。

《说文解字》曰："恕,仁也。"这等于没说。从孔子话语中可知,仁是总概念,包括诸多方面,其中就有恕。宋代程颐注"恕者,仁之施也",倒是具体得多。学者们认为,其实孔子本人已经给恕下了定义,即"己所不欲,勿施于人",这无疑是正确的。朱熹注"尽己之谓忠,推己之谓恕""推己及物为恕"向来被人引用,是因为进一步明确了孔子语意所指。后有人加以发挥,"中心曰忠,如心曰恕","忠如水之源,恕如水之流"等。

恕道绵延两千多年,又有新的表述。"将心比心""设身处地"就是人们常用的词语,其意与孔子语相近。现代人有"想他人之所想,急他人之所急"的口号,果真做到,那自然是恕道的发扬光大。近年又有"换位思考"一说,从思想方法入手,在特定意义上离恕道亦不远。只不过,"己所不欲,勿施于人,骤看若消极,但当下便是,推此心而仁道在其中"(钱穆先生语),而"将心比心"之类以更积极的形式出现罢了。至于宽恕、饶恕,则是恕的本义之必然引申。

显然,恕道是孔子提出的提高个人修养和处理人际关系的一条准则,它体现出仁爱的情怀、平等的精神、包容的立场与和睦的愿望。当今倡导和谐社会,而和谐的前提之一就是恕道的施行。一个难解的矛盾是,市场经济以利益为基本原则,极易滋生利欲熏心和尔虞我诈,恰恰与恕道背道而驰。

不过,孔子提出的道德信条,首先是从个人出发的,是从内心出发的,有志者只要从自己做起,从身边的人和事做起,"己欲立而立人,己欲达而达人"(《雍也篇》),"己所不欲,勿施于人",那么不仅个人身心健康,境界提升,而且会与他人共同创造一个和谐的小环境。

"小不忍则乱大谋"

子曰:"巧言乱德。小不忍则乱大谋。"

孔子说:"花言巧语,会扰乱、败坏道德。小事上不能克制、忍耐,就会坏了大事。"

此章简洁,易懂。两个意思,没有逻辑关系,可能是相关记录者回忆先师教诲的只言片语,临时凑在一起的。

第一句话说"巧言"危害之大。孔子一贯讨厌、反对花言巧语。他自己讲话实事求是,言简意赅,一语中的。同时,他对弟子或他人讲话强词夺理,总是大加斥责,《论语》多有记载。细分,花言巧语、夸夸其谈、强词夺理略有差别,但均属"巧言"。"巧言"不仅华而不实,而且常常混淆是非、善恶、美丑。孔子把这种不良表现提到败坏道德高度,是自然而然的,也是恰如其分的。在孔子的道德观念里,"刚、毅、木、讷,近仁"(《子路篇》),"仁者其言也讱"(《颜渊篇》),"君子欲讷于言,而敏于行"(《里仁篇》)。"行"永远比"言"更重要。说得漂亮不如做得实在。

第二句话说"小不忍"危害之大。孔子自己怀有以德、以礼治国,安定天下百姓的远大志向,言行均以此为目标展开。同时,他教导弟子们亦如此。"大谋"就是长远的目标、重大的谋划,亦可简称大事。不过,"大""小"是相对概念,许多情况下不能孤立地看。在实现"大谋"的道路上,坎坷、干扰、阻力不断,怎么办?重要一条就是眼光放远,心胸放宽,不要因小失大,不能"见小利则大事不成"(《子路篇》)。其中,经常需要忍耐、忍让,乃至忍辱。"小忍"是为了成就"大谋",故"小忍"不仅是一时策略的需要,更是根本战略的要求。

历史上,生活中,相关事例举不胜举。一个正面的例子是,项羽称霸关中,封刘邦为汉王,让他窝在落后、闭塞的巴、蜀、汉中一带,并派大将章邯率军监视。刘邦十分生气,想立即冲出汉中,与项羽决战。可深谋远虑的萧何看清了一切,说服刘邦"小忍",因而日后终成大业。不从天下大局着眼,刘邦之忍决不小。倘若当时不忍,则刘邦必被项羽消灭,历史就要改写了。

"小不忍则乱大谋"为后世人所熟悉,并被广泛应用于各个方面。人们据此总结了一些更通俗的处世格言,如"因小失大""君子报仇,十年不晚"等等。前者是孔子语的忠实翻版,完全正确。而后者的意味则复杂一些,亦包括消极因素。许多民间处世格言均有消极面、负能量,不可不察。

多年来,"忍"亦成为儒家的修养功夫。有论家称,儒道释三家都讲忍,但不同。儒家是积极入世的忍,道家是消极避世的忍,二者都以忍为手段,而非目的。释家的忍则最高超,是本体,是终极价值。引录于此,供读者朋友参考。不过,愚以为所谓策略、手段,所谓目的、结果,在看到其区别时,亦要认识其整体性。不同的策略、手段,会达到不同的目的、结果。最终的成就,是由起点以及全部过程构成的。另一话题,有些忍很难辨别属于哪家。据《新唐书·娄师德传》所载,"唾面自干"的忍似乎是儒家,但与释家实在是已难分高下了。

"众恶之,必察焉"

子曰:"众恶之,必察焉;众好之,必察焉。"

孔子说:"大家厌恶一个人,一定要仔细审察;大家喜欢一个人,一定要仔细审察。"孔子没有明说的意思是,大家厌恶的人不一定就是坏人,也可能是特立不群、孤傲自赏、有极高明见解而不为众人理解的人,或者是其他被大家误解的人;反之亦然,说不定大家都喜欢的人就是孔子最厌恶的"乡原"。另外,后学者显然可以得出如下结论,即孔子主张勤于思考,实事求是,独立不阿,不盲从于众人意见,好恶不以舆论为转移。

与此相近,《子路篇》还有一章文字:"子贡问曰:'乡人皆好之,何如?'子曰:'未可也。''乡人皆恶之,何如?'子曰:'未可也。不如乡人之善者好之,其不善者恶之。'"

子贡问:"全乡的人都喜欢一个人,怎么样?"孔子说:"不能认可。"子贡又问:"全乡的人都厌恶一个人,怎么样?"孔子说:"不能认可。(全乡的人都喜欢一个人或者都厌恶一个人)不如全乡的好人都喜欢那个人,全乡的坏人都厌恶那个人。"此章与上一章明显不同处,是对好恶的主体"乡人"或"众"加以区分,其中有"善者",有"不善者"。人们的价值观等等本不同,立场、态度本不同,可现在却一致好恶某人,那就大有问题了。而且,问题必定出在好恶的对象身上。"善者""不善者"同时都喜欢某人,则那人多半就是"乡原";相反,那人必有奇异之处,"必察焉",不可轻易断定那人必坏。孔子告诉子贡,好人喜欢好人而厌恶坏人,坏人厌恶好人而喜欢坏人,才是正常情况。这里,重要的是"察",察后得出独立且正确的判断。

孟子对孔子的话颇有心得。《孟子·离娄下》记载了一段对话:孟子的学生公都子对老师说,齐国全国都说匡章这个人不孝,您不仅与他交往,还对他相当尊敬,这是为什么呢?孟子回答说,世俗所谓不孝有五种情况(略),匡章一样都没有,他只是与他父亲在"责善"(用善行要求对方)的问题上闹僵了,他父亲不再理他;匡章得罪了父亲之后,把妻子、儿子赶了出去,终身不要他们奉养,他认为要是不这样做,罪过就更大;这就是匡章的真实情况,齐国人都误解了他。

孟子对孔子的话学得深透,明确地把它作为执政的一条思想原则。孟子告诫齐宣王说:"左右皆曰贤,未可也;诸大夫皆曰贤,未可也;国人皆曰贤,然后察之。见贤焉,然后用之。左右皆曰不可,勿听;诸大夫皆曰不可,勿听;国人皆曰不可,然后察之。见不可焉,然后去之。左右皆曰可杀,勿听;诸大夫皆曰可杀,勿听;国人皆曰可杀,然后察之。见可杀焉,然后杀之。如此,然后可以为民父母。"(《孟子·梁惠王下》)

上述孔子语中,"之"字一般作人称代词,作他称的"某人""一个人"。今人学此两章,宜将"之"字的指代内容扩大,不仅指人,亦可指事,包括某种现象、潮流等。

"过而不改,是谓过矣"

子曰:"过而不改,是谓过矣。"

过,过失、过错、罪过。然而,失、错、罪三者造成的不良后果轻重有别,一般说来失者轻,罪者重。还有一个根本性的差异,即主观意识或说主导思想的不同。所谓过失,多指无意而话说错,好心而事办坏。错误则有两种可能,无心犯戒或有意违规。而罪行主要倾向于故意为之,当然也会偶发无意而犯罪。

孔子所言之过,未分失、错、罪三者,故后人只能笼统理解。体会其义,似指失与错。另外,孔子言语中明显有强调主观意识或主导思想的意思,不可不察。

孔子告诉弟子们,有了过失、过错而不改正,这就真叫作过失、过错了。清代刘宝楠在《论语正义》中注曰:"《韩诗外传》三:'孔子曰:过而改之,是不过也。'当本此文而反言之。"这种理解是对的,过而能改,重归无过。这是一个重要的论断,应该成为认识、评价人的一条标准,不能一味抓住历史"污点"不放。

子贡的一段话说明,他对老师的教导是学到家了。他说:"君子之过也,如日月之食焉。过也,人皆见之。更之,人皆仰之。"(《子张篇》)君子有过失、过错,像日食、月食一样自然,是肯定会发生的,人人都看得到,但这不奇怪,也不可怕,认真改正,无损于君子的正面形象,人们仍会尊之敬之。

孔子清楚地知道,人皆有过,包括自己。孔子甚至因为别人知道有过而感到庆幸:"丘也幸,苟有过,人必知之。"(《述而篇》)所以,他经常告诫弟子"过则勿惮改"(《学而篇》)。惮,畏惧。有些过失、过错的根源比较复杂,比如性格缺陷。"由也喭"(《先进篇》)、"野哉由也"(《子路篇》),子路比较刚猛,有些粗野,说话办事难免失当,这种缺点、过错改正很难,亦很痛苦。但孔子认为,不能因为难和苦就不改,要进德修业,成为君子,必须狠下决心,且持之以恒。

在这方面,孔子唯一表扬的是颜渊,"不贰过"(《雍也篇》)。贰者,复也。颜渊不会重复犯同样的过失、过错。而对于大多数人,孔子说"吾未见能见其过而内自讼者也"(《公冶长篇》)。其,反身代词,即自己。讼,责备。能发现自己过失、过错而在心中自我责备的人,孔子没见到。其实,颜渊就是"能见其过而内自讼者",否则他不会"不贰过"。

人皆有过失、过错,但不同的人态度天差地别。与颜渊的"内自讼"相反,"小人之过也必文"(《子张篇》)。不要说品格低劣的小人,就是一般人、常人的大多数,也会千方百计否认自己的过失、过错;而当被迫不得不承认时,也是巧言狡辩,文过饰非。文,动词文饰之义。故,小人"贰过",乃至三过、四过,亦可能愈加严重,直至犯罪。

"君子谋道不谋食"

子曰:"君子谋道不谋食。耕也,馁在其中矣;学也,禄在其中矣。君子忧道不忧贫。"

谋——图谋,营求,是有思虑有筹划的主观进取行为。道——用现代汉语表述,似可包含万物之本原或本体、事物发展变化之规律、人生观世界观和政治思想之体系。食——既是名词,又是动词,可代指物质生活。耕——种田,是古代中国人生产和生活的主要方式,故家、国之立均以农业为基础。馁——饥饿。学——学习"六艺",统而言之即掌握文化,核心和最高要求是学道。禄——俸禄,亦指拿俸禄的职位,不仅是官员,还有从事各种管理工作的小吏,此外包括"家臣"。

君子谋求学道、行道,不谋求物质生活。种田呢,也会饿肚子;学文化呢,却可以得到禄位。君子担心学不成道,不能行道,不担心贫穷。

还需作些解释。从大处说,孔子主张君子要追求精神层面的东西,懂得天地间的各种大道理,从事"上层建筑"方面的工作;不要追求物质层面的东西,不必去做"经济基础"范围内的事。即像后来孟子说的,做"劳心者",不做"劳力者"。退一步说,即便考虑温饱问题,也不必非去种田不可,种田也可能会饿肚子;去读书学习,掌握文化,却可以得到拿俸禄的职位,从而吃穿不愁。"不谋食"是高调的正面教导，"耕也""学也"两句话是其补充，是低姿态的迂回劝说。"谋食"本是人生基本需要，说"不谋食"显得突兀，作进一步解释很有必要。

今人看来，孔子的言论主旨应该肯定，但也有值得议论之处。问题是人们不应该用今天的思想要求两千多年前的古人。春秋时期，文化尚不够普及，掌握礼、乐、书、数并且领导、管理国家者，是少数贵族，而其中又多是名利之徒、"斗筲之人"（《子路篇》），有文化、有道德、有理想的君子少之又少。当时，社会不缺种田的人，而缺"修己以安人""修己以安百姓"（《宪问篇》）的君子。孔门数十弟子都应该成为社会精英、国家栋梁，不能等同于常人。孔子要求弟子们出类拔萃，对他们寄予厚望，自然而然。

事实是孔门弟子并非都能深刻领会老师的思想。最典型的就是樊迟，"请学稼"（《子路篇》），结果被孔子斥责为"小人"，目光短浅的一般人。如果做执政者或管理者，"好礼""好义""好信"，则民众自然"敬""服""用情"，而且四方民众都会前来投奔，哪里用得着自己去种田呢！其他弟子没有樊迟那样极端，但如果仅仅局限于"学也，禄在其中矣"，同样不符合孔门教旨。孔子说："三年学，不至于谷，不易得也。"（《泰伯篇》）谷，谷物，粮食，指俸禄。学的目的，不是拿俸禄，而是得道。

总而言之，孔子希望弟子们都成为君子，"谋道""忧道"，不要追求、计较、纠缠物质利益和物质生活。

愚以为，孔子思想中有严格的社会等级观念，同时有严格的社会分工意识。不能简单地批判等级观念落后，褒扬分工意识进步，其实二者在孔子头脑中水乳交融，无法分开。对孔子思想"同情地理解"，而后"批判地继承"，是正确的态度和方法。

"动之不以礼,未善也"

子曰:"知及之,仁不能守之,虽得之,必失之。知及之,仁能守之,不庄以莅之,则民不敬。知及之,仁能守之,庄以莅之,动之不以礼,未善也。"

此章共十一个"之"字,古今学者解释多有不同。愚以为,前十个"之"字为代词,含义相同,代指执政的官位。(春秋时期的王位和邦国之君位,主体仍是父亡子立或兄终弟及,不存在"知及之"。)说代指君位或天下国家,失于过大、过虚,恐不确。说代指"民",则难以通顺。最后一个"之"字应为语助词,无义。知——同智。及——至、到,引申为得到。庄——端重、严肃、认真。莅——到、临,引申为面对、对待。动——操作、行动。

孔子说:靠聪明才智得到官位,不能用仁德守住它,虽然得到了,也一定会失去。靠聪明才智得到官位,也能用仁德守住它,但是不能严肃认真地面对相应的职责,那么民众也不会敬服。靠聪明才智得到官位,也能用仁德守住它,又能严肃认真地面对相应的职责,但是操作、行动起来不遵守礼制、礼仪,不讲求礼节、礼貌,还是不好。

孔子以严谨的逻辑推演,对"学而优则仕者"提出了一步接一步的要求,以智"得之",以仁"守之",以庄"莅之",最后是"动之以礼"。智、仁、庄、礼,四种品德与能力,执政者缺一不可。只有智,

"好知不好学,其蔽也荡"(《阳货篇》),其失在荡,放浪,无根基,不坚定。诚然,"天子不仁,不保四海;诸侯不仁,不保社稷。"(《孟子·离娄上》)但只有仁,可能导致施政过宽,"政宽则民慢"(《左传·昭公二十年》),其失在宽。孔子一贯主张执政要"临之以庄"(《为政篇》),但只讲庄,则可能发展到严和猛,"猛则民残"(《左传·昭公二十年》),故其失在猛。因此,执政者的智、仁、庄要环环相扣,相辅相济,都要落实到礼,从而达到至善。

礼,是从上到下一系列明确的礼制、礼法、礼仪,是通行于社会的各种礼俗,是尊敬他人的礼节、礼貌。应该说,礼是国家运转、社会发展、人际交往的基本规矩、准则,是必不可少的润滑剂。没有礼,国家机器无法正常运转,整个社会无法有序发展,人与人无法和睦交往。没有礼,社会永远是史前的野蛮人群落。

拙文几次强调,孔子的治国纲领,高者是"为政以德"(《为政篇》),低者是"为国以礼"(《先进篇》)。二者要上下贯通、融合,才能取得完美的功效。"礼"不上升到"德",只能是失去灵魂的"礼"——实际是"法",从而导致苛政(愚以为,法家与儒家的一个重要区别正在于此)。"德"不能具体落实到"礼",在操作层面上会有种种问题产生,充其量也只是漏洞百出的德治和仁政。问题多多、漏洞百出的德治和仁政,自然是"未善也"。

"君子不可小知而可大受也"

子曰:"君子不可小知而可大受也,小人不可大受而可小知也。"

知——认识、了解,可引申为识别、鉴别。小知——从小处识别,即识别细枝末节。受——授的假借字。大受——在大事上授予,即授予重大任务。小人——应细分为三种情况:其一,一般人,常人;其二,品格低劣之人;其三,兼指两者。读者宜深辨之。此章小人当指一般人。

对此章理解自古以来基本一致。南北朝时就有学者说:"谓之君子,必有大成之量,不必能为小善也,故宜推诚闇信,虚以将受之,不可求备,责以细行也。"(《论语集释》)闇,暗的异体字。宋代朱熹继之:"盖君子于细事未必可观,而材德足以任重;小人虽器量浅狭,而未必无一长可取。"(《论语集注》)

本文亦采纳此解,意译为:对于君子,不可以从小处来苛求他,却可以授予他重大任务。对于一般人,不可以授予他重大任务,却可以从小处来赏识他。

孔子所有论人之语,都是在教育弟子正确看待他人,同时正确认识自己,此章亦然。作为人中之模范,君子可堪大任,但他们同样会有这样那样的弱点、缺点,乃至过错。不能要求君子是完人、全人,不能以瑕掩瑜,要观其主流、大节及重大贡献和成就。孔门重要弟子子夏从老师教诲中得出自己的结论："大德不逾闲,小德出入可也。"(《子张篇》)闲,木栅栏,引申为法度、界限。大的道德规范不越过界限,小的道德表现有点出入是可以的。

无论是"君子不可小知",还是"小德出入可也",都是观人、论人之语,即待人要宽容,看问题要全面和辩证。而君子反观自己则是另一番景象,律己要严,谨言慎行需体现在方方面面。故上述两语不可用作自我要求标准,也就是说,不拘小节不该是君子的主观意念和主动行为。君子的修养向来讲千里之堤溃于蚁穴,讲防微杜渐。待人与律己,是两个问题,不可简单混同。

在孔子眼中,作为大多数的一般人,其素质难以承担重大使命,但他们却可能有各自的不同优势、长处、特点,显示独特的作用和价值。对一般人"小知",其实是对他们的一种肯定。

学习此章,会产生一个问题,即君子为何"可大受",小人为何"不可大受"。人们可从孔子其他言语中推知,孔子实际认为君子道德高、修养好、知识多,故"可大受";小人道德低、修养差、知识少,故"不可大受"。其中,道德最为孔子所看重,重到认为道德可以决定一切,故称孔子为道德至上论者并不过分。然而,客观事实说明,道德并不能决定一切。这,恰恰是孔子理想主义的悲剧所在。

紧接着会出现一个似乎幼稚却有意味的问题:有没有"不可大受"的君子?冷静地、全面地思考,不能不给予肯定回答。心胸善良仁爱,言行守规中矩,但才智不足,能力有限,这样的人具备必要条件,缺乏充分条件,仍在君子之列,却难以承担重大使命。当然,仅从做人角度论,他们自是"大成"。考察孔子之言,只是具有相对的真理性。

"民之于仁也,甚于水火"

子曰:"民之于仁也,甚于水火。水火,吾见蹈而死者矣,未见蹈仁而死者也。"

古今通行说法,此章主旨是"勉人为仁"。译成现代汉语,大约是:民众对于仁的需要,比对于水火的需要更急切;我见过溺水蹈火而死的,没见过实行仁而死的。

孔子真是在勉励人们去行仁吗?读者诸君读了译文不觉得别扭且糊涂吗?鄙人可是读起来别扭,想起来糊涂。反复学习之后,愚以为这是误读。

此章有个关键词组"水火",何义?《孟子·尽心上》有言:"民非水火不生活。"指饮用之水、烧饭之火。绝大多数人,包括杨伯峻先生等权威学者,都把第一句的"水火"理解成日常生活必不可少的水与火,结果自然有上述译文。而后一句的"水火"显然是另外的意思,即其比喻义,患难、困苦或危险。同是孟子,在《梁惠王下》中说:"以万乘之国伐万乘之国,箪食壶浆以迎王师,岂有他哉?避水火也。"孟子回答齐宣王问话时说,齐国攻打燕国,燕国的百姓热烈欢迎齐国的军队,只不过是他们想逃离水深火热的苦日子罢了。两个"水火"意思不同,造成整章文字不通畅,内容不易解。事实上,第一句的"水火"也是比喻义。而水火危险,需避之;生活痛苦,亦欲远离。故第一句的正确意思应该是:民众远离仁比远离水火更甚。

鉴于南怀瑾先生的《论语别裁》影响较广。因此提一下相关论点。先生正确地理解了"水火"的困苦、危险义,但错误地理解了全句,认为民众害怕仁比害怕水火更甚。民众害怕仁,没有任何理由,说不通。事实是民众无知,不懂仁为何物,所言所行客观上离仁甚远。换句话说,就是民众无仁。

此章后两句话是对第一句话的补充说明,进一步强调。"水火,吾见蹈而死者矣"是说,人们一般都远避水火,可仍有为大义而赴汤蹈火者,有因顽劣而戏水玩火者,有因厌世而跳水投火者,尽管人少,毕竟未绝,而无论哪种人都有可能丧生。

"未见蹈仁而死者也",是说民众离仁很远,比离水火更远,远到根本没人去实行仁。民众虽远离水火,然而终究有人去蹈水火而丧命。"民之于仁也,甚于水火"就甚在此。南怀瑾先生解释最后一句说,仁不可怕,真去做的话不会死人的,还会有好处云云。用意虽好,却不是孔子本意。远水火是有意的主观行动,远仁是因无知形成的客观局面和状况,两者比较,似乎不尽妥帖。或者说,远水火与远仁的可比性很低。这可能是后人难以正确理解此章的一个原因。其实,南北朝时皇侃曾引三国时王弼的话:"民之远于仁,甚于远水火也。见有蹈水火死者,未尝蹈仁死者也。"(《论语集释》)只不过,此卓识被湮没在一千多年浩若烟海的俗见之中,未被人强调罢了。

总而言之,此章主旨不是"勉人为仁",而是两句"时评",以文学性的语言委婉地批评民众无仁!

孔子是社会批评家,主要抨击上层统治者,但对社会现象以及民众也时有针砭,《论语》中并不少见。如《雍也篇》:"中庸之为德也,其至矣乎!民鲜久矣!"深沉的感叹,批评民众缺少中庸这一至德已经很久了。如《阳货篇》:"古者民有三疾……今之狂也荡……今之矜也忿戾……今之愚也诈而已矣。"激烈的愤慨,批评民众放荡无羁、忿怨好争、欺蒙狡诈。以及前文"我未见好仁者"。这类批评,与委婉地批评民众无仁,是同一类话题。

"君子贞而不谅"

子曰:"君子贞而不谅。"

贞——正也。正大,纯正,平正。《易·乾卦》"元亨利贞",《书·太甲》"一人元良,万邦以贞",贞均作正义。

谅——信也。诚信,信实,诚实。典籍及辞书均作此解。仅《康熙字典》曰:"又小信也。《论语》:'岂若匹夫匹妇之为谅也。'"固守小信的谅,已是贬义词。

杨伯峻先生《论语译注》将此章译为:"君子讲大信,却不讲小信。"

古棣先生《论语译说》则译:"君子行得正就不必诚信。"

钱穆先生《论语新解》译作:"君子只固守正道,不拘执小信。"

比较而言,本文认为钱穆先生的译文较好。

《论语》中,三十多个信字,有一个作信心解,有几个作相信、信任解,二十多个都是正面的诚信义。不过,有两个信字值得注意。一是《阳货篇》"好信不好学,其蔽也贼",喜好守诺却不愿意学习,其弊病是害人害己。二是《子路篇》"言必信,行必果。硁硁然小人哉",说话一定算数,做事一定坚决干到底,这是固执的小人啊。可见,在特定语境中,信有可能导致负面意思。

《论语》三次用谅字,一处是正面义,《季氏篇》"友谅";两处是负面义,《宪问篇》"岂若匹夫匹妇之为谅也",《卫灵公篇》"君子贞而不谅"。清代学者将谅字区分为诚信和小信,即从孔子语而来,本文以为可以成立。

诚信当然是重要的道德品质,仁、义、礼、智、信"五常"之一。且如大车之輗(音尼)、小车之軏(音月),虽为销子一类的部件,却有关键的地位和作用。但是,正如拙文多次说过,孔子的观点多从实践中来,思考和阐述又相当辩证,他必是发现了弟子中和社会人员中的一种现象,即不好学习,仁义不足,可又不失质朴、率真,"言必信,行必果"。这种人,优劣并存,好坏掺杂,远达不到君子的正大。君子是较全面的表率,但最本质、第一位的还是仁、义,也可以说是贞。没有正心、正意、正行、正道,其他一切都没有意义。

举一个常听常见的事例。从古至今的江湖上,甚至包括黑社会,都推崇信用,但他们守信的结果和目的,不外乎个人或小集团的利益、名誉,有些还充满罪恶。这种信用,在全社会的公平、正义面前,值得赞赏吗?

孟子继承了孔子的观点。他说:"大人者,言不必信,行不必果,惟义所在。"(《孟子·离娄下》)大义是:有德行的人,说话不一定句句守信,办事不一定件件落实,一切只按义的标准去衡量。

考察一个历史人物的经历,可以深刻理解孔孟这个观点,此人即大名鼎鼎的魏征。其初为道士,后投李密,再后降唐,为太子李建成部属,玄武门之变后又归顺李世民。千余年来,无人认为魏征不守信用。魏征胸怀治理天下的大志,顺应历史潮流,择良木而栖,正体现了他的大义。

"贞而不谅",主要是强调贞,同时说明当谅与贞发生冲突时,要取贞舍谅。孔子并未否定诚信,此语不能成为不守信用的借口。

"有教无类"

即便是批判乃至要打倒孔子的人,也不否认孔子教育思想及教学方法的进步性、合理性,更不必说占绝大多数的其他人了。而人们首先赞扬的就是"有教无类"(《卫灵公篇》)。

据史料记载,西周已有最初的学校教育,分小学、大学两种。小学设在城墙内王宫外,收八岁以上儿童,教授识字、算术及初级礼、乐等。大学建在城郊,收十五岁以上少年,教授礼、乐、射、御等。学生都是王族之子、卿大夫之子等少数贵族后代。老师则由周天子的官吏担任。

西周灭亡,平王东迁,周室式微,许多官吏失去了过去的地位,沦落至诸侯国或民间,"太师挚适齐,亚饭干适楚,三饭缭适蔡,四饭缺适秦,鼓方叔入于河,播鼗武入于汉,少师阳、击磬襄入于海"(《微子篇》),造成"天子失学,官学在四夷"(《左传·昭公十七年》)。这种变化,对文化的传播、普及是件好事。

春秋晚期,私学兴起,教育垄断被彻底打破。孔子的伟大,在于顺应了社会发展的必然,率先创办了规模宏大的私学,率先提出了"有教无类"的思想,为当世树立了楷模,为后代指明了方向。

孔子收取学生,没有部族、地域、身份以及尊卑、贫富、贤愚等等方面要求。《述而篇》载:"子曰:'自行束脩以上,吾未尝无诲焉。'"束脩,一解以脩为肉脯,十条为束。另一解认为束脩指束发修饰,古时年十五始束发,谓成童。较多学者采用前解,把孔子的话理解为:只要自己带十来条肉脯送上作见面礼,我从来没有不加以教诲的。

笔者推想，束脩虽是薄礼，但终有拿不出而又诚心求学者，以孔子的胸襟应该不会拒绝吧。

因此，孔子的学生十分庞杂。《尚书大传·略说》记载了以下一段对话：南郭惠子问子贡："夫子之门,何其杂也?"子贡回答说："君子正身以候，欲来者不拒，欲去者不止。且夫良医之门多病人，隐括之侧多枉木，是以杂也。"隐括，矫正斜曲的器具。史传孔门弟子三千，虽是概而言之，但人数众多、身份各异则无疑。

古今学者对"有教无类"的解释大体相似，如杨伯峻先生译成"人人我都教育，没有（贫富、地域等等）区别"，钱穆先生译成"人只该有教化，不再分类别"。不过，笔者学习时感到有个问题，即前辈们解读重点都放在"无类"上，对"有教"缺少深究。

如果孔子单纯强调人人都有受教育的权利，那么他应该精练地说"教无类"；如果孔子仅仅是在说自己，那么他应该确切地说"吾教无类"。愚以为，孔子在强调"无类"之前首先强调了"有教"，"有教"是"无类"的前提。有，本义是取得、占有，引申为存在、发生等义。"有教"所指似有两种可能：其一，孔子在训导弟子们，要取得、拥有教育的资格本领，开展、普及教育。孔门后辈弟子重为师传道，似可确证此意。其二，孔子在一般性地论述，一个国家要高度重视并发展面对全社会的教育事业。总之，"有教无类"有两个重点，"有教"的概念起码与"无类"同等重要。

"辞,达而已矣"

> 子曰:"辞,达而已矣。"

辞——包括单词、词组、词句、辞章。达——通达,透彻,明白。

古代有一类学者认为,此语是孔子对邦交而发,引"使于四方,不能专对"(《子路篇》),说"辞"即指"专对"之辞。进一步论证,辞达即言辞恰如其分地表达意思。"辞无常,孙而说。辞多则史,少则不达。辞苟足以达,义之至也。"(《仪礼·聘礼》)言辞没有死规定,只需谦逊、和悦。言辞太多,就会过于繁杂;言辞太少,就不能把意思表达清楚。言辞如果足以达意而不泛滥,那才是最高标准。

另一类学者笼统说"辞",不认可专指邦交之辞;而且,特别强调"达"的实在、准确、明白之义。汉代孔安国说:"凡事莫过于实,辞达则足矣,不烦文艳之辞。"宋代朱熹说:"辞,取达意为止,不以富丽为工。"(《论语集释》)如今,均从后一类学者,一般译作:"言辞,能够通顺、明白地表达意思就可以了。"言下之意,就是说话、撰文,达意为主,无需修饰,不必富丽,避免冗长。正如晋代陆机所言:"要辞达而理举,故无取乎冗长。"(《文赋》)

孔子的这一主张,并非信口拈来,而是有其深刻的内在原因。在孔子心目中,"君子欲讷于言"(《里仁篇》),"仁者其言也讱"(《颜渊篇》)。讷,讱,则必慎重、稳妥、准确、简要。同时,孔子认为"巧言乱德"(《卫灵公篇》),"巧言令色,鲜矣仁"(《阳货篇》)。巧言,或花言巧语,或夸夸其谈,或强词夺理,必油滑、浮夸、牵强、冗长,混淆是非、善恶。言辞如何,体现道德高下,这是语言发展史上空前绝后的论说,立意高绝,震聋发聩。也就是说,言为心声,具备何种道德水准和修养境界,就会有与之相应的言辞表达。仁者,君子的一个本质特征就是质朴,要少说多做,言行一致;而说出的话,写出的文,钉是钉,铆是铆。

孔子的话还有鲜明的时代特征。从文字语言来说,则更清楚。殷商甲骨文和商周钟鼎文属于中国文字语言发展的早期,简略是其突出特色。春秋是由简入繁的过渡期,其语言虽远比《尚书》《诗经》为繁,但仍然简约。文字语言的丰富表述,以及广泛传播,到战国才形成第一个高潮。代表人物是孟子、庄子、屈原等人。其时,语言的记事、立意、表情之功能,止于"达"已不足。于是,有了孟子层层推理的大段议论,有了庄子汪洋恣肆的自由挥发,有了屈原辽阔绚烂的尽情抒写。"文艳之辞""富丽为工"经常成为必要的表达手段。

不过,"辞达"的准确、明白之义,仍是基本原则、核心原则。此原则永远不会变,以此衡量当今某些人的话与文,常感辞不达意,文不对题。最令人头疼者,是部分食洋不化的"海归",其文佶屈聱牙,难以卒读;以及众多沉溺自我的"网虫",其文疙疙瘩瘩,不知所云。

"固相师之道也"

　　师冕见。及阶,子曰:"阶也。"及席,子曰:"席也。"皆坐,子告之曰:"某在斯,某在斯。"师冕出。子张问曰:"与师言之道与?"子曰:"然!固相师之道也。"

师冕——叫作冕的乐师。其时著名乐师还有师挚、师旷等。乐师多为盲人,师旷则是自己把双眼刺瞎,以专心于音乐。**及阶**——到达台阶。**斯**——指示代词,近指,这里。**言**——引申为交流。**道**——方式、方法。**固**——副词,本来、诚然。**相**——音第四声,辅助,亦指导引盲人的人。

　　盲人乐师冕来见孔子。走到台阶前,孔子说:"这是台阶。"走到坐席边,孔子说:"这是坐席。"大家都坐下后,孔子告诉师冕说:"某人在这里,某人在这里。"会见后师冕告辞。子张问道:"这些都是和盲人乐师交流的方式吗?"孔子说:"是的!这本来就是帮助盲人乐师的方式。"

　　此章记录了一段日常的普通场景,非常具体、生动。孔子的言谈举止显示出对盲人乐师的尊重、诚恳、温和、细心。令人不禁想起《子罕篇》所载:"子见齐衰者、冕衣裳者与瞽者——见之虽少,必作;过之必趋。"孔子看见穿丧服的人、戴礼帽着礼服的人和盲人——看到的哪怕是年轻人,如果原来坐着也一定站起来,从他们面前经过必是小步快走,以示敬意,且不影响他们。这都说明,对在生命中遭遇各种不幸的人,孔子的态度是恭谨、同情、爱怜,必要时出手相助。

"恻隐之心,人皆有之","恻隐之心,仁也";"恭敬之心,人皆有之","恭敬之心,礼也"。(《孟子·告子上》)孔子深怀仁爱之心、礼让之心,所以面对弱者,特别是残疾人,油然而生关爱之情和扶助之举。孔子说什么,做什么,已不是思考之后的有意为之,而是由内心支配而并不经意的自在表现。境界之高,正在此处。

绝大多数人都有恻隐之心、礼让之心,但充实程度不一。很多人面对弱者会有思想考量,分析、判断之后,结果是关心、帮助,这当然应该充分肯定,尽管其境界不是最高。也有不少人盘算之后觉得与自己无关,或者对自己不利,因而视而不见,听而不闻,最多是瞥了几眼同情的目光,其为人如何需要打上一个问号。还有人并未动脑子,立马表现出冷漠、嫌弃,那么可以断定这些人缺少仁爱和礼让之心,说严重一点,他们"非人也"(《孟子·公孙丑上》),简直不是人!……人性之复杂,人品之高下,诚然不会如此简单,本文略说一二,以促人深思耳。

季氏篇

"均""和""安"

孔子论政篇幅最长的,是《季氏篇》第一章,有二百七十多字,与其他论政章节不同。

此章大意是:季康子准备讨伐颛臾,颛臾是鲁国东边的小国,离季氏封地费仅七十里。在季康子手下做事的冉有、子路将这一消息告诉了老师。孔子认为,颛臾是先王封国,不可伐;且在邦域之中,不必伐,又是社稷之臣,非季氏所当伐。孔子严厉责备冉有,不仅未能尽到谏止季康子的责任,而且口是心非。接着,孔子论述为政的根本目的,指出应当如何正确对待边远小国。最后,孔子认为季康子担心的并不是颛臾,而是鲁君的动向。

后人特别看重孔子的这样一段议论:"丘也闻,有国有家者,不患寡(贫)而患不均,不患贫(寡)而患不安。盖均无贫,和无寡,安无倾。"学者们认为,括号中字为正字,前一字则误;不过沿用已久,不改也无妨。

有国者,无需解说。有家者,非单户小家之主,而指拥有"百乘之家"(《公冶长篇》)的人,即有封地的卿大夫。愚以为,似乎还应包括氏族的大小族长,以及社会中下级组织的领导者、管理者。

贫——朱熹注"谓财乏"。财——乃广义,包括生活、生产资料,尤其是土地农田,自然也包括生产成果。

均——《说文》训为"平",指公平。朱熹注"谓各得其分"。财富与人的地位、身份相对应,指同一等级的人之间财富大体相当。

如此可基本杜绝人们的横向攀比。各得其分承认不同等级的人贫富差别,显然并非普世的平均主义。

寡——朱熹注"谓民少"。一说指劳动力少,包括奴隶。

安——朱熹注"谓上下相安"。

国君也好,卿大夫也好,族长及中下层领导也好,不必担心下边财富不多,而应担心下边同类人之间的分配不均;不必担心人少,而应担心社会不安定。这一思想是前人的实践经验总结,"丘也闻",孔子赞同这种说法。

"盖均无贫,和无寡,安无倾。"这才是孔子的论断。盖,句首助词,表示推测性的论断语气。财富分配公平而均匀,大家各得其份,无从比较,就无所谓谁贫穷谁富有。孔子很少谈经济问题,学者们认为"均无贫"是孔子最重要的经济思想。国家、地方以及各级组织内部和睦团结,齐心协力如同一人,就不显得人少。后人自可推论,人再多,一盘散沙,乃至窝里斗,也是无用。两句话都含有辩证逻辑思想,值得称道。最后一句,社会安定、安宁了,就没有分裂和倾覆的危险。

显然,"均""和""安"是孔子的一种理想展望,分别从经济、政治、社会角度提出目标。尤其是政之"和",孔子不止一次说过。其中最突出的,是《左传·昭公二十年》所载孔子论郑国子大叔执政的那段话(拙文曾引用)。孔子认为宽猛相济,"政是以和",然后引用《诗经》的句子进一步说明为政"平之以和",最后达到"和之至"。至于"礼之用,和为贵"(《学而篇》),虽是有子说的,但却是孔子教的,当然是孔子思想。

孔子政治思想,有纲领,有方针,有措施,又有"均""和""安"之目标,构成了一个比较完整的体系。

"修文德以来之"

> 季氏将伐颛臾。……孔子曰:"求!君子疾夫舍曰欲之而必为之辞。丘也闻有国有家者,不患寡而患不均,不患贫而患不安。盖均无贫,和无寡,安无倾。夫如是,故远人不服,则修文德以来之。既来之,则安之。今由与求也,相夫子,远人不服,而不能来也;邦分崩离析,而不能守也;而谋动干戈于邦内。吾恐季孙之忧,不在颛臾,而在萧墙之内也。"

此章季氏是季桓子之后的季康子,其时孔子已届晚年,周游列国之后返回了鲁国。颛臾,在鲁国域内东部蒙山一带,离季氏封地费邑不远,亦西周所封小国,附庸于鲁国。季康子为扩大势力,打算吞并颛臾。其家臣冉有、子路将此事告诉老师,孔子坚决反对,批评两位弟子之后反复阐述不可伐颛臾的道理。其中一些内容,拙文曾经解读,这里只谈"夫如是,故远人不服,则修文德以来之。既来之,则安之"。

远人——远方之人。从全文看,孔子是由点及面,阐述一个政治主张,所说"远人"具体是指颛臾,但并非专指颛臾。孔子周游列国时,曾答楚国大夫叶公问政,说"近者说,远者来"(《子路篇》),"远人"与此"远者"同义,泛指一切远方之人。

文德——《辞源》曰:"指以礼乐教化进行统治。常对'武功'而言。"《古汉语大词典》曰:"文治之德,谓礼乐教化。"用现代流行说法,所谓"修文德"就是采用非武力的文化的政策和办法。

来之,安之——意为使之来,使之安。这是古汉语常见的使动用法。之,代指远人。

可以看出,孔子有一贯的思想,即"有国有家者"在治理好自己国家的基础上,要处理好与周边国家和地区的关系。步骤有二,一是用自己先进的文化影响、感染、吸引他们,使他们向往、学习乃至归服,而非"谋动干戈"以降服;二是在他们归服之后,要采取措施使他们安心、稳定下来,而不产生反复。

先秦两三千年间,除中原的华夏之外,东有夷,西有戎,北有狄,南有蛮,四方都是少数民族的不同部落。应该说,各个地区的发展是有差别的。差别在哪里呢?孔子说:"夷狄之有君,不如诸夏之亡也。"(《八佾篇》)夷狄即便有君,也不如诸夏无君,意思是指夷狄在礼乐方面远远落后于诸夏,也就是夷狄的文化不发达,文明程度低。后世学者据此总结,诸夏与夷狄之别只在于文化,而不在于种族、肤色等方面。这一观点是十分先进的,具有重大意义。

"子欲居九夷。或曰:'陋,如之何?'子曰:'君子居之,何陋之有?'"(《子罕篇》)九夷,东方各族,可参见《后汉书·东夷传》"夷有九种……"。孔子想到东方夷地去住(这里不谈孔子为什么想去),有人说:"那里很闭塞,很落后,怎么能住呢?"孔子说:"有君子去住,就不闭塞、不落后了。"这有两种意思,一是君子重内在修为,不在意外部环境;二是东夷落后的文化是可以改变的,而君子就是文化的普及者、提高者。

孔子的心地是和善的,胸怀是博大的,眼光是长远的,他主张经济、文化发达的国家和地区绝不能以武力欺凌"远人",而应以先进的文化感召"远人",让"远人"的文明程度得到提高,使各地区、各民族和平相处,共同发展。毫无疑问,孔子的这一思想至今熠熠闪光。

"天下有道"

《论语》的许多篇章都能体现出孔子的社会理想和政治理想,其中以《季氏篇》第二章最为突出:

> 孔子曰:"天下有道,则礼乐征伐自天子出;天下无道,则礼乐征伐自诸侯出。自诸侯出,盖十世希不失矣;自大夫出,五世希不失矣;陪臣执国命,三世希不失矣。天下有道,则政不在大夫。天下有道,则庶人不议。"

有道——上轨道,有规则,多数学者解释为政治清明,天下太平。希不失——极少不失去,希同稀。陪臣——卿、大夫的家臣,即"臣的臣"。庶人——平民百姓。

杨伯峻先生认为,此章是孔子考察历史尤其是春秋时事以后所得出的结论。此说有据,得到公认。在孔子看来,尧、舜、禹时代以及西周都是天下太平、政治清明的时代,制礼作乐、出兵征伐这些国家大事都由天子决定。而春秋以降,天下大乱,周王室大权旁落,诸侯各自为政,乃至大夫、陪臣掌权。不过,诸侯专权,到了十代很少有不垮台的。齐国自桓公称霸,历经孝公、昭公、懿公、惠公、顷公、灵公、庄公、景公、悼公、简公,共十一代,最后简公被陈姓人所杀,姜姓侯退出历史舞台。晋国自文公称霸,历经襄公、灵公、成公、景公、厉公、平公、昭公、顷公,共九代,最后是六卿专权。而卿或大夫专权,到了五代很少有不垮台的。鲁国自季友专政,历经文子、武子、平子、桓子,最后桓子为家臣阳虎所执,是孔子所亲见。至于家臣南蒯、公山弗扰、阳虎篡权,都是当身而败,并不曾到三代,孔子乃宽言之。

杨伯峻先生总结说:"这也是历史演变的必然,愈近变动时代,权力再分配的斗争,一定愈加激烈。这却是孔子所不明白的。"并未讳言孔子的局限。愚以为,孔子实际上是借总结历史之机提出自己的社会理想和政治理想,这种理想简言之即"天下有道"。从孔子话语中不难分析出"天下有道"的具体含义,起码有如下四项。

其一,国家统一。孔子显然反对诸侯割据,反对四分五裂,而主张全中国统一。孔子的这一思想十分博大,是可以超越历史的,在整个地球变成大同世界之前都不会过时。

其二,权力集中。统一的国家只有一个中央政府,具有最高的权威,不允许地方政府和各级官员各自为政,削弱国家权力。自然,一切听命于"天子"个人的主张,今天看来是太落后了。不过,我们不能要求孔子具有现代民主思想。

其三,社会稳定。全社会没有叛变,没有动乱,所有成员各在其位,各司其职,各得其所,分工明确,秩序井然。

其四,人际和谐。政府和官员实行"德治","博施于民而能济众",人民生活无忧乃至幸福。上下关系、群体关系、个人关系和睦、温馨,没有重大矛盾。平民百姓不非议政治,因为所实行的政治都是代表他们利益的。

十分明显,孔子的"天下有道"带有强烈的理想主义色彩。正是由此出发,所以孔子才看不惯春秋时期的混乱,认为是"天下无道",而向往尧舜时代和周公时代的太平。春秋的巨变是历史的必然,是不以人的意志为转移的。在这种复杂的大背景下,能够纵横捭阖、游刃有余的只是少数掌握大权的政治家。孔子则不同,他主要是思想家、文化人和教育家,又处于权力中心之外(中年时期当"中都宰""司空""大司寇"的那几年除外),是"在野党",他对现实的态度主要是忧患和批判。

"禄之去公室"

孔子曰:"禄之去公室,五世矣。政逮于大夫,四世矣。故夫三桓之子孙微矣。"

禄——古代官吏的俸给;此章之禄指爵禄赏罚之权,即君权。公室——诸侯国国君的朝廷。禄之去公室,这里仅举一例,据《左传》载:襄公十一年,季孙氏、孟孙氏、叔孙氏三分公室,三家各占其一;至昭公五年,三家又四分公室,季孙氏占其二,孟孙氏、叔孙氏各占其一,全面控制军、政、财权,公室靠三家进贡来维持。

五世——学者们认为是宣公、成公、襄公、昭公、定公。此五世之后是哀公。孔子生于襄公二十二年,卒于哀公十六年,历经四公。学者们考证,此章所言是孔子在定公五年或稍前时说的,其时孔子最多不过四十七岁。

逮——及、到义。四世——由于季孙氏势力最大,掌握实权,所以这里的四世以他们为代表,指宣公时的季文子和以后的季武子、季平子、季桓子,共四代。这四世之后的下一代是季康子,在《论语》中几次出现。

故夫——古人云"故夫者,有所因而言""故是仍前之语,夫是生后之词"。现在一般作连词,所以。

三桓——鲁桓公(以下是庄公、闵公、僖公、文公、宣公……)死后,太子同即位,是为庄公。庄公有三个弟弟,异母弟庆父和叔牙、同母弟季友。庄公在位三十二年,在他病重时,他的三个弟弟围绕继承人问题展开斗争。首先,企图立庆父为君的叔牙被害死。庄公无嫡子,季友在庄公死后按其意立庄公庶子斑。庆父派人杀斑,季友逃走。庆父立庄公另一庶子启方,是为闵公。闵公在位仅一年多,请齐国帮助季友返鲁。庆父谋杀闵公,欲自立。季友立庄公另一庶子公子申,是为僖公,庆父自杀。僖公即位,季友为相,取得汶阳(今山东泰安西南)和费(今山东费县)为封邑,是为季孙氏。庆父后人称仲孙氏,后改为孟孙氏,封邑在成(今山东宁阳县北)。叔牙后人称叔孙氏,封邑在郈(音后,今山东东平附近)。季孙氏、孟孙氏、叔孙氏这三支桓公后代掌握鲁国实权多年,称三桓。

孔子说:"政权离开国君,已经有五朝了。政权到了大夫手里,已经有四代了。照这样下去三桓的子孙也要衰败了。"

孔子说这话时,已经看到三桓的家臣(即"陪臣")气焰嚣张,不可一世。很快,孔子的分析得到进一步证实。据《左传》载:定公五年,季氏家臣阳虎囚禁他的主人季桓子,诛杀和驱逐鲁国大夫;定公八年,阳虎网罗在三桓那里不受宠信的人,"欲去三桓",公然劫持鲁定公攻打孟孙氏,发起大规模叛乱……

孔子对鲁国的形势有清醒的认识,对其他国家的情况也有所了解,所以此后又提出带有普遍意义的论断:"天下有道,则礼乐征伐自天子出。天下无道,则礼乐征伐自诸侯出。自诸侯出,盖十世希不失矣。自大夫出,五世希不失矣。陪臣执国命,三世希不失矣。天下有道,则政不在大夫。天下有道,则庶人不议。"(《季氏篇》)此章文字同时反映出孔子的政治思想和社会理想,拙文曾作简要解读。

春秋中后期,社会动荡,天下大乱。在激烈的权力斗争中,孔子的主张看似属于正统派,但他的思想实际上是非常丰富和复杂的。

孔子对国君、大夫、陪臣都有批判,认为他们多是无德无道之人。孔子心目中理想的掌权者是"济众""安百姓"的圣贤之人,如尧、舜、禹、文王、周公。

"益者三友,损者三友"

孔子曰:"益者三友,损者三友。友直,友谅,友多闻,益矣。友便辟,友善柔,友便佞,损矣。"

宋代邢昺疏:"谅,谓诚信。"朱熹注:"友谅,则近于诚。"本章之谅即诚信义。谅还有一种意思,即固守小信、固执,由褒义而转向贬义。朱熹注:"谅,小信也。"清代刘宝楠注:"谅者,信而不通之谓。"《宪问篇》"岂若匹夫匹妇之为谅也"、《卫灵公篇》"君子贞而不谅"之谅即此义。同为谅,是哪种意思要视文句而定。

便——音pián,口齿敏捷,能言善辩。辟——通僻,偏僻、邪僻,不诚实,如《先进篇》"师也辟"。佞——伶牙俐齿,花言巧语。邢昺、朱熹均曰:"佞,口才也。"

便辟——曲意逢迎、谄媚于人。汉代马融曰:"便辟,巧避人之所忌,以求容媚。"朱熹注:"便辟,谓习于威仪而不直。"便佞——花言巧语,夸夸其谈。朱熹注:"便佞,谓习于口语,而无闻见之实。"

善柔——善于装出和悦的脸色。马融曰:"面柔也。"邢昺疏:"善柔,谓面柔,和颜悦色以诱人者也。"朱熹注:"善柔,谓工于媚悦而不谅。"便辟、善柔、便佞都是心术不正、心机颇深的小人。

"友××",与前篇拙文所讲"乐××"结构相同。友作动词,则为动宾结构,意为"亲近、结交××"。友作名词,则是名词的意动用法,意为"以××为友"。现代学者解经,两种说法都有。

孔子说,有益的朋友有三种,有害的朋友有三种。以正直的人为友,以诚信的人为友,以见闻广博的人为友,是有益的。以善于奉承、会拍马屁的人为友,以装出笑脸、表面和顺的人为友,以花言巧语、夸夸其谈的人为友,就有害了。

此章谈交友之道。孔子以三喻多,益、损之友自然不只各有三种。孔子这里突出强调,交友要看对方人品、人格怎么样。孔子绝非随意泛泛而谈,而是以他的人生阅历、人生智慧告诉弟子们,应该以什么样的人为朋友,为同道。"道不同,不相为谋。"(《卫灵公篇》)各走各的路好了。

孔子还说过:"无友不如己者。"(《学而篇》)拙文曾作说明,对此语不能作机械的理解,谁都只以胜己者为友,那就谁都没有朋友了。此语意思是说,所交之友都有长于自己之处,都有值得自己学习之处。一个君子,或向同一目标前进的准君子,必然日进其德,"见贤思齐"(《里仁篇》),向人家学习、靠拢;而对这种虚心求学之人,贤者必愿与之为友,可谓惺惺相惜。一个人只要谦虚好学,必能常见别人胜己处,"三人行,必有我师焉"(《述而篇》),极易得友。

孔子所讲,现代人尤其是青年多有不懂,而择友、交友仅凭两条:一是情感,二是利益。从情感出发,本该充分肯定,但实际情况十分复杂,有时情感会蒙蔽双眼和心智,背离原则。从利益出发,比比皆是,但却应该完全否定。青少年交友不慎而误入歧途者,不在少数。《说苑·杂言》曰:"与善人居,如入兰芷之室,久而不闻其香,则与之化矣;与恶人居,如入鲍鱼之肆,久而不闻其臭,亦与之化矣。"亦即近朱者赤,近墨者黑。无数事实证明,的确如此。

"益者三乐,损者三乐"

孔子曰:"益者三乐,损者三乐。乐节礼乐,乐道人之善,乐多贤友,益矣。乐骄乐,乐佚游,乐宴乐,损矣。"

古今一些学者指出,此章十一个乐字应分三读:礼乐之乐音 yuè,指音乐;骄乐、宴乐之乐音 lè,指快乐;其余八个乐音 yào,义为喜好,如"知者乐水,仁者乐山"(《雍也篇》)。不过,现代不少学者把除礼乐之乐以外的十个乐字都作快乐解,把六种"乐××"都看作是古汉语常见的名词意动用法,即"以××为快乐"。

节礼乐——礼规定合法、合理、规范,乐强调和谐、适度、优美,生活的方方面面均由礼乐调节到不失其正,中和圆融而不觉受制,内心就会生发出平和的快乐。相反,则是"骄乐",即骄狂、恣肆、放纵之乐。"季氏八佾舞于庭"(《八佾篇》),季氏以大夫之位享天子六十四人之舞,僭越礼制,即是骄乐一种。

道人之善——古今学者大多解释为称道别人的长处、好处。但是,先秦"道"字极少言说义,且汉唐旧本《论语》此"道"多作"导",愚以为"导"义为优。孟子说:"君子有三乐……得天下英才而教育之,三乐也。"(《孟子·尽心上》)这可以佐证孔子说的是以引导别人向善为快乐。

"多贤友"无异义,指多结交德才兼备的朋友。

佚游——佚同逸,佚游指无所事事、无节制、放荡的游逛。"宴乐",多数学者认为是指设宴聚饮,寻欢作乐。

古人常以三喻多,孔子也是如此,择其要者而言之。益、损之乐不只各有三种,后学者自己可以类推。今之生活方式已与古代大不同,娱乐项目日新月异,声色犬马超过以往,益、损之乐当有新的内容,新的标准。不过,孔子讲的基本原则并不过时。

人的本性都追求快乐,向往幸福。快乐与幸福不仅是普遍的现实问题,也是古今中外思想家们研究的理论问题。研读《论语》,可以对孔子的相关思想作出如下结论:其一,孔子很重视"乐",多次谈论"乐";其二,孔子并不否认物质生活和个人自由的快乐;其三,孔子实际上认为快乐与人的思想和道德有关,不同品行的人有不同的快乐追求,物质生活和个人自由的快乐要有礼,有节,否则于己于人就有害了;其四,孔子推崇精神生活的快乐。

孔子推崇精神之乐,实例很多。"子曰:'饭疏食,饮水,曲肱而枕之,乐亦在其中矣。不义而富且贵,于我如浮云。'"(《述而篇》)吃粗饭,喝生水,弯臂当枕,何乐之有?一般人难以领会。一个求道求义之人的关注点,不在物质,而在精神,在任何艰难困苦的境遇中只要心有所得,快乐便油然而生。

"子曰:'贤哉回也!一箪食,一瓢饮,在陋巷。人不堪其忧,回也不改其乐。贤哉回也!'"(《雍也篇》)颜回之乐就是上述孔子自言之乐。宋代学者大讲"孔颜乐处",乐在哪里?乐在高尚的精神追求,特别是学有所得之际

"子曰:'学而时习之,不亦说乎?有朋自远方来,不亦乐乎?……'"(《学而篇》)说同悦。"子曰:'……忘愤忘食,乐以忘忧,不知老之将至云尔。'"(《述而篇》)孔子好学,好思,直至终年,每有心得,其乐怡然。此种喜悦难以向外人细说,而非同道者亦难以领会此种高层次的快乐。

"侍于君子有三愆"

孔子曰："侍于君子有三愆：言未及之而言，谓之躁；言及之而不言，谓之隐；未见颜色而言，谓之瞽。"

侍——陪侍，伺候。君子——应指尊长，包括长辈、老师、长官。愆——音牵，失误，过失。躁——毛躁，急躁。《鲁论语》躁作傲，《荀子·劝学》"未可与言而言谓之傲"，亦用傲，至今许多学者坚持认为傲为长。颜色——脸色。瞽——音古，眼瞎。

陪伴尊长容易犯三种过失：话没轮到说而抢着说，叫做毛躁；轮到说而不说，叫作隐瞒；不看尊长的脸色而随意说，叫作盲目。

显然，孔子告诉弟子们在尊长面前如何说话，特别是掌握好说话的时机。不过，孔子不是正面告知，而是从反面给予警示。一针见血地指出问题，话语更有力量。

说话，是人类本能，是人际交流、沟通的主要方式。谁都会说话，但说不说，怎么说，以及什么时候说等，效果却大不同。许多人熟知鲁迅先生在《野草·立论》中描绘的画面，三个客人对主人刚满月的孩子做出了不同的展望，得到了不同的回报："这孩子将来要发财的"，客人得到一番感谢；"这孩子将来要做官的"，客人收回几句恭维；"这孩子将来要死的"，客人遭到大家痛打。梦中的"我"以小学生的身份想既不谎人，也不遭打，请教老师该怎么说，老师告诉他："那么，你得说：'啊呀！这孩子呵！您瞧！多么……阿唷！哈哈！Hehe！He,hehehe！'"上世纪初的众生相、世俗风,在鲁迅先生辛辣、幽默的笔端得到了淋漓尽致的展示。

客人在主人给孩子庆满月的场合,应该讲求恰如其分的礼节。套用孔子的话,前两位客人的失误大约属于"隐",说了好听但不着边际的话,虚伪;后一位客人的过失在"瞽",说的虽是未来实情,但太不给主人面子,莽撞。至于老师给出的答案,则是缘于世俗的圆滑和模棱两可,同样是不可取的虚与委蛇,其实也属于"隐"。

说话,起码有对象、场合、时机、语境等几个因素要顾及。前三个因素较易理解,孔子所说,即在对象已定的前提下强调说话的时机。所谓语境,应是总概念,除上述三个因素外,还指说话主题及气氛。以愚之见,"躁"或"傲",以及"隐""瞽"之病,不仅在尊长面前易犯,亦普遍见于各种说话场合。其中,尤以"隐"为最。传统习俗是"逢人只说三分话,不可全抛一片心"。舆论一律年代,更是套话、空话、假话大肆流行。真心实意被遮掩,真情实据被隐瞒,东西南北、上下左右皆如此。

先秦诸子大都重视说话问题,而最有研究的,其中就有法家思想家韩非。韩非说话口吃,口语表达欠佳,但却善于执笔著书,其《说难》即千古名文。清代一学者注曰:"夫说者有逆顺之机,顺以招福,逆而制祸,失之毫厘,差之千里。以此说之,所以难也。"(《二十二子·韩非子》)其实,韩非主要讲向上进言的关键,在于了解君主的心。其说大概使司马迁深有感触,故太史公在《老子韩非列传》中置韩非诸多著作于不顾,只大段引用《说难》原文,且叹"余独悲韩子为《说难》而不能自脱耳"。

必须指出,孔子希望弟子们会说话的同时,又一再表明以"巧言"(《公冶长篇》)为耻。能说会道,溜须拍马,已是人品不佳,孔子十分厌恶。

诚恳、坦率、有礼,应该是孔子倡导的说话三原则。倘有适当的方式、方法与技巧,则更佳。

"君子有三戒"

孔子曰:"君子有三戒:少之时,血气未定,戒之在色;及其壮也,血气方刚,戒之在斗;及其老也,血气既衰,戒之在得。"

"戒,警也。从廾戈。持戈以戒不虞。"(《说文解字》)戒的本义是警惕、防备外部敌人,后来字义引申,凡不利于国家、群体、家庭、个人的人和事,均需警惕和防备,都可用戒字。本章之戒,即指君子要警惕自己,不做那些可能对自己造成损害的事。

血气,亦作气血,至今仍在使用。古人认为血为阴,行乎脉之中,营养全身,气为阳,行乎脉之外,辅助血液,二者周流全身上下,无有暂息;心主血,而志为气之帅,所以养心、立志可使血气不乱。现代辞典都把血气解释为"精力",愚以为血气乃复合词,意思应该是"体质和精力"。

在古代,三十岁以前都可称"少之时"。这期间血气还不固定,不成熟,不旺盛,而生理、心理恰恰又极易冲动,所以要特别警惕贪恋女色。戒色,目标在养"元气"。古代帝王多短命,主要原因之一就是十几岁即开始沉溺于床笫之欢,元气大伤。今人理解此戒,似应推而广之,各种享乐、游戏均不可无度,防止过时过量,避免血气透支。

三十岁的人,生理已经稳定,心理亦较成熟,进入壮年。壮年期可达二三十年,是人的黄金年龄段。壮年体质强健,精力充沛,正是大展身手、建功立业的时期。正因此时的人已是全面的社会人,面临各种各样的矛盾和压力,所以要特别警惕不能凭着血气方刚一味地横闯,而应妥善地处理各种问题,进退有据,学会必要的隐忍、退让。戒斗,指防止单纯地逞强、好胜、争斗,目标在养"和气"。

何时为老?古人说法不一。有"五十始衰"(《礼记·王制》),有"老,谓五十以上也"(南北朝皇侃语),有"六十至老境而未全老"(唐代孔颖达语),有"七十曰老"(《礼记·曲礼》)等。显然,后两种说法较为妥当,今人言老亦与之相符。老人生理机能衰退,精力常常不济,但容易"贪得"(汉代孔安国语)。所谓"贪得",愚以为有两层具体含义:一是唯恐失去既得,二是抓紧时间捞取未得。得,既是名,更是利,金钱、宝物、田产、房屋、女色等等。戒得,目标在养"正气"。

"君子有三戒",言简意赅,提纲挈领,是养生之道,尤其是精神修养之道。当然,青年也要戒斗、戒得,壮年也要戒色、戒得,老年也要戒色、戒斗,只不过从普遍意义上来说,人生各个阶段都有主要问题,或说主要难关,度过相应的难关具有关键性的意义。

钱穆先生说:"后人言志,多指有为,不知有戒,是亦失之。"说得好!其实,世界上任何成体系的思想在主张向某种目标前进的同时,都有戒规、戒律。有所为有所不为,乃普天之下的绝对真理,个人、家庭、群体、国家等概莫能外。客观上不得不如此,难能在主观上自觉如此。

"畏天命"

> 孔子曰："君子有三畏。畏天命,畏大人,畏圣人之言。小人不知天命而不畏也。狎大人。侮圣人之言。"

这里只说"畏天命"。拙文已谈过,"天"在孔子那里是一个笼统、多义而又有些模糊的概念,虽然多少还有一点神的意味,但主要是"道"(即客观规律),是与地相对应的天(即自然)。因此,天命的含义不是天帝或天神的命令,而是"道"的法则与规定,以及自然的赋予与安排。孔子的天命观不同于西周的天命观,更不同于殷商的天命观。《礼记·哀公问》所记孔子论天道的话,即是证明。鲁哀公问孔子:"君子何贵乎天道?"孔子答:"贵其不已……无为而物成,是天道也。"这与《易·系辞传》中的"天地之大德曰生"完全一致。

在孔子心目中,确有人力所不能支配的自然现象和社会大势,即今人所言不以人的意志为转移的客观存在及其规律。所谓天命,如此而已。孔子所畏的,正是这种外在的必然。

孔子在形上层面若干次提到天命,但其思想的突出特点是务实,所以在大量具体问题上并不谈天命。据《左传·哀公十二年》载,当年十二月有螽出现,季孙感到神秘不解,去问孔子,孔子回答:"火伏而后蛰者毕。今火犹西流,司历过也。"所谓异象,非神意,乃历官少算一个闰月所致。《宪问篇》载孔子语"管仲相桓公,霸诸侯,一匡天下,民到于今受其赐",似乎有点英雄史观的味道,但终非天帝创世说。至于《颜渊篇》的"为仁由己"、《子罕篇》的"吾少也贱,故多能鄙事"等等,更是说明了人的道德品质和知识才能都是自己实践和努力的结果。所以,子贡才说"夫子之言性与天道,不可得而闻也"(《公冶长篇》)。有人说孔子日常架空了天命,是有根据的。

现在要说说"畏"。此畏非畏惧之畏,乃畏敬之畏。人们不难体会心服而生敬、敬极而生畏的心理和情感。愚以为,孔子的这种心理和情感,缘于他对天人关系的认识。《泰伯篇》载孔子语:"大哉!尧之为君也。巍巍乎!唯天为大,唯尧则之。"天大,人亦大,圣人之德可比天。孔子丢掉了对天帝的迷信,却保留着对天地的敬仰,天地生生不已的造化和变时易势的法则使人不得不产生敬畏之心。孔子提升了人的地位,却又规定了人的位置不能越过天地,人的生命都是由天地赋予的。在这一点上,孔子与老子相当接近。老子说:"道大,天大,地大,人亦大。域中有四大,而人居其一焉。"大者相互敬重、敬仰、敬畏,理所当然。天若有情,想必亦"畏人"。

笔者在体味孔子"畏天命"话语时,深感此乃人类发展的一个重要命题。人类脱离了神崇拜之后,渐渐重视和突出了自己,如荀子所言"人有气有生有知亦且有义,故最为天下贵也",进而又"制天命而用之"。毫无疑问,这种思想的进步意义十分巨大,不可抹杀。但是,人类是否可以完全主宰天地乃至宇宙呢?除了痴人、狂人谁都清楚:不能!人类虽然具有无与伦比的智慧和创造力,不过终究只是世界的一个组成部分,不可为所欲为,而要有所为有所不为。"畏天命"就是一个深沉的儆戒和警告,告诉人类要准确地自我定位,不要走向无法无天的极端。

"君子有三畏"

子曰:"君子有三畏:畏天命,畏大人,畏圣人之言。小人不知天命而不畏也,狎大人,侮圣人之言。"

畏,《说文解字》曰:"鬼头而虎爪,可畏也。"许慎说的只是畏的一种字形,其义是单一的本能的恐惧。

当代学者庞朴先生研究郭店楚简的一个具体成果,是发现从心的字特别多,表明春秋末战国初的人们对于内心世界或心理状态的了解与探讨,已相当可观。郭店楚简共有十四个畏字,分四种字形,除从鬼头相同外,分别从心、从止、从示、从心从戈。四种字形,说明畏的含义并不单一,畏的原因不同,畏的心态和表现不同。

《论语》之畏字是哪种字形,不得而知,今人只好从全句揣摩其意。首先,此畏表明一种心理状态;其次,畏的根源,也是畏的对象,是高高在上的"天命""大人""圣人之言";再次,此畏不同于遇敌人、遇虎豹、遇洪水……之畏。所以,此畏不是单一的本能的恐惧,而是一种非常复杂的心理,有主动自觉的意识在,杂糅着崇拜、尊敬、服从、拘谨、紧张和特殊的惧怕,今之所谓敬畏是也。

拙文专门写过"畏天命",这里再强调一下。孔子的"天"基本上是未能全知的"道"自然,并没有神的地位;"天命"则是个人无法控制的客观的必然之势以及偶然之势;"知天命""畏天命"同时包括对个人有限性的深沉自觉。

至于"大人",汉魏时期有两种解释,一指有位者,一指有德者;

后来朱熹又认为应是有位有德而又年长者。这类含义的"大人"称呼，起码延续到民国时期。不过，愚以为《泰伯篇》"大哉！尧之为君也。巍巍乎！唯天为大，唯尧则之"可以给人提示，孔子心目中的大人应是像尧那样有德的君主。这种大人在春秋时期已不存在，孔子之所以说"畏大人"，表明对可与天比肩的君主的期待，也表明对现实中无法无天的思想潮流的告诫。

圣人——拙文不只一次谈到。依据文章的逻辑，"圣人"排在"大人"之后，不一定非有君位不可。圣人之言对于国家、群体、家庭、个人均有莫大教益，所以必须敬畏。同样，孔子并不承认同时代的什么人为圣人，所指仍是少数先圣。

小人因为不知晓、不懂得"天命"而没有敬畏之心，这是很自然的事。这种人懵懂、肤浅、粗俗，乃至暴烈，除了一些人本性的率真还值得称道之外，实在没有什么光彩可言。然而时至今日，竟然还有"灵魂工程师"在宣扬愚人哲学"无知者无畏"，在宣扬流氓哲学"我是流氓我怕谁"，岂不滑天下之大稽，亦复可悲也！

狎——轻慢、轻忽、戏耍。轻慢无道昏君、无德王公，自然值得钦佩，受到赞许，但对有道有德之"大人"不敬畏，那就是糊涂的小人了。

侮——与狎义近。古人著文斟词酌句之精到，于此可见一斑。此句道理与上句同。

"君子有三畏"，愚以为总的是说作为健全、高尚的社会人，内心世界要有敬畏的情感，要有恰当的自我定位，要有准确的前进目标，不可无法无天、唯我独尊。敬畏感是人类的一种非常神圣的情感，人们当思之记之。

"学而知之"

孔子曰:"生而知之者上也,学而知之者次也;困而学之,又其次也;困而不学,民斯为下矣。"

之——语气助词,无具体意义;也有人作代词解,泛指一切。困——似可细分为外困内困,外困指生计或境遇艰难窘迫,内困指心有不通,困惑不解,悲伤痛苦。

可以明确看出,孔子又一次把人分类,且是四等。不过,与分"君子""小人"不同,与分"上知""中人""下愚"也不同,这次区分的标准主要是人的学习态度(第一种人情况特殊,后面另论)。态度好坏,是学习好坏的前提。今人言态度决定一切,从主观角度论确实如此。朱熹注此章:"言人之气质不同,大约有此四等。"以气质解,过虚,不确。

不少学者认为,"生而知之者"就是"上知"。愚以为,这种联系需要分析。前文已述,确认"上知",有三方面条件,重在"习相远",而"生而知之"与"习"无关,所以二者不能简单相提并论。或者说,"上知"包含有"生而知之者"。

现代有学者批判孔子,说他的"生而知之者,上也"是先验论、唯心主义,好像很有道理。不过,人们应当追问:"生而知之"在孔子心目中到底如何?

孔子学识渊博,有大智慧,极其自信,但他却明确地说"我非生而知之者"(《述而篇》)。谁是"生而知之者"?孔子从来没有说出任何一个人!孔子赞扬过一些有名有姓的古代及当世的圣人和贤人,但主要是推崇他们的高尚道德。

即便讲"圣",就是"博施于民而能济众"(《雍也篇》),孔子认为连尧舜也心有余而力不足。《子罕篇》载,某国太宰与子贡对话,一致认为孔子是圣人,孔子听说后加以否定,说那位太宰不了解我,我只是年轻时贫贱,才多能做些鄙事。孔子还说:"圣人,吾不得而见之矣!""若圣与仁,则吾岂敢?"(《述而篇》)也就是说,现实上的"圣"是没有的,那只是一个伟大的目标。

因此,愚以为孔子对"生而知之"是抽象肯定,具体否定。至于孔子为什么虚设这样一种说法,可以想见是受传统观念影响,尚未百分之百地与之脱离,犹如他与"神"还有一些藕断丝连一样。

从学习态度来说,孔子实际上把人分成了三种:"学而知之",为上;"困而学之",为中;"困而不学",为下。

"困而学之",态度端正,把学作为必要的手段和必需的途径,以达到消弭困惑、排除干扰、解决困难的目的。世上大多数人,在大多数情况下,都是如此。

孔子语意中,"学而知之"是更高层次的学,但字面上并没有表述清楚,人们只能比照"困而学之"进行合理的推论。所谓"学而知之",指的是没有功利目的的学,学是生活本身的需要,是生命过程的需要,其唯一追求是"道"。为加深理解,有必要再读下面一章文字。

"子曰:'知之者不如好之者,好之者不如乐之者。'"(《雍也篇》)之,代词,指学而言。知晓需要学习的人,不如喜爱学习的人;喜爱学习的人,不如以学习为乐的人。此乐,即颜回之乐。"知之者",一般都是"困而学之"。累积渐进,功利目的淡化,精神追求加深,可以过渡到"好之者",乃至"乐之者"。如此,就是"学而知之"的层次与境界了。

至于"困而不学"者,则是最下等的人,甚至可说是不可救药者。此类人亦数量众多。

"君子有九思"

孔子曰:"君子有九思:视思明,听思聪,色思温,貌思恭,言思忠,事思敬,疑思问,忿思难,见得思义。"

《季氏篇》共十四章,行文繁而曲,不似其他篇章简而直,且每章皆称"孔子曰",而非"子曰"。故有学者认为出自《齐论语》,然无确据。《论语》杂出多手,编集又非一时,粗精不一亦属自然。

九思——《孟子·告子上》曰:"心之官则思,思则得之,不思则不得也。"思,即用心思考、考虑。故译成"九个方面要用心思考"。

视思明——视,眼看;明,明白、透彻。故译成"眼看要用心看得透彻"。

听思聪——聪,听清楚。故译成"耳听要用心听得清楚"。

色思温——色,脸色,面容之静谓之色;温,温和。故译成"脸色要用心做到温和"。

貌思恭——貌,容貌,面容之动谓之貌,似可引申为仪态;恭,恭敬,庄重而谨慎。故译成"仪态要用心做到恭敬"。

言思忠——忠,诚恳,尽心尽力。故译成"说话要用心做到诚恳"。

事思敬——事,做事;敬,严肃、谨慎、不怠慢、一丝不苟。故译成"干事要用心做到一丝不苟"。

疑思问——问,向别人请教。故译成"遇到疑难问题要用心向别人请教"。

忿思难——忿,气愤、怨恨;难,灾难。故译成"气愤、怨恨时要用心考虑可能的后患"。

见得思义——得,有利可得;义,合宜,道义。故译成"看到有利可得要用心想想是否合适,是否合乎道义"。

九思先说视听,后接色貌,再接言与事;后三思实际皆由事而起。综合分析,有三点可议:其一,九思是指人与外界发生关系时需要考虑的九个方面,与孔子教导颜渊"克己复礼"(《颜渊篇》)的四个方面视、听、言、动总体吻合,只不过更细致罢了;其二,九思十分具体,人人皆可适用,惟君子可以做到,小人难以做到而已;其三,九思之核心是"思",强调用心,动脑子,不可仅凭本能、感觉去应付人与事,即不可冲动、随意、马虎、草率,否则极易出现偏差,甚至铸成大错。

在孔子关于学习、修养的话语中,"思"不仅是重要的方法和步骤,而且本身就是核心内容。孔子说:"学而不思则罔,思而不学则殆。"(《为政篇》)学主要是通过眼、耳、口、鼻、身去感知和实践客观事物,包括阅读前人成文的记录、总结、论说;思主要是通过"心"去领悟客观事物的本质和规律,以及辨析前人结论的对与错,同时生发自己的观点和思想。学与思缺一不可,相辅相成。学而不思,对复杂的世界和纷纭的说辞只能感到一片茫然,甚至被虚假、错误的东西所欺骗和蒙蔽;思而不学,心中空洞无物,无所依凭,最后只会是悬疑不决,甚至被偏执、虚妄的东西引入危险的歧途。

清代学者刘宝楠解释"九思"章说:"君子严于所思,而约之有此九端,盖凡言行,莫能外矣。"其发挥已到无时不思、无处不思、无事不思的地步,显然有些过头儿。无需深入思考的正常的本能、健康的激情等等,确实存在,亦不能否定。孔子关于视、听、言、动不违礼或九思的概括,已经相当全面,作为总体性的倡导已然足矣。至于高标准、严要求的个人,细抠到点点滴滴,固然令人景仰,却不宜普遍提倡,因为连君子恐怕也做不到。

"见不善如探汤"

孔子曰:"见善如不及,见不善如探汤——吾见其人矣,吾闻其语矣。隐居以求其志,行义以达其道——吾闻其语矣,未见其人也。"

文中两破折号在《论语集释》中为句号。愚以为,改成破折号有利于今人阅读、理解原文。若真如朱熹所说"语,盖古语也"(《四书集注》),则更有必要作这种改动。或者,破折号前的话加引号。

不及——赶不上,达不到。探——手指伸出试探。汤——热水。探汤——手伸进沸水必立即抽出,比喻人避恶之速,也比喻小心戒惧。

用现代汉语复述此章:看见善的就像怕赶不上似的(因而努力追求),看见恶的就像手伸进开水似的(因而迅速躲开)——我见过这样的人,也听过这样的话。避世隐居以求保全自己的志向,践行义举以求实现自己的主张——我听过这样的话,没见过这样的人。

有学者认为,此章编在《季氏篇》,是孔子周游列国后说的。当时,孔子重要弟子之一的冉求任季氏宰,多附和季氏,而与孔子政治主张不同。孔子几次批评、斥责冉求,但对现实又无可奈何,常感慨不已。此章言语中隐含了对冉求的不满与不屑。是否确实如此,不得而知,故今人学此章,单从字面义理解即可。

此章分两个层次,说了两种人。"见善如不及"和"见不善如探汤"的人,是日常生活中诚心修养自己、严格要求自己的人,是有道德的人。面对善与恶如何选择,取决于选择者的内心。如孔子所说的仁心,如孟子所说的恻隐之心、羞恶之心、恭敬之心、是非之心。求善、避恶,是文明社会开始就有的训导。几乎任何人,从小就被父母告知,什么事是对的,应该做,什么事是错的,不能做。社会再复杂,也总会有求善避恶的人。所以,孔子听过流传的箴言,见过身体力行的人,自然而然。

第二层次说"隐居以求其志""行义以达其道"。这是孔子反复陈述的"有道则见,无道则隐"(《泰伯篇》)的又一个具体化表述。因为,现世干什么,隐居干什么,有了纲领性的目标。这种人的作为,比日常生活中常做好事、不做坏事,不知要高多少倍,难多少倍。它超越了一般的善言善行,而具备更大的人生志向,更高的人生智慧。惟因其大其高,所以才是君子、志士的人生追求。孔子听过相关的话,却没见过能够做到的人。

前一种人可说是善人,孔子十分欣赏。这样的人在任何社会中都存在。不过,后一种人才是孔子心目中真正健全的君子、志士,可惜在春秋末期的现实中已经很难见到了。

仔细琢磨此章,可以思考、议论的问题很多,这里只取一点稍作探讨。"见善如不及"与"见不善如探汤"是相辅相成的,求善就会避恶,避恶亦会求善。但愚以为,两者毕竟还有差异,而避恶应该是更基本的。对大多数人,不能要求他们都成为道德模范,可是要求他们不做坏事、恶事,当个规规矩矩、清清白白的百姓,应该毫无疑问。"见不善如探汤"——做人的底线。

"诚不以富,亦只以异"

> 齐景公有马千驷,死之日,民无德而称焉。伯夷、叔齐饿于首阳之下,民到于今称之。("诚不以富,亦只以异"),其斯之谓与?

此章无"子曰",但学者们共同认为,内容符合孔子历史观及对相关人物的评价,应是孔子之语。"其斯"句前显然阙文,古代有学者将《颜渊篇》第十章最后两句衍文"诚不以富,亦只以异"移此,倒是十分顺当,后被普遍采纳。这种状况,多因古代典籍传承中错简所致,亦不排除传抄者粗心疏忽的原因。《论语》错简不多,后半部分有两三处。

齐景公——公元前五四七至四九〇年在位,长达五十八年。齐景公厚赋敛,重刑罚,爱奢侈,多内嬖,不立太子,拒听贤相晏婴劝谏,国内政治混乱。孔子三十五岁到齐国,齐景公问政,孔子回答"君君,臣臣,父父,子子"(《颜渊篇》),就是针对齐国形势而言。

伯夷、叔齐——商末孤竹国君的两个儿子,伯夷年长而庶出,叔齐年少而嫡出。国君定叔齐为继承人,但其死后叔齐却要将权位让给伯夷,伯夷不受,出走隐居,叔齐亦随之而去。二人到周以后,曾反对周武王兴兵,以暴易暴,待武王灭商,二人逃避到首阳山,不食周粟而死。孔子始终以伯夷、叔齐为道德楷模。

驷——四马为驷,千驷即四千匹马。《周礼》载,天子厩马三千四百余匹,诸侯一千二百余匹。齐景公千驷,大大违礼逾制,自然又说明其极富。

首阳——首阳山,所在说法不一,多认为在山西省西南运城、永济一带。

"诚不以富,亦只以异",《诗经·小雅·我行其野》中的两句,是妻子对喜新厌旧的丈夫斥责之语,意思是:你不贪图富有是事实,不过只是你的心移情别恋了。此章引用,借其大意,转成"确实不在于富与不富,只在于品德的不同"。

齐景公有四千匹马,他死的时候,民众都觉得他没有什么好品德值得称赞。伯夷、叔齐饿死在首阳山,到现在民众还在颂扬他们。诗句"诚不以富,亦只以异",说的就是这种情况吧?

孔子拿齐景公与伯夷、叔齐作对比,前者为大国齐国君主,极富,富到天下罕见;后者为小国孤竹国逸民,极贫,贫到食不果腹。但是,孔子不是要比这个,而是比两者的品德。孔子在这里运用了一点技巧,即没有通过自己的口直接评论,却以民众舆论的不同来加以区别。所谓"口碑",所谓"公道自在人心",都是历史的判决,具有强大的说服力。

上至国君,下至平民,留给历史的内容很多,孔子这里只选择其中一个方面加以褒贬。拙文多次说过,孔子是道德至上论者,其主张的正面价值永存,尤其是在对个体人物的要求和评价上。而这一点,对历代统治者、各级领导者特别重要,于今亦然。至于道德至上论的弊端,不在本文讨论之列,不赘。

"不学《诗》,无以言"

陈亢问于伯鱼曰:"子亦有异闻乎?"对曰:"未也。尝独立,鲤趋而过庭。曰:'学《诗》乎?'对曰:'未也。''不学《诗》,无以言。'鲤退而学《诗》。他日,又独立,鲤趋而过庭。曰:'学《礼》乎?'对曰:'未也。''不学《礼》,无以立。'鲤退而学《礼》。闻斯二者。"陈亢退而喜曰:"问一得三。闻《诗》,闻《礼》,又闻君子之远其子也。"

陈亢——《学而篇》的"子禽"、《子张篇》的"陈子禽",陈国人;或说他也是孔门弟子。伯鱼——孔子的儿子名鲤,字伯鱼。趋——小步而行,表示恭敬。庭——厅堂或堂前空地。远——古代学者解释"所谓家人有严君者""即是君子不独亲子",也就是不偏爱、不偏向。

陈子禽问伯鱼:"你在你父亲那里听到过特别的教导吗?"伯鱼回答:"没有。(不过)有一天父亲一个人站在屋前,我小步走过。父亲问我:'你学《诗》了吗?'我答:'还没学。'父亲说:'不学《诗》,就不知道怎样用言语交流。'我下去以后开始学《诗》。又一天,父亲一个人站在屋前,我小步走过。父亲问我:'你学《礼》了吗?'我答:'还没学。'父亲说:'不学《礼》,就无法立足于社会。'我下去以后开始学《礼》。我只听说过这两句话。"陈子禽回去后高兴地说:"我问一句话,知道了三件事:要学《诗》,要学《礼》,君子不偏向自己的儿子。"

《诗》的功能与学《诗》的重要,在前文"小子何莫学夫《诗》"中已述,而"不学《诗》,无以言"则是非常重要的补充。

《诗》全面反映了西周初年至春秋中叶五百年年间的社会状况,集中展现了各地区下自民间、上到朝廷的语言,这些语言朴实、丰富、精炼、生动,同时开创了赋、比、兴的手法和技巧,以及四言的句式和重调(反复歌咏)、排句等句法。不学《诗》,就不懂得这诸多方面,说话难免局限于柴米油盐、家长里短,无法表达复杂的内容,而且缺少分寸,缺少技巧,缺少词汇,不动听,没有感染力和说服力。"无以言",以是介词,凭借、依靠义,意思是说话没有凭借,没什么可说的。

《汉书·艺文志》载:"古者诸侯卿大夫交接邻国,以微言相感。当揖让之时,必称《诗》以谕其志,盖以别贤不肖而观盛衰焉。故孔子曰'不学《诗》,无以言'也。"先秦数百年间,《诗》是必不可少的外交语言。许多话不便直说,不能直说,只好说"微言",引《诗》来委婉曲折地表达,既表示了对他人的尊重,又表明了自己的立场、态度。此为"不学《诗》,无以言"的一个生动证明。

《左传·襄公二十五年》载:仲尼曰:"《志》有之:'言以足志,文以足言。'不言谁知其志?言之无文,行而不远。"孔子说:"《志》有句话说:'言语用来表达思想,文采用来修饰语言。'如果不会讲话,谁能了解他的思想呢?言语的文辞不美,影响就不会广泛、深远。"在孔子那个时代,要想言而有文,主要途径就是学《诗》,掌握《诗》的语言词汇和表达技巧。

阳货篇

"吾将仕矣"

阳货欲见孔子,孔子不见,归孔子豚。孔子时其亡也,而往拜之。遇诸途。谓孔子曰:"来!予与尔言。"曰:"怀其宝而迷其邦,可谓仁乎?曰不可。好从事而亟失时,可谓智乎?曰不可。日月逝矣,岁不我与。"孔子曰:"诺!吾将仕矣。"

阳货——名虎,庶出于孟孙氏(孟懿子的庶子),是季孙氏的家臣,在鲁国都城季孙氏的身边。见——会见,此为召见、接见之义,非自己前往拜见。归——馈的假借字,两字古音近,形、义实不同。豚——小猪;《孟子·滕文公》说阳货"馈孔子蒸豚",此后历代学者均采纳此说。时——伺的假借字,侦候、探察,等待。其——代词,指阳货。亡——外出,不在。诸——"之于"的合音,其中"之"代指阳货。宝——泛指有珍贵价值或重要意义的事物,在此应指高尚道德、远大理想、治国方略、杰出才干之类。迷其邦——古有学者注"知国而不为政,是迷邦也",亦有注"坐视国之迷乱"。亟——音气,屡次。诺——应答声。

此章中说话的内容有两解:一是阳货问孔子答,大多数学者采纳此解;二是阳货自问自答,只有最后一句是孔子说的。本文取后者,标点亦按此意重新标示。愚以为,孔子不愿见阳货,想必面对骄横的阳货也不愿多说话,静听阳货一人唠叨,似更符合当时情境。

全文译成现代汉语,大意是:阳货想召见孔子,孔子不去见,阳货派人送给孔子一只蒸好的小猪(引孔子前往答谢,从而得以见面)。孔子打听到阳货不在家的时候,前去答谢(既不失礼,又不见阳货)。没想到在路上遇见阳货。阳货对孔子说:"过来!我有话对你说。一个人怀着治国方略和杰出才干却不站出来,任由他的国家混乱,可以称为仁吗?只能说不可以!一个人喜欢干事业却屡次错过时机,可以称为智吗?只能说不可以!时光一天天消逝了,岁月是不等我们的。"孔子说:"是啊!我将要去做官了。"

此章内容发生的时间在鲁定公五年前半年或更早一些,其时孔子最多四十七岁,已名声大盛。如前文所述,当时三桓家臣的势力已经很大,掌权的季平子体弱多病(定公五年六月病死,季桓子接班,九月阳货囚禁季桓子,诛杀和驱逐鲁国大夫,事见《左传·定公五年》),阳货野心勃勃,乘机擅权,想拉孔子入伙。以孔子的为人,自然看不惯阳货的野心家行径,不愿与他交往,更不可能与他为伍。鉴于阳货还没有公开行动,所以孔子也不便撕破脸皮。

此章重点其实是"吾将仕矣",值得读《论语》者注意。四十几岁的壮年孔子看清了鲁国"禄之去公室""政逮于大夫""陪臣执国命"(《季氏篇》)的形势,忡忡然,愤愤然,同时又雄心勃勃,决心从政,挽救一片混乱的鲁国。四年后,五十一岁的孔子终于出任鲁国中都宰,再一年后为司空,又升大司寇,"摄相事"(《孔子家语·相鲁》《史记·孔子世家》),当上了代理宰相。

"性相近也"

子曰:"性相近也,习相远也。"

对这句话,人们比较熟悉,但理解并不一致。考虑到篇幅,先谈前半句。

性,人的天性或本性。说天性,缘于《中庸》的"天命之谓性";说本性,可追溯到战国末期荀子的"生之所以然者谓之性""不事而自然谓之性",战国中期告子的"食色,性也"。后一句十分具体,流传甚广,至今常挂在人们的口头上,不过许多人误认为是孔子说的。

古人的定义还有一些,都很精彩,尤其是从孟子开始就认识到了"心",但未臻透彻。其实,人的本性中最核心的部分,是这样一种潜质和潜能,即大脑构造决定了人具有复杂的意识,可以进行高级思维,进而形成思想,并以这种思想为指导,产生创造性的实践活动。"人之所以异于禽兽者"(孟子),"人之所以为人者"(荀子),从本性来说主要在此。

纯粹本性的存在,恰似矿藏埋于地下,它随着胎儿的孕育而自然产生,如南北朝皇侃所注"全生而有,未涉乎用"。或许,人们可以从新生婴儿那里看到一些。现实的人性是本性的外化,更多地表现为"习性"(下一篇短文详谈)。

孔子提出,人的天性或本性彼此差不多,相接近。这个论断看似简单,但前无古人,可谓振聋发聩。它蕴含着人与人天生平等的思想萌芽,对人与人天生就分优劣等级的思想是个强烈的冲击,为今天人们批判神异人性论、批判种族主义提供了最早的理论支持。

不过,相近不是相同。人与人之间在先天的资质方面还是有所区别的,用今天的话说,每个人的遗传基因并非百分之百地一致。这个百分之零点几、零点零几的差异,恰恰就是造成各种不同"个性"的内在基础。承认这种差异,肯定这种差异,对认识人性问题有非同小可的意义。

正因为"性相近"的论断有如暮鼓晨钟,所以引发的思考、论说、争辩延续两千多年,至今未绝,而且还会持续下去。也就是说,孔子提出的是人类的一个永恒话题。

可是,从战国初期开始的大辩论却把性之远近的概念换成了性之善恶的概念。牵涉到是非判断,事情变得复杂起来。康有为在《论语注》里对战国前后的情况有一段总结:"后人言性甚多,世硕以为有善有恶,人之善性养而致之,则善长;恶性养而致之,则恶长。宓子贱、漆雕开、公孙尼子之徒皆言性有善有恶,孟子则言性善,荀子则言性恶,告子则言性无善无不善,杨子则言善恶混,皆泥于善恶而言之。孔子则不言善恶,但言远近。"善恶之性,是"习性",即现实中表现出来的人性。"性相近"之性,是验于实践之前的人性,是潜在的人性。潜在之性,不能以善恶论。

考察两千多年的历史,虽然学界争论不休,但影响最大的还是孟子首先提出的性善论。尤其是自宋代《三字经》问世,"人之初,性本善"广为传播,一直深入到民间。

愚以为,世上有多少哲人,就有多少相对真理。性善也罢,性恶也罢,性又善又恶也罢,或许都有特定的道理,但谁也说服不了谁。那么,在人性问题上就没有世人公认的绝对真理吗?有!起码,"性相近也,习相远也"就是一条。惟其统而言之,虚而言之,才见全部,才免异端。

"习相远也"

孔子名言"性相近也,习相远也",前半句已述,现说后半句。

习,有学习、练习、温习、习惯、习俗、习气等诸多含义,但多次乃至重复实践这一核心内容却始终如一。学者们一般将"习相远"之习释为习染、习惯,全句译作:"人性情本相近,因为习染不同,便相距悬远。"(杨伯峻《论语译注》)"人的天性是相近的,由于习惯而相远。"(钱穆《论语新解》)

愚以为,人类在生存发展中,多次乃至重复学习、练习许多知识和技能,逐步巩固下来,变为种种需要,形成生产和生活方式。这一实践过程是不断的、持续的,过去如此,现在如此,将来亦如此。这个过程,从个人来说是养成习惯的过程,是形成独特个性的过程;从群体来说是养成习俗的过程,是形成不同的家族性、民族性、地域性的过程。所以,习虽指向习惯、习俗,但从主体的性来讲最宜解作习性。习性是人的先天本性与后天环境和实践融合的结晶,是本性的外化,是展现出来的人性。先天相近的本性提供了相似的可能,后天不同的环境和实践把相似的可能变成了不同的现实,因此人们实际看到的人性是非常复杂的。若以善恶论,则或善,或恶,或又善又恶,其中又有善多恶少、善少恶多等区别。愚见孔子的话应译作:人的先天本性相差不大,人的后天习性相距甚远。

自古以来,有些人只强调先天本性的作用,产生了自然人性论。这种理论忽视乃至否认后天习性,即忽视乃至否认环境和社会因素对人的巨大影响,显然不符合事实,且比较低级,难免庸俗。另一种极端理论或可称为机械社会人性论,只强调环境和社会因素的作用,忽视乃至否认先天本性的基础地位和能量,同样有失偏颇,不能解释人生的许多问题。人性的构成分为两大部分:本性和习性。因而具有两种性质:自然属性和社会属性。不过,不要走向二重说。事实上,本性是统一于习性中的,而社会属性是主要属性。

孔子虽然没有如此明确的概念,但在有关人性的话语中两个方面都涉及了,且立论正确。如果单讲人的自然属性,与动物的差别并不大(据现代科学研究,人与大猩猩的遗传基因相差只有百分之二到百分之五),可是讲社会属性,人有思想,人有道德,而动物则无。如"敬",就是思想和道德的表现。

"子曰:'富与贵,是人之所欲也,不以其道,得之不处也。贫与贱,是人之所恶也,不以其道,得之不去也。'"(《里仁篇》)欲、恶均为情,原是本性的自然流露,大家差不多。然而,情在社会中发出,已带有习性的因素。由于习性相距甚远,思想和道德相差很大,所以对这种欲、恶的处理是大不一样的。孔子主张,如果不以正道行事,宁可固守贫贱,不要富贵。自然属性与社会属性不能等量齐观,孔子事实上已经认识到后者的指导性地位。

阶级性是社会性的组成部分,但不是全部。真正的马克思主义人性论,是唯物辩证的人性论,首先是承认始终存在的自然属性,其次是突出人类共有的永恒的社会属性,再次是强调阶级社会里人的阶级性。三个部分有机联系,缺一不可。曾经有过几十年的时间,人们根本不敢提人性,偶讲人性,也只强调阶级性,以偏概全,误人不浅。

"上知""下愚"

子曰:"唯上知与下愚不移。"

知——同智;上智,上等的聪明而有智慧之人。下愚——下等的蠢笨而无头脑之人。移——移动、转移、改变。此语简单直译不难,但还需要进一步解说。

到底何谓"上知""下愚"?拙见要从三方面来深入分析。其一,人的本性相近,但不是相同,智力的潜能即现今所说智商,就有差异,这种差异表现为后天的智力是有高低之分的。其二,人掌握的知识有多有少,有深有浅,进而形成的思想、智慧也有高有低;所谓"上知",似应达到"知天命"水平。其三,古代的学问包括做人的道理,而孔子是极务实又极重视道德的思想家、教育家,他所说的智要归结到做人、处世;所谓"上知",亦指道德完善、品格高尚。综合考察先天智能、后天智慧与道德这三个方面,其实主要是后两方面,即"习相远",方可正确理解和区分"上知""下愚"。

何谓"不移"?先看一段新材料。七年前,整理后的郭店竹简得以公布,多种儒家文献都是子思及其弟子所作,比孟子还早。其中,《大常》第六章的内容完全来源于孔子,或者说是对孔子"性相近""上知与下愚不移"的最早解释。竹简古文字甚多,难懂,原文不再引出,只介绍一下学者的解读。李学勤、郭沂两位先生的看法比较接近,他们认为这一章大意如下:圣人的本性和普通人("中人")的本性,在初生时没有什么区别。就学时也还是一样。就连在善道面前,也并不因为它的牵引而改变。只是到了性发挥博大的时候,圣人便不是普通人能够仿效的了。因此,人虽然同样都有性,但圣人之性是普通人学不来的。

《大常》所言可以给人启发。圣人之性在后天发展到博大厚重之后,才是一般人学不到的。这个发展过程相当漫长,按照孔子自述"吾十有五而志于学,三十而立,四十而不惑,五十而知天命,六十而耳顺,七十而从心所欲不逾矩"(《为政篇》),要经过几十年时间,五十岁前后才发生质的飞跃。此时,才达到"上知"。"上知"基本稳定,已经"不移",不会再改变人生的道路,自然也不会再发生关乎命运的严重的愚蠢之举。

联系到"后生可畏,焉知来者之不如今也。四十、五十而无闻焉,斯亦不足畏也已"(《子罕篇》)"年四十而见恶焉,其终也已"(《阳货篇》),可见智也好,愚也好,有德也罢,无德也罢,到中年都基本成型了。"四十、五十而无闻",这是占多数的"中人"即普通人的状况。"年四十而见恶",差不多就是"下愚"了;"其终也已",这些人一辈子也就到头了,"不移"了。

行文至此,"上知与下愚不移"已大体明了。拙见与前辈旧说多有不同,窃以为如此理解似乎更合孔子原意。

最后,还有一个要点,即句首的"唯"字。唯,范围副词,作只有解,重在修饰主语。凡"唯"所限定的,都是总体中的一部分。孔子之所以用"唯"字,实有言外之意,即人在达到"上知",成为"下愚"之前,有几十年时间,都是可以"移"的,要自强不息才是。人们还可推论,即便"四十、五十而无闻",亦相对稳定,但仍比"上知""下愚"有更大的改变余地,还应当趋步于"上知",而不要越老越糊涂,滑向"下愚"。因此,这里斗胆补足全句:中人多矣哉,皆可移。唯上智与下愚不移。

"割鸡焉用牛刀"

子之武城,闻弦歌之声。夫子莞尔而笑,曰:"割鸡焉用牛刀?"子游对曰:"昔者偃也闻诸夫子曰:'君子学道则爱人,小人学道则易使也。'"子曰:"二三子,偃之言是也。前言戏之耳。"

之——动词,往、去。武城,鲁国一个小城(今山东省费县东南),其时子游任武城宰。夫子——古时对成年男子的敬称;朝中大夫亦被称为夫子,孔子曾任鲁国大司寇并代理国相,又是老师,故弟子们如此敬称。孔子去武城,很可能就是他在朝中做官时发生的事。偃——子游姓言名偃,是孔子晚期著名弟子,位列"文学"科首位;此"文学"指文章博学。据传,孔子殁后,子游曾到今上海市奉贤一带传播孔子学说,故清雍正四年设县时名"奉贤",纪念子游。二三子——孔子对众弟子的客气称呼,《论语》记录多次。

孔子前往武城,听到弹琴唱诗的声音,面露微笑,说:"割鸡何必用宰牛的刀?"武城长官子游回答说:"以前我听老师说过:'君子学了道,就会惠爱百姓;百姓学了道,就容易被使唤。'"孔子对随行的几位弟子说:"你们几个人注意了,言偃这话是对的。我刚才说的话不过是开玩笑罢了。"

孔子一生都高度重视礼乐及礼乐教化,当他听到武城的弦歌之声,内心一定特别欣喜,一定十分赞赏子游。在好心情的驱使下,孔子没有严肃地加以评论,而是自然而然地显示了他的幽默禀性,和子游开了一个玩笑。"割鸡焉用牛刀"的直接意思是,治理武城这个小地方,还用得着下这么大力气施行礼乐教化吗?这当然是正话反说,目的是营造一种轻松、欢快的气氛。

在孔门弟子心目中,老师或是"温而厉,威而不猛,恭而安"(《述而篇》),或是"温、良、恭、俭、让"(《学而篇》)。可是,孔子性格中确有鲜明的"戏""谑"成分。弟子们并非不知不觉,只是"戏""谑"的负面义与正面义相当,不便加在老师头上。孔子这方面的特质,只能用现代汉语之褒义词"幽默"加以描述。而且,孔子堪称幽默大师,《论语》《史记·孔子世家》可以证明。

可惜,孔门"文学"科大弟子子游像个书呆子,不解老师之风趣,反而一本正经地解释起来。读书至此,不禁慨叹子游大煞风景。如果子游足够聪明,那他应该脱口而出"牛刀杀鸡,快哉快哉"(现代汉语是"牛刀杀鸡,痛快淋漓")之类的话,以师生共同开怀大笑收场。在不懂幽默的子游面前,孔子也只得严肃起来,并且在子游同学面前为他说好话。

最后,说说"割鸡"。这个词组,对未读《论语》的人来说,见所未见。割、杀二字在某些特定语境中同义,但杀字似乎有更多的凶恶、恐怖的肃杀之气,或说血腥气。一部《论语》,孔子只说过"胜残去杀"(《子路篇》),"子为政,焉用杀"(《颜渊篇》)。孔子选择暴力色彩较淡的"割鸡",大概反映了他的不忍之心。聊备此说,供读者朋友参考。

"吾其为东周乎"

　　公山弗扰以费畔,召,子欲往。子路不说,曰:"末之也已,何必公山氏之之也?"子曰:"夫召我者,而岂徒哉?如有用我者,吾其为东周乎!"

　　公山弗扰——《左传》作公山不狃,季氏家臣,总管季氏封邑费城事务,在都城东南二百里处。以——凭借。畔,同叛,叛季氏。末,无,没有。之——往,去。何必句第一个之字是结构助词,起着把宾语提前的作用,照今人习惯即"何必之公山氏也"。岂——难道,徒,空,白白地,无缘无故地;后面省略了"召我"。其——副词,学者们用法不一,有两解:一表时间,将;二表揣测,或许,大概。其又同期,期望,似乎亦可通。本文取第一解。为——做,引申为治理、造就。东周——东方之周,在东方复兴文武周公之道。

　　公山弗扰盘踞费邑闹独立,对抗季氏,召请孔子,孔子想去。子路很不高兴,说:"没有地方去就算了,何必要去公山氏那里呢?"孔子说:"召我去的人,难道是随便说说的吗?如果真采纳我的主意,我将在东方造就出像周初那样的局面!"

　　综合《左传》《史记》记载和古今学者意见,公山弗扰召孔子的时间比阳货见孔子的时间晚一些,但肯定在定公九年(是年孔子五十一岁,始出仕,为鲁国中都宰)之前。

　　有学者怀疑此事的真实性,那是为尊者讳,不足为凭。季氏专权,孔子愤然,而季氏根据地费邑闹独立,对抗季氏,因此孔子很可能有"曲线救国"之意。这是其一。其二,据《左传·哀公八年》载,公山弗扰有一定的正义感和爱国心,这虽是公山弗扰召孔子十余年后的事,但可以想见当年公山弗扰其人一定与阳货不同。其三,四十多岁的孔子报国心切,或多或少有点"病急乱投医"的倾向。不管如何,孔子毕竟只是有点想法,实际并未成行。

今人读此章,重点是"吾其为东周乎"。孔子对阳货说"吾将仕矣"之后,又出此言,充分表明壮年的孔子雄心勃勃,决心出来从政,挽救混乱的鲁国,期望复兴文武周公之道。此时,孔子尚未经历切身的政治上的困境和打击,尚未"知天命",自然也还没有相关的思想和言论。

"子张问仁"

> 子张问仁于孔子。孔子曰:"能行五者于天下,为仁矣。""请问之。"曰:"恭、宽、信、敏、惠。恭则不侮,宽则得众,信则人任焉,敏则有功,惠则足以使人。"

子张,姓颛孙,名师,陈国人,小孔子四十八岁。他在孔门弟子中属年龄最小者之一。出身微贱,曾在马市谋生。入学晚,但学业出众。《论语》记载他向孔子问学二十次。他常向孔子问政,学习如何做官,但终身未仕。孔子逝世后,子张回到陈国,收徒讲学,其后学形成"子张之儒",为战国初年儒家八派之一。子张才高意广,但秉性乖僻、偏激,孔子曾说"师也过""师也辟"(《先进篇》)。

拙文曾讲解此章,故不再重译。现围绕仁作一些补充。孔子答子张问仁,与前文所述孔子答仲弓问仁,二者有相似之处,即都以执政者作为仁的主体,说的都是执政者之仁。但细读之后,二者亦有区别:孔子对仲弓讲敬、恕、无怨三个德目,还是重在执政者的个人道德修养;孔子对子张讲恭、宽、信、敏、惠五个德目,则是强调在执政者自己具备这些道德的前提下,要向天下推行爱民、惠民政策。

仁,由道德范畴扩展到政治范畴,主要是从孔子开始的。孔子没有明说"为政以仁",但他说了"为政以德"(《为政篇》),而综观孔子思想,德的核心就是仁。至于确切的"仁政"一说,则是由后来的孟子阐发的:"王如施仁政于民,省刑罚,薄税敛,深耕易耨……"(《梁惠王上》),"不以仁政,不能平治天下"(《离娄上》)。详细内容不赘述。仁政思想是德治思想的发展。

至此,综合近来十余篇拙文,可以简单小结一下仁的含义。

仁的第一义,就是"仁者,人也;亲亲为大"(《中庸》),"爱人"(《颜渊篇》)。亦即人之所以为人的特质,人性区别于兽性的善良的本质。(人性中还有部分兽性,即非仁的一面。孔子未谈,暂且不论。)孔子虽然说过"若圣与仁,则吾岂敢"(《述而篇》),但也说过"天生德于予"(《述而篇》)。此"德"乃"天生",故为孔子"爱人"之天性和素质,其实就是仁。仁的概念过于重大,孔子自谦罢了。孟子则说:"仁,人心也。"(《告子上》)孟子最早重视心,至宋明两代,心被高度放大,成为程朱理学的重要内容和陆王心学的主要内容。

仁的第二义是"德"。此德不同于孔子天生之德,而是后天学习、实践、修养之后的"得","德行之得也"(《集韵》)。也就是当今说的道德。仁从人从二,古今众多学者认为是指人与人关系的亲爱。道德根源于"爱人"之质,是"爱人"之质经过后天之"得"而体现出来的"爱人"之行。所以,"爱人"兼有仁的第一义、第二义。孔子反复强调的孝、弟、忠、恕、恭、让、信、俭……都是人际交往的道德标准,都是仁在不同方面的具体表现。孔子讲仁,这方面所占比例最大。

仁的第三义是前两义的演化、扩展和推广,外延非常广泛。首先,要求执政者实行德治、仁政,使百姓生活富足、安宁,使国家和天下有序、和谐。此时,仁是政治理想和理想的政治。同时,要求执政者和读书人尽力提高仁德,广泛引导众人,影响社会,使公共道德水准提升,"君子所过者化"(《孟子·尽心上》),达到"天下归仁"(《颜渊篇》),"天下为公"(《礼记·礼运》)。此时,仁是社会理想和理想的社会。

以上所述,是鄙人从孔子言语中获得的感知。愚以为,如此则大体可知孔子之仁矣。至于孔子所讲具体的仁,是指仁之质,还是仁之德,或者仁之政,亦不难辨也。

"小子何莫学夫《诗》"

子曰:"小子何莫学夫《诗》?《诗》可以兴,可以观,可以群,可以怨。迩之事父,远之事君;多识于鸟兽草木之名。"

小子——特殊的人称代词,既可是单数,又可是复数;既可自称,又可对称,还可他称;不同语气和声调,可以表达称呼者的不同情感。此处为对称复数代词,是长辈称晚辈,老师称学生,且语气平和,意思是"你们这些后生(年轻人)"。何莫——即何不。夫,语气词,用在句中动、宾之间,起舒缓语气的作用;或兼有指代作用,略等于口语中的"那",可译可不译。诗——近现代学者标点时一般不加书名号,但春秋时是有"读本"的,鲁国的乐工都会唱,孔子整理、编辑之后,成为三百零五篇诗的汇集,即后来的《诗经》,故加书名号强调。

兴(读去声)——《尔雅·释言》曰"起也",古代学者进一步解释为"兴者,托事于物""兴者,起也,取譬引类,起发己心";"兴者,先言他物以引起所咏之辞也"。古代学者还说:"赋、比之义皆包于兴,故夫子止言兴。"《古汉语大词典》曰:"谓触景生情,因事寄兴。"所以,兴隐含感染、启发、激发、振奋之义。观——观察,审视。群——合群,团结。怨——埋怨,责怪。兴、观、群、怨四个动词的词义不难理解,可是孔子没说它们涉及的具体内容,后世学者根据《诗经》给出了答案,是合理的。

孔子说,你们这些后生为什么不学《诗》?《诗》可以借助比喻等形象手法感染人,启发想象,激发情感,振奋精神。《诗》可以帮助人们观察、审视各地的风俗民情以及各国的得失盛衰。《诗》可以促进人们的和谐心境与团结愿望,可以促进以诗会友,声气互通,惺惺相惜。《诗》可以告诉人们如何抒发悲怨之气,以表达个人哀愁,以讽刺无德之人,以批评不良政治。从近处、小处说,学《诗》后懂得孝敬父母;从远处、大处说,学《诗》后懂得侍奉君主。另外,学《诗》可以多认识鸟兽草木,增加自然知识。

孔子十分清楚地说明了《诗》的多种功能和学《诗》的作用、好处,强调了学《诗》的必要性。其中,兴、观、群、怨是对《诗》的本质的揭示。

这里顺便提及,"诗言志"出自《书·尧典》,孔子无疑赞同这一论断,可能还从中受到了启发;但是,说"诗言志"出于孔子之口却是误传。

"子以四教:文、行、忠、信。"(《述而篇》)其中的"文"包括《诗》《书》《礼》《乐》等。所以,在讲到孔子的教学时,"诗教"便成为重要的话题。孔子非常熟悉《诗》,讲课、谈话时经常脱口而出相关诗句。他的不少弟子也是学《诗》、用《诗》的高手,如子贡、子夏、曾子等。仅《论语》记载的有关内容就有十余章之多。

孔子论诗及"诗教"可以启发后人认识诸多问题。其一,孔子论诗(包括音乐),透露了他的美学思想,有关人士可以作专题研究。其二,关于中国古代文艺理论的阐述,离不开孔子和《诗经》。其三,研究商、周时期的思想和历史,不能不重视《诗经》;"六经皆史"和后来更广泛的"以诗证史",其最初发明者应是孔子。其四,应该对学生进行多方面的教育和引导,包括诗在内的文学作品(亦包括其他艺术作品)有着特殊的、不可替代的作用,尤其是情感的培养作用和美育作用。

"女为《周南》《召南》矣乎"

> 子谓伯鱼曰:"女为《周南》《召南》矣乎?人而不为《周南》《召南》,其犹正墙面而立也与!"

《论语》两次记载孔子教导自己的儿子(名鲤字伯鱼)学《诗》,此章为其一。为,一般译作学,但这里用为字不用学字,显然是在强调学而习之、循而行之,强调照着做。《诗》由《风》《雅》《颂》三大部分组成。《风》共有十五篇,所谓"十五国国风",即十五个地区的民歌。《周南》是第一篇,有十一首诗;《召南》是第二篇,有十四首诗。《周南》产生的地区大致在今河南洛阳一带(收有湖北江汉一带的民歌),《召南》产生的地区大致在今陕西岐山一带。

此章字面义很好理解,孔子对伯鱼说:"你学习《周南》《召南》了吗?一个人不学习《周南》《召南》,就好像对着墙壁站立啊!"难解的是,孔子说这话的深层含义是什么。

探求孔子语意,必须首先知道《周南》《召南》的内容。总共二十五首诗,大部分反映的是社会基层人民的生活、思想、感情状况,基本主题是爱情、婚姻、家庭。具体说来,多是歌咏青年男女的真挚爱情,表述夫妻别离的深切思念,还有女子劳动、出嫁以及征夫劳瘁、赞美武士、思念父母、祝人多子多孙等内容。可以看出,当时社会基层人民"乐而不淫,哀而不伤"(《八佾篇》)。

其次,看看孔子同时代人对《周南》《召南》的评论。据《左传·

襄公二十九年》载,吴国的公子季札出访鲁国,要求听周乐,鲁国乐工最先唱《周南》《召南》,季札听后评论道:"美哉!始基之也,犹未也,然勤而不怨矣。"大意是:真美啊!王业开始奠定基础了,还没有完成,不过百姓勤劳而不怨恨了。还有一则材料,是否真是孔子的话,不得而知;尤其该书是一本伪作,更增加了人们的疑问,但可以作为参考。《孔丛子·记义》引孔子曰:"吾于《周南》《召南》,见周道之所以盛也。"我通过《周南》《召南》看到周王朝的统治兴盛在哪里了。

再次,看看后来的学者怎么解释孔子的话。这里仅以朱熹《论语集注》为例:"《周南》《召南》,《诗》首篇名,所言皆修身齐家之事。'正墙面而立',言即其至近之地,而一物无所见,一步不可行。"

根据以上铺垫,本文试作如下结论:其一,不学习《周南》《召南》,就不知道民间百姓的生活状况、思想感情,也就是对社会的基础一无所知,因而不可能全面透彻地了解周王朝德治、礼治情况和天下形势。其二,《周南》《召南》反映的是以家庭为单位的社会生活,恋爱男女、已婚夫妻感情真挚,子女孝敬,乡邻和睦;一个人如果不学习,不仿效,则在"修身齐家"方面缺乏参照,会产生严重问题,主要是作为家庭成员应有的情感、德行会不完备,因而自然不可能扮演好社会人的角色。

"玉帛云乎哉"

子曰:"礼云礼云,玉帛云乎哉?乐云乐云,钟鼓云乎哉?"

云——语末助词,无实在意义。云乎——语末助词,表反诘。玉帛——指玉制和丝织的礼器、礼品。钟鼓——两种乐器。

孔子说的是:礼呀礼呀,只是说玉帛之类的礼器、礼品吗?乐呀乐呀,只是说敲钟击鼓之类的声音吗?

反诘,是明知故问,表达的其实是对此问的否定。礼既然不只是表现在礼器、礼品上,以及仪式上(参看前文"林放问礼之本"),那么还表现在哪里呢?孔子有一些正面述说。除回答林放问礼之本外,较突出的是《八佾篇》以下一章:"居上不宽,为礼不敬,临丧不哀,吾何以观之哉?"(身居上位却不宽厚不宽容,行礼却不恭敬不认真,遇到丧事却不哀痛不悲伤,这种样子我怎么看得下去呢?)也就是说,礼要表现出"敬"的情感,丧礼要表现出"哀"的情感。这种情感远比礼的仪式、器物重要。

然而,还应该进一步探寻。"敬"也罢,"哀"也罢,都基于人的内心,而这个内心就是仁心。人之所以为人,是因为有仁,有大爱。内在有仁之质,外化为仁之行,即显现仁之德,才能在复杂的人际交往和社会活动中以合适的方式方法表达出恰如其分的情感。而且,一言一行,一举手一投足,无不中规中矩。

"子曰:'人而不仁,如礼何? 人而不仁,如乐何?'"(《八佾篇》)

"如……何",是谓语词组,相当于把(拿、对)……怎么样(怎么办)。

人如果没有仁之心、仁之德,对待礼会怎么样? 这同样是不疑而问,是孔子常用的问话艺术。孔子有意让听者转动脑筋,而不直说不仁者会怎样。答案其实很清楚,不仁之人不仅不会遵礼、行礼,而且会藐视礼、践踏礼。

前文和本文引述的几段话表明,礼的核心和灵魂是"敬""哀"的情感。而这些情感的表现都是由仁之心外化的仁之行,也就是仁之德,故礼的基础和本质最终表述应该是仁。乐,即音乐,亦如此。

孔子一再强调礼,是因为春秋末期已经缺少西周之礼,即礼已"坏";一再强调礼的内在本质和根本精神,是因为在尚存的礼中由上到下缺乏由衷的爱心和情感,而只有形式的敷衍。由此可以断定,上述三段问话都带有或强或弱的激愤情绪,因而语气比较严厉。

"乡原,德之贼也"

近读《论语》,主要从人生角度思考问题。笔者发现,孔子批评、指责、贬斥了多种人,最恨的却是"乡原"。

"乡原"不大好懂。乡,即乡里,可以理解为世俗社会。原,与愿同,而愿是善良、朴实、厚道、谨慎之意。乡愿,字面义似为乡里的善人。可是,孔子却说:"乡原,德之贼也!"《论语》把这六个字作为第十七篇里的独立一章,实在费解。这个疑问,早在春秋时已经存在,孟子的弟子万章就曾向老师请教这一问题。好在孟子联系《论语》相关内容有一大段解释,使后人得以明白个大概。

孟子说:"阉然媚于世也者,是乡原也。"阉,是掩蔽;阉然,是屈意迎人的样子。孟子进而解释:"非之无举也,刺之无刺也。同乎流俗,合乎污世。居之似忠信,行之似廉洁。众皆悦之,自以为是。而不可与入尧、舜之道,故曰'德之贼'也。"大意是说,这种人挑不出什么毛病,与世俗相融合、同变化,外表好像忠信廉洁,众人都喜欢他称赞他,他自己也觉得做得天衣无缝,不过乡愿这一套与尧舜之道不可同日而语,似德而非德,所以说是"德之贼"。

乡愿这种人当今无以名之,或许与人们常说的伪君子相近。仅仅是相近而已,而非相等:伪君子是以假充真,乡愿则能以假乱真。这种人看上去很善良,很朴实,很忠厚,很谦虚,没有缺点,不犯错误,不卑不亢,永远正确,群众关系极佳,像是上天派到人间的道德使者,而非活生生的真人。实际上,这种人没有"一以贯之"的信念支柱、理想追求和道德标准;没有独立人格即没有个性,没有立场,没有主见;似通中庸之道而不得其要领,似奉和睦之旨而不知其精髓;不讲原则,不辨是非,模棱两可,人云亦云,永远是笑面人,永远是和事佬……也许,只有极少数有眼光、有头脑的人才可以通过他们懂得什么叫高明的圆滑和高级的伪善。以假乱真,是在揭破迷惑性、欺骗性之后才达到的认识,而这种迷惑性、欺骗性极难揭破,所以才特别可恶。

鲁迅曾竭力解剖中国国民的劣根性,对乡愿气亦着墨不少,不过鲁迅的继承者们对此却有所忽略。随着国门大开,人们眼界亦大开,对世界各民族、各国家了解空前广泛和深入,结果发现中华民族传统美德是那样熠熠生辉,与之相伴随的传统糟粕,包括乡愿气,竟也是那样触目惊心。

"道听而涂说,德之弃也"

子曰:"道听而涂说,德之弃也。"

道听——在路上听,可包括无意与有意两类。涂说——涂同途,在路上说,亦包括无意与有意两种。道与途可泛指公共场合。德之弃——道德的废弃,即不要道德之义,或可说是无德、缺德。

道听,人皆所不免。但,有人左耳进,右耳出,等于没听。有人虽听进,却只默识于心而不语。自然有人听后按捺不住,逢人即转述。后一种人不管是无意还是有意,一传十,十传百,中间可能会添油加醋,从而形成影响广泛的传闻。

孔子把道听途说提到道德高度,大加鞭挞,显见是深恶痛绝。何以如此?首先是道听途说的内容。民间有句俗语:"好事不出门,坏事传千里。"俗语是民众生活实践的总结,常有真理的闪光,不可小觑。此语即大致概括了一个事实:正面、健康、高雅之人与事口口相传者少,反之则是无翼而飞,传播迅疾且广泛。尤其可恨的是,其中充斥了大量没有根据的谣言。此种现象,古今中外,大体相仿。可以断定,孔子所厌恶的道听途说,即指千奇百怪之事、飞短流长之语。

第二个方面的原因,在于对途说者的鄙夷。途说者多是猎奇心、窥私欲较重和低级趣味较浓之人,以津津乐道丑闻之类达到某种奇怪的心理满足。而孔子向来主张严律己,守规矩,有担当,负责任,一本正经,谨言慎行。"子不语怪、力、乱、神"(《述而篇》),与他的信仰有关,也与他的做人原则有关。因此,孔子会认为途说乱七八糟之传言者品格太差,且放纵自己,而修德进业的君子决不可能做那种轻率、庸俗的传声筒。可以说,孔子一方面坚信"欲仁而得仁"(《尧曰篇》),另一方面也看透了人性中许多消极面、阴暗面,而表达出一种激愤情绪。人类心理的负面特征如此强烈,有赖于今之社会学家、心理学家深入研究。

古今均有学者从进学、修德角度正面论述此章,颇可给人另一些启发。这里仅看钱穆先生所说:"德必由内心修而后成。故必尊师博文,获闻嘉言懿训,而反体之于我心,潜修密诣,深造而默成之,始得为己之德。道听,听之易。涂说,说之易。入于耳,即出于口,不内入于心,纵闻善言,亦不为己有。其德终无可成。"(《论语新解》)

今之为信息社会,网络遍布,信息海量,瞬间传遍全球。信息操控高手眼中的旧时道听途说,简直是不值一提的小儿科。惟其海量、高速,无可否认的大量垃圾信息亦铺天盖地。即便是严格意义上的口耳相传,春秋时代与当今相比也是小巫见大巫,一是人口数量相差近百倍,二是社会开化、个性解放状况天差地别。以愚之见,尽管社会大不相同,但许多基本的普世价值观念与道德准则没有变,"道听而涂说,德之弃也"至今仍是箴言。

"道听途说"已成常用成语,其义如一,特指没有根据的传闻。想必今人不会指责孔子没有看到街谈巷议中正面的舆论力量。这种舆论反映民心所向,多是社会前进的动力之一。这是另一话题,点到为止。

"鄙夫可与事君也与哉"

子曰:"鄙夫可与事君也与哉?其未得之也,患得之。既得之,患失之。苟患失之,无所不至矣!"

鄙夫——在不同语境中含义有所不同,地位低下之人、心胸狭隘之人、庸俗鄙陋之人、品质恶劣之人均可为正解,此章指品质恶劣之人。事君——侍奉君主,可引申为做官、做事。也与哉——三个语气词连用,重点在最后一个;虽为反问,却是明知故问,其义决绝,对所问内容加以否定,即"鄙夫不可与事君"。按现代汉语习惯,此句为"可与鄙夫事君也与哉";为强调"鄙夫",将其提到介词"与"的前面,这是古汉语惯例。

患得之——实为"患不得之"。先秦古文文法有急缓,由口语急缓而来,说话急促,某字未曾出口,一句话已完,即成"语急",记录者保持原始状态,亦不加修正,"患不得之"写成"患得之"即是。苟患失之,从语意看,似是两患,而非一患,此处有省略,写作"苟患不得之,患失之"方妥。至,极,无所不至如无所不用其极,什么事都干得出来。

孔子说:"能和品质恶劣的人一起共事吗?当他没有得到利益的时候,老是怕得不到;已经得到了,又老是怕失去。如果总是担心得不到好处或失去既得利益,那就什么坏事都可以做出来了!"

"患得患失"的成语即由此而来,是个特定的贬义词,用以形容一味计较个人利害得失。孔子所指,是其最坏者。这种人,私欲极重,野心亦大,物质的与非物质的利益均想得到;同时,心理阴暗,气量狭小,蝇营狗苟于利益场中,唯恐失掉一丁半点。因此,他们"小则吮痈舐痔,大则弑父与君"(朱熹《论语集注》),龌龊、无耻、狠毒、凶残到无以复加的地步。

为方便读者了解"吮痈舐痔"的典故,本文抄录两个故事。宋国人曹商出使到秦国,秦惠王很赏识他,赐车百乘,曹商返宋后去见庄子,炫耀自己的风光,庄子讽刺他说:"秦王有病,召唤医生。给秦王开刀挤脓疮的可得车一乘,给秦王舔痔疮的可得车五乘。医治的手段越卑下,得车越多。您莫非给他治痔疮了吧?怎么得到这么多车呢?您还是快走开吧!"(《庄子·列御寇》)如果说庄子只是在以尖刻的语言讽刺曹商,那么《史记·佞幸列传》所载则是确有其事,即汉文帝患痔疮,宠臣邓通经常用嘴吮吸,以助去毒。

孔子实际上告诉我们两点:一是从用人角度说,此类患得患失者不可用;二是从交友角度说,远离这种人,不可与之为伍。

以愚之见,患得患失尚有更加广泛的含义,构成人类之通病,即大多数人都会有程度不等的患得患失。这里,进行两个层面的简略分析:其一,患得患失的目标有大小之差,程度有轻重之别,总是忧虑不能成为亿万富翁,与一时担心得不到养家糊口的酬劳。两者不可等量齐观;其二,患得患失有"思"与"行"两个步骤,仅心中所想,尚不造成外在危害,若为达目的而行动起来,必会显现负作用,至于"无所不至",则将构成社会之大患。

"古者民有三疾"

子曰:"古者民有三疾,今也或是之亡也。古之狂也肆,今之狂也荡;古之矜也廉,今之矜也忿戾;古之愚也直,今之愚也诈而已矣。"

所见十余种今人解《论语》的书,除古棣先生的翻译比较接近原意外,其余皆不顺不通。窃以为有三方面原因。

其一,未能总体把握此章大意。孔子是在说西周及以前的民众有三种毛病"狂""矜""愚",但这些毛病均不失其朴、其真,内有值得肯定的"肆""廉""直";而春秋时代的民众已丧失其朴、其真,非但没有了原来好的一面,而且发展成恶劣的"荡""忿戾""诈"。

其二,未能正确理解"今也或是之亡也"这句关键的话。所见大致译作"今天的民众连那三种毛病或许也没有了",可下文明明说三种毛病仍在,而且更坏了,故不通。

或——古文中常作"有""有人""有的(指事、物)"。"或,有也。"(《广雅·释诂》)如"或人",即有人,泛指某人。如"或失",即有失。如"或谓""或曰""或告""或问",即有人说、有人告诉、有人问。或作有,现代汉语已基本不用。

《说文》曰:"是,直也。从日、正。"段玉裁注:"天下之物莫正于日也。""以日为正则曰是。"故含有正、直义。《玉篇》曰:"是,是非也。"即对、正确。"或是"即有是,意思是有对的东西;针对上述"三疾"而言,指"三疾"中值得肯定的内容。

"或是之亡"的"之",众人都认为是代词,指"三疾"。如前所说,不通。此"之"为结构助词,起着把宾语"或是"提前的作用,照今人习惯为"亡或是"。此解未被人所言及,愚意当如此。

其三,未能准确翻译文中的若干字词。尤其"肆"字,古今学者皆译作极意敢言、不拘小节之类,大误。"肆"是"狂"中值得肯定的内容,按一般的意义讲不通。查《尔雅·释言》,"肆,力也",尽力、努力之义。现代汉语还保留"肆力"一词。"狂也肆"与"狂者进取"(《子路篇》)有一定的思想关联。

矜——多义,应取贬义的"自贤曰矜"(《康熙字典》),即自高自大。"矜也廉"与"狷者有所不为"(《子路篇》)有一定的相通之处。

愚——多译作蠢笨,不妥。《正韵》曰"戇也,闇也,蒙也,昧也,蠢也,钝也,愁也,滞也,固也,蔽也,冥也"。窃以为,概括为没文化、不明事理,较妥。

孔子说:"古代的民众有三种毛病,现在的民众没有那三种毛病中值得肯定的内容了。古代的民众狂放不羁,同时尽力做事,积极进取;现在的民众狂放不羁,恣意任性,放浪无度。古代的民众自高自大,同时有威严,洁身自好;现在的民众自高自大,多愤怒,乖张暴戾。古代的民众没文化,同时率直、正直;现在的民众没文化,只有蒙骗、欺诈罢了。"

"人心不古""时风益衰""道德沦丧"等等,是绝大多数老者对自己所处时代的慨叹。历朝历代皆如此,不独孔子然。今之老人,看现在的民众,乃是利益至上、个性至上、享乐至上,近乎"荡""忿戾""诈"……是耶?非耶?不能一言以蔽之。这种慨叹或评论,始终都有切中要害之处,亦始终都有需要商榷之处。

"天何言哉"

读《论语》,有些重要而又奥妙的字词必须弄通,这关系到对孔子思想的理解和评价。其中,"天"就是一例。孔子多次说到"天",现顺序罗列如下:

《八佾篇》"获罪于天,无所祷也。"

《雍也篇》"予所否者,天厌之! 天厌之!"

《述而篇》"天生德于予,桓魋其如予何!"

《泰伯篇》"巍巍乎,唯天为大,唯尧则之。"

《子罕篇》"文王既没,文不在兹乎? 天之将丧斯文也,后死者不得与于斯文也;天之未丧斯文也,匡人其如予何?"

《子罕篇》"吾谁欺? 欺天乎?"

《先进篇》"噫! 天丧予! 天丧予!"

《宪问篇》"不怨天,不尤人,下学而上达。知我者其天乎!"

《阳货篇》"天何言哉? 四时行焉,百物生焉,天何言哉?"

这些"天"的含义并不相同,愚以为大致可分为四种:一是多少带有神秘意味的天;二是作为"道"的天;三是自然的天;四是无具体指向的天,或说只是作为情急、情悲时誓词与叹词的天。因此,"天"在孔子那里是一个笼统、多义并且有些模糊的概念。也就是说,孔子受时代所限,还不可能给"天"一个清晰明确的说法。

远古时期和殷商时代,"天"是有智慧有意志有目的的上帝,是至高无上且支配一切的人格神。然而,自周文王和周公始,这一观念开始发生变化,人的地位与作用得到初步的肯定和重视,敬天保民思想已经确立,"人德"与"天命"已经并提。到战国末年,荀子批判地审视了他以前的各种天人关系的学说,指出"天"就是"列星随旋,日月递火召,四时代御,阴阳大化,风雨博施"的自然界,同时指出"天"有自身的运动规律,"天行有常,不为尧存,不为桀亡",由此又提出"明于天人之分","制天命而用之"。(《荀子·天论》)这是先秦最完备最先进的关于天的思想观念。

从周公到荀子时间跨度达八百年,是一段相当长的过渡期和发展期。孔子居其中,而当时已经兴起怀疑鬼神和上帝的思潮,如与孔子同时的郑国思想家、政治家子产就说:"天道远,人道迩,非所及也,何以知之?"(《左传·昭公十八年》)可以说,在对待"天"的认识问题上,孔子是一个承上启下的人物,既有旧观念,又有新思想。孔子及其弟子曾受到信鬼神的墨子的批判:"儒以天为不明,以鬼为不神,天鬼不说。"(《墨子·公孟》)说同悦。孔子的对立面反证了他对天的认识。

可是,现代一些学者却作出了简单片面的主观结论,一派断然说孔子是"有神论者",一派则针锋相对说孔子是"无神论者"。两种结论都不能服人,因为与事实不符。笔者赞同第三派学者的意见,孔子的思想处在由有神向无神的过渡中,接近完成而尚未完成质的飞跃。孔子知之为知之,不知为不知,若即若离,小心谨慎,不妄言,不玄谈,表现出一种求实的理性态度。

行文至此,忽生联想。近代以来,世人对天以及天人关系的认识似乎已无问题,然而一些智者通过对人类行为的反思,发现还是有问题。"人定胜天""与天奋斗,其乐无穷;与地奋斗,其乐无穷"都过了头,人已经把自己当成了主宰一切的上帝,破坏了正常的天人关系,结果遭到天的一系列报复和惩罚。于是,产生了"可持续发展"的思想。愚以为这种先进思想的核心,就是要对天人关系进行再认识,尤其正视人的弱点、局限与困境。有人提出,对天(自然、宇宙)保持一定的敬畏之心永远没错。诚哉斯言!

"孺悲欲见孔子"

　　孺悲欲见孔子。孔子辞以疾。将命者出户,取瑟而歌,使之闻之。

　　孺悲——鲁国人,其生平不详,仅《礼记·杂记》载"哀公使孺悲之孔子学'士丧礼'"。将命者——传话人,孺悲所派。

　　孺悲想见孔子。孔子推辞说生病了。孺悲派的传话人刚出门,孔子就拿过瑟来又弹又唱,让传话人听到。

　　孔子为何不见孺悲,不得而知。但从一般道理上说,孺悲必有令孔子不满甚至生气的地方。如"阳货欲见孔子,孔子不见"(《阳货篇》),就因为阳货篡权,孔子讨厌阳货。极有可能,孺悲在向孔子学习"士丧礼"过程中,有一些孔子十分看不惯的言行。这次孺悲请见,合理的推测是在初学"士丧礼"之后。不过,对孺悲"辞以疾",对阳货"不见",记载不同,显示孔子拒见的态度有所不同。"辞以疾"较为客气,"不见"则干脆、决绝。故可断定,孔子对孺悲未至厌恶地步。

　　饶有趣味的是"取瑟而歌,使之闻之"。这是孔子故意为之,通过传话人让孺悲知道。孔子此举,外人看来有点儿滑稽。而正面的滑稽向来都有讽刺在,都有深意在。孔子想表达的意思,就在这无言的"滑稽"中。可以想见,当传话人如实回禀,孺悲定然会想:"孔子其实没病,只是不愿见我。"接下来可能再想:"孔子为什么不愿见我？是不是对我不满？"倘若孺悲进一步反省自己的问题，从而羞愧、自责，则孔子的目的便达到了。倘若孺悲心生怨恨，则说明此人觉悟水平低下，孔子确实不必见他。无论孺悲何种反应，孔子均无需知道。

钱穆先生论曰："孔子既拒之，又欲使知之，孺悲殆必有所自绝于孔子。而孔子不欲显其短，使无自新之路，故虽抑之，不彰著。虽拒之，不决绝。亦孟子所谓不屑之教诲。"(《论语新解》)那么，孟子是怎么说的呢？孟子曰："教亦多术矣。予不屑之教诲也者，是亦教诲之而已矣。"(《孟子·告子下》)教育也有很多方式呀，我不屑于教导他，这已经是在教导他了。这种不言之教，目的正在于促使被教育者自我反省。

反省是觉悟的开端，亦是必由之路。反省是内心的自我省察，侧重于检讨自己的弱点、缺点、不足、错误，当然并不否定不该否定的方面。反省需有标准，从儒家角度说就是仁、义、礼、智、信等。反省的直接目的是准确、深刻、全面地认识自己，在明确自己大有作为的可能性的同时，特别要看清自己在无限世界中的有限性。反省的终极追求是真正明白自己为什么活着，应该怎样活着。反省不可能一蹴而就，而是一个持续的、贯穿终身的过程。拒绝反省，从不反省，此种人不多。大多数人有反省，但少而浅，故觉悟程度不高。只有君子，才会经常反省。至于像曾子那样"吾日三省吾身"(《学而篇》)，则是凤毛麟角了。

"君子义以为上"

子路曰:"君子尚勇乎?"子曰:"君子义以为上。君子有勇而无义为乱,小人有勇而无义为盗。"

子路问:君子崇尚、注重勇敢这一品德吗?孔子回答:君子最看重的是道义(以道义为最高);假如君子只有勇敢而不讲道义,就难免添乱乃至作乱,假如小人只有勇敢而不讲道义,就很容易成为盗贼、土匪。

此章与《卫灵公篇》"君子义以为质,礼以行之,孙以出之,信以成之"同源共流,都说明道义是君子一切言行的本质,或说是最高原则,只不过一具体一笼统而已。全书谈"义"处还有不少,一般均解作道义,大体恰当。鉴于孔子再三述说的"义"不仅是重要的道德概念,而且是重要的政治概念和思想(哲学)概念,所以有必要再深究一番。

据《中庸》载,孔子自己说过:"仁者,人也;亲亲为大。义者,宜也;尊贤为大。"这是回答鲁哀公问政时其中的两句,意思是说:所谓仁,就是人与人之间相互亲爱,而首先是爱自己的亲属;所谓义,就是人们相处适宜得当,而首先是尊敬贤德之人。

不仅如此,"义者,宜也"还需进一步说明。宜,合宜,也就是合适、应该之义。所以,"义"就是事之宜,说应该说的,做应该做的,说的做的都很合适,符合标准。个人、家庭、社会、国家都是如此。

什么标准？在孔子看来，这个标准是上天规定和赋予的，"天生德于予"（《述而篇》），人人不可违反的。故朱熹注："义者，天理之所宜。"那么，从实践者的角度也可以说，"义"就是天职、天赋的使命。事实上，孔子心目中也有一个具体的"偶像"，常以他为标准，那就是周公。孔子是"义"的先觉者、阐述者、传授者，所以后世儒家也就以孔子的言论为标准了。（关于"义"字的含义及演变，有兴趣的读者可参看《说文解字注》《康熙字典》等书。）

孟子对"义"有更具体的解释："仁，人之安宅也。义，人之正路也。旷安宅而弗居，舍正路而不由，哀哉！"（《孟子·离娄上》）"仁，人心也。义，人路也。舍其路而弗由，放其心而不知求，哀哉！"（《孟子·告子上》）"义"，是人之路，人人要走的正路。正路不走，非要走邪路，当然会让有识之士感到可悲。抽象地说，"义"就是本然的应该。孟子所说与孔子语意是完全相通的。实际上，仁心外化为言语、行为，就是"义"。"义"是"仁"的动态状态，"仁"是"义"的内在基础，二者一内一外，一静一动，是不可分的。因此，孟子及后世儒家常将仁义并提。

历史上每一位优秀的大思想家，都给人类指出了应该走的正路，涵盖到个人、家庭、国家、天下（世界）。这些路似乎不尽相同，但其基本追求或说最高原则却有一致性，那就是正义、公平。从这个意义上说，孔子的"义"也就是正义。

"三年之丧"

　　宰我问:"三年之丧,期已久矣。君子三年不为礼,礼必坏;三年不为乐,乐必崩。旧谷既没,新谷既升,钻燧改火,期可已矣。"

　　子曰:"食夫稻,衣夫锦,于女安乎?"

　　曰:"安。"

　　"女安,则为之。夫君子之居丧,食旨不甘,闻乐不乐,居处不安,故不为也。今女安,则为之。"

　　宰我出。子曰:"予之不仁也!子生三年,然后免于父母之怀。夫三年之丧,天下之通丧也。予也有三年之爱于其父母乎?"

此章文字较长,为清楚计,故如上分段抄录。其中,有几点需作说明。

　　期——期限。"期已久矣"意为:这个期限(指三年)太长了。"期可已矣"意为:这个期限(指一年)就可以了。

　　旧谷既没,新谷既升——原来的谷物吃完了,新的谷物收获了,表示一年期限。

　　钻燧改火——远古钻木取火,四季所用之木不同,春用榆柳,夏用枣杏,季夏用桑柘,秋用柞楢,冬用槐檀,一年而周,谓之改火。春秋时期早已不用钻木取火,宰我只是借用,表示一年期限。

　　食夫稻——夫,用在句中的语助词,无义;稻,产于南方,在北方为珍贵细粮,故居丧者不食。

居处不安——古代最典型的守孝,是在父母墓旁盖一简易棚屋,叫作"凶庐",或"忧宅",或"梁暗",住在那里,而不住原来舒适的房屋,否则心不安。

予——宰我名予,孔子称弟子均直呼其名。

三年之丧天下之通丧——学者考证,周代有厚葬之俗,并伴生了久丧之俗。

此章大意已明,考虑到篇幅,不再通译。

粗粗看来,宰我的质疑言之成理。其一,君子极其重视礼乐,而居丧三年,远离礼乐,则礼乐必然生疏,乃至崩坏,故居丧三年时间太久。其二,人们的生产、生活随着自然变化,一般均以一年为一个周期,综合考虑,居丧一年足矣。

但是,在孔子看来,宰我只是围绕时间长短作表面文章,没有说到根本。孔子回应宰我,直指他的"心",逼问他居丧一年就恢复生活常态是否心安。宰我公然说心安,于是孔子斥责他不仁。其后,孔子说出居丧三年的具体理由,原来三岁以前的婴儿不能脱离父母的怀抱,受到父母无微不至的、忘我的哺育,那么成年之后陪伴已逝的父母三年,岂不理所当然。

可见,三年之丧的本质和基础在于人心,在于情感,在于对父母的爱与回报。其实,孔子大谈特谈的礼,其出发点以及核心都是人和人心,即都是仁。如禘礼,表达的是对祖先的爱与怀念。如射礼,表达的是对他人的尊重,对和睦相处的愿望。

愚以为,孔子的三年之丧,有一定的合理性。但其弊端乃至危害也显而易见。比孔子稍晚的墨子就曾严辞抨击三年之丧,并产生过广泛影响。在缓慢的两千余年的农业社会中,在专制皇权拿孔子思想当统治工具的情况下，久丧思想得到肯定，久丧习俗大体上延续下来。现代社会，丧礼的精神实质应该一如既往，不过已不必久丧。说三年之丧是历史陋习，大概无人反对。

"有勇而无义为乱"

拙文解"义"时曾引用《阳货篇》"君子义以为上,君子有勇而无义为乱,小人有勇而无义为盗"。勇敢而不讲道义,违背正义,不该做而做,轻者是盲目、莽撞、粗暴、蛮干,而重者就是为所欲为、胡作非为。

《阳货篇》还有一章文字:

> 子贡曰:"君子亦有恶乎?"子曰:"有恶。恶称人之恶者。恶居下流而讪上者。恶勇而无礼者。恶果敢而窒者。"曰:"赐也,亦有恶乎?""恶徼以为知者。恶不孙以为勇者。恶讦以为直者。"

恶,音 wù,动词憎恶、讨厌。子贡问:君子也有厌恶的人和事吗?孔子答:当然有。君子厌恶一味说别人坏处的人,厌恶身处下位而诽谤上位的人,厌恶勇敢而不行礼法、礼节的人,厌恶果断而不通事理的人。孔子又问子贡:你也有厌恶的人和事吗?子贡说:我厌恶剽窃、抄袭而自以为聪明的人,厌恶不谦逊、不恭顺而自以为勇敢的人,厌恶揭发别人隐私、攻击别人短处而自以为正直的人。

"勇而无义"是勇敢而违反正义,违反原则,"勇而无礼"是勇敢而违反礼法和规矩,两者小异而大同。也许,"果敢而窒"程度稍轻,不过离无义、无礼也并不远。

与"君子亦有恶"相呼应,孔子还说过:"暴虎冯河,死而无悔者,吾不与也。"(《述而篇》)徒手搏虎,徒身涉河,至死也不知追悔的人,即粗勇无谋、永不觉悟的人,孔子是不和他们结交的。

孔子曾对子路讲"六言六蔽"(《阳货篇》),其中一条为"好勇不好学,其蔽也乱",意思与上面所讲是一致的,因为学不外乎是学仁学义学礼等等,包括学智谋,学应变,以提高觉悟、道德和综合素质。

孔子十分看重大勇,把它作为君子的重要德行科目。但是,《论语》记载孔子正面说勇只有二三处,并不很多,更多的是从反面告诫弟子们要避免小勇。孔子为什么这样说呢?因为,春秋时期的人们,包括孔门弟子,对勇敢的认识普遍存在偏差,他们孤立地看待勇敢,认为不知畏惧的胆量和强有力的行为就是勇敢的全部,而看不到在仁、义、礼指导之下有着崇高目标的大勇。

《说文解字》:"勇,气也。""古文勇从心。"段玉裁注:"勇者,气也。气之所至,力亦至焉。心之所至,气乃至焉。故古文勇从心。"孔子并非不重视勇之力,他只是遗憾众人的舍本求末,看不到勇之心。于是,孔子全力矫枉,并把勇之心纳入思想和道德之中,用仁义加以统率。应该说,是孔子提升了"勇"的含义和价值,意义重大,影响深远。

在孔子告诫性话语中的勇敢,指的都是强力之勇、无谋之勇、无理之勇、无义之勇。尽管这些勇敢也不尽相同,也可分出许多具体层次,但是总体而言,诚如孟子所说是"小勇""匹夫之勇"。愚以为,孔、孟二先哲关于勇敢的论述,虽然过去了两千多年,却有着强烈的现实意义,因为许多现代人仍然不清楚小勇、大勇之别。

"唯女子与小人为难养也"

子曰:"唯女子与小人为难养也。近之则不孙,远之则怨。"

唯——范围副词,表示它所限制的人或事的单独性,相当于"只有"。

养——《尔雅》曰:"颐、艾、育,养也。"育、养互训,即养育,引申义之一便是教育、教养、熏陶,如"立太傅、少傅以养之"(《礼记·文王世子》)。一些学者把养译成"相处",那只能说是现代新发明的引申义。

孙——段玉裁注《说文解字》曰:"子卑于父,孙更卑焉,故引申之义为孙顺,为孙遁。字本皆作孙,经传中作逊者皆非古也。"孙通逊,义为恭顺。

孔子说:"只有女子和小人是难以教养的。亲近了他们,他们就不恭顺;疏远了他们,他们就怨恨。"然而,这种话太容易被人诟病,于是许多学者为尊者讳,认为"女子"和"小人"不是全称概念,而是特指,其中有些说法十分新奇。仅据笔者手头资料的不完全归纳,主要有以下几种。

其一,宋代邢昺说:"此言女子举其大率耳,若文母之类,则非所论也。"文母之"文"是美义,文母即有美德之母,初指周文王妃太姒,后亦用作帝后的美称。此说把少数特殊女子排除在外,实际上仍属于"女子"是特指的判断。

其二,宋代朱熹说:"此小人,亦谓仆隶下人也。君子之于臣妾,庄以莅之,慈以蓄之,则无二者之患矣。"朱熹博览群书,学问极深,知道明说"女子"为"妾"没有根据,但他话里的意思就是指"女子"为"妾"。自此,古代和当今众多学者都把"女子"解释为"侍妾",把"小人"解释为"仆役"。

其三,《论语说解》说:"孔子这里说的'女子与小人'不是一般人,而是指那些有权有势品德卑劣的人。男人分君子小人,女子也分君子小人。在统治阶层的妇女中,有些妇妾之流,互相争权、争宠,道德败坏、祸国殃民的并不少。"

其四,文汇读书周报《"女子"问题》一文说:"这句话其实是标点错误。'女子'中间应有标点断开,如'女、子'。'女'指的是君主的妻妾,'子'指的是君主的儿子,'小人'指的是君主周围的宠臣、佞臣、优伶、宦官之类。"

其五,《发现论语》说:"女:母亲、家庭主妇,家庭的维系者,这是'女'的本意。女子:母亲的儿女,还在母亲怀里的儿女,还只有依靠母亲的照料喂养才能生活的儿女,也即幼儿幼女。"此说未涉及"小人"。

其六,《论语我读》说:"女是妇女统称,在父母家是女出嫁则为人妇。子,籀文(略),像初生婴儿之形,满月则曰小人,闽南语及客家语至今仍沿用。"又说:"父母养育子女,要算初生婴儿及满月至周岁的幼儿,最不易抚养,若时刻不离左右,则柔顺乖巧,若稍有远离,儿就会放声大哭。"与此相似,《论语典藏本》说:"我认为孔子所讲的难以相处的人,实指女孩子和男孩子。"此说不仅把"女子""小人"都解释成孩子,而且分了性别。

以上种种,应该说并无文本依据,属于个人体会,有的纯粹是主观猜测。因此,众多严肃学者在翻译此章文字时没有在"女子与小人"的概念上作文章,女子就是女子,小人就是小人(绝大多数理解为品质恶劣、道德低下之人)。不过,在具体理解中心意思时却相差很大。拙文仅作如下归纳。

其一,《论语读训》说:"《左传》僖公二十四年云:'女德无极,妇怨无终。'杜预注谓:'妇女之志,近之则不知止足,远之则忿怨无已。'养小人不知感恩,且怀忿恚,是故君子难为也。"著《论语正义》的清代刘宝楠等不少古代学者的观点,都与此说相仿。

其二,《论语别裁》说:"我就赞成孔子的话,这是没有办法来替妇女们辩护的……这的确是事实,是无可否认的天下难事。但问题是,世界上的男人,够得上资格免刑于'小人'罪名的,实在也少之又少。孔子这一句话,虽然表面上骂尽了天下的女人,但是又有几个男人不在被骂之列呢?"

其三,《论语今读》说:"我以为这句话相当准确地描述了妇女性格的某些特征……这种心理性格特征本身并无所谓好坏,只是由性别差异产生的不同而已,应说它是心理学的某种事实,并不必含褒贬含义……中国传统对妇女当然很不公平,很不合理,孔学尤然。但比欧洲中世纪基督教认为妇女没有灵魂,以及大烧'女巫'之严重迫害等等,仍略胜一筹。"

其四,《论语辨惑》分析了"女人与男人在先天上有所不同",计有体能(男强女弱)、感情(男散女专)、智能(男偏女全)、分工(男主外女主内)等诸方面,详细阐述了"当男人怠忽了对女人应尽的天职,女人就会不自觉地产生出一种'怨'来"。又说:"不论你在外面有多了不起,不论你是何等英雄人物,只要你真正涉入了女人的世界,在夫妻感情偶有不睦的时候,你就会发现,原来你的自豪与自尊,在女人面前早已不知何时飞到何方去了。因为事实摆在眼前,你明明样样都不如她嘛！你还能'无理而气壮'吗？所以孔子说'近之则不孙'是有道理的。"最终结论是："孔子没贬男人也没骂女人。"

其五，《论语读本》说："原文文意确有轻视妇女之意。在两千多年以前的宗法社会里，有轻视妇女的思想并不奇怪。既无需批评，也不必讳言；更不必为了说明孔子没有轻视妇女的思想而对原文另作别解。"

其六，《论语译说》说："孔子轻视妇女，把妇女与小人归为一类。""孔子轻视妇女的思想，在当时——在春秋时代也是极其落后的，它在中国封建社会的历史时期产生了破坏的作用。"此说有鲜明的批判立场。

之所以做了一回大大的文抄公，无非是想给读者朋友们提供一些方便，让大家大致了解古今学者对于此章文字的翻译与理解情况。

若问愚意如何，则需回答两点。第一，此章文字缺乏谈话时间、地点、对象、语境等因素，又没有其他证明材料，所以只能就现有文字进行理解，不能主观猜测，故不同意对"女子""小人"乱加解释，那都没有根据，不能服人。至于"小人"，愚以为亦是全称概念：一、包括品质恶劣、道德低下之小人；二、包括见识短浅、思想糊涂之小人，即庸人、愚人；三、包括社会地位低下之小人，即庶民、细民。笔者十分尊敬乃至崇拜孔子，但并不忌讳指出他思想中确有保守的、落后的内容。第二，吸取《论语今读》《论语辨惑》《论语读本》中合理的分析与观点，综合成一种统一的看法。具体说来，愚以为孔子的思想不是单纯的，而是复杂的，一方面他看到、感到、理解到男女有别，用现代语言说，女人有不同于男人的情感、性格特征以及知识结构、价值标准、思维方式、处世方法等，因此男女交往或共同生活会有矛盾,男人总是企图按照自己的愿望塑造女人,女人也总是企图按照自己的愿望塑造男人,假如武则天、慈禧太后说"唯男人与小人为难养也",那是谁也不会奇怪的;另一方面孔子还没有摆脱也不可能摆脱男尊女卑的传统思想,确有轻视、贬低女人之意。

孔子生活在两千多年前的男权社会,他再伟大最多也只能具备"男有分,女有归"(《礼记·礼运》)的思想,而提不出男女平等的口号。现代社会倒是呼吁妇女解放、男女平等,并为之努力多年,然而人们"听其言而观其行",发现事实上男女仍然不平等,连最发达最民主的社会也是男权远远超过女权。这种无可奈何之状还要持续多少年?谁也不知道!

微子篇

"殷有三仁焉"

> 微子去之,箕子为之奴,比干谏而死。孔子曰:"殷有三仁焉!"

据《史记·殷本纪》《史记·宋微子世家》载,将微子、箕子、比干情况简述如下。

微子——子姓,名启,是殷商倒数第二个王帝乙的长子。出生时,其母为帝乙之妾,故启为庶子。后其母立为王后,生辛。帝乙死后,辛继承王位,是为帝辛,史称纣。典籍称微子为纣"庶兄",其实二人是同父同母的亲兄弟。封地在微(今山东梁山西北)。

箕子——名胥余,纣王诸父(伯、叔统称诸父,又天子对同姓诸侯常尊称诸父;今之不少学者明确说箕子、比干为纣王叔父,不知何据)。封地在箕(今山西太谷东北),任王朝太师。

比干——纣王诸父,任少师,协助箕子。

殷商末期,常派兵征伐周边其他部族,特别是大规模、长时间地与东夷兵戎相见,致使国力削弱。雪上加霜的是,纣王骄奢淫逸,残暴昏乱,整个朝廷乌烟瘴气。微子忧心忡忡,多次劝谏纣王,但毫无结果。微子绝望之际,想一死了之,而与两位诸父谋划。箕子说:你死了,国家能够得到整治,那是值得的;死了而终不得治,那还不如离开。于是,微子逃亡,隐居起来。周王朝建立之后,周公代成王封微子于宋。

太师箕子同样屡劝纣王,纣王仍旧不听。有人建议箕子离去,箕子认为那样便会彰显君主、朝廷之恶,而不忍心。两难之际,选择了装疯,结果被纣王贬降为奴,囚禁起来。后来周武王灭纣,向箕子咨询治国之道,箕子献上九大类理法。

少师比干认为,君主有过错,为臣者不以死相争,还是百姓遭殃。于是,又冒死直谏。纣王大怒,说:我听说圣人的心有七窍,真有吗?命人杀死比干,剖视其心。

所以,在谈到相关史实时,孔子说:"殷纣王朝有三位仁人!"

微子、箕子、比干仁在哪里?明代万历首辅张居正讲评《论语》此章时说:"盖论人者不当泥其迹而当原其心。三人者就其迹而观之,虽有不同,原其心而论之,则其忧君爱国之忠、至诚恻怛之意,一而已也。其去者欲存宗祀,非忘君也。奴者欲忍死以有待,非惧祸也。死者欲正言而悟主,非沽名也。所以说,殷有三仁焉。"

拙文曾述孔子之仁大概含义,那么以人性、道德、仁政三方面内容来衡量,微子、箕子、比干均有值得赞扬之处。他们虽为贵族,为上层统治者,但人格犹在,良善未泯,不肯与纣王同流合污,又忠诚、正直,鲜明地反对暴政,苦口婆心劝谏纣王,一心匡扶社稷,维护宗族,拯救百姓,甚至不惜以死殉道。他们的事迹和精神,可以说是承上启下,是历史长河中璀璨的浪花。

"齐人归女乐"

齐人归女乐,季桓子受之,三日不朝,孔子行。

归,馈的假借字。此章文字很好翻译,即:齐国人赠送女子乐队,季桓子接受了,三天不举行朝礼,于是孔子离开了鲁国。不过,这简洁文字的背后有着丰富的历史内容。

据《史记·孔子世家》载,"孔子为中都宰,一年,四方皆则之",孔子做中都(今山东汶上县)地方长官,一年就很有成效,四方官吏都仿效他的治理方法。过了两年,已做大司寇的孔子主张"堕三都",毁掉了郈邑和费邑城墙,沉重打击了三桓及其家臣的势力,"强公室",增强了鲁国朝廷的统治权。下一年,孔子"摄相事","与闻国政三月,粥羔豚者弗饰贾;男女行者别于涂;涂不拾遗;四方之客至乎邑者不求有司,皆予之以归。"孔子主持国政才三个月,贩卖羊、猪的人就不敢哄抬价格;男女行人分开走路,各守礼法;路上见了别人遗失的东西也不捡;四方旅客来到鲁国各处城邑,不必特别求助于官方,都会得到很好照顾,如同回家一般。以上是内政方面。

外交,孔子亦出彩。当时的大背景是,晋、楚两国称霸中原,不过已开始衰微;齐景公企图复兴先祖齐桓公当年的霸业,与晋国在东方争衡;鲁国作为齐国邻国,却与晋国走得较近,齐国自然想拉拢鲁国。鲁定公十年夏,齐景公担心鲁国重用孔子对齐国不利,于是主动约见鲁定公。二公会于夹谷(今山东莱芜夹谷峪)。孔子深谋远虑,充分准备,见机行事,义正辞严,导演了一出流传后世的好戏,打击了齐国气焰,迫使齐国归还了侵占的鲁国土地。夹谷会在《史记》等书中有绘声绘色的记载,此不细述。

鲁定公十三年,齐国人听到鲁国国内形势大好的消息,更加害怕。"孔子为政必霸,霸则吾地近焉,我之为先并矣。盍致地焉?"孔子主政,鲁国必然会强大称霸;鲁国一旦称霸,我们离得最近,将会首先被吞并;何不送给他们一些土地呢?齐国大夫黎鉏说:"还是先试试其他的阻止鲁国强大的办法。阻止不了,再送土地也不迟。"于是,齐国挑选八十名美女,让她们穿上华丽的衣裳,演习好《康乐》舞;又挑选一百二十匹好马,一起送到鲁国都城南面。

季桓子得到消息,穿便装偷偷去观赏了好几次,又请鲁定公一起去看。二人均怠于政事。子路十分生气,劝老师立即辞官。孔子想再静观一段时间,看看他们到底如何处理此事。另外,不久就要郊祭,孔子也想看看他们怎样表现。结果,鲁定公和季桓子欣然接受了齐国的女乐和马匹,一连三天不上朝理政。而且,之后的郊祭大典结束,鲁定公和季桓子又违背礼法,未将祭肉分给大夫。至此,孔子完全失望,带领部分弟子离开鲁国,开始了长达十四年的周游列国。

"齐人归女乐"是催化剂,让孔子彻底看清了鲁定公和季桓子乃"斗筲之人"(《子路篇》);自己为政必受多方掣肘,不能尽施拳脚,"吾其为东周乎"是难以实现的愿望,因而决心退而致仕。"孔子之去鲁,曰'迟迟吾行也',去父母国之道也。"(《孟子·尽心下》)孟子深刻领会到孔子内心对政局的无可奈何,对祖国的眷恋不舍的复杂情感。应该说,此时孔子思想发生了某些根本性的变化,开始进入"知天命"阶段。

"楚狂接舆歌而过孔子"

  楚狂接舆歌而过孔子曰:"凤兮!凤兮!何德之衰?往者不可谏,来者犹可追。已而!已而!今之从政者殆而!孔子下,欲与之言。趋而辟之,不得与之言。"

  楚狂——楚国一个狂人。接舆——古代学者一般认为是人名,流传至今;但有人指出是"迎着车子"的意思,此说有理,本文采纳。凤——传说中众鸟之长,逢盛世明君才会出现;此处喻孔子。谏——挽救。已——停止;"已而"可译"算了吧"。追——补救。殆——败坏,失败,懈怠,本文译作"腐败"。趋——小步快走。辟,同避。

  楚国一个狂人迎面而来,唱着歌从孔子车旁经过。他唱道:"凤凰啊!凤凰啊!为什么你的德行衰退了?过去的不能挽回,未来的还可补救。算了吧!算了吧!现今的从政者都腐败了啊!"孔子下车,想和这个人交谈。狂人快步躲开,孔子没能和他说上话。

  古代多部典籍均载有楚狂接舆,说他是佯狂的隐士。他知道且尊敬孔子,同时又为孔子惋惜。孔子要去楚国,他在路上以一种间接的形式劝诫孔子,亦有讥讽之意。狂人之歌是唱给孔子听的,实际上是说:你应该像是凤凰,有道盛世才现身,可你却栖栖遑遑到处抛头露面,哪里还有什么高贵形象?你以前的所做所为已经过去不说了,但以后怎么做还来得及改正,你可要好好想清楚。要知道,楚国从政者都已腐败了,你到楚国来干什么呢?

当然,也有可能"凤兮"云云只是一顶虚拟的高帽,让听者心悦,以使后面的劝诫更加有效。即便如此,亦必承认楚狂的语言艺术非同一般。

如《"贤者辟世"》等几篇前文所说,孔子对隐士是很尊重的。当他听到楚狂歌声,心有所动,很想与之交流一番,起码是表达自己的敬意或善意。但是,楚狂非等闲人物,知道孔子可能会说些什么,而自己的意思已经表达清楚,何必再多费口舌,于是快步走开。

读者可从此章得到两点收获:其一,进一步了解隐士的思想观点,核心就是避世。其二,"孔子下,欲与之言",非但不以楚狂之歌为忤,反而心有戚戚焉,从中可以看出孔子宽广的胸怀和谦虚的态度。

"鸟兽不可与同群"

长沮、桀溺耦而耕。孔子过之,使子路问津焉。

长沮曰:"夫执舆者为谁?"子路曰:"为孔丘。"曰:"是鲁孔丘与?"曰:"是也。"曰:"是知津矣。"

问于桀溺。桀溺曰:"子为谁?"曰:"为仲由。"曰:"是鲁孔丘之徒与?"对曰:"然。"曰:"滔滔者天下皆是也,而谁以易之?且而,与其从辟人之士也,岂若从辟世之士哉?"耰而不辍。

子路行以告。夫子怃然曰:"鸟兽不可与同群,吾非斯人之徒与而谁与?天下有道,丘不与易也。"

此章文字较长,且多是对话,为清楚计,分成如上四段。

耦而耕——古代两人合作共用耒耜(音垒寺)耕田,称为耦耕。过之——孔子自楚返蔡,路过长沮、桀溺耕田处。津——河流渡口。

执舆者——执辔掌控车子的人。子路问津,故孔子执舆等候。

滔滔——有学者指出非是,应为《史记·孔子世家》中的"悠悠",亦作"浟浟",水流之貌。滔滔者喻指随波逐流的天下人。以——同与;谁以——即与谁。易——变易,改革。而——同尔,第二人称。辟人之士——躲避坏人的人,暗指孔子;辟同避。辟世之士——躲避社会的人,指隐士,包括长沮、桀溺自己。耰——音优,古代农具,用以弄碎土块、平整田地;又指播种后用耰翻土、盖土。

怃然——怅惘,失望,怃音舞。斯人之徒——针对滔滔者而言,指世间众人。与——相与,参与,在其中;本文译作交往。

长沮、桀溺用耒耜合作耕田。孔子经过那里,让子路去问渡口在什么地方。

长沮说:"守候在车上的是谁?"子路说:"是孔丘。"长沮说:"是鲁国的孔丘吗?"子路说:"是啊。"长沮说:"那他该知道渡口在哪里。"

子路又去问桀溺。桀溺说:"你是谁?"子路说:"我是仲由。"桀溺说:"是鲁国孔丘的学生吗?"子路说:"是的。"桀溺说:"天下到处都是随波逐流的人,你们同谁去变革社会呢?你与其跟从躲避坏人的人,还不如追随逃离社会的志士呢!"说话时不停地平整田地。

子路回到车前汇报给孔子。孔子有些怅惘,说:"人不能和鸟兽同群,我不交往世间众人又交往谁呢?如果天下清明有序,我孔丘就不会去想改变什么了。"

此章所载颇有戏剧性,也确似一出小戏,意味深长。显然,长沮、桀溺二人是远离喧嚣、自食其力的隐士。他们深知孔子其人,但不认同,语带讥讽。长沮"是知津矣"一语双关,其实在说博学多识、教导别人的孔子应该知道人生之路怎么走,人生渡口在哪里,又何必问我呢?子路未得要领,再问桀溺。桀溺不但同样不告之渡口何在,而且更直白地指点子路,"从辟人之士"与"从辟世之士"两条路,应该选择后者,隐士的人生之路才是正途。

孔子当然不赞同桀溺的观点。孔子认为,人都是芸芸众生中的一员,总要与他人打交道,而不能躲进山林与鸟兽为伍。孔子的这一认识是十分先进的,与近代思想家关于人是社会人的科学论断相当接近。而且,正因为天下无道,孔子才义不容辞地去变革社会,为"博施于民而能济众"(《雍也篇》)的"天下为公"(《礼记·礼运》)

的目标奋斗。

此章非常精彩地展示了,孔子为首的儒家与隐士为代表的道家,在世界观、人生观、价值观上的不同。

"不仕无义"

子路从而后,遇丈人,以杖荷蓧。子路问曰:"子见夫子乎?"丈人曰:"四体不勤,五谷不分,孰为夫子?"植其杖而芸。

子路拱而立。止子路宿,杀鸡为黍而食之,见其二子焉。

明日,子路行以告。子曰:"隐者也。"使子路反见之,则行矣。

子路曰:"不仕无义。长幼之节,不可废也;君臣之义,如之何其废之?欲洁其身,而乱大伦。君子之仕也,行其义也。道之不行,已知之矣。"

为清楚计,本文将此章分为如上四段。

丈人——古代对老者的尊称。蓧——音吊,一种竹器,大约类似箩筐或簸箕。夫子——古代对男子的敬称;官至大夫亦被称为夫子,孔子做过鲁司寇,被弟子称作夫子,因此后来用以学生称老师。孰——代词,哪个,什么。植其杖——把杖插入土中。芸——通耘,除草。

止——留住。黍——黄河流域农作物黍子、穄(音梅)子,俗称黄米,口感较粟(小米)为佳;为黍,做黄米饭。食之——使动用法,给他吃。见——音现,引见,推荐。

大伦——伦理中之大者,即父子有亲、君臣有义、夫妇有别、长幼有序、朋友有信。

子路跟随老师周游列国,有一次落在后面,遇见一位老人用木杖担着筿筐。子路问道:"您看见我的老师了吗?"老人说:"手脚不劳动,五谷分不清,哪个是你的老师?"说完把木杖插进土里,就去除草。

子路拱着手,恭敬地站在旁边。老人留子路到他家里住宿,杀鸡、做黄米饭给子路吃,又叫两个儿子见了子路。

第二天,子路赶上了老师,汇报了这件事。孔子说:"是位隐士啊。"让子路返回去再见见老人,表示感谢。子路到了那里,老人却不在。

子路说:"不进入仕途不合乎大义。丈人知道长幼之间的礼节不可废除(注:暗指丈人让其二子拜见年长的子路),君臣之间的礼义怎么能废除呢?丈人想洁身自好,却搞乱了君臣的伦理关系。君子进入仕途,是行其所当行,以尽职尽责。至于正确的治国之道实行不了,我们早就知道了。"

此章紧接"长沮、桀溺耦而耕"章,故事情节相近,主旨也相似。孔子及其弟子一派的思想,与隐士一派的思想,完全不同。尽管天下无道,但孔子一派仍然要将个人融入社会之中,且力争进入邦国的领导或管理层,以便更好地宣传、推行德治和仁政。隐士一派则是躲避现实政治的喧嚣,或蛰伏于市朝,或躬耕于田野,追求个体生命的自主和洒脱,特别是心灵的自由和逍遥。

此章的特殊之处,在于子路是完完全全的主角。他的慷慨陈词,大致可以反映孔子思想。不过,古代不少学者认为,子路一大段话不像出于他之口,司马迁《史记·仲尼弟子列传》就未收入。

此章中的孔子是配角,仅做出一个判断"隐者也",同时"使子路反见之"。结合其他有关隐士的章节,可清楚地看出孔子对隐士相当理解和尊重。虽然,"道不同,不相为谋"(《卫灵公篇》),但孔子赞赏隐士的人格。反过来看看隐士们如何对待孔子,则颇有意味。隐士们普遍看不上孔子,嘲笑、讥讽、斥责脱口而出。对照、比较,两派思想虽各有长处,分别掌握着部分真理,但其代表人物在为人的器量上,却有高下之分。这种判断,本身就是以儒者标准而言之,隐士大概会不屑一顾。

"无可无不可"

"子曰:'君子之于天下也,无适也,无莫也,义之与比。'"这是《里仁篇》的一章。古今学者解释文字之多,百倍于原文还不止。简言之,可分为"行事"与"待人"两大派。

行事派主张:"适,专主也……莫,不肯也。比,从也。"全句译作:"君子对于天下事,没有一定专主的,也没有一定反对的,只求合于义便从。"(《论语新解》)有的更直白:"君子对于天下的事情,没规定要怎样干,也没规定不要怎样干,只要怎样干合理恰当,便怎样干。"(《论语译注》)

待人派主张:"适、莫与比皆指用情言。适者,厚也,亲也。莫者,薄也,漠然也。比者,密也,和也。"全句译作:"君子对于天下的人,没有厚,没有薄,唯对主张仁义的人亲近。"(《论语译说》)

窃以为,孔子讲天下向来是泛指,包容了一切,不可见事不见人或见人不见事,所以两解都通,都在孔子语意之内。其实,后人理解此章,不应仅仅停留在字面义,还需懂得其深远意蕴。深意何在,待于下一章共同说明。

《微子篇》记载"逸民:伯夷、叔齐、虞仲、夷逸、朱张、柳下惠、少连。子曰:'不降其志,不辱其身,伯夷、叔齐与?'谓'柳下惠、少连,降志辱身矣。言中伦,行中虑,其斯而已矣'。谓'虞仲、夷逸,隐居放言,身中清,废中权'。'我则异于是,无可无不可。'"

逸者,遗佚于世;民者,无位之称。逸民,即丢掉或放弃贵族地位而成为平民的人。在此特指品行优良的隐遁者。孔子之前著名的逸民有七人,孔子分三个层次评论了其中六人。伯夷、叔齐不食周粟,隐居深山,以至饿死,高风亮节令人钦佩,为逸民之最高者。次之为柳下惠、少连,虽屡遭贬斥,乃至免职,含垢忍辱留在世上,但言语合乎道德,行事不违规矩。再次之为虞仲、夷逸,隐居而不谈世事,立身廉洁,处世灵活。孔子对逸民的总体评价是相当高的,然后说:"我就和他们不一样,我是无可无不可。"

孔子的自我定位似乎是针对隐遁不隐遁而言,实际上仍是泛讲处世。"无可无不可"与"无适也,无莫也"完全是一个意思。自然,不是某些肤浅之辈理解的"墙头草,两边倒"或"无所适从",即不是被动的、消极的顺应,而是主动的、积极的选择,在可与不可、适与莫的对立两端之间寻找另一种更超脱、更合适的态度和方法。那便是中庸之道。上述两章文字的深刻思想意义,正在于此。

仔细辨别,孔子言语涉及到中庸思想的,其表达形式并不相同,诚如庞朴先生所总结的:如果以 A、B 代表事物对立的两端,那么中庸思想可表现为 A 而 B、A 而不 A'(A 的过度膨胀或极端化发展)、不 A 不 B、亦 A 亦 B 四种形式。"无适也,无莫也"和"无可无不可"即为不 A 不 B。

不 A 不 B 突出了两端的对立,强调不立足于任何一端,超越任何一端,把毋过毋不及的主张一次性地、直截了当地表现出来,因而最能显示执两用中的特色。窃以为,用不 A 不 B 作为中庸的第一种形式更为妥当。

孔子教导学生,表达观点,评论时政,凡涉及中庸的,常用的句式便是不 A 不 B。再举一例:《左传·昭公二十年》记载了郑国子产论政以及他的接班人子大叔执政后只宽不猛的史实,同时记录了孔子一大段评论。其中,孔子引用了《诗经·商颂·长发》的诗句:"不竞不絿,不刚不柔。布政优优,百禄是遒。"竞者,争也;絿者,求也。古人训解:"争竞者多骄,求人者多谄。竞求二义,相对成文。"孔子极其赞赏不逞强又不示弱、不骄狂又不谄媚,而是超越这两方面的更高级的执政思想与方法。

子張篇

"学而优则仕"

子夏曰:"仕而优则学,学而优则仕。"

仕——做官。优——优异、优秀、优胜;充足、宽裕、悠闲。文中两优字侧重内容应有不同。子夏说的意思是:做官之外,有余力,有时间,就应该去学习;学习优秀,有资本,有能力,就应该去做官。

朱熹曾推测:"仕优则学,为已仕者言也。时必有仕而不学如原伯鲁者,故有是言。"这个说法有一定道理。子夏可能是看到、听到当时一些为官者从不读书学习,或学问很少,或品德很差,或两方面兼而有之,因此才提出这一主张。子夏的思想具有积极意义,至今仍是如此。不过,两千余年来并未受到真正的重视,官吏中很少人这样做。人们看惯的是:仕而优则贪,仕而优则欲。

子夏是孔门文学科大弟子,十分熟悉世存典籍和前代历史。"学而优则仕"的思想直接承袭了西周的教育制度和政治制度。入西周官学的都是王族和卿大夫子弟,学成后全部成为政府和军队中高级官员、统领。春秋社会有所变化,私学兴起,部分平民亦可入学,但有文化的"士"仍属于少数精英,子夏认为这部分人应该成为国家的管理者。孔子死后,子夏本人先是教书,后来也做了大官。"孔子既没,子夏居西河教授,为魏文侯师。"(《史记·仲尼弟子列传》)

子夏之语,借《论语》的传播,成为名言,影响深远。"学而优则仕"始终指导着中国传统社会的知识分子,使得"士"(知识分子)总是与"大夫"(政府官员)连结在一起。应该说这一思想具有双重作用。从积极方面理解,它把知识分子个人融入国家之中,使他们的人生价值被导入济世救民的轨道。从消极方面说,它把知识分子的命运和前途仅仅锁定在政权系统,使他们丧失了其他的社会定位和社会功能,而那些定位和功能本该存在。

近现代许多人没有读过《论语》,且以讹传讹,认为"学而优则仕"是孔子说的,这是一个极大的误会。那么,子夏所言是否符合孔子思想呢?愚以为,虽然有符合的成分,但终非孔子本意,尤其不是孔子晚年的思想。

孔子一而再、再而三地强调,学的指导思想和根本目标是"谋道",明确表示不赞成为做官而学,"三年学,不至于谷,不易得也"(《泰伯篇》)。这是其一。其二,孔子提出在内修的前提下也要外用,可说是学而优则用,其中包括做官,"学也,禄在其中矣"(《卫灵公篇》),但外用的途径是多样的,如教书育人,如信古述史,如"货殖",不一定非做官不可。其三,即便去做官,也还要讲客观条件,"天下有道则见,无道则隐"(《泰伯篇》),而不能一味地去钻营。因此,笼统地说"学而优则仕",并不能完整、准确地表达孔子的思想。

"仲尼焉学"

卫公孙朝问于子贡曰:"仲尼焉学?"子贡曰:"文武之道,未坠于地,在人。贤者识其大者,不贤者识其小者,莫不有文武之道焉。夫子焉不学?而亦何常师之有?"

卫公孙朝——卫国大夫公孙朝。仲尼——孔子名丘,字仲尼,死后又被谥以尼字,鲁哀公称其"尼父"。焉——一、三两焉字为疑问代词,"谁""哪里";第二个焉字为语气助词,表示确定。文武之道——周文王、周武王之道,包括他们的思想、主张、谋略、方法、功业等。坠于地,落在地上被掩埋,成为历史遗迹。在人——存在于人间。识——认识,记住。而——连词,表转折,"却""然而"。亦——语助,无义。何常师之有——"有何常师"的倒装,即没有常师之义。

卫国大夫公孙朝问子贡:"仲尼的学问是从哪里学来的?"子贡说:"周文王、周武王之道,没有失传,还在人间。贤能的人了解它大的方面,见识浅的人知道它小的方面,无论哪种都保存了文武之道。我的老师在哪不能学,跟谁不能学?然而哪里有固定的老师呢?"

子贡的回答说明了两层意思。其一,孔子的学问继承了文武之道。上古历史从尧、舜、禹的部落时代到夏商的国家时代,一脉相承。殷商产生了划时代的文字文明之后,全面的辉煌出现在周文王、周武王开创的西周。作为文武之道的延续和发展,周公制礼作乐,使一个无与伦比的泱泱大国雄立于世界东方。孔子服膺于尧、舜、禹、文王、武王、周公,在新的历史时期(周王朝日益衰落的春秋后期)大声宣告:"周监于二代,郁郁乎文哉!吾从周。"(《八佾篇》)又坚定地说:"文王既没,文不在兹乎?"(《子罕篇》)因此,孔子始终不懈地宣扬文武之道。正可谓:"仲尼祖述尧、舜,宪章文武……"(《中庸》)

其二,孔子学无常师。孔子说"三人行,必有我师焉"(《述而篇》),随时随地向任何人学习,"敏而好学,不耻下问"(《公冶长篇》)。拙文曾写过孔子向老子学习周礼,向郯子学习少昊氏时代的职官制度,向师襄子学琴,以及"入太庙,每事问"(《八佾篇》),等等。孔子之学,可用读、行、思三字说明。孔子读万卷书,读遍了他所能看到的典籍,晚年读《易》,更是手不释卷。孔子行万里路,从东到西,从北向南,走了许多地方,考察历史、制度、习俗,特别是礼乐。孔子勤于思,善于思,通过思考消化所学,形成个人智慧,创立自己的学说。

唐代韩愈在《师说》中写道:"圣人无常师。孔子师郯子、苌宏、师襄、老聃。郯子之徒,其贤不及孔子。孔子曰:三人行,则必有我师。是故弟子不必不如师,师不必贤于弟子。闻道有先后,术业有专攻,如是而已。"韩愈对"仲尼焉学"的解释不错,而且总结出了"夫子焉不学"中的另一个道理,难能可贵,对后人有重要启示。

此章之不凡,在于子贡点明了孔学之来源。后世对儒家思想传授的脉络作了梳理,而由韩愈在《原道》中首先提出了"道统"一说:"尧以是传之舜,舜以是传之禹,禹以是传之汤,汤以是传之文、武、周公,文、武、周公传之孔子,孔子传之孟轲……"道统之说,其实只是对子贡所言之细化,而首创者子贡之功必居于前。

"夫子之墙数仞"

叔孙武叔语大夫于朝曰:"子贡贤于仲尼。"子服景伯以告子贡。子贡曰:"譬之宫墙,赐之墙也及肩,窥见室家之好。夫子之墙数仞,不得其门而入,不见宗庙之美、百官之富。得其门者或寡矣。夫子之云,不亦宜乎!"

叔孙武叔——鲁国大夫,三桓之一。子服景伯——鲁国大夫。宫——古代房屋通称,宫墙即房屋围墙。仞——古代长度单位,具体长度说法不一,多认为八尺为一仞。官——指官舍,官府办事之处;此章比喻,言其建筑雄伟、重要。或——一解为副词,可能、也许;一解为助词,无义,本文取后者。夫子——前者指孔子,后者指叔孙武叔。

叔孙武叔在朝廷对大夫们说:"子贡比孔子更优秀。"子服景伯把这话告诉了子贡。子贡说:"拿院墙作比喻,我端木赐的院墙到肩膀这么高,谁都能察看到里边房屋的美好。我老师的院墙有好几丈高,找不到门进去,就看不到里边宗庙之堂皇、众多房屋之充实。能找到老师大门的人太少了。叔孙先生那样说,不也是自然的吗?(他就是不得其门而入者。)"

子贡列孔门"言语"科,但其实他的"德行""政事"(《先进篇》)均属一流。另外,他还有一项特长,"货殖",且"亿则屡中"(《先进篇》),做买卖能掌握行情,大获其利。故子贡德才兼备,人们看重他再正常不过。可是,叔孙说他超过孔子,他是断然反对的。以他的为人准则揣测,其内心会极不舒服,对叔孙不会有好的评价。

仔细分析子贡的一段话,有以下四点可说。其一,自己的学问、德才不能与老师相提并论。自己是局促浅显,一望可知,他人很容易了解;老师是博大精深,难见其实,没有几个人真正懂得。对孔子思想作出非同凡响的高度评价,为孔子在中国历史上的地位奠定基础,子贡位居首功之列。

其二,比喻非常精彩,语言十分漂亮。"赐之墙也及肩"与"夫子之墙数仞"对比,显低与高、小与大、浅与深之别。"室家"与"宗庙""百官"对比,显少与多、粗与精、卑与贵之差。整段话形象、生动,亦深刻,极具说服力。后世称师门为"宫墙""门墙",本此。

其三,通过《宪问篇》"公伯寮愬子路于季孙"一章,可见子服景伯怀有正义感,与孔子及孔门弟子关系很好。基于此,子贡对子服景伯说话时态度友好,有礼有节,给足对方面子,如称与子服景伯同朝为官的叔孙为"夫子"。

其四,"夫子之云,不亦宜乎"一语,客气之下,实则暗含讥讽:叔孙于孔学是门外汉,根本不懂;无知者才会说出不知天高地厚的话。可以确定,子贡内心看不起抬举自己、贬低老师的叔孙。

从前文《"仲尼焉学"》起,此章及后面几章所记,都是孔子死后的事情。内容关乎孔子同时代人对孔子的认识、评价,十分重要。

"仲尼,日月也"

叔孙武叔毁仲尼。子贡曰:"无以为也!仲尼不可毁也!他人之贤者,丘陵也,犹可逾也;仲尼,日月也,无得而逾焉。人虽欲自绝,其何伤于日月乎?多见其不知量也。"

无以为,有两解——其一,"不要这样认为",或"不要这样做";其二,引朱熹《论语集注》"无以为,犹言无用为此",以训用,且原文倒装,顺言即"为无以","这样做没用"。从全文子贡语气看,取后者似更合情理。逾,越过。多,有两解——一为"只是",二为"恰好",应该皆可通。不知量——不知自己分量,自然亦不知圣人分量。

叔孙武叔毁谤仲尼。子贡说:"这样做是没用的!仲尼是毁谤不了的!其他有贤德的人,好比丘陵,还可以越过去;仲尼,好比太阳和月亮,是不能超越的。有人虽然要自绝于太阳和月亮,那对太阳和月亮有什么损伤呢?这种人恰好表现出不自量力。"

相对而言,鲁国三桓中孟孙氏僖子最懂孔子,遗命其两儿拜孔子为师,其两三代人都曾向孔子请教。季孙氏桓子虽不大懂孔子,却也曾引而用之;康子懂孔子,所用多为孔门弟子。唯独叔孙氏对孔子深怀敌意,武叔之无理已在前文《"夫子之墙数仞"》说明,此章更显其愚蠢、拙劣。

叔孙武叔两次所说内容不同,故子贡态度、言辞亦不同。前次是表面客气之中暗含嘲讽,这次则是愤怒的斥责、批判了。子贡不愧列孔门"言语"科,他确实会讲话,把一般贤者喻为小小的丘陵,把孔子喻为高高的日月。丘陵众多,日月唯一。丘陵怎能与日月相比呢?

在古人心目中,日月是"天"的一部分,具有无比崇高的地位,是人的生命、生活及劳作、创造的依靠和保证。因此,敬畏、讴歌日月,便成传统。更早的不说,孔子在回答子夏关于德行"参与天地"的问题时说:"奉三无私以劳天下",并进一步解释,"天无私覆,地无私载,日月无私照。奉斯三者以劳天下,此之谓三无私"(《礼记·孔子闲居》)。人的最高德行应该参配天地,像天地日月那样无私地抚慰天下。子贡将孔子喻为日月,一方面说明孔子的思想和德行博大、高深,难以企及,另一方面说明孔子的形象是一种客观存在,具有巨大能量,任何人都无法撼动。

然而,世间复杂,永远不会只有一种道理或学说。人们厚此薄彼,革旧图新,都很正常。然而,毕竟有普世与普适的价值在。孔子在世时,就有一些人反对他,他死后两千多年,批判、诋毁他的声音亦不绝于耳。我们尤其清楚,近现代百余年间批孔派曾经相当红火。不过,历史反复证明,最终孔子还是批不倒、毁不掉的。

孔子自在那里。子贡彰显其地位和作用的努力,由于被后世所证明,而显得异常突出。子贡厥功至伟!

"其生也荣,其死也哀"

陈子禽谓子贡曰:"子为恭也,仲尼岂贤于子乎?"子贡曰:"君子一言以为知,一言以为不知,言不可不慎也。夫子之不可及也,犹天之不可阶而升也。夫子之得邦家者,所谓立之斯立,道之斯行,绥之斯来,动之斯和。其生也荣,其死也哀,如之何其可及也?"

陈子禽——姓陈,名亢,陈国人;有说是孔门弟子,有说不是,已在《学而篇》、《季氏篇》两见。为恭——表示恭敬。岂——难道。以为——认为,表明。知——同智。阶——台阶、梯子、途径皆通。邦家——指国家。所谓,据语意译作"可以说是"。立之,不及物动词使动用法,使之立,之代指民众。道之——引导、教导民众。绥之——安抚民众。动之——使之动,让民众从事各种活动。斯——即、就。如之何——怎么能,且疑且问,后加其字更强化疑问语气。

陈子禽对子贡说:"您是表示对老师的恭敬吧,难道仲尼真的胜过您吗?"子贡说:"君子开口,一句话能表明他明智,一句话也能表明他不明智,所以不可不慎重啊。我的老师不能被赶上,就像天不能靠阶梯登上去一样。我的老师如果得以治理国家,可以说是:让民众自立,民众就会自立;引导民众,民众就会照着做;安抚民众,民众就会前来投奔;让民众从事各种活动,民众就会团结一心。老师活着时很光荣,死后人们都很哀痛,这样的人怎么能赶得上呢!"

子贡这段话具体可分为四个层次。其一,首先委婉批评陈子禽说话太不慎重,信口开河。其二,以天喻孔子,言其高不可攀。其三,乘机纠正某些人的一种偏见,即孔子只是一位教书先生,而无力"治国""平天下"。其四,总评孔子"其生也荣,其死也哀",最终仍定格在其不可及。这段话掷地有声,有理有节,想必已使陈子禽哑口无声。而子贡最后一句对老师的概括性总评,亦成千古名言,屡被后世引用。

在《子张篇》的几个章节里,子贡先以"宗庙""百官"喻孔子,继而以"日月"喻孔子,最后直接以"天"喻孔子,一步高过一步,一层深过一层。子贡维护、宣扬孔子,确因孔子伟大,同时亦有内在的情感因素,不可不察。子贡小孔子三十一岁,心中视孔子如同父亲。《礼记·檀弓上》记载,孔子死后,门人拿不准该服哪一种丧服,子贡说颜渊、子路死时,老师如同丧子而无服,请大家"丧夫子若丧父而无服"。最让人感动的是:"昔者孔子殁,三年之外,门人治任将归,入揖于子贡,相向而哭,皆失声,然后归。子贡反,筑室于场,独居三年,然后归。"(《孟子·滕文公上》)孔门弟子为老师守墓三年后归去,唯独子贡,重返墓地,搭建草庐独居,再为老师守墓三年。子贡之举,非常人所能及,感动中国读书人两千余年,至今依然。

后记

从报社退休前夕,思考"六十而耳顺",于是重读《论语》。此番阅读,极用心,可称"研读"。本是"为己之学",却又按捺不住,执笔为文。新民晚报有关负责人及编辑严建平、祝鸣华等人,慧眼独具,为本人在夜光杯副刊特设"论语新读"专栏。全国报界,独此一家。国学热的潮流中,晚报的浪花熠熠闪亮。专栏大受欢迎,持续达十年以上,关注者难以数计。

专栏写作,开始皆有感而发。或出于本人一时之念,或针对社会某种现象,从《论语》中选择有关章节加以解说,联系现实,点到为止。不知不觉中,逐渐过渡到以解经为主,探讨孔子话语之本意,力图推动对原典的精读。没有明确计划,乃随意为之耳。期间,博采众家之长,亦时有一己之见。既称一家之言,则为前人所未发,难说是确解,给读者朋友提供参考而已。

为适应晚报四开版面及传统特色之需要,文章皆短,长者不过一千二三百字。追求言简意赅,故不能任意铺展,详细论述。如此解文,利弊参半,无完满之判也。

《论语》二十篇五百章,重要内容大多已在二百六十余篇短文中涉及。不过,此次汇集成书,按原书篇章顺序重新编排,发现一个问题,即有重要章节该写而未写者。这种遗珠之憾,只怪本人学历不足,未能高屋建瓴,统领全局。因时间较紧,不再补写,敬请原谅。

旧文汇编,均照原样。只有几处稍作文字修改或补充。由于时间跨度大,文章体例、写法不尽一致,称札记、笔记或随笔可也。

本书序言作者徐世平，才具甚高，笔力雄健，然心胸宽厚，为人严谨，本是著名记者，后任上海宣传、新闻界一方领导。我俩共事多年，"切切偲偲，怡怡如也"，他对我的帮助远胜我对他的关心。本想请资深报刊编辑祝鸣华亦为本书序，无奈他再三推辞，只得作罢。鸣华贤弟聪明睿智，学识广博，却处世泰然，淡泊名利。拙文均由他编发，相互交流频繁，其人乃深知我者也。请二君作序，自然是表达感激之意。

说到感谢，不可不说本书出版方上海文艺出版社。这个出版社大名鼎鼎，推出好书无数，能够接纳拙作，令人感佩。解说《论语》著作众多，然拙著毕竟有些特色，不乏可读之处，不敢说对学术界有何意义，但相信对欲学《论语》者，尤其是大、中学生，会有所裨益。

最后，还是要说以往多次说过的话：《论语》是读不尽的！此话有三层意思：其一，孔子思想万古不朽，将来之中国人乃至外国人士还会继续读下去；其二，任何人都会常读常新，再读之心得必然胜过初读，五十岁之理解肯定超过二三十岁，七十岁之体悟又一定深过中年；其三，不同的人会有不同的理解、领会，或不同的重构、发挥。古今皆然，将来亦如此。本人亦会不时翻阅，或心中默念，深入思考，且身体力行，此生当无休止矣。

图书在版编目（CIP）数据

白说论语/白子超著.-上海：上海文艺出版社.2017.3
ISBN 978-7-5321-6232-1
Ⅰ.①白… Ⅱ.①白… Ⅲ.①儒家②《论语》—研究
Ⅳ.①B222.25
中国版本图书馆CIP数据核字(2017)第030831号

责任编辑：余雪霁
封面设计：胡　斌

书　　名	白说论语
作　　者	白子超
出　　版	上海世纪出版集团　上海文艺出版社
地　　址	上海绍兴路7号　200020
发　　行	上海世纪出版股份有限公司发行中心发行
	上海福建中路193号　200001　www.ewen.co
印　　刷	金坛市古籍印刷厂有限公司
开　　本	890×1240　1/32
印　　张	19.625
插　　页	5
字　　数	490,000
印　　次	2017年3月第1版　2017年3月第1次印刷
ＩＳＢＮ	978-7-5321-6232-1/I · 4973
定　　价	78.00元
告读者：如发现本书有质量问题请与印刷厂质量科联系